ARZNEIMITTEL- UND APOTHEKENRECHT
der Deutschen Demokratischen Republik

Gesetzessammlung mit Kommentar

8. Lieferung

Herausgegeben von

OPhR Prof. Dr. sc. nat. JOACHIM RICHTER
OPhR Prof. Dr. sc. phil. Dr. rer. nat. HANS-JOACHIM SEIDLEIN
OPhR Dr. rer. nat. MANFRED BÖHM
Diplom-Jurist HANS GEORG KEUNE
Diplom-Jurist OPhR Dr. Dr. EGBERT GUEINZIUS

AKADEMIE-VERLAG · BERLIN 1983

Erschienen im Akademie-Verlag, DDR-1086 Berlin, Leipziger Straße 3—4

Lizenznummer: 202 · 100/517/83
Printed in the German Democratic Republic
Gesamtherstellung: VEB Druckhaus „Maxim Gorki", 7400 Altenburg
LSV 2097, 2887
Bestellnummer: 763 016 5 (3069/8)
DDR 60,— M

Spezielle Benutzungshinweise zur 8. Lieferung
Arzneimittel- und Apothekenrecht der DDR
— Gesetzessammlung mit Kommentar —

Redaktionsschluß für die in die 8. Lieferung aufgenommenen Rechtsvorschriften: 15. 3. 1981

Die 8. Lieferung ist nach Entfernen der nachstehend aufgeführten Seiten wie folgt einzuordnen:

Zu entfernen:	**Einzuordnende Teile der 8. Lieferung**	
Benutzungshinweise	Allgemeine Benutzungshinweise	
Kapitelinhaltsverzeichnis Kapitel B S. 1 (3. Lieferung)	Kapitelinhaltsverzeichnis Kapitel B S. 1—3	
Ergänzungsinhaltsverzeichnis Kapitel B S. 1—2 (5. Lieferung)	B **03** 46 S. 1—4	
B **06** 31 S. 1—13 (5. Lieferung)		
B **06** 33 S. 1—9 (5. Lieferung)		
Kapitelinhaltsverzeichnis Kapitel C S. 1—42 (6. Lieferung)	Kapitelinhaltsverzeichnis Kapitel C S. 1—42	
Ergänzungsinhaltsverzeichnis Kapitel C S. 1 (7. Lieferung)		
	C **01** 00 Kom.	S. 1—17
	C **02** 01 20	S. 1
	C **02** **01** 21	S. 1—18
	C **02** **04** 08	S. 1—20
	C **02** **04** 11	S. 1—5
	C **03** **01** 10	S. 1—2
	C **04** **02** 60	S. 1
	C **04** **02** 61	S. 1—6
	C **04** **02** 61 01	S. 1
	C **04** **02** 62	S. 1
	C **04** **02** 63	S. 1--2
	C **04** **02** 64	S. 1—2
	C **05** **04** 01 01Int.	S. 1—4

C **05 04** 20	S. 1—2	C **05 04** 20	S. 1—2
(2. Lieferung)			
		C **05 04** 80	S. 1—2
C **05 05** 01	S. 17—20	C **05 05** 01	S. 17—20
(1. Lieferung)		C **05 07** 01 Int.	S. 1—6
		C **05 08** 30	S. 1—3
		C **05 09** 55	S. 1—2
		C **05 12** 51	S. 1
		C **05 12** 52	S. 1—2
C **06 02** 30	S. 1—7 (2. Lieferung)	C **06 05** 30 Int.	S. 1—3
C **06 02** 60	S. 1—10 (5. Lieferung)	C **06 05** 50	S. 1—4
C **06 05** 06	S. 1—6 (2. Lieferung)		
C **06 07** 01	S. 1—7	C **06 07** 01	S. 1—10
(2. Lieferung)			
		C **06 07** 02	S. 1—4
		C **06 07** 08	S. 1
		C **06 07** 09	S. 1—2
		C **06 07** 15	S. 1
C **06 07** 35	S. 1—4	C **06 07** 35	S. 1—3
(5. Lieferung)		C **06 07** 90	S. 1—2
		C **06 09** 02	S. 1—7
		C **06 09** 21 01	S. 1—5
		C **06 09** 69	S. 1—2
		C **06 09** 69 01	S. 1—3
		C **06 09** 69 02	S. 1—2
		C 06 09 79	S. 1—3
		C **06 09** 79 01	S. 1—3
		C **06 12** 01 Kom.	S. 1—4
		C **06 12** 50 Kom.	S. 1—3
		C **06 12** 80	S. 1—2
		C **06 13** 08	S. 1—9
		C **06 13** 09	S. 1
C **06 11** 01	S. 1—10 (1. Lieferung)		
C **06 90** 20	S. 1—2	C **06 90** 20	S. 1—2
(5. Lieferung)			
		C **07** 40	S. 1—4
		C **08** 05	S. 1—2
		C **08** 70	S. 1

Kapitelinhaltsverzeichnis Kapitel D S. 1—3 (6. Lieferung)	Kapitelinhaltsverzeichnis Kapitel D S. 1—3	
Ergänzungsinhaltsverzeichnis Kapitel D S. 1 (7. Lieferung)		
	D **05** 01	S. 1—7
	D **05** 01 Kom.	S. 1—9
	Kapitelinhaltsverzeichnis Kapitel E S. 1—2	
	E **01** 01	S. 1—6
	E **01** 02	S. 1—22
	E **01** 20	S. 1—2
	E **01** 20 Int.	S. 1—37
	E **01** 30	S. 1—2
	E **01** 30 Int.	S. 1—26
	E **02** 01	S. 1—11
	E **02** 10	S. 1—2
	E **02** 11	S. 1—2
	E **02** 12	S. 1
	E **03** 01	S. 1—10
	E **04** 01	S. 1—7
	E **05** 01	S. 1
Kapitelinhaltsverzeichnis Kapitel F S. 1—3 (6. Lieferung)	Kapitelinhaltsverzeichnis Kapitel F S. 1—3	
Ergänzungsinhaltsverzeichnis Kapitel F S. 1 (7. Lieferung)		
	F **02** 04	S. 1—3
	F **03** 20	S. 1—12
	F **04** 03	S. 1—3
G **13** 01 S. 1—26 (4. Lieferung)		
	Ergänzungssachregister	S. 1—000

Allgemeine Benutzungshinweise

Es ist zu empfehlen, vor dem Arbeiten mit der Gesetzessammlung diese Hinweise in Verbindung mit dem Vorwort aufmerksam zu lesen.
Das Werk ist in neun Kapitel gegliedert. Eine Übersicht über diese Kapitel finden Sie am Anfang der Sammlung. Die Gesamtgliederung (Kapitel, Unterkapitel und Abschnitt) befindet sich, als „Gliederung" bezeichnet, am Anfang des 1. Bandes. Jedes Kapitel beginnt mit einem Inhaltsverzeichnis, das sowohl die Bezeichnungen der Unterkapitel und Abschnitte als auch die Überschriften der Titel enthält. Innerhalb der einzelnen Kapitel ist folgende Unterteilung vorgenommen worden:

— Gesetzliche Bestimmungen, Verfügungen, Richtlinien, Empfehlungen u. ä.	(ohne farbliche Kennzeichnung)
— Kommentare und kommentierende Übersichten	(grüne Randleiste)
— Internationale Konventionen, Verträge und Empfehlungen	(rote Randleiste)
— Literaturbeiträge	(gelbe Randleiste).
— Inhaltsverzeichnis, Sachregister	(schwarze Randleiste)

Das erste Unterkapitel eines jeden Kapitels enthält grundsätzliche Ausführungen und Bestimmungen über das betreffende Gebiet. Hierunter sind insbesondere Rechtsnormen mit der höchsten Rangstufe zu verstehen.

Z. B.: C **01** 01 Arzneimittelgesetz; **F 01** 01 Giftgesetz.

Die weitere Gliederung erfolgt nach Sachverhalten bzw. -gebieten (Abschnitte). Die Kommentare, Internationalen Konventionen ... sowie die Literaturbeiträge sind ebenso gegliedert und unterscheiden sich von den Rechtsnormen durch farbige Randleisten sowie durch die Bezeichnung „Kom.", „Int." bzw. „Lit." unter der jeweiligen Registernummer. Die Registernummer wird wie folgt gebildet:

Z. B.: C **02 02** 10 = AO über die ALB f. radioaktive Stoffe
C = Kennbuchstabe des Kapitels „Arzneimittelrecht"
02 = Unterkapitel „Bestimmungen in bezug auf spezielle Arzneimittel"
02 = Abschnitt „Radioaktive Arzneimittel"
12 = Titel „Anordnung über die Allgemeinen Leistungsbedingungen für radioaktive Stoffe"

Die Seitenzahl wird unabhängig von der Registernummer als kleingedruckte arabische Ziffer angegeben.
Da sich bestimmte Sachverhalte gleichberechtigt verschiedenen Gebieten zuordnen lassen

z. B. die „Richtlinie für die Prüfung von Seren, Impfstoffen und anderen Arzneimitteln zur Anwendung in der Humanmedizin"
sowohl C **02** 01 als auch C **05** 01

und innerhalb der Unterkapitel entwicklungsbedingt nicht immer ein chronologisch oder inhaltlich konsequentes System eingehalten werden kann, wird zum Auffinden gesuchter Fakten unter Umständen ein Nachschlagen im Sachregister am schnellsten zum Ziele führen. Das Sachregister weist bei den gesuchten Schlagwörtern die komplette Registernummer, falls erforderlich mit Angabe des Paragraphen, unter dem der Sachverhalt zu finden ist, aus.
Um ein exaktes Auswechseln von Seiten und das richtige Einordnen neuer Beiträge zu gewährleisten, ist auf dem unteren Rand einer jeden rechten Seite die mit einer entsprechenden Angabe im Inhaltsverzeichnis übereinstimmende Ordnungsnummer der Lieferung aufgedruckt.

Beispiel: „AAR 8. Lieferung".

Kapitelinhaltsverzeichnis

Kapitel B

Allgemeine gesundheitsrechtliche Grundlagen

Hinweise auf ausgewählte Empfehlungen und Veröffentlichungen des Koordinierungsrates der medizinisch-wissenschaftlichen Gesellschaften der DDR

— Empfehlung zur Gestaltung der Arbeit mit den Angehörigen der jungen Intelligenz vom 27. Januar 1970

Schriftenreihe „Veröffentlichungen des Koordinierungsrates der medizinisch-wissenschaftlichen Gesellschaften der DDR"[1])
Heft 1, S. 173 (1974)

— Empfehlung über die Rechte und Pflichten der medizinisch-wissenschaftlichen Gesellschaften bei der Herausgabe wissenschaftlicher Zeitschriften vom 23. April 1972

Schriftenreihe „Veröffentlichungen des Koordinierungsrates der medizinisch-wissenschaftlichen Gesellschaften der DDR"
Heft 4, S. 296 (1981)

— Empfehlung zur neuzeitlichen Gestaltung von medizinisch-wissenschaftlichen Veranstaltungen vom 29. Januar 1974

Schriftenreihe „Veröffentlichungen des Koordinierungsrates der medizinisch-wissenschaftlichen Gesellschaften der DDR"
Heft 1, S. 180 (1974)

— Empfehlung zur Gestaltung von Mitgliederversammlungen der medizinisch-wissenschaftlichen Gesellschaften

Schriftenreihe „Veröffentlichungen des Koordinierungsrates der medizinisch-wissenschaftlichen Gesellschaften der DDR"
Heft 1, S. 195 (1974)

— Empfehlung zu den Rechten und Pflichten der medizinisch-wissenschaftlichen Gesellschaften bei der Realisierung der Anordnungen über die Weiterbildung der Ärzte, Zahnärzte und Apotheker vom 15. November 1978

Schriftenreihe „Veröffentlichungen des Koordinierungsrates der medizinisch-wissenschaftlichen Gesellschaften der DDR"
Heft 4, S. 320 (1981)

— Empfehlung zur Pflege fortschrittlicher Traditionen in den medizinisch-wissenschaftlichen Gesellschaften der DDR
vom 16. September 1975

Schriftenreihe „Veröffentlichungen des Koordinierungsrates der medizinisch-wissenschaftlichen Gesellschaften der DDR"
Heft 2, S. 203 (1976)

— Empfehlung zur Tätigkeit der regionalen medizinisch-wissenschaftlichen Gesellschaften und zur Förderung des wissenschaftlichen Lebens in den Bezirken der DDR
vom 18. November 1975

Schriftenreihe „Veröffentlichungen des Koordinierungsrates der medizinisch-wissenschaftlichen Gesellschaften der DDR"
Heft 3, S. 155 (1978)

— Empfehlung über Ziel, Inhalt und Organisation der Stiftung und Verleihung wissenschaftlicher Preise durch die medizinisch-wissenschaftlichen Gesellschaften der DDR
vom 1. März 1977

Schriftenreihe „Veröffentlichungen des Koordinierungsrates der medizinisch-wissenschaftlichen Gesellschaften der DDR"
Heft 3, S. 190 (1978)

— Vereinbarung zwischen der Akademie für Ärztliche Fortbildung der DDR und dem Koordinierungsrat der medizinisch-wissenschaftlichen Gesellschaften der DDR über die Zusammenarbeit beider Institutionen bei der Erhöhung der Qualität der medizinischen Betreuung
vom 25. Januar 1974

Schriftenreihe „Veröffentlichungen des Koordinierungsrates der medizinisch-wissenschaftlichen Gesellschaften der DDR"
Heft 1, S. 197 (1974)

— Vereinbarung zwischen dem Präsidium des Kulturbundes der DDR und dem Koordinierungsrat der med.-wiss. Gesellschaften über Grundsätze und Formen der Zusammenarbeit bei der Einbeziehung der medizinischen Intelligenz in das geistig-kulturelle Leben

Schriftenreihe „Veröffentlichungen des Koordinierungsrates der medizinisch-wissenschaftlichen Gesellschaften der DDR"
Heft 3, S. 160 (1978)

— Hinweis über die Stellung, Rechte und Pflichten, Aufgaben und Arbeitsweise der Revisionskommissionen in den medizinisch-wissenschaftlichen Gesellschaften der DDR
vom 30. Juni 1971

Schriftenreihe „Veröffentlichungen des Koordinierungsrates der medizinisch-wissenschaftlichen Gesellschaften der DDR"
Heft 1, S. 187 (1974)

— Disposition über Aufgaben, Formen der Mitwirkung und Verantwortung der medizinisch-wissenschaftlichen Gesellschaften bei der Durchführung des Gemeinsamen Beschlusses
vom 26. März 1974
Schriftenreihe „Veröffentlichungen des Koordinierungsrates der medizinisch-wissenschaftlichen Gesellschaften der DDR"
Heft 1, S. 199 (1974)

— Konzeption über Aufgaben und Einbeziehung der medizinisch-wissenschaftlichen Gesellschaften in das System der Überführung neuer wissenschaftlicher Erkenntnisse in die Praxis der medizinischen Betreuung
vom 16. März 1976
Schriftenreihe „Veröffentlichungen des Koordinierungsrates der medizinisch-wissenschaftlichen Gesellschaften der DDR"
Heft 3, S. 186 (1978)

— Rahmenordnung für die Arbeit der Redaktionskollegien der medizinisch-wissenschaftlichen Zeitschriften der DDR vom 21. Dezember 1976
Schriftenreihe „Veröffentlichungen des Koordinierungsrates der medizinisch-wissenschaftlichen Gesellschaften der DDR"
Heft 3, S. 168 (1978)

— Ordnung über die Stiftung und Verleihung der „Fritz-Gietzelt-Medaille" des Koordinierungsrates der medizinisch-wissenschaftlichen Gesellschaften der DDR
vom 1. März 1977
Schriftenreihe „Veröffentlichungen des Koordinierungsrates der medizinisch-wissenschaftlichen Gesellschaften der DDR"
Heft 3, S. 194 (1978)

— Aufstellung wissenschaftlicher Preise, die von den medizinisch-wissenschaftlichen Gesellschaften verliehen werden
Schriftenreihe „Veröffentlichungen des Koordinierungsrates der medizinisch-wissenschaftlichen Gesellschaften der DDR"
Heft 4, S. 296 (1981)

— Aufstellung der von den medizinisch-wissenschaftlichen Gesellschaften verliehenen Medaillen und Plaketten
Schriftenreihe „Veröffentlichungen des Koordinierungsrates der medizinisch-wissenschaftlichen Gesellschaften der DDR"
Heft 4, S. 298 (1981)

[1]) Verlag Volk und Gesundheit, Berlin.

Weitere Materialien aus Heft 4 (1981) der Schriftenreihe „Veröffentlichungen des Koordinierungsrates der medizinisch-wissenschaftlichen Gesellschaften der DDR"

- Die medizinisch-wissenschaftlichen Gesellschaften der DDR Geschichte—Funktion—Aufgaben
  S. 1—234
- Empfehlung des Koordinieringsrates über die Mitwirkung der medizinisch-wissenschaftlichen Gesellschaften bei der Erhöhung von Qualität und Wirksamkeit der medizinischen Arbeit
  vom 20. September 1977
- Hinweise des Koordinierungsrates zur Verleihung von Ehren- und korrespondierenden Mitgliedschaften der medizinisch-wissenschaftlichen Gesellschaften der DDR
  vom 1. März 1978
- Hinweise des Koordinierungsrates zur Mitarbeit der medizinisch-wissenschaftlichen Gesellschaften bei der weiteren Entwicklung des Ärztlichen Begutachtungswesens
  vom 7. Juni 1978
- Empfehlung zur Gestaltung von bilateralen Gemeinschaftsveranstaltungen zwischen Partnergesellschaften der sozialistischen Länder
  vom 25. April 1975
- Aufgaben der medizinisch-wissenschaftlichen Gesellschaften bei der Überführung wissenschaftlicher Ergebnisse in die medizinische Praxis
  Ergebnisdokument eines Kolloquiums vom 19.—21. April 1977

Kapitelinhaltsverzeichnis

Kapitel C

Arzneimittelrecht

Kurze Darstellung der Entwicklung der Arzneimittelgesetzgebung

Bereits in frühen Perioden der Menschheitsgeschichte sind durch zufällige Beobachtung zahlreiche Erfahrungen über die Wirkung bestimmter pflanzlicher, tierischer und mineralischer Produkte auf den menschlichen Organismus gesammelt worden. Bei der Behandlung Kranker dürften sie indes zunächst noch eine untergeordnete Rolle gespielt haben, da Krankheiten als Strafe übernatürlicher Mächte angesehen wurden und dementsprechend mit magisch-kultischen Handlungen gebannt werden sollten. Hierauf waren zumindest seit Ende der Altsteinzeit — also etwa 10000 vor unserer Zeitrechnung — bestimmte Sippenangehörige spezialisiert[1]). Von den sich hieraus entwickelnden Medizinmännern, Zauberern und Priestern sonderten sich später die Heilkundigen ab, deren Naturbeobachtung sie immer tiefer in bestimmte Zusammenhänge der natürlichen menschlichen Umgebung eindringen ließ. Hier liegen die Keime naturalistischer Auffassung von der den Menschen umgebenden Wirklichkeit, so daß die ersten historischen Kenntnisse über das Wirken von Ärzten in den Kulturländern des Altertums diese meist als Anhänger früher materialistischer Auffassungen und Denksysteme ausweisen.

Zunächst wurden von allen Heilkundigen sämtliche auf die Herstellung von Arzneimitteln gerichteten Tätigkeiten selbst ausgeführt, aber allmählich wirkten der zunehmende Wissensschatz und die Vielfalt der Arbeiten im Sinne einer weiteren Spezialisierung. Schon zur Zeit des Hippokrates von Kos um 400 vor der Zeitrechnung bahnte sich eine Arbeitsteilung an, und im Jahre 20 berichtete Celsus in seinem Werk „De medicina" davon, daß sich viele Ärzte mit Vorliebe Fragen der Herstellung von Arzneimitteln widmeten.

Die Herausbildung eines selbständigen Apothekerberufes war bei den Arabern, die zu dieser Zeit in den Naturwissenschaften und in der Heilkunde führend waren[2]) um 700 (Bagdad) praktisch abgeschlossen. Auch in Europa drängte die Entwicklung in Anbetracht der sich erweiternden Aufgaben und Erfahrungen der Medizin zur Schaffung spezieller Einrichtungen für die — u. a. durch die Destillation — schwieriger werdende Herstellung von Arzneimitteln.

Im 12. Jahrhundert entstanden in ganz Italien insbesondere durch das Wirken der seit dem 9. Jahrhundert bekannten medizinischen Hochschule in Salerno Apotheken („stationes"); zu Beginn des 13. Jahrhunderts wurde von dem in Sizilien von arabischen Lehrern erzogenen Hohenstaufenkaiser Friedrich II. die erste europäische Apotheken-Gesetzgebung geschaffen, deren progressiver Inhalt angesichts des damaligen hemmenden Einflusses der Kirche auf die Entwicklung wissenschaftlichen Erkennens und ihrer aus-

gesprochenen Angst vor den Naturwissenschaften hoch eingeschätzt werden muß. Im Interesse der Gesundheit der Bevölkerung — faktisch jedoch nur der herrschenden Gesellschaftsschicht — durften ärztliche Praxis und die Führung einer Apotheke nur nach Abschluß genau vorgeschriebener Studien und Ablegung einer Prüfung vor staatlichen und nicht mehr päpstlichen Beamten betrieben werden. Ärzten war die Führung von Apotheken untersagt. Apotheken durften nur an festgelegten Plätzen errichtet werden.
Für die Herstellung von Arzneimitteln galten bestimmte Standards[3]) und ihre Beschaffenheit unterlag der staatlichen Überwachung. Auch die Preise für Arzneimittel waren staatlich geregelt.
Im Wortlaut heißt es im Tit. 47 der im Jahre 1231 verkündeten „Constitutiones Regni Siciliae“ (Liber Augustalis), in deren „Liber tertius“ im Rahmen einer in sich geschlossenen und durch „Novae Constitutiones“ ergänzten Medizinalordnung einige Kapitel der Herstellung von Arzneimitteln gewidmet sind, u. a.[4]):
„Tit. 47: Die Apotheker aber sollen die Arznei auf ihre Kosten unter Aufsicht der Ärzte gemäß der Anordnung der Konstitution herstellen, und zudem sollen sie nicht zur Führung von Apotheken zugelassen werden, wenn sie nicht einen Eid abgelegt haben, daß sie alle ihre Arzneien gemäß vorgenannter Anordnung ohne Trug herstellen werden. In folgender Weise aber soll der Verdienst des Apothekers an seinen Arzneien geregelt sein: Von Zubereitungen und einfachen Medikamenten, die bislang in den Apotheken vom Zeitpunkt des Einkaufs an gerechnet nicht über ein Jahr lang aufbewahrt zu werden pflegten, kann und darf er für jede Unze drei Tarene als Bezahlung nehmen. Von den anderen Arzneimitteln aber, die infolge der Beschaffenheit der Arzneien oder aus anderem Grunde über ein Jahr in der Apotheke aufbewahrt werden, soll er für jede Unze eine Bezahlung von sechs Tarenen fordern dürfen. Auch sollen derartige Apotheken nicht überall sein, sondern in bestimmten Städten des Reiches, so wie unten angegeben wird.[5])
Wir wollen, daß in jedem unserer Rechtsprechung unterliegenden Bezirk unseres Reiches zwei umsichtige und zuverlässige Männer bestellt und durch einen von ihnen geleisteten körperlichen Eid gebunden werden, deren Namen unserem Hof zu übermitteln sind, und unter deren Begutachtung Elektuarien, Sirupe und andere Arzneien ordnungsgemäß hergestellt und erst dann verkauft werden sollen. Insonderheit wollen wir, daß diese in Salerno durch die Professoren der Naturwissenschaften approbiert werden ... Diejenigen aber, welche die Arzneien zubereiten, wollen wir durch einen körperlich geleisteten Eid verantwortlich verpflichten, daß sie die Arzneien zuverlässig, kunstgerecht und in einer für die Menschen geeigneten Beschaffenheit in Gegenwart der Vereidigten anfertigen. Bei Zuwiderhandlungen sollen sie zur Einziehung ihres gesamten beweglichen Vermögens verurteilt werden. Die Beauftragten aber, deren Gewissenhaftigkeit obiges anvertraut ist, soll — so bestimmen wir —, wenn sie des begangenen Betruges in dem ihnen anvertrauten Amt überführt werden, die Todesstrafe treffen.“
Obgleich der Geltungsbereich dieser Regelungen auf das Königreich beider Sizilien beschränkt blieb, setzten sich in der Folge die dort niedergelegten Prinzipien allgemein durch.

Damit begann in ganz Europa die Herausbildung einer Apothekengesetzgebung, die infolge des Herstellungsmonopols der Apotheken für Arzneimittel nahezu 600 Jahre lang die Arzneimittelgesetzgebung in sich einschloß.
In Deutschland wurden vom 14. Jahrhundert an mit Beginn des Frühkapitalismus, des Anwachsens der Macht des Bürgertums und der Bevölkerungszunahme in den Städten in zunehmendem Maß von den Städten Apothekenordnungen zur Regelung und Überwachung des Verkehrs mit Arzneimitteln erlassen. Um 1600 bestanden bereits in 72 deutschen Städten solche Bestimmungen, und bis zum Jahre 1700 stieg ihre Anzahl auf 220.
In den städtischen Apothekenordnungen wurden u. a. die Kontrolle der Apotheken, ihre Dienstbereitschaft, die vorrätig zu haltenden Arzneimittel (Series medicaminum, Frankfurter Liste, 1450), das Sammeln und Trocknen von Pflanzenteilen, die Aufbewahrung und Aussonderung von Arzneimitteln sowie Giften, Herstellungs- und Abgabevorschriften für Medikamente und Taxfragen geregelt.
Angesichts der Zusammenballung größerer Bevölkerungsteile in den Städten wuchs die Seuchengefahr, die die ratsfähigen Geschlechter der Städte in gleichem Maße bedrohte. Das führte in den Städten zu bestimmten Hygiene- und Gesundheitsvorschriften, in die auch die Apothekenordnungen einbezogen wurden. Da eine vergleichbare Gefahr für die Feudalherren auf dem Lande in Anbetracht der wesentlich geringeren Bevölkerungsdichte nicht bestand, ist es verständlich, daß bis zum Ausgang des Mittelalters neben den Stadtrechten reichs- und landesrechtliche Apothekenvorschriften ebenso wie andere Gesundheitsvorschriften nur eine zweitrangige Rolle spielten. Gewisse Bedeutung für das Apothekenwesen im gesamten Reichsgebiet hatten allenfalls die Strafbestimmungen zum Verkehr mit Arzneimitteln und Giften des 1533 von Karl V. erlassenen Strafgesetzbuches „Constitutio Criminalis Carolina“ und eine 1548 vom Reichstag zu Augsburg u. a. auf Grund von Mängeln im Apothekenwesen revidierte — auch unter der Bezeichnung „Reichsmedizinalordnung“ bekannt gewordene — Fassung der „Reichspolizeiordnung“ aus dem Jahre 1530.
Die Zeit der Renaissance (um 1440—1540) brachte mit der Entwicklung der modernen Naturwissenschaften, die durch die Bedürfnisse der sich herausbildenden kapitalistischen Produktionsweise bedingt wurde, und des Überseehandels die Einführung neuer Arzneimittel mit sich. Durch die Tätigkeit von Paracelsus gewannen „Chemikalien“ als Arzneimittel an Bedeutung und die Grundlage der „Iatrochemie“ entstand. Die Entwicklung des Buchdruckes gestattete die schnelle Verbreitung von medizinischen Erkenntnissen und weckte das Bedürfnis nach neuen Arzneimitteln. Die Abkehr von der seit dem 12. Jahrhundert dominierenden arabischen Medizin und die Hinwendung zur Schule des Hippokrates brachte gleichfalls einen Wandel im Arzneimittelbedarf mit sich. So ergab sich die Notwendigkeit, Apothekern, Ärzten und Kaufleuten genaue Beschreibungen und Prüfmethoden für die bislang vielfach unbekannten Stoffe und Zubereitungen zur Verfügung zu stellen. Dazu dienten die amtlichen Arzneibücher in den einzelnen Städten, von denen in Deutschland das älteste das für Nürnberg gültige „Dispensatorium des Valerius Cordus“ aus dem Jahre 1547 mit der Beschreibung von über 1100 Arzneimitteln ist.

Mit dem Niedergang der Reichsmacht und dem Erstarken der landesherrlichen Gewalt vom Beginn des 17. Jahrhunderts ab nahm sich die landesrechtliche Gesetzgebung auch zunehmend des Apothekenrechts an und bildete es auf der Grundlage der „Reichspolizeiordnung“ von 1548 weiter aus.

Ende des 17. Jahrhunderts wurden auch amtliche Arzneibücher für größere politische Einheiten verbindlich; die erste derartige Pharmakopoe war das 1698 herausgebrachte Dispensatorium Brandenburgicum.

Langsam entwickelten sich mit Beginn des 17. Jahrhunderts auch Drogengroßhandlungen und Produktionsstätten für „Geheimmittel“ als erste Basen für den Arzneimittelverkehr außerhalb der Apotheken.

Im Zuge der Ablösung des Feudalismus durch den Kapitalismus wandelte sich im Bereich der Arzneimittelversorgung die Rechtsposition des Apothekers vom „privilegierten landesherrlichen Untertan“ zum „konzessionierten Unternehmer“ mit besonderer, wegen des öffentlichen Interesses vom Staat vielfach geschützter Stellung. Ungeachtet dieser Entwicklung war bis zum Beginn des 19. Jahrhunderts das Herstellungs- und Abgabemonopol des Apothekers für Arzneimittel nahezu unangetastet und damit trotz vieler in der damaligen Gesellschaftsordnung begründeter Mängel der Apothekengesetzgebung gesichert, daß der Verkehr mit Arzneimitteln in einigermaßen kontrollierten Bahnen verlief.

In der Darstellung des deutschen Verwaltungsrechts aus dem Jahre 1832 von Mohl[6]) werden die Grundsätze für den Betrieb einer Apotheke wie folgt umrissen:

Die Errichtung einer Apotheke bedarf der Erlaubnis der Medizinal-Polizeibehörde.

Nur in Apotheken ist es zulässig, Arzneien zu bereiten und zu verkaufen; jeder Handel mit Arzneimitteln durch Hausieren ist verboten.

Alle im gewöhnlichen Gebrauch befindlichen Arzneimittel müssen „immer untadelhaft vorrätig“ sein; ein Verzeichnis dieser Mittel, „eine Pharmakopöe“, muß bekannt gemacht werden. Ausnahmen können nur bei sehr selten gebrauchten teuren Mitteln und bei kleinen wenig beschäftigten Landapotheken zugebilligt werden. Der Apotheker muß zu jeder Tages- und Nachtzeit die von ihm verlangten Arzneien anfertigen oder abgeben.

Der Apotheker muß die Arzneien streng nach dem Rezept des Arztes anfertigen. Der „Handverkauf“ ist auf ungefährliche Stoffe zu beschränken und alle „eigentlichen Arzneikörper“ sind ohne ärztliche Vorschrift nur bei Notfällen abzugeben.

Für die Qualifikation des Apothekers hat der Staat durch Bestimmungen über Unterricht und Prüfungen Sorge zu tragen.

Der materielle Zustand der Apotheken ist durch häufige und unvermutete Kontrollen von Fachleuten zu überwachen.

Diese Situation einer relativen Ordnung darf allerdings nicht zu dem Schluß verleiten, daß damit ein umfassender Schutz der Bevölkerung vor wertlosen oder schädlichen Arzneimitteln gesichert gewesen war. Hierzu fehlten zu einem Zeitpunkt, in dem Deutschland gerade erst die Leibeigenschaft überwunden hatte, wesentliche wissenschaftliche und gesellschaftliche Voraussetzungen.

Dennoch gab es Ende des 18. Jahrhunderts schon einzelne Initiativen, die — ihrer Zeit weit vorauseilend — versuchten, neue Grundsätze auf dem Gebiet des Arzneimittelwesens zu verwirklichen. So ist in der Hessischen Medizinalordnung von 1778 die Rede von der Anmeldung neuer Arzneimittel beim „Collegium Medicum" und ihrer Begutachtung durch dieses Gremium; auch die Medizinalordnung von Münster aus dem Jahr 1777 kennt eine solche Anmeldung neuer Arzneimittel und ihre Begutachtung. Die Preußische General-Medizinalordnung von 1744 verlangt von neuen Arzneimitteln im „Approbationsverfahren" sogar, daß diese „bessere Wirkung verrichten als alle bisher bekannten Mittel". Keine dieser Regelungen konnte voll durchgesetzt oder konsequent weiterentwickelt werden.[13])

Zwei Ereignisse sollten zu Beginn des 19. Jahrhunderts jedoch die bestehende gesetzliche Regelung des Arzneimittelwesens in ihren Grundfesten erschüttern. SERTÜRNER gelang 1805 die Isolierung des Morphins, bald wurden weitere Alkaloide aus Drogen isoliert, wobei deren Gewinnung im Kleinbetrieb der Apotheken auf erhebliche Schwierigkeiten stieß. Hierauf nahm auch die Apothekengesetzgebung Rücksicht. So findet sich bereits in der 4. Ausgabe der „Pharmacopoea Borussica" von 1827 eine Bestimmung, die es den Apothekern gestattete, bestimmte Arzneistoffe unmittelbar von Fabriken zu beziehen. Als WÖHLER 1828 mit dem Harnstoff erstmals eine organische Verbindung synthetisiert hatte, war damit die Grundlage zur Synthese zahlreicher weiterer Stoffe gelegt, von denen viele auch Eingang in den Arzneimittelschatz finden sollten und zu deren Herstellung die Laboratorien der Apotheken nicht mehr ausreichten.

Es entwickelten sich in der Folgezeit eine Anzahl chemischer und pharmazeutischer Betriebe, die in der 2. Hälfte des 19. Jahrhunderts auf eine vollständige Beseitigung der Monopolstellung der Apotheken auf dem Gebiet der Arzneimittelherstellung hindrängten. Die mittelalterlichen Apothekerrechte erwiesen sich als Hemmschuh der kapitalistischen Produktion, und die Unternehmer setzten bald landesgesetzliche Regelungen durch, die es den Apothekern allgemein gestatteten, alle diejenigen Arzneimittel zu beziehen und nicht mehr selbst herstellen zu müssen, zu deren zweckmäßiger Anfertigung ihnen selbst die Voraussetzungen fehlten (z. B. Pharmacopoea Borussica von 1862, 7. Ausgabe). Die bezogenen Arzneistoffe waren allerdings einer Eingangskontrolle zu unterwerfen.

Folgerichtig hätte zu diesem Zeitpunkt in Deutschland neben der Apothekengesetzgebung im Interesse der Gesundheit der Bevölkerung eine selbständige Arzneimittelgesetzgebung entstehen müssen. Mehr als 120 Jahre sollten jedoch noch vergehen, ehe — zuerst 1947/50 in der Deutschen Demokratischen Republik — die Versäumnisse aufgeholt und eine moderne, wirksame Arzneimittelgesetzgebung geschaffen werden konnten.

Wurden ursprünglich außerhalb der Apotheken in den nun in schneller Folge entstehenden pharmazeutischen Fabriken nur „Arzneistoffe" hergestellt, so sollten — nach einem bis zum Ende der sechziger Jahre des 19. Jahrhunderts währenden Zwischenstadium, innerhalb dessen den Apotheken die industriell gefertigten Arzneiformen zur Abpackung unter eigenen Namen verkauft wurden — bald auch „Spezialitäten", d. h. Arzneifertigware, zum Produktionsprogramm der Industrie gehören. Im Gegensatz zu den „Arzneistoffen" hätten diese „Arzneifertigwaren" vom technischen Standpunkt aus betrachtet vielfach auch in Apotheken hergestellt werden können. Entscheidend für die Verlagerung zur Industrie war jedoch die höhere Arbeitsproduktivität in Verbindung mit dem zu erwartenden Profit.

Andererseits beschleunigten die kapitalistischen Arzneimittelbetriebe den wissenschaftlich-technischen Fortschritt durch Einrichtung eigener wissenschaftlicher Abteilungen, die gezielt Zusammensetzung und Struktur bisher bekannter, insbesondere pflanzlicher Arzneistoffe analysierten, um sie rentabler synthetisch herstellen zu können, und die im weiteren Verlauf dann vor allem eine ständig anwachsende Zahl neuer Arzneistoffe synthetisierten.

Diese Entwicklung beschleunigte sich noch wesentlich, als sich die kapitalistischen Großbetriebe der Dampfkraft und der Elektrizität bedienten. Der Wegfall der Zollgrenzen innerhalb der deutschen Länder, die Erweiterung des Eisenbahnnetzes, der sich entwickelnde Binnen- und Seeverkehr hatten gleichfalls günstigen Einfluß auf die Entwicklung der industriellen Arzneimittelproduktion.

Im Laufe des 19. bis zur Mitte des 20. Jahrhunderts fand daher eine grundlegende Wandlung des Apothekenbetriebes statt, deren wesentliches Kennzeichen darin bestand, daß sich die Herstellung von Arzneimitteln in schnellem Tempo von der Apotheke in die Industrie verlagerte. Die Apotheke verarbeitete jedoch noch in erheblichem Umfange aus der Industrie bezogene Arzneistoffe und erfüllte in Verbindung mit der analytischen Kontrolle der von der Industrie erhaltenen Stoffe und Zubereitungen auf Identität, Reinheit und Gehalt eine wichtige Funktion. Der neue Charakter der Apotheke fand seinen Niederschlag auch in den Arzneibüchern der einzelnen Länder, da hier die Herstellungsverfahren für Arzneistoffe in den Hintergrund traten oder überhaupt nicht mehr enthalten waren, während genaue Vorschriften zur Prüfung der verschiedenen Stoffe und Zubereitungen Aufnahme fanden.

Die industrielle Entwicklung des kapitalistischen Deutschland drängte zur ungehinderten gewerblichen Betätigung in einem größeren Wirtschaftsraum, damit zur Überwindung der Ländergrenzen und zur Bildung des Deutschen Reiches als wirtschaftlicher und politischer Einheit. Die Gewerbeordnung für den Norddeutschen Bund, die nach Gründung des Deutschen Reiches als Reichsgewerbeordnung übernommen und weiter ausgestaltet wurde, schuf den kapitalistischen Unternehmern Gewerbefreiheit; sie fand jedoch keine Anwendung auf die Einrichtung und den Betrieb von Apotheken. Trotz des Vorliegens einer entsprechenden Resolution des Norddeutschen Reichstages aus dem Jahre 1869 scheiterten 1872, 1877, 1895 und 1907 unternommene Versuche, für das ganze Reichsgebiet eine einheitliche Regelung des Apothekenbetriebes und der Arzneimittelabgabe zu erreichen, an den vorhandenen Interessengegensätzen.

Lediglich der Erlaß einer reichseinheitlichen Arzneitaxe konnte entsprechend § 80 der Reichsgewerbeordnung erreicht werden; 1905 wurde durch Bekanntmachung „betr. die Einführung einer einheitlichen deutschen Arzneitaxe" die erste Taxe wirksam; 1911

wurde auf der Grundlage des § 376 der Reichsversicherungsordnung erstmals ein Abschlag für den Fall der Abgabe von Arzneimitteln an Versicherte eingearbeitet.[7])
Durch die Gewerbeordnung wurde das Arzneimittelabgabe-Monopol der Apotheken stark eingeschränkt und nur die in den sogenannten „Kaiserlichen Verordnungen" aus den Jahren 1872, 1875, 1890 und 1901 enthaltenen Arzneimittel („negative Listen")[8]) waren nicht für den allgemeinen Handel freigegeben.
1896 zwangen die Zustände im Arzneimittelverkehr außerhalb der Apotheken zur Aufnahme einer Bestimmung in § 35 der Gewerbeordnung, wonach der Handel mit Erzeugnissen, welche Heilzwecken dienten, untersagt werden konnte, wenn die Handhabung des Gewerbebetriebes Leben und Gesundheit von Menschen gefährdete. Diese Maßregel ist praktisch wirkungslos geblieben, da im Falle der Untersagung der Betrieb in der Regel unter nomineller Verantwortung eines anderen Familienmitgliedes weitergeführt wurde.[9])
So war durch die Gewerbeordnung der Schutz der Bevölkerung vor Arzneimittelschäden auch nicht annähernd gewährleistet, da die Herstellung von Arzneimitteln außerhalb der Apotheken und die Zulassung von Arzneimitteln gesetzlich nicht geregelt waren.
An den grundsätzlichen Mängeln auf dem Gebiet des Arzneimittelverkehrs konnten auch eine Reihe um die Jahrhundertwende erlassener Vorschriften nur wenig ändern.
So wurden z. B. auf der Grundlage von Bundes- bzw. Reichsratsbeschlüssen aus den Jahren 1896, 1898, 1908 und 1920 genaue Vorschriften für Apotheken über die Abgabe von Arzneien erlassen, die starkwirkende Stoffe oder Suchtmittel enthielten, sowie über die Beschaffenheit und Bezeichnung von Arzneigläsern und Standgefäßen.[10])
Ferner erlangten 1904 bzw. 1907 in den deutschen Staaten „Vorschriften über den Verkehr mit Geheimmitteln und ähnlichen Arzneimitteln" Verbindlichkeit. Dadurch wurden für etwa 150 „Arzneimittel" Festlegungen zur Deklaration getroffen, Werbemaßnahmen eingeschränkt, die Apothekenpflicht eingeführt und teilweise die Rezeptpflicht ausgesprochen. Der Versuch, im Jahre 1910 ein „Gesetz gegen Mißstände im Heilgewerbe" zu verabschieden, wurde durch den Widerstand der pharmazeutischen und kosmetischen Industrie zur Erfolglosigkeit verurteilt.[11])
Dem Bestreben der immer mehr wachsenden kapitalistischen Industrie, den Vertrieb ihrer Erzeugnisse auf möglichst große Wirtschaftsgebiete auszudehnen, wirkte — insbesondere nach Bildung des deutschen Staates — entgegen, daß die bisher nur auf Landesebene in Arzneibüchern festgelegten Qualitätsbestimmungen für Arzneimittel den Warenaustausch erschwerten und nicht mehr den Bedürfnissen der expansiven industriellen Großproduktion entsprachen. So ist es verständlich, daß bereits im Jahre 1872 die „Pharmacopoea Germanica I" erschien. Damit waren für das gesamte damalige Deutschland erstmals einheitliche Qualitätsbestimmungen der wichtigsten Arzneimittel festgelegt.
Inzwischen war das Wachstum der Bevölkerung weiter vorangeschritten und damit auch die Zahl der Personen gestiegen, die sich beruflich mit Bestimmungen des bislang in lateinischer Sprache gehaltenen Deutschen Arzneibuches befassen mußten. Dies zwang dazu,

von der 1882 erschienenen 2. Ausgabe des Deutschen Arzneibuches eine deutsche Übersetzung herauszubringen und 1890 die 3. Ausgabe des Deutschen Arzneibuches ausschließlich in deutscher Sprache erscheinen zu lassen.
Im wesentlichen gelang es mit Hilfe des Deutschen Arzneibuches und seines inoffiziellen Ergänzungsbuches bis zum Anfang der 30er Jahre, die Qualität der wichtigsten gebräuchlichen Arzneistoffe zu regeln. Allerdings enthielten die bis zum Jahre 1926 erschienenen 6 Ausgaben des Deutschen Arzneibuches kaum Bestimmungen zur Prüfung von galenischen Zubereitungen wie Tabletten, Dragees oder Injektionslösungen, und die aufgenommenen Vorschriften zur Herstellung von Arzneimitteln waren nur gegenüber den Apotheken, nicht aber gegenüber der Industrie verbindlich. Für die meisten der in den letzten 35 Jahren entwickelten Arzneistoffe waren überhaupt keine staatlichen Qualitätsnormen vorhanden, da die Arbeiten am Deutschen Arzneibuch von 1926 bis Mitte der 50er Jahre praktisch stagnierten und danach nur zögernd in Gang kamen.
Um die Jahrhundertwende war der Kapitalismus in Deutschland in das Stadium des Imperialismus eingetreten, und zunehmend zeichneten sich Tendenzen des staatsmonopolistischen Kapitalismus ab. Auch auf dem Gebiet der Arzneimittelproduktion kristallisierte sich eine für die gesellschaftliche Entwicklung verhängnisvolle Konzentration der Macht auf bestimmte Betriebe des Industriezweiges Chemie heraus, die sich 1904 zu einer Interessengemeinschaft sowie 1925 zur IG Farben AG zusammenschlossen (u. a. BASF, Farbenwerke Bayer AG, Farbwerke Hoechst AG) und zeitweilig 90% der deutschen Arzneimittelproduktion kontrollierten. Den Konzentrationsprozeß förderten insbesondere auch das 1874 erlassene Gesetz zum Schutz der Warenbezeichnungen und das im Jahre 1877 in Kraft getretene Patentgesetz. Der Kampf der Sozialistischen Arbeiterpartei Deutschlands zwang Ende des 19. Jahrhunderts Bismarck zur Sicherung seiner Politik das Zugeständnis zu einer Sozialgesetzgebung ab, durch die erstmals eine gewisse Verbesserung der Arzneimittelversorgung auch der Arbeiter erreicht wurde. Die damit verbundene Stabilisierung und Steigerung des Arzneimittelverbrauches begünstigte auf der anderen Seite die schnelle Weiterentwicklung der kapitalistischen Arzneimittelindustrie.
Der insbesondere nach dem Opiumkrieg zwischen England und China sich entwickelnde internationale Opiumhandel wirkte sich um die Jahrhundertwende auch in Europa und Amerika durch eine erschreckende Zunahme des Opiumschmuggels aus. Anbau, Herstellung und Vertrieb von Opium sowie anderer Suchtstoffe wurden deshalb, nachdem viele Staaten bereits eine nationale Kontrolle eingerichtet hatten, auf der Grundlage zwischenstaatlicher Abkommen, denen Deutschland 1929 beitrat, unter internationale Kontrolle gestellt. Das in Deutschland im gleichen Jahre erlassene Opiumgesetz vom 10. 12. 1929 läßt Gewinnung, Herstellung und Einfuhr von Opium und weiteren Suchtmitteln nur für arzneiliche und wissenschaftliche Zwecke zu, gibt nur bestimmte Suchtmittel zur Verwendung als Arzneimittel frei und unterwirft die ärztliche Verordnung und Abgabe dieser Mittel in Apotheken einschränkenden Bestimmungen.

Ein Vorläufer des Opiumgesetzes war das Gesetz zur Ausführung des internationalen Opiumabkommens vom 30. 12. 1920, das u. a. die Abgabe von Opium, Morphium, Kokain und Heroin an Apotheken regelte.
Zwischen den beiden Weltkriegen finden sich weitere Regelungen nur zu Teilgebieten des Arzneimittelverkehrs.
Bemerkenswert, wenn auch offensichtlich in der Praxis nicht voll zum Tragen gekommen, erscheint u. a. eine „Richtlinie des Reichsministeriums des Innern" aus dem Jahr 1931 „für neuartige Heilbehandlung und für die Vornahme wissenschaftlicher Versuche am Menschen", die ihres interessanten Inhaltes wegen ungekürzt wiedergegeben werden soll:[12])

1. Die ärztliche Wissenschaft kann, wenn sie nicht zum Stillstand kommen soll, nicht darauf verzichten, in geeigneten Fällen eine Heilbehandlung mit neuen, noch nicht ausreichend erprobten Mitteln und Verfahren einzuleiten. Ebensowenig kann sie wissenschaftliche Versuche am Menschen als solche völlig entbehren, da sonst Fortschritte in der Erkennung, der Heilung der Verhütung von Erkrankungen gehemmt oder sogar ausgeschlossen würden.
   Den hiernach dem Arzte einzuräumenden Rechten steht die besondere Pflicht des Arztes gegenüber, sich der großen Verantwortung für Leben und Gesundheit jedes einzelnen, den er neuartig behandelt oder an dem er einen Versuch vornimmt, stets bewußt zu bleiben.

2. Unter neuartiger Heilbehandlung im Sinne dieser Richtlinien sind Eingriffe und Behandlungsweisen am Menschen zu verstehen, die der Heilbehandlung dienen, also in einem bestimmten einzelnen Behandlungsfall zur Erkennung, Heilung oder Verhütung einer Krankheit oder eines Leidens oder zur Beseitigung eines körperlichen Mangels vorgenommen werden, obwohl ihre Auswirkungen und Folgen auf Grund der bisherigen Erfahrungen noch nicht ausreichend zu übersehen sind.

3. Unter wissenschaftlichen Versuchen im Sinne dieser Richtlinien sind Eingriffe und Behandlungsweisen am Menschen zu verstehen, die zu Forschungszwecken vorgenommen werden, ohne der Heilbehandlung im einzelnen Falle zu dienen, und deren Auswirkungen und Folgen auf Grund der bisherigen Erfahrungen noch nicht ausreichend zu übersehen sind.

4. Jede neuartige Heilbehandlung muß in ihrer Begründung und ihrer Durchführung mit den Grundsätzen der ärztlichen Ethik und den Regeln der ärztlichen Kunst und Wissenschaft im Einklang stehen. Stets ist sorgfältig zu prüfen und abzuwägen, ob die Schäden, die etwa entstehen können, zu dem zu erwartenden Nutzen im richtigen Verhältnis stehen. Eine neuartige Heilbehandlung darf nur vorgenommen werden, wenn sie vorher, soweit möglich, im Tierversuch geprüft worden ist.

5. Eine neuartige Heilbehandlung darf nur vorgenommen werden, nachdem die betreffende Person oder ihr gesetzlicher Vertreter auf Grund einer vorangegangenen

zweckentsprechenden Belehrung sich in unzweideutiger Weise mit der Vornahme einverstanden erklärt hat.
Fehlt die Einwilligung, so darf eine neuartige Heilbehandlung nur dann eingeleitet werden, wenn es sich um eine unaufschiebbare Maßnahme zur Erhaltung des Lebens oder zur Verhütung schwerer Gesundheitsschädigung handelt und eine vorherige Einholung der Einwilligung nach Lage der Verhältnisse nicht möglich war.

6. Die Frage der Anwendung einer neuartigen Heilbehandlung ist mit ganz besonderer Sorgfalt zu prüfen, wenn es sich um Kinder und jugendliche Personen unter 18 Jahren handelt.

7. Die ärztliche Ethik verwirft jede Ausnutzung der sozialen Notlage für die Vornahme einer neuartigen Heilbehandlung.

8. Bei neuartiger Heilbehandlung mit lebenden Mikroorganismen, insbesondere mit lebenden Krankheitserregern, ist erhöhte Vorsicht geboten. Sie ist nur dann als zulässig zu erachten, wenn eine relative Unschädlichkeit des Verfahrens anzunehmen und auf andere Weise die Erzielung eines entsprechenden Nutzens unter den gegebenen Verhältnissen nicht zu erwarten ist.

9. In Kliniken, in Polikliniken, in Krankenanstalten oder in sonstigen Anstalten zur Krankenbehandlung und Krankenfürsorge darf eine neuartige Heilbehandlung nur vom leitenden Arzt selbst oder in seinem ausdrücklichen Auftrag und unter seiner vollen Verantwortung von einem anderen Arzt ausgeführt werden.

10. Über jede neuartige Heilbehandlung ist eine Aufzeichnung zu fertigen, aus der der Zweck der Maßnahme, ihre Begründung und die Art ihrer Durchführung ersichtlich sind. Insbesondere muß auch ein Vermerk darüber vorhanden sein, daß die betreffende Person oder erforderlichenfalls ihr gesetzlicher Vertreter vorher zweckentsprechend belehrt worden ist und die Zustimmung gegeben hat. Ist bei fehlender Einwilligung eine Heilbehandlung unter den Voraussetzungen von Nr. 5 Absatz 2 vorgenommen worden, so muß der Vermerk diese Voraussetzungen eingehend darlegen.

11. Die Veröffentlichung der Ergebnisse einer neuartigen Heilbehandlung muß in einer Form erfolgen, die der gebotenen Achtung vor dem Kranken und den Geboten der Menschlichkeit in jeder Weise Rechnung trägt.

12. Die Nummern 4—11 dieser Richtlinien gelten entsprechend für wissenschaftliche Versuche (Nr. 3). Außerdem gilt für solche Versuche folgendes:

    a) Die Vornahme eines Versuchs ist bei fehlender Einwilligung unter allen Umständen unzulässig.

    b) Jeder Versuch am Menschen ist zu verwerfen, der durch den Versuch am Tier ersetzt werden kann. Ein Versuch am Menschen darf erst vorgenommen werden, wenn zuvor alle Unterlagen beschafft worden sind, die zu seiner Klärung und Sicherung mit den der medizinischen Wissenschaft zur Verfügung stehenden biologischen Methoden des Laboratoriumsversuchs und des Tierexperiments gewonnen werden können. Unter diesen Voraussetzungen verbietet sich jedes grund- oder planlose Experimentieren am Menschen von selbst.

c) Versuche an Kindern oder jugendlichen Personen unter 18 Jahren sind unstatthaft, wenn sie das Kind oder den Jugendlichen auch nur im geringsten gefährden.

d) Versuche an Sterbenden sind mit den Grundsätzen der ärztlichen Ethik unvereinbar und daher unzulässig.

13. Wenn man somit von der Ärzteschaft und insbesondere von den verantwortlichen Leitern der Krankenanstalten erwarten darf, daß sie sich von einem starken Verantwortungsgefühl gegenüber den ihnen anvertrauten Kranken leiten lassen, so wird man doch auch bei ihnen diejenige Verantwortungsfreudigkeit nicht entbehren wollen, die auf neuen Wegen den Kranken Erleichterung, Besserung, Schutz oder Heilung zu schaffen sucht, wenn die bisher bekannten Mittel nach ihrer ärztlichen Überzeugung zu versagen drohen.

14. Schon im akademischen Unterricht soll bei jeder geeigneten Gelegenheit auf die besonderen Pflichten hingewiesen werden, die dem Arzte bei Vornahme einer neuen Heilbehandlung oder eines wissenschaftlichen Versuchs sowie auch bei der Veröffentlichung ihrer Ergebnisse obliegen.

Alle Versuche indes, zu einer den gesundheitspolitischen Bedürfnissen der Bevölkerung und den medizinischen Erfordernissen entsprechenden Arzneimittelgesetzgebung zu kommen, scheiterten. So wurde durch ein Rundschreiben der Länder bereits im Jahre 1926 eine reichsgesetzliche Regelung des Verkehrs mit Arzneimitteln verlangt. Ein daraufhin im Jahre 1928 vom „Reichsgesundheitsamt" aufgestellter Gesetzesentwurf wurde 1931 überarbeitet und Ende 1932 dem „Reichsministerium des Innern" vorgelegt. Aber allen Versuchen, zu umfassenden Rechtsvorschriften über die Herstellung, Prüfung und Abgabe von Arzneimitteln zu kommen, widersetzte sich neben anderen Interessenverbänden vor allem die pharmazeutische Industrie, die inzwischen etwa 80% aller benötigten Arzneimittel herstellte. Ursache und Erfolg des Widerstandes erklären sich im wesentlichen aus der Macht und dem Profitinteresse der Monopole und Wirtschaftsverbände, die eine Einengung ihrer Positionen und auch Nachteile im internationalen Konkurrenzkampf fürchteten. Aber auch von wissenschaftlicher Seite waren Bedenken vorhanden, da unter Berücksichtigung des damaligen starren bürokratischen Systems eine Beeinträchtigung der Forschungstätigkeit nicht mit Sicherheit ausgeschlossen werden konnte.
Damit blieb der Zustand bestehen, daß die Arzneimittelherstellung weitgehend nach Profitinteressen, unabhängig vom echten medizinischen Bedürfnis, ohne vorgeschriebenen Nachweis der Unschädlichkeit oder Wirksamkeit der hergestellten Mittel ablief und der Staat nicht die Möglichkeit hatte, im medizinischen Interesse hinreichend wirksam zu

werden. Dieser im völligen Widerspruch zu den Bedürfnissen der medizinischen Wissenschaft und der Gesellschaft stehende Zustand änderte sich erst grundlegend im Rahmen des Aufbaues eines leistungsfähigen Gesundheitswesens in der Deutschen Demokratischen Republik.

Hier konnten die Grundsätze der Kommunistischen Partei Deutschlands sowie die Ideen fortschrittlicher Ärzte und Apotheker in die Praxis umgesetzt werden.[14])

Bereits kurz nach dem Ende des 2. Weltkrieges wurden in den Jahren 1947 bis 1949 in den Ländern der damaligen Sowjetischen Besatzungszone Deutschlands, deren Arzneimittelwesen sich als Folge des 2. Weltkrieges zunächst in einem außerordentlich kritischen Zustand befand, eine Reihe inhaltlich im wesentlichen gleicher Arzneimittelgesetze[15])[24]) ausgearbeitet und in Kraft gesetzt, die modernen Anforderungen entsprachen. Schon zum damaligen Zeitpunkt waren personelle und sachliche Voraussetzungen für Herstellung und Großhandel mit Arzneimitteln festgelegt worden und durften Arzneifertigwaren nur nach einer Bedürfnisprüfung und Eintragung in ein Arzneimittelverzeichnis in den Verkehr gebracht werden.

Am 5. Oktober 1949 wurde in einer Anordnung über die Regelung und Überwachung des Verkehrs mit Arzneimitteln (Überwachungsanordnung) (ZVOBl. I S. 766) die Führung des Verzeichnisses der Arzneifertigwaren bei der damaligen Deutschen Wirtschaftskommission, Hauptverwaltung Gesundheitswesen, und die Bildung des Zentralen Gutachterausschusses für Arzneimittelverkehr festgelegt. Die Hauptverwaltung Gesundheitswesen wurde beauftragt, unter Hinzuziehung des Zentralen Gutachterausschusses Grundsätze und Richtlinien aufzustellen, die eine einheitliche Gestaltung und Planung des Arzneimittelwesens ermöglichen sollten. Sie wurde gleichzeitig ermächtigt, die zur Durchführung dieser Anordnung erforderlichen Rechts- und Verwaltungsvorschriften zu erlassen und die zur Koordinierung auf dem Gebiet der Arzneimittelgesetzgebung in den Ländern notwendigen Maßnahmen durchzuführen.

Damit war die Grundlage für eine planmäßige Entwicklung des Arzneimittelwesens geschaffen worden, die parallel mit dem Aufbau einer leistungsfähigen sozialistischen pharmazeutischen Industrie ging.

Die 1. DB vom 30. Juni 1950 zur Überwachungsanordnung (GBl. S. 668, Ber. S. 722) regelte u. a. die Zusammensetzung des Zentralen Gutachterausschusses für Arzneimittelverkehr und die Berufung der Mitglieder durch das inzwischen mit der Bildung der Deutschen Demokratischen Republik geschaffene Ministerium für Arbeit und Gesundheitswesen. Ferner wurde bestimmt, die Registrierung der Arzneifertigwaren abzuschließen und nicht eingetragene Arzneifertigwaren ab 1. Juni 1951 nicht mehr als verkehrsfähig zu betrachten. Die 1. DB enthielt ferner Bestimmungen über die Löschung von Arzneifertigwaren im Verzeichnis sowie Vorschriften über die Kennzeichnung von Arzneifertigwaren und sogenannten „Hausspezialitäten".

Der Erlaß der 1. DB zur Überwachungsanordnung bewirkte, daß die Zahl der Herstellerbetriebe von 527 im Jahre 1949 auf 199 im Jahre 1951 reduziert wurde. Auch die Zahl der Arzneifertigwaren — Eigenproduktion ohne Seren, Impfstoffe, Bakteriophagen,

Tierarzneimittel, Diagnostika, Gesundheitspflegemittel — ging auf ein gesellschaftlich begründetes Maß zurück und betrug 1951 1700 gegenüber mehr als 5000 im Jahre 1949.
In der Folge wurden mit 15 Durchführungsbestimmungen bedeutende Komplexe des Verkehrs mit Arzneimitteln einer konsequenten und einheitlichen Regelung unterzogen. Im einzelnen hatten die Durchführungsbestimmungen folgende Gebiete zum Inhalt:

2. DB vom 31. 10. 1950 (GBl. S. 1131)	Einheitliche Regelung der Rezeptpflicht für Arzneimittel.
3. DB vom 12. 5. 1950 (GBl. S. 370)	Inverkehrbringen von Futterkalk.

Die folgenden Durchführungsbestimmungen wurden durch das inzwischen aus dem Ministerium für Arbeit und Gesundheitswesen hervorgegangene Ministerium für Gesundheitswesen erlassen:

4. DB vom 28. 4. 1954 (GBl. S. 463)	Regelung der Abgabe von Arzneimitteln außerhalb der Apotheken.
5. DB vom 12. 8. 1954 (GBl. S. 797)	Verbindlichkeitserklärung des Deutschen Arzneibuches, 6. Ausgabe, einschl. seines Nachtrages 1954 erstmals auch für die Industrie.
6. DB vom 27. 9. 1954 (GBl. S. 837)	Regelung des Verkehrs mit freiverkäuflichen Arzneifertigwaren.
7. DB vom 15. 3. 1955 (GBl. I, S. 211)	Chirurgisches Nahtmaterial, Kunststoffplomben, Gelatineschwämme und dergleichen medizinisches Material wurden den Arzneimitteln gleichgestellt.
8. DB vom 21. 11. 1955 (GBl. I, S. 930)	Einführung einer einheitlichen Chargenkennzeichnung.
9. DB vom 5. 12. 1956 (GBl. I, S. 1355)	Neuregelung der Abgabe von Arzneimitteln außerhalb der Apotheken.
10. DB vom 3. 10. 1957 (GBl. I, S. 561)	Herstellung von Tinctura Digitalis nach einer neuen Vorschrift.
11. DB vom 16. 1. 1958 (GBl. I, S. 208)	Bestimmungen über das Verzeichnis der Arzneifertigwaren und die Eintragungspflicht von Stoffen und Zubereitungen des DAB 6 in abgabefertigen Packungen.
12. DB vom 22. 4. 1958 (GBl. I, S. 393 und 655)	Bestimmungen über das Verzeichnis der Tierarzneifertigwaren und die Kennzeichnung von Tierarzneimitteln.
13. DB vom 14. 6. 1958 (GBl. I, S. 574)	Verbandmittel für medizinische und hygienische Zwecke sowie Erzeugnisse für zahnmedizinische und zahntechnische Zwecke werden den Arzneimitteln gleichgestellt.

14. DB vom 26. 11. 1959 (GBl. I, S. 915)	Regelung des zwischen der Arznei- und Lebensmittelgesetzgebung liegenden Komplexes der „Gesundheitspflegemittel“.
15. DB vom 14. 3. 1960 (GBl. I, S. 216)	Verbindlichkeitserklärung des Nachtrages 1959 zum Deutschen Arzneibuch 6. Ausgabe.

Am 1. September 1960 erließ der Minister für Gesundheitswesen die „Anweisung über das Verfahren bei der Eintragung von Arzneimitteln in das Verzeichnis der Arzneifertigwaren“[16]), die in ihren Anlagen u. a. ausführliche „Richtlinien für die Erstattung von Gutachten über Arzneifertigwaren“ sowie eine „Arbeitsordnung des Zentralen Gutachterausschusses für Arzneimittelverkehr beim Ministerium für Gesundheitswesen“ enthielt.
Am 13. Oktober 1961 wurde in einer Anordnung zur Verschreibung von Arzneimitteln[17]) bestimmt, daß Rezepte nur für solche Arzneimittel ausgeschrieben werden dürfen, die in Apotheken der Deutschen Demokratischen Republik vorrätig gehalten und abgegeben werden. Durch diese und ergänzende Bestimmungen wurde der unkontrollierten Anwendung staatlich nicht geprüfter Arzneimittel Einhalt geboten.
Die objektive Notwendigkeit zu solchen Schutzmaßnahmen ergab sich insbesondere aus der Contergan-Katastrophe, die mit Schwerpunkt in der Bundesrepublik Deutschland etwa 6000 Opfer (teratogene Effekte, Neurotoxizität) mit Dauerschäden zur Folge hatte, aber auch aus zahlreichen weiteren Vorkommnissen mit ungenügend geprüften, mangelhaft hergestellten oder verantwortungslos angepriesenen oder eingesetzten Arzneimitteln. Unfälle größeren Umfanges mit Arzneimitteln waren gelegentlich auch schon in der Vergangenheit aufgetreten, so z. B. in den Dreißiger Jahren in den USA in Zusammenhang mit der Injektion von Sulfonamiden, wo sie Anlaß zu einer Überarbeitung der nationalen Arzneimittelgesetzgebung waren.
Der Verkehr mit Impfstoffen, Seren und Bakteriophagen wurde durch eine Verordnung vom 20. September 1951[18]) in Verbindung mit einer 1. DB vom 2. Oktober 1952[19]) neu geordnet, und das Gesetz über den Verkehr mit Giften vom 6. September 1950[20]) sowie die Verordnung über die Organisation des Apothekenwesens vom 27. Februar 1958[21]) regelten wichtige, das Arzneimittelwesen eng berührende Gebiete. Schließlich wurde die Tätigkeit der Deutschen Arzneibuchkommission im Zusammenhang mit der Aufnahme der Arbeiten am DAB 7 durch Anweisung vom 5. Juli 1962[22]) auf eine neue Grundlage gestellt.
Obgleich die bis zu dieser Zeit in der DDR geschaffene Arzneimittelgesetzgebung vom Inhalt her einen beachtenswerten Stand aufwies, auf deren Grundlage sich ein leistungsfähiges Arzneimittelwesen entwickelt hatte, erschwerte doch die Vielzahl der über einen langen Zeitraum entstandenen Einzelvorschriften Übersicht und Orientierung. Hinzu kam, daß noch ein nicht geringer Teil des Arzneimittelrechts in den 1947/49 erlassenen, im wesentlichen zwar übereinstimmenden, in einigen Teilen aber doch voneinander abweichenden Landesgesetzen enthalten war. Das machte das Bedürfnis nach einem neuen, einheitlichen Arzneimittelgesetz immer dringlicher. Der in den Jahren 1959/60 aufgestellte und vom Ministerrat bestätigte Perspektivplan zur Entwicklung der medizinischen Wissenschaft und des Gesundheitswesens stellte deshalb die Aufgabe, ein solches Gesetz auszuarbeiten[23]).

Das Arzneimittelgesetz der DDR vom 5. Mai 1964, inzwischen durch 12 Durchführungsbestimmungen, eine Reihe von Anweisungen sowie durch Verfügungen ergänzt, brachte folgende Ergebnisse:

- das Arzneimittelsortiment wurde durch kritische Prüfung des medizinischen Bedürfnisses auf einem Stand von etwa 1800 modernen Arzneifertigwaren gehalten[25][26]
- durch hohe Sicherheitsforderungen wurde gewährleistet, daß keine Gefährdungen der Bevölkerung durch ungenügend geprüfte Arzneifertigwaren auftraten
- Werbeverbot und strenge Regelung der Rezeptpflicht unterbanden weitgehend die mißbräuchliche Anwendung von Arzneimitteln
- die Informationspflicht für Arzneimittel gegenüber Ärzten und Apothekern gestattete den Aufbau eines einheitlichen Informationssystems
- die weite Fassung des Begriffes Arzneimittel ermöglichte die Qualitätskontrolle auch auf Randgebieten wie medizintechnisches Verbrauchsmaterial, Verbandmaterial und Labordiagnostika
- die konsequente Ausdehnung der Bedürfnisprüfung auf Labordiagnostika setzte die Standardisierung der labordiagnostischen Methoden voraus und führte dadurch zu einem höheren Niveau in der Laboratoriumsdiagnostik
- staatliche Gütevorschriften für alle im Arzneimittelverkehr befindliche Erzeugnisse garantieren ein gleichbleibend hohes Qualitätsniveau
- die Erstreckung der Arzneimittelgesetzgebung auf Gesundheitspflegemittel gewährleistet auch bei diesen Erzeugnissen eine hohe Sicherheit für die Bevölkerung
- das Verfahren der klinischen Prüfung von Arzneimitteln wurde im Einklang mit Empfehlungen der WHO so geregelt, daß bei hoher Wissenschaftlichkeit für alle Beteiligten ein Höchstmaß von Sicherheit garantiert ist.

Zusammenfassend kann festgestellt werden, daß das Arzneimittelgesetz der DDR aus dem Jahre 1964 die Bevölkerung wirksam vor Schäden durch Arzneimittel geschützt hat und zugleich erreicht wurde, den Ärzten ein Sortiment anzubieten, das eine optimale Auswahl aus dem internationalen Angebot darstellt.
Nach dem zweiten Weltkrieg nahm schließlich auch die internationale Zusammenarbeit auf dem Gebiet des Arzneimittelwesens einen großen Aufschwung. Mit der Herausgabe der internationalen Arzneibücher durch die WHO konnte eine Zielsetzung des „Übereinkommens zur einheitlichen Gestaltung der Vorschriften über stark wirkende Arzneimittel" von Brüssel aus dem Jahr 1960 realisiert werden; auch alle anderen Aspekte der Erforschung, Herstellung, Gewinnung, Prüfung, Anwendung und Bereitstellung von Arzneimitteln werden kontinuierlich von der WHO beraten und die entsprechenden Empfehlungen veröffentlicht.[27]

Seit 1973 ist die DDR Mitglied der WHO und arbeitet dort auf vielen Gebieten an der Verwirklichung der Ziele dieser Organisation mit. Auch im Rahmen des Rates für gegenseitige Wirtschaftshilfe der sozialistischen Staatengemeinschaft wird innerhalb der Ständigen Kommission für die Zusammenarbeit auf dem Gebiet des Gesundheitswesens intensiv internationale Arbeit geleistet; als Ergebnis liegen Empfehlungen z. B. für die klinische Prüfung von Arzneimitteln vor, wird das Compendium Medicamentorum herausgegeben und besteht eine enge Kooperation bei der Erfassung von Arzneimittelnebenwirkungen.

[1]) BERNAL: „Die Wissenschaft in der Geschichte", VEB Deutscher Verlag der Wissenschaften, Berlin 1961, S. 71.

[2]) Die Araber hatten auf der Grundlage der Werke des ARISTOTELES (384—322 vor unserer Zeitrechnung), der alle Resultate der philosophischen, sozialpolitischen und insbesondere der naturwissenschaftlichen Erkenntnisse des antiken Griechenland zusammengefaßt hatte, die Wissenschaften weiter gepflegt und mit der Ausbreitung des Islam wurde von arabischen Gelehrten auch dieses Wissen überliefert.

[3]) Z. Z. der Veröffentlichung der „Constitutiones" die Vorschriftensammlung „Antidotarium Nicolai Salernitani"; H. PETERS: „Aus pharmazeutischer Vorzeit", Springer-Verlag, Berlin 1886, S. 129—138.

[4]) Nach SCHIEDERMAIR-BLANKE: „Apothekengesetz", Govi-Verlag Frankfurt a. Main 1960, S. 17.

[5]) Dieses Verzeichnis ist nicht überliefert.

[6]) von MOHL: „Die Polizei-Wissenschaft", 1832, Bd. I, Abt. Medizinalpolizei, 2. Abschnitt „Heilung ausgebrochener Krankheiten", zitiert nach der 2. Auflage, 1844, S. 212ff.

[7]) S. a. THOMS: „Handbuch der praktischen und wissenschaftlichen Pharmazie", Bd. 1, Urban & Schwarzenberg, Berlin · Wien 1924, S. 24 und 62.

[8]) ebenda, S. 85.

[9]) ebenda, S. 94.

[10]) ebenda, S. 56.

[11]) ebenda, S. 70.

[12]) Aus „Das Recht der klinischen Forschung am Menschen" v. Erwin DEUTSCH, Bd. 1 der Reihe „Recht und Medizin"; Peter Lang, Frankfurt—Bern—Las Vegas 1979, S. 25 und 173.

[13]) Rosemarie JAHN, Dissertationsschrift, Berlin 1974; „Die Entwicklung landesrechtlicher Bestimmungen zur Regelung und Überwachung des Verkehrs mit Arzneimitteln im deutschen Sprachgebiet in Abhängigkeit gesellschaftlicher Verhältnisse und wissenschaftlicher Fortschritte von 1550 bis 1870" S. 87ff.

[14]) Vgl. D. TUTZKE: „Geschichte der Medizin", Verlag Volk und Gesundheit, Berlin 1980, S. 201 „Gesundheitspolitik der deutschen Arbeiterbewegung in der Weimarer Republik".

[15]) Die Bundesrepublik Deutschland besitzt erst seit 1961 ein Arzneimittelgesetz, das trotz mehrmaliger Novellierung nicht die Effektivität des AMG der DDR erreicht (u. a. keine Prüfung des medizinischen Bedürfnisses, keine staatlichen Gütevorschriften, keine Erfassung der Gesundheitspflegemittel).

[16]) VuM MfGe Nr. 9a/S. 71.

[17]) GBl. II, S. 470.

[18]) GBl. S. 881.

[19]) GBl. S. 1036.

[20]) GBl. S. 977

[21]) GBl. I, S. 231.

[22]) VuM MfGe Nr. 8 S. 66.

[23]) Gesamtbericht der Gesundheitskonferenz des Zentralkomitees der SED, des Bundesvorstandes des FDGB und des Ministeriums für Gesundheitswesen der DDR vom 11.—13. 2. 1960 in Weimar, S. 82,

VEB Verlag Volk und Gesundheit, Berlin 1960, dazu Richtlinie des Ministers für Gesundheitswesen vom 22. 11. 1960 (VuM MfGe Nr. 12 S. 95).

[24]) Die Fundstellen dieser Gesetze und der dazu erlassenen Durchführungsbestimmungen sind unter § 40 (Außerkraftsetzungen) des Gesetzes über den Verkehr mit Arzneimitteln vom 5. Mai 1964, GBl. I S. 101, genannt.

[25]) Dazu kommen etwa 500 Veterinärarzneimittel, 300 dentaltechnische Erzeugnisse, 500 medizin-technische Erzeugnisse, 500 Positionen Verband- und chirurgisches Nähmaterial, 1500 Labordiagnostika, 1000 Gesundheitspflegemittel, 700 Stoffe für Apotheken und 250 Standardrezepturen.

[26]) Vergleichsweise sind in Dänemark, der ČSSR, Schweden und Polen etwa ebenso große Sortimente vorhanden; in Österreich liegen die Zahlen bei 6000, in der Schweiz und Belgien bei 15000 und in der Bundesrepublik Deutschland bei 70000 Arzneimitteln.

[27]) Meist in Form der Technical Report Series, von denen bisher etwa 650 erschienen sind.

Mitteilung zur Richtlinie für die Prüfung von Seren, Impfstoffen und anderen Arzneimitteln zur Anwendung in der Humanmedizin

vom 27. Juni 1980
(VuM MfGe Nr. 7 S. 62)

1. Die in Durchführung des § 3 der Zwölften Durchführungsbestimmung vom 17. Mai 1967 zum Arzneimittelgesetz — Prüfung von Arzneimitteln zur Anwendung in der Humanmedizin — (GBl. I Nr. 17 S. 248) vom Minister für Gesundheitswesen erlassene

   Richtlinie vom 26. Juni 1980 für die Prüfung von Seren, Impfstoffen und anderen Arzneimitteln zur Anwendung in der Humanmedizin

   wird als Sonderdruck des Ministeriums für Gesundheitswesen veröffentlicht. Die Richtlinie tritt am 1. Oktober 1980 in Kraft.

2. Bestellungen des Sonderdrucks, der als Arbeitsgrundlage für die an Prüfungen nach der unter Ziff. 1 angeführten Richtlinie Beteiligten zur Verfügung steht, sind zu richten an:

   Staatliches Kontrollinstitut für Seren und Impfstoffe, 1100 Berlin, Wollankstr. 16

Richtlinie für die Prüfung von Seren, Impfstoffen und anderen Arzneimitteln zur Anwendung in der Humanmedizin

vom 26. Juni 1980
(VuM MfGe SDr.)

In Durchführung des § 3 der Zwölften Durchführungsbestimmung vom 17. Mai 1976 zum Arzneimittelgesetz — Prüfung von Arzneimitteln zur Anwendung in der Humanmedizin — (GBl. I Nr. 17 S. 248) wird folgende Richtlinie erlassen:

A.

Allgemeine Bestimmungen

1.

Diese Richtlinie ist anzuwenden auf die Prüfung von Seren, Impfstoffen und anderen Arzneimitteln gemäß § 1 Buchstaben a bis e[1]) der Siebenten Durchführungsbestimmung[2]) zum Arzneimittelgesetz (nachstehend Arzneimittel genannt), die

a) bisher unbekannte, nicht genau definierte oder nicht genau definierbare Stoffe und Zubereitungen

b) bisher unbekannte, definierte oder definierbare Stoffe und Zubereitungen

c) bekannte, bisher nicht als Arzneimittel angewandte Stoffe und Zubereitungen

sind.

2.

Diese Richtlinie ist auch anzuwenden auf

a) bisher nicht geprüfte Dosierungen, Anwendungsarten, Arzneiformen und Kombinationen registrierter Arzneimittel

b) bisher nicht zugelassene Indikationen registrierter Arzneimittel

c) im Ausland bereits im Verkehr befindliche Arzneimittel, sofern die vorliegenden Ergebnisse der immunologisch-toxikologischen Prüfungen und der Prüfung am Menschen nicht oder nur teilweise der Richtlinie entsprechen.

3.

Die einzelnen Festlegungen dieser Richtlinie sind im Hinblick auf die spezifischen Eigenschaften und Anwendungsbedingungen des jeweiligen Arzneimittels anzuwenden. Sofern für die Durchführung bestimmter Untersuchungen keine Notwendigkeit besteht oder

Untersuchungen nicht durchführbar sind, ist es entsprechend zu begründen. Die angewandten Prüfmethoden und Untersuchungsverfahren sind ausführlich zu beschreiben. Soweit es sich um standardisierte Methoden bzw. Verfahren handelt, ist das anzugeben.
Alle Ergebnisse sind, soweit möglich, in einer eindeutigen international verwendeten Nomenklatur anzugeben.
Infektionsversuche am Menschen zur Prüfung der Wirksamkeit von Arzneimitteln sind nicht zulässig.

4.

Die Anforderungen an die Abfassung der Gutachten über die pharmazeutische Prüfung, die immunologisch-toxikologische Prüfung und über die Prüfung am Menschen werden vom Zentralen Gutachterausschuß für Arzneimittelverkehr — Sektion Humanmedizin — (nachstehend ZGA) festgelegt.

B.

Pharmazeutische Prüfung

1.

Allgemeine Aufgabenstellung

Durch die pharmazeutische Prüfung ist zu gewährleisten, daß die immunologisch-toxikologischen Prüfungen und die Prüfung am Menschen mit Stoffen und Zubereitungen durchgeführt werden, die keine Unterschiede hinsichtlich des Reinheitsgrades, des Gehaltes und/oder der Wirksamkeit, der physikalischen Eigenschaften, der Zusammensetzung und der galenischen Eigenschaften (biologische Verfügbarkeit) aufweisen. Vor Einleitung der immunologischen und toxikologischen Prüfungen (Abschnitt C) und während der Prüfung am Menschen (Abschnitt D) ist die Einhaltung der pharmazeutischen Qualitätsparameter durch Gutachten des Herstellers und des Instituts für Arzneimittelwesen der DDR (nachstehend IFAR genannt — pharmazeutischer Teil (I) — gemeinsam mit dem Staatlichen Kontrollinstitut für Seren und Impfstoffe (nachstehend SKISI genannt) — immunbiologischer Teil (II) — zu belegen (nachstehend pharmazeutisch-immunbiologisches Gutachten genannt). Gleichzeitig sind Muster der geprüften Stoffe und Zubereitungen aufzubewahren. Erforderlichenfalls können in dem letztgenannten Gutachten notwendige Parameter (z. B. Serokonversion, Lymphozytensensibilisierung, Immunglobulinblutspiegel) für immunologie, toxikologische und pharmakokinetische Untersuchungen ausgewiesen und Prüfmethoden angegeben werden.

2.

Umfang der Prüfung

In Abhängigkeit von den Eigenschaften des Arzneimittels, der Arzneiform und der Anwendungsart sowie unter Berücksichtigung des Herstellungsverfahrens sind bei der Begutachtung folgende Prüfungen durchzuführen:

a) Beschreibung (z. B. Beschaffenheit, Konsistenz, Farbe, Geruch, Löslichkeit)

b) Nachweis der Identität (z. B. Erregermorphologie, Kulturverhalten, Antigen- bzw. Antikörpereigenschaften, Stoffwechselleistung, Virulenz, Stabilität von Markern, spezifische und gruppenspezifische chemische Reaktionen)

c) Reinheitsprüfungen (z. B. Gefrierpunktserniedrigung, pH-Wert, Art und Menge von Verunreinigungen, Sterilität, mikrobiologische Reinheit, pyrogene Verunreinigungen, Fremdproteine, Wassergehalt, Abwesenheit andersspezifischer Antigene und Antikörper, Unschädlichkeit [Prüfung auf Verträglichkeit 2. AB-DDR])

d) Gehaltsbestimmung (z. B. Antigene, Eiweiß, Konservierungsmittel, Keimzahl)

e) Biologische Wertbestimmung (Ermittlung der Wirksamkeit im Vergleich mit einer Standardsubstanz und statistische Auswertung) und/oder Bestimmung der biologischen Wirksamkeit (Ermittlung der Wirksamkeit im Vergleich mit einem Standard ohne statistische Auswertung)

f) Prüfung der Arzneiform (z. B. Teilchengröße, Zerfallbarkeit von Tabletten, Dragees und Granulaten, Viskosität, Inhaltsmenge, biologische Verfügbarkeit, Stabilität, Gebrauchsfähigkeit einschließlich der Verpackung, Dosierungsgenauigkeit).

Darüber hinaus können in Abhängigkeit von neuen wissenschaftlichen Erkenntnissen weitere Prüfungen erforderlich werden.

3.

Pharmazeutische Voraussetzungen für die Prüfung am Menschen

Die Einleitung der Arzneimittelprüfung am Menschen hat die Übergabe folgender pharmazeutischer Angaben und Unterlagen an das Sekretariat des ZGA zur Voraussetzung:

a) Vor Beginn der Stufe I

1. Prüfvorschriften für die Stoffe und Zubereitungen
2. Pharmazeutisches Gutachten des Herstellers über die Stoffe und Zubereitungen, die für die immunologische und toxikologische Prüfung eingesetzt wurden
3. Pharmazeutisches Gutachten des Herstellers auf der Grundlage einer mit dem IFAR und dem SKISI abgestimmten Prüfvorschrift über die Stoffe und Zubereitungen, mit denen die Prüfungen der Stufe I durchgeführt werden sollen
4. Muster der nach den Ziffern 2 und 3 geprüften Stoffe und Zubereitungen

5. Pharmazeutisch-immunbiologisches Gutachten des IFAR (Teil I) und des SKISI (Teil II) über die Ergebnisse der Prüfungen gemäß Ziffern 2 und 3, erforderlichenfalls auf der Grundlage einer eigenen pharmazeutischen Prüfung.

b) Vor Beginn der Stufe II

1. Ergänzungen der Prüfvorschrift (sofern erforderlich)
2. Pharmazeutisches Gutachten des Herstellers auf der Grundlage einer mit dem IFAR und dem SKISI abgestimmten Prüfvorschrift über die Stoffe und Zubereitungen, mit denen die Prüfungen der Stufe II durchgeführt werden sollen
3. Muster der nach Ziffer 2 geprüften Stoffe und Zubereitungen
4. Pharmazeutisch-immunbiologisches Gutachten des IFAR (Teil I) und des SKISI (Teil II) auf der Grundlage einer eigenen pharmazeutischen Prüfung und über die Ergebnisse der Prüfung gemäß Ziffer 2.

Wenn die Prüfungen mit Stoffen und Zubereitungen derselben Produktionscharge durchgeführt werden, die bei Stufe I eingesetzt wurde,

— kann sich das Gutachten gemäß Ziffer 2 auf erforderliche Ergänzungsprüfungen (z. B. Stabilität der Arzneiform, biologische Verfügbarkeit) beschränken
— kann das Gutachten gemäß Ziffer 4 entfallen, wenn vom IFAR und vom SKISI ein solches bereits für die Stufe I auf der Grundlage einer eigenen pharmazeutischen Prüfung angefertigt wurde; in diesem Fall sind lediglich die nachgereichten Ergebnisse der Ergänzungsprüfungen zu begutachten.

c) Vor Beginn der Stufe III

1. Entwurf einer Gütevorschrift für die Arzneifertigware
2. Pharmazeutisches Gutachten des Herstellers auf der Grundlage einer mit dem IFAR und dem SKISI abgestimmten Prüfvorschrift über die Stoffe und Zubereitungen, mit denen die Prüfungen der Stufe III durchgeführt werden sollen, einschließlich der zum Vergleich herangezogenen Arzneimittel
3. Muster der nach Ziffer 2 geprüften Stoffe und Zubereitungen
4. Pharmazeutisch-immunbiologisches Gutachten des IFAR (Teil I) und des SKISI (Teil II) auf der Grundlage einer eigenen pharmazeutischen Prüfung und über die Ergebnisse der Prüfung gemäß Ziffer 2.

Wenn die Prüfung mit Stoffen und Zubereitungen derselben Produktionscharge durchgeführt werden, die bei Stufe II eingesetzt wurde,

— kann sich das Gutachten gemäß Ziffer 2 auf erforderliche Ergänzungsprüfungen beschränken
— kann das Gutachten gemäß Ziffer 4 entfallen; in diesem Fall sind lediglich die nachgereichten Ergebnisse der Ergänzungsprüfungen zu begutachten.

4.

Als Voraussetzung für die Eintragung in das Arzneimittelregister ist durch ein weiteres pharmazeutisch-immunbiologisches Gutachten festzustellen, daß die industriemäßig produzierten Arzneimittel qualitativ den am Menschen geprüften Mustern entsprechen.

C.

Immunologisch-toxikologische Prüfung

I.

Grundsätze

Der Nachweis der immunologischen Wirkung wird durch die Erfassung von speziellen Funktionsabläufen des Immunsystems im Tier und/oder durch den Nachweis spezieller immunologischer Reaktionen in anderen biologischen Medien erbracht. Der Ausschluß toxischer Wirkungen bzw. der Nachweis des Grades toxischer Wirkungen erfolgt durch Erfassung funktioneller und/oder pathologisch-anatomischer Veränderungen im Tier und/oder in anderen biologischen Medien.
Sofern die Prüfungen am Tier erfolgen müssen, sind grundsätzlich Tiere derselben Zucht zu verwenden und folgende Angaben im Gutachten auszuweisen:

> Stamm, Herkunft, Geschlecht, Körpermasse und Alter zu Beginn der Prüfung, Anzahl der Tiere, der an der Kontrollgruppe festgestellte Gesundheitszustand, Anzahl der Tiere je Käfig, physikalische Bedingungen (Käfig, Material der Unterlage, Temperatur, Lichtzyklus) und Ernährungsbedingungen. Es ist stets die Tierart zu ermitteln, die bei der gegebenen Fragestellung eine möglichst gute Korrelation zur Wirkung am Menschen zeigt und dabei charakteristische Symptome entwickelt. Es sind mindestens zwei unterschiedliche Anwendungsarten zu prüfen, darunter die für die Anwendung am Menschen vorgesehene.

Bei allen Tierversuchen muß die Anzahl der Tiere so gewählt werden, daß für die verschiedenen Applikationsweisen und Dosierungen auch eine Schätzung der Zuverlässigkeitsgrenzen möglich ist und darüber hinaus für die Nachbeobachtung eine ausreichende Anzahl von Tieren vorhanden ist. Eine unbehandelte bzw. Kontrollgruppe ist in den Versuch einzubeziehen.
Es ist anzustreben, alle immunologisch-toxikologischen Prüfungen am Tier am selben Ort durchzuführen. Soweit das nicht möglich ist, müssen die Haltungsbedingungen aufeinander abgestimmt werden. Vergleichende Untersuchungen sind zur gleichen Zeit durchzuführen. Die Symptome, ihr zeitlicher Ablauf und die Todesursachen der Versuchstiere sind mög-

lichst genau zu ermitteln. Die Befunde sind in eindeutiger und international gebräuchlicher Nomenklatur zu dokumentieren und quantitativ oder semiquantitativ zu bewerten; anderenfalls sind die Befunde ausführlich zu beschreiben. Die Auswahl geeigneter statistischer Analysenverfahren sowie notwendige Ergänzungsuntersuchungen liegen in der Verantwortung des jeweiligen Gutachters.

II.

Immunologische Prüfung

1.

Allgemeine Aufgabenstellung

Diese Prüfung dient dem Nachweis der immunologischen Wirkung solcher Stoffe und Zubereitungen, deren Nutzen für die medizinische Betreuung als wahrscheinlich anzusehen ist.

2.

Umfang der Prüfung

Die Erfassung von speziellen Funktionsabläufen des Immunsystems beinhaltet bei der Prüfung antigenhaltiger Stoffe und Zubereitungen

a) für den Einsatz als Immunogen die Auslösung einer Immunantwort und den Nachweis von Immunprodukten (Antikörper, sensibilisierte Lymphozyten) sowie die Erfassung von Wirkungen der Immunprodukte (Immunität). Bei der Prüfung von Impfstoffen ist der Nachweis der Immunität nach Möglichkeit auch im aktiven Schutzversuch zu erbringen
b) für den Einsatz als Tolerogen den Nachweis einer Immuntoleranz, d. h. den Nachweis des Ausbleibens der Bildung von spezifischen Immunprodukten nach geeigneter Applikation
c) für den Einsatz als Allergen den Nachweis einer bestehenden Sensibilisierung bzw. den Nachweis der Beseitigung oder Verringerung einer bestehenden Sensibilisierung.

Die Erfassung von speziellen Funktionsabläufen des Immunsystems beinhaltet bei der Prüfung von antikörperhaltigen Stoffen und Zubereitungen den Nachweis der Fähigkeit, Wirkungen biologisch aktiver Stoffe aufzuheben.
Die Erfassung von speziellen Funktionsabläufen des Immunsystems beinhaltet bei der Prüfung von Reaktionsprodukten der zellvermittelten Immunität, den Nachweis ihrer jeweiligen spezifischen Wirkungen zu führen.

Der Nachweis von Antigenen bzw. Immunprodukten ist mit Laboratoriumsmethoden, wie z. B. Agglutinations-, Hämagglutinations- und Präzipitationsreaktionen, fluoreszenzserologischen Methoden, der Komplementbindungsreaktion, dem Neutralisationstest, radioimmunologischen Methoden, dem Lymphozytentransformationstest, dem Makrophagenmigrationshemmtest, dem Rosettentest, dem Zytotoxizitätstest, sowie mit weiteren, entsprechend dem Wissensstand als geeignet anzusehenden Methoden möglich.

III.

Toxikologische Prüfungen

Diese Prüfungen dienen dem Ausschluß unerwünschter Wirkungen von Stoffen und Zubereitungen auf biologische Systeme und der Beurteilung der Unschädlichkeit.
Ist eine wiederholte Anwendung für das Arzneimittel am Menschen vorgesehen, dann sind Untersuchungen zur Charakterisierung der Toxizität in Abhängigkeit von der vorgesehenen Anwendungsdauer und -häufigkeit durchzuführen.

1.

Prüfung auf schädliche und unerwünschte Wirkungen

Entsprechend des wissenschaftlichen Erkenntnisstandes sollten diese Prüfungen z. B. Untersuchungen hinsichtlich

a) des Vorhandenseins von Toxinen (reversible Toxin-Toxoid-Beziehungen)
b) der Virulenz des Impfstammes (Neurovirulenz, Revertantenbildung)
c) einer Interferenz des Impfstammes mit anderen Erregern
d) von Kombinationseffekten (Antigenhierarchie, Inhibitoren, Adjuvantien)
e) einer allergisierenden Wirkung
f) einer Immuntoleranz
g) Störungen weiterer immunologischer Regulationsmechanismen
h) Wirkungen auf blutbildende Gewebe

enthalten.

2.

Unschädlichkeit im Tierversuch

Die Untersuchungen müssen an mindestens 2 Tierarten durchgeführt werden und sollten Prüfungen auf toxische Bestandteile des Arzneimittels beinhalten. Weiterhin ist dabei die lokale und allgemeine Verträglichkeit zu prüfen. Ergeben sich Hinweise auf eine akute Toxizität des Arzneimittels, dann ist die mittlere Letaldosis (LD_{50}) mit einer statistischen Sicherheit von mindestens 95% zu ermitteln.

3.

Schädigung der Reproduktion

Der Einfluß von Arzneimitteln auf die vorbereitenden Vorgänge der Reproduktion und auf die Entwicklung des Keimlings und die postnatale Entwicklung ist entsprechend dem jeweiligen Stand der wissenschaftlichen Erkenntnisse zu prüfen.
Die Untersuchungen sollten Prüfungen auf

a) Fertilitätsstörungen
b) Implantationsstörungen
c) embryotoxische, fetotoxische und teratogene Wirkung
d) postnatale Verhaltens- und Regulationsstörungen, die praenatal induziert wurden
e) Laktationsstörungen und Substanzübertritt in die Milch

umfassen.

4.

Mutagenität

Die Prüfung auf Mutagenität sollte für alle Arzneimittel durchgeführt werden. Die Methodik hat dem jeweiligen Stand der Wissenschaft zu entsprechen. Die Prüfung ist so anzulegen, daß sowohl Gen- als auch Genom- und Chromosomenmutationen induzierende Wirkungen erkannt werden können. Der Metabolisierung des Arzneimittels im tierischen Organismus ist bei der Mutagenitätsprüfung Rechnung zu tragen. Es sind Prüfungen an Bakterienstämmen (unverändertes Arzneimittel, nach Inkubation des Arzneimittels mit Lebermikrosomen, Host-Mediated-Assay) und am Versuchstier (Dominant Lethal Test, Knochenmarktest) durchzuführen.

5.

Kanzerogenität

Die Prüfungen sind als biologische Langzeituntersuchungen durchzuführen. Sie sollten für alle neu zu entwickelnden Arzneimittel angestrebt werden.
Die Methodik hat dem jeweiligen Stand der wissenschaftlichen Erkenntnisse zu entsprechen.
Es sollten geprüft werden:

a) Arzneimittel, bei denen eine Verwandtschaft zu Karzinogenen bekannt ist
b) Arzneimittel, für die in den toxikologischen Prüfungen Schädigungen blutbildender Gewebe, Schädigungen der Schleimhäute oder degenerative bzw. proliferative Wirkungen nachgewiesen wurden

c) Arzneimittel, die unabhängig von der Art der benutzten Testorganismen mutagene, teratogene, zytotoxische und radiomimetische Eigenschaften erkennen lassen
d) Arzneimittel, die für eine chronische Anwendung vorgesehen sind.

IV.

Prüfung der Pharmakokinetik

Für alle nach dieser Richtlinie zu prüfenden Arzneimittel ist anzustreben, Untersuchungen zur Resorption, zur Verteilung, zur Metabolisierung und zur Elimination durchzuführen. Die Prüfung ist auch auszudehnen auf sekundär entstandene immunologisch wirksame Komponenten.

V.

Verantwortung

Die als Voraussetzung für den Beginn der einzelnen Stufen der Prüfung am Menschen sowie für die Zulassung des Arzneimittels erforderlichen zusammenfassenden Gutachten über die immunologisch-toxikologische Prüfung sind vom SKISI, wenn sich die Notwendigkeit ergibt, in Zusammenarbeit mit geeigneten wissenschaftlichen Institutionen zu erstatten.
Die Ergebnisse der immunologisch-toxikologischen Prüfung können in dem in Abschnitt B 3 Buchstabe a Ziffer 5 genannten Gutachten ausgewiesen werden.

D.

Prüfung am Menschen

I.

Stufe I der Prüfung am Menschen

1.

Aufgabenstellung

Die erste Anwendung am Menschen erfolgt in Abhängigkeit von im Abschnitt C ermittelten Eigenschaften des Arzneimittels mit einer bekannten oder wahrscheinlich günstigen Applikationsweise und Dosierung bei in der Regel einmaliger Anwendung.

a) Zur Ermittlung der örtlichen und allgemeinen Verträglichkeit sind klinische und labordiagnostische Untersuchungen durchzuführen.

b) Zur Ermittlung der Ausscheidung und genetischen Stabilität von Erregern bei der Anwendung von Impfstoffen mit virulenzgeminderten vermehrungsfähigen Erregern sind geeignete Methoden zur Anzucht, zur Selektion und zum Nachweis der Identität anzuwenden.

c) Falls erforderlich, werden erste Untersuchungen zum Nachweis der Wirksamkeit durchgeführt, wobei die Erfassung der Immunantwort durch Bestimmung von Immunprodukten im Blut und in den Sekreten und/oder die Erfassung anderer Beeinflussungen des Immunsystems anzustreben sind.

2.

Probanden

Die Anzahl der Probanden ist so klein wie möglich zu halten.
Es sollten nicht mehr als 20 Personen in die Prüfung einbezogen werden. Die Prüfung kann stationär und/oder ambulant sowie in Etappen durchgeführt werden. In der Regel sind für die Prüfung gesunde Probanden auszuwählen, soweit die Eigenschaften des Arzneimittels und die vorgeschlagenen Indikationen sowie die sich daraus ergebenden Möglichkeiten der Prüfung diese Entscheidung zulassen. Als gesunde Probanden sind bevorzugt solche Personen auszuwählen, bei denen ein besonderes Verständnis für die Prüfung zu erwarten ist.
Bei der Prüfung von Impfstoffen, die zur Anwendung im Kindesalter bestimmt sind, können entsprechend der Aufgabenstellung auch gesunde Kinder nach Einverständniserklärung gemäß § 12 Abs. 2 der Zwölften Durchführungsbestimmung[3]) als Probanden ausgewählt werden. Die Prüfung von Impfstoffen an Kindern ist nur dann zulässig, wenn die zu ermittelnden Ergebnisse aus medizinisch-wissenschaftlichen Gründen nur mit Kindern erarbeitet werden können.

3.

Voraussetzungen für den Beginn der Stufe I

a) Pharmazeutische Dokumentation:
Wissenschaftliche, soweit vorhanden internationale nicht schutzfähige und Codebezeichnung des Arzneistoffes sowie vorgesehener Name des Arzneimittels, qualitative und quantitative Zusammensetzung, Herstellungsverfahren sowie Prüfvorschriften, Gutachten und Muster gemäß Abschnitt B 3 Buchstabe a.

b) Gutachten über die durchgeführte immunologisch-toxikologischen Prüfungen.

c) Ein mit dem SKISI abgestimmter Prüfplan für die Stufe I mit Angaben über Methode und Ziel der Prüfung, die zu prüfende Dosierung sowie über die vorgesehenen Probanden (Gesamtzahl, Anzahl je Aufgabe, Auswahlkriterien), Bezeichnung der Einrichtungen, in denen die Prüfungen vorgesehen sind bzw. die verantwortlich an der Prüfung beteiligt sind, Name und Funktion des Leiters der Prüfung und der Fachärzte, unter deren Leitung die Prüfung in den beteiligten Einrichtungen durchgeführt wird.

4.

Verantwortung

Als Leiter der Prüfung ist ein Facharzt mit besonderen Erfahrungen auf dem vorgesehenen speziellen Einsatzgebiet des zu prüfenden Arzneimittels einzusetzen.

a) Verantwortung des Leiters der Prüfung

1. Beurteilung der Ergebnisse der immunologisch-toxikologischen Prüfung. Einschätzung gegenüber dem ZGA, ob die Stufe I sinnvoll und durchführbar ist.
2. Ausarbeitung des Prüfplanes und Abstimmung des Prüfplanes mit dem SKISI[4]).
3. Festlegung notwendiger Kontroll- und Sicherheitsmaßnahmen.
4. Konsultation von Fachärzten anderer Disziplinen, insbesondere unter dem Gesichtspunkt des vertretbaren Risikos für die Probanden.
   Das Ergebnis der Konsultation ist vom Leiter der Prüfung protokollarisch festzuhalten und vom konsultierten Facharzt gegenzuzeichnen.
5. Auswahl und Kontrolle der Probanden sowie Durchführung der Prüfung.
   Bestimmte Aufgaben können durch Vereinbarung Fachärzten anderer Disziplinen übertragen werden, die dann dementsprechend die Verantwortung übernehmen.
6. Ausführliche Information der mitarbeitenden Fachärzte anderer Disziplinen über die Eigenschaften des zu prüfenden Arzneimittels sowie über Maßnahmen zur Verhütung und Behandlung möglicher Nebenwirkungen.
7. Information des Sekretariats des ZGA und des Herstellers[5]) über Beobachtungen, die eine wesentliche Änderung des Prüfplanes bzw. den Abbruch der Prüfung erforderlich machen.
8. Erarbeitung des Gutachtens über die Stufe I mit einer Stellungnahme zur Fortsetzung der Prüfung in Stufe II.

b) Verantwortung der mitarbeitenden Fachärzte

1. Im Rahmen der übertragenen Aufgaben Auswahl und Kontrolle der Probanden, ordnungsgemäße Durchführung von Untersuchungen sowie Behandlung von Komplikationen.
2. Information des Leiters der Prüfung über Beobachtungen, die eine Änderung des Prüfplanes bzw. den Abbruch der Prüfung erforderlich machen könnten.
3. Zuarbeit zum Gutachten entsprechend der getroffenen Vereinbarung.

II.

Stufe II der Prüfung am Menschen

1.

Aufgabenstellung

a) Bestätigung und Erweiterung der Erkenntnisse über Verträglichkeit sowie erste Erfassung von Nebenwirkungen durch klinische und labordiagnostische Untersuchungen.
b) Bestätigung und Erweiterung der Erkenntnisse über die Ausscheidung und genetische Stabilität von Erregern bei der Anwendung von Impfstoffen mit virulenzgeminderten vermehrungsfähigen Erregern durch geeignete Methoden zur Anzucht, zur Selektion und zum Nachweis der Identität.
c) Erste Untersuchungen zum Nachweis der Wirksamkeit bzw. Bestätigung und Vertiefung der Erkenntnisse über die Wirksamkeit wobei die Immunantwort durch Bestimmung von Immunprodukten im Blut und in den Sekreten und/oder andere Beein flussungen des Immunsystems zu erfassen sind.
d) Erste Untersuchungen zur Feststellung spezieller Indikationen im Rahmen der allgemeinen Indikationsstellung.
e) Gegebenenfalls Überprüfung von geeigneteren Applikationsweisen bzw. Dosierungen für die Stufe III.
f) Erste Abgrenzung von Kontraindikationen.
g) Untersuchungen zur biologischen Verfügbarkeit des Arzneimittels sowie zur Biotransformation.

2.

Probanden

Die Anzahl der Probanden ist in Abhängigkeit von den Eigenschaften des Arzneimittels, den zu bearbeitenden Aufgaben und der dazu erforderlichen Methodik festzulegen. Sie sollte 100 Personen nicht überschreiten. In der Regel sind für die Prüfung gesunde Probanden auszuwählen, soweit die Eigenschaften des Arzneimittels und die vorgeschlagenen Indikationen sowie die sich daraus ergebenden Möglichkeiten der Prüfung diese Entscheidung zulassen.
Bei der Prüfung von Impfstoffen, die zur Anwendung im Kindesalter bestimmt sind, können entsprechend der Aufgabenstellung auch gesunde Kinder nach Einverständniserklärung gemäß § 12 Abs. 2 der Zwölften Durchführungsbestimmung[3]) als Probanden ausgewählt werden. Die Prüfung von Impfstoffen an Kindern ist nur dann zulässig, wenn die zu ermittelnden Ergebnisse aus medizinisch-wissenschaftlichen Gründen nur mit Kinder erarbeitet werden können.

3.

Voraussetzungen für den Beginn der Stufe II

a) Pharmazeutische Dokumentation:
Ergänzungen der Prüfvorschriften, Gutachten und Muster gemäß Abschnitt B 3 Buchstabe b.
b) Gutachten über die Stufe I der Prüfung am Menschen.
c) Ergänzende Gutachten über weitere immunologisch-toxikologische Prüfungen.
d) Ein mit dem SKISI abgestimmter Prüfplan für die Stufe II mit Angaben über Methoden und Ziel der Prüfung, die zu prüfende Dosierung sowie über die vorgesehenen Probanden (Gesamtzahl, Anzahl je Aufgabe, Auswahlkriterien), Bezeichnung der Einrichtungen, in denen die Prüfung vorgesehen ist, Name und Funktion des Leiters der Prüfung und der Fachärzte, unter deren Leitung die Prüfung in den beteiligten Einrichtungen durchgeführt wird.

4.

Verantwortung

Als Leiter der Prüfung ist ein Facharzt mit besonderen Erfahrungen auf dem vorgesehenen speziellen Einsatzgebiet des zu prüfenden Arzneimittels einzusetzen. Für dessen Verantwortung sowie für die Verantwortung der Fachärzte, unter deren Leitung die Prüfung in den beteiligten Einrichtungen durchgeführt wird, gelten die Festlegungen gemäß Abschnitt D I Ziffer 4 Buchstabe a bzw. b. Der Leiter der Prüfung hat die Ergebnisse der Stufe I im Zusammenhang mit den bis zu diesem Zeitpunkt insgesamt vorliegenden Ergebnissen der immunologisch-toxikologischen Prüfung zu beurteilen und gegenüber dem ZGA einzuschätzen, ob die Stufe II sinnvoll und durchführbar ist. Im Rahmen ihrer Zuarbeit zum Gutachten über die Stufe II der Prüfung am Menschen ist von den in den beteiligten Einrichtungen für die Leitung der Prüfung verantwortlichen Fachärzten eine selbständige Einschätzung der Ergebnisse der ersten Untersuchungen zur Wirksamkeit sowie zu den Nebenwirkungen zu geben verbunden mit einer Stellungnahme zur Fortsetzung der Prüfung in der Stufe III.

III.

Stufe III der Prüfung am Menschen

1.

Aufgabenstellung

a) Nachweis der Wirksamkeit (z. B. therapeutische Wirksamkeit, diagnostische Effektivität u. ä.) und Sicherheit im Vergleich mit den jeweils wirksamsten medizinischen Maßnahmen durch kontrollierte klinische und labordiagnostische Prüfungen[6]). In begrün-

deten Fällen ist die Prüfung im Vergleich zu Plazebo durchzuführen. Durch diese Untersuchungen soll eine qualitative und quantitative Bewertung der durch das betreffende Arzneimittel bewirkten Erweiterung der prophylaktischen, diagnostischen oder therapeutischen Möglichkeit gegeben werden.
Eine epidemiologische Situation während der Prüfung, die eine Erfüllung der Aufgabenstellung nicht zuläßt, erfordert eine Wiederholung der Prüfung der Stufe III.

b) Zur Abklärung spezieller Fragestellungen, insbesondere von Nebenwirkungen, ist die kontrollierte klinische Prüfung durch geplante offene Untersuchungen zu ergänzen.
c) Abgrenzung des Indikationsbereiches sowie der Kontrainkationen, Ermittlung der Art, Häufigkeit und Dosisabhängigkeit von Nebenwirkungen.
d) Bestätigung der geeigneten Applikationsweise und des wirksamen Dosierungsbereiches.
e) Immunologische und gegebenenfalls pharmakokinetische Untersuchungen, die für die Anwendung des Arzneimittels im Kindesalter sowie unter pathologischen Zuständen bzw. besonderen Bedingungen (z. B. Schwangerschaft, Laktation) notwendig sind.
f) Untersuchungen zur Beeinflussung meßbarer Stoffwechselleistungen.
g) Untersuchungen zum Koergismus mit anderen körpereigenen und körperfremden biologisch aktiven Substanzen, soweit die immunologisch-toxikologischen Eigenschaften des Arzneimittels hierfür einen Anhalt geben.

2.

Probanden

Die Anzahl der Probanden ist in Abhängigkeit von den Eigenschaften des Arzneimittels, den zu bearbeitenden Aufgaben und den zu prüfenden Indikationen festzulegen. Es sollte eine möglichst große Anzahl von Personen einbezogen werden, in der Regel mindestens 500 Personen. Bei der Prüfung von Impfstoffen sollten in der Regel mindestens 1 000 Personen einbezogen werden. Besondere Aufmerksamkeit ist dem Teil der Prüfung zu widmen, bei dem Auswirkungen auf Personengruppen, die nicht als Probanden in die Prüfung einbezogen sind, gegeben sind.

3.

Voraussetzungen für den Beginn der Stufe III

a) Pharmazeutische Dokumentation:
Entwurf der Gütevorschrift sowie Gutachten und Muster gemäß Abschnitt B 3 Buchstabe c.
b) Gutachten über die Stufe II der Prüfung am Menschen.
c) Sofern vom ZGA für erforderlich angesehen, ergänzende Gutachten über immunologisch-toxikologische Prüfungen.

d) Ein mit dem SKISI abgestimmter Prüfplan für die Stufe III mit Angaben über Methoden und Ziel der Prüfung, die zu prüfende Dosierung sowie über die vorgesehenen Probanden (Gesamtzahl, Anzahl je Aufgabe, Auswahlkriterien), Bezeichnung der Einrichtungen, in denen die Prüfung vorgesehen ist, Name und Funktion des Leiters der Prüfung und der Fachärzte, unter deren Leitung die Prüfung in den beteiligten Einrichtungen durchgeführt wird.

4.

Verantwortung

Als Leiter der Prüfung ist ein Facharzt mit speziellen Kenntnissen auf dem Gebiet der Epidemiologie von Infektionskrankheiten bzw. ein Facharzt mit besonderen Erfahrungen auf dem vorgesehenen speziellen Einsatzgebiet des zu prüfenden Arzneimittels einzusetzen.

a) Verantwortung des Leiters der Prüfung
   1. Ausarbeitung des Prüfplanes in Zusammenarbeit mit den Fachärzten, unter deren Leitung die Stufen I und II durchgeführt wurden, sowie in Beratung mit den Fachärzten, unter deren Leitung die Prüfungen in den beteiligten Einrichtungen durchgeführt werden sollen.
   2. Konsultation von Fachärzten anderer Disziplinen, insbesondere unter dem Gesichtspunkt des vertretbaren Risikos für die Probanden sowie einer umfassenden wissenschaftlichen Aussage der Prüfung. Das Ergebnis der Konsultation ist protokollarisch festzuhalten.
   3. Kontinuierliche Information der Fachärzte, unter deren Leitung die Prüfung in den beteiligten Einrichtungen erfolgt, über den Verlauf der Prüfung.
   4. Information des Sekretariats des ZGA und des Herstellers[5]) über Beobachtungen, die eine wesentliche Änderung des Prüfplanes bzw. den Abbruch der Prüfung erforderlich machen.
   5. Erarbeitung des zusammenfassenden Gutachtens über die Ergebnisse der Prüfung am Menschen (Stufe I bis III) mit einer Stellungnahme zur Zulassung des geprüften Arzneimittels. Das Gutachten ist in Zusammenarbeit mit den Fachärzten, unter deren Leitung die Prüfung in den beteiligten Einrichtungen erfolgte, zu erstatten.

b) Verantwortung der Fachärzte, unter deren Leitung die Stufen I und II durchgeführt wurden
   1. Beurteilung der Ergebnisse der Stufen I und II im Zusammenhang mit den bis zu diesem Zeitpunkt insgesamt vorliegenden Ergebnissen der immunologisch-toxikologischen Prüfungen und Einschätzung gegenüber dem ZGA, ob die Stufe III sinnvoll und durchführbar ist.

2. Festlegung des Dosierungsbereiches, der Dosierungsintervalle und der Anwendungsarten des zu prüfenden Arzneimittels und der zum Vergleich herangezogenen Arzneimittel.
3. Ausführliche Information des die Prüfung leitenden Facharztes und aller an der Prüfung beteiligten Fachärzte über die Eigenschaften des zu prüfenden Arzneimittels sowie über Maßnahmen zur Verhütung und Behandlung möglicher Komplikationen.
4. Beratung des die Prüfung leitenden Facharztes bei der Ausarbeitung des Prüfplanes.
5. Mitarbeit am zusammenfassenden Gutachten über die Ergebnisse der Prüfung am Menschen, Einschätzung der Gültigkeit der Ergebnisse der tierexperimentellen Prüfungen für die Anwendung des Arzneimittels am Menschen sowie Stellungnahme zur Zulassung des geprüften Arzneimittels.

c) Verantwortung der Fachärzte, unter deren Leitung die Prüfung in den beteiligten Einrichtungen durchgeführt wird

1. Beratung des die Prüfung leitenden Facharztes bei der Ausarbeitung des Prüfplanes.
2. Durchführung der Prüfung unter Einhaltung des Prüfplanes und Beachtung der ärztlichen Sorgfaltspflicht.
3. Information des die Prüfung leitenden Facharztes über Beobachtungen, die eine Änderung des Prüfplanes oder den Abbruch der Prüfung erforderlich machen könnten.
4. Zuarbeit zum Gutachten entsprechend der abgeschlossenen Vereinbarung und selbständige Einschätzung der Ergebnisse der Stufe III verbunden mit einer Stellungnahme zur Zulassung des geprüften Arzneimittels.

IV.

Stufe IV der Prüfung am Menschen

1.

Aufgabenstellung

Nachbeobachtung des Arzneimittels nach seiner Registrierung hinsichtlich Wirksamkeit, Nebenwirkungen, Verträglichkeit und pharmazeutischer Qualität.
Dazu sind erforderlich:

a) Systematische Erfassung und Auswertung der zu dem betreffenden Arzneimittel national und international publizierten Literatur.

b) Systematische Meldung festgestellter Nebenwirkungen, Wechselwirkungen und Zwischenfälle durch die behandelnden Ärzte an das IFAR und das SKISI. Bei atypischen

Verläufen nach Schutzimpfungen und anderen Schutzanwendungen ist zusätzlich die Meldepflicht gemäß Zweiter Durchführungsbestimmung[7]) zum Gesetz zur Verhütung und Bekämpfung übertragbarer Krankheiten beim Menschen einzuhalten.

c) Prospektive Untersuchungen, wenn bei der breiten Anwendung des Arzneimittels Tatsachen bekannt geworden sind, die den Verdacht nahelegen, daß die Sicherheit und Wirksamkeit nicht mehr den Voraussetzungen entsprechen, die zur Zulassung führten, sofern von den für die Überwachung des Arzneimittelverkehrs zuständigen Stellen keine weiterreichenden Maßnahmen verfügt werden.
Die Untersuchungen sind entsprechend den Empfehlungen des ZGA durchzuführen.

2.

Verantwortung

a) Verantwortung des Herstellers

1. Übergabe von Kopien der wissenschaftlichen Publikationen über das betreffende Arzneimittel sowie von zusammenfassenden Berichten nach 3 und 6 Jahren nach Eintragung in das Arzneimittelregister an das IFAR und das SKISI.
2. Unverzügliche Übergabe von Publikationen, Gutachten und Mitteilungen, die den Verdacht nahelegen, daß die Voraussetzungen hinsichtlich Wirksamkeit und Sicherheit, auf deren Grundlage das Arzneimittel zugelassen wurde, nicht mehr gegeben sind, an das IFAR und das SKISI.
3. Planung, Organisation und Auswertung prospektiver Untersuchungen entsprechend den Empfehlungen des ZGA.

b) Verantwortung des Instituts für Arzneimittelwesen der DDR gemeinsam mit dem Staatlichen Kontrollinstitut für Seren und Impfstoffe

1. Beurteilung der vom Hersteller übergebenen Literaturdokumentation, Berichte und Mitteilungen.
2. Auswertung der durch die behandelnden Ärzte gemeldeten sowie der international bekannt gewordenen Nebenwirkungen, Wechselwirkungen und Zwischenfälle.
3. Durchführung von Expertenberatungen zur Einschätzung der Wirksamkeit und Sicherheit des Arzneimittels im Vergleich zu den jeweils wirksamsten medizinischen Maßnahmen.
4. Vorlage einer Einschätzung des Arzneimittels im ZGA auf der Grundlage der Unterlagen gemäß Ziffern 1 bis 3
   - zur Wirksamkeit und Sicherheit des Arzneimittels entsprechend dem aktuellen Kenntnisstand
   - zur Prüfung der Notwendigkeit prospektiver Untersuchungen, wenn der Verdacht naheliegt, daß die Voraussetzungen hinsichtlich Wirksamkeit und Sicher-

heit, auf deren Grundlage das Arzneimittel zugelassen wurde, nicht mehr gegeben sind.

5. Planung, Organisation und Auswertung prospektiver Untersuchungen bei außerhalb der DDR hergestellten Arzneimitteln, die für den Verkehr in der DDR zugelassen sind.

E.

Schlußbestimmung

Diese Richtlinie tritt am 1. Oktober 1980 in Kraft.

[1]) Ausgenommen sind Stoffe und Zubereitungen, die zur Labordiagnostik bestimmt sind.

[2]) Siebente Durchführungsbestimmung vom 16. Dezember 1969 zum Arzneimittelgesetz — Staatliche Prüfung von Seren, Impfstoffen und anderen Arzneimitteln — (GBl. II 1970 Nr. 6 S. 27).

[3]) Zwölfte Durchführungsbestimmung vom 17. Mai 1976 zum Arzneimittelgesetz — Prüfung von Arzneimitteln zur Anwendung in der Humanmedizin — (GBl. I Nr. 17 S. 248).

[4]) Für Arzneimittel, die in Einrichtungen des Blutspende- und Transfusionswesens hergestellt werden, erfolgt die Abstimmung der Prüfpläne gemäß den Abschnitten D I bis D III unter Einbeziehung der Fachkommission für Blutspende- und Transfusionswesen beim Ministerium für Gesundheitswesen.

[5]) Bei außerhalb der DDR hergestellten Arzneimitteln ist das Beratungsbüro beim Ministerium für Gesundheitswesen für Arzneimittel und medizintechnische Erzeugnisse (Import) zu informieren.

[6]) Vergleich der Behandlungsgruppe mit einer Kontrollgruppe, die z. B. ein zum Vergleich herangezogenes Arzneimittel oder ein Plazebo erhält, bei streng zufälliger Zuordnung der Probanden zu den Gruppen.

[7]) Zweite Durchführungsbestimmung vom 27. Februar 1975 zum Gesetz zur Verhütung und Bekämpfung übertragbarer Krankheiten beim Menschen — Schutzimpfungen und andere Schutzanwendungen — (GBl. I Nr. 21 S. 353).

Rahmentransfusionsordnung für Einrichtungen des Gesundheitswesens

(Herausgegeben vom Ministerium für Gesundheitswesen als Sonderdruck VEB Verlag Volk und Gesundheit Berlin, 1979)
— Auszug —

Inhaltsverzeichnis

Einleitung

Die Sicherheit einer Transfusion hängt zum großen Teil von der Einhaltung organisatorischer Festlegungen ab, deren Nichtbeachtung schwerwiegende Folgen haben kann. Nach der Anordnung (Nr. 1) vom 7. März 1962 über den Blutspende- und Transfusionsdienst ist der ärztliche Leiter einer medizinischen Behandlungseinrichtung verpflichtet, „das Transfusionswesen in der von ihm geleiteten Einrichtung zu organisieren, zu beaufsichtigen und die Einhaltung der hierbei zu beachtenden Vorschriften zu kontrollieren“.
Die Rahmenregelung enthält Festlegungen, die allgemein verbindlich sind. Sie bedürfen jedoch auf der Grundlage der Rechtsvorschriften einer Konkretisierung, die die jeweiligen Bedingungen und Erfordernisse der Gesundheitseinrichtung bei der Vorbereitung und Durchführung von Transfusionen berücksichtigt. Diese 1. Rahmenordnung enthält deshalb neben den entsprechenden Rechtsvorschriften und anderen Regelungen sowie organisatorischen Hinweisen Raum für Festlegungen des Leiters der Einrichtung. Im zweiten Teil sind Symptomatik und Therapie der wichtigsten Störungen in knapper Form zur raschen Orientierung aufgeführt. Auch hier müssen, soweit erforderlich, zusätzliche Festlegungen des Leiters der Einrichtung eingeführt werden. Die so vervollständigte Rahmenordnung ist durch den Leiter der Einrichtung als verbindliche Ordnung für die Arbeit in der Einrichtung in Kraft zu setzen.

1. Festlegung der Verantwortung für die Führung dieser Ordnung

1.1. Leiter der Einrichtung

Er ist dafür verantwortlich, daß nach dieser Ordnung auf allen Stationen und in anderen Bereichen wie Operationssälen, Kreißsälen, wo Bluttransfusionen durchgeführt werden, verfahren wird. Er trifft für die Einrichtung Festlegungen, durch die die Rahmenordnung unter Beachtung der Rechtsvorschriften und anderen Regelungen präzisiert wird.

1.2. Leiter der Fachabteilungen der Kliniken

Sie präzisieren die getroffenen Festlegungen nach fachspezifischen Gesichtspunkten in Absprache mit dem Transfusionsarzt.

1.3. Stationsärzte

Sie sind verantwortlich, daß die in ihrem Bereich tätigen Ärzte und mittlere medizinische Fachkräfte vom Inhalt dieser Ordnung Kenntnis nehmen und dies durch Unterschrift bestätigen. Sie haben ferner dafür zu sorgen, daß diese Ordnung bezüglich der Punkte 7., 8. und 9., 11. auf dem laufenden gehalten wird.

1.4. Transfusionsarzt

Er nimmt seine Aufgaben gemäß § 20 der Anordnung über den Blutspende- und Transfusionsdienst vom 7. 3. 62 im Auftrag des Leiters der Einrichtung wahr. Hierbei obliegen ihm insbesondere:

- Kontrolle der Einhaltung der einschlägigen Rechtsvorschriften im Verantwortungsbereich des Leiters der Einrichtung.
- Sorge für eine zweckdienliche, dem aktuellen Bedarf entsprechende Deponierung von Arzneimitteln gemäß 7. DB zum Arzneimittelgesetz (Haemotherapeutika, blutgruppenspezifische Testseren).
- Anleitung und Kontrolle des gezielten Einsatzes von Hämotherapeutika.
- Anleitung und Kontrolle der Führung der Transfusionsordnung, insbesondere auch der Durchführung regelmäßiger Belehrungen.
- Kontrolle der fachlichen und persönlichen Eignung der mittleren medizinischen Fachkräfte, die im Rahmen von Transfusionen mit Teilaufgaben betraut werden.[21])
- Weiterbildung der Ärzte und der mittleren medizinischen Fachkräfte bzw. Sorge für Teilnahme an Weiterbildungsveranstaltungen.
- Unterbreitung von Verbesserungen auf diesem Arbeitsgebiet und regelmäßiger Bericht über seine Tätigkeit an den Leiter der Einrichtung.

2. Buchstabiertafel für telefonische Durchsagen

A = Anton	J = Julius	Sch = Schule
Ä = Ärger	K = Kaufmann	T = Theodor
B = Berta	L = Ludwig	U = Ulrich
C = Cäsar	M = Martha	Ü = Übermut
Ch = Charlotte	N = Nordpol	V = Viktor
D = Dora	O = Otto	W = Wilhelm
E = Emil	Ö = Ökonom	X = Xanthippe
F = Friedrich	P = Paula	Y = Ypsilon
G = Gustav	Q = Quelle	Z = Zacharias
H = Heinrich	R = Richard	
I = Ida	S = Samuel	

2.1. Buchstabiertafel für telefonische Durchsagen von Blutgruppen

Blutgruppe: A = Anton
Blutgruppe: B = Berta
Blutgruppe: A_1 = Anton eins
Blutgruppe: A_2 = Anton zwo
Rh-Faktor: Rh(+) = Rhesus positiv
Rh-Faktor: Rh(−) = Rhesus negativ
Rh-Formel
Gruppe C = groß Cäsar
Gruppe c = klein Cäsar
Gruppe D = groß Dora
Gruppe d = klein Dora
Gruppe E = groß Emil
Gruppe e = klein Emil

5. Grundsätzliche Hinweise zur Vermeidung von Zwischenfällen

5.1.1. Bei Transfusionen nur Blutübertragungsgeräte zum einmaligen Gebrauch verwenden.

5.1.2. Strenge Indikation.

5.1.3. Wo möglich, gezielte Transfusion. (Kein Vollblut, sondern Blutbestandteile, wie Erythrocytenkonzentrat, Plasma übertragen) Cave Übertransfusion!

5.1.4. Wenn möglich, Transfusion im langsamen Tropf durchführen. (Transfundiere so langsam wie möglich und so schnell wie nötig!)

5.1.5. Zur Vermeidung einer Luftembolie ist darauf zu achten, daß:

1. Die Nadeln vom Luftfilter und Transfusionssystem so durch den Stopfen der Blutkonservenflaschen gestochen werden, daß sich die Nadelenden nicht zu nahe kommen, da sonst Luft vom Luftfilter in das Transfusionssystem gelangen kann.
2. Das Transfusionssystem dicht ist und die Verbindungsstellen eine ausreichende Festigkeit aufweisen.
3. Der Flüssigkeitsspiegel in der Filterkammer mindestens 10 mm über dem Filterende steht.
4. Beim Auftreten von Gasbläschen im Transfusionssystem die Transfusion unterbrochen wird.
5. Keine Injektionen von Medikamenten in den Transfusionsschlauch erfolgen.
6. Bei Flaschenwechsel der Transfusionsschlauch abgeklemmt wird.
7. Bei Überdrucktransfusion der Hinweis 18.2.2. beachtet wird.

5.1.6. Kalte Blutkonserven nur im langsamen Tropf einlaufen lassen. Sind schnell hintereinander mehr als 3 TE Blut zu transfundieren, so soll das Blut ab der 4. Blutkonserve erwärmt werden (Durchlauferwärmer oder Wasserbad bei 37 °C)

5.1.7. Eingetragene Blutgruppen nicht ohne Kontrolle übernehmen (Ausnahmen siehe Fußnote zu 9.1.1.a).

5.1.8. Patienten, die Transfusionen erhalten, müssen sorgfältig überwacht werden.

5.1.9. Die Transfusion ist bei der geringsten Störung zu unterbrechen. Vor Wiederaufnahme der Transfusion sind alle Maßnahmen wie bei Beginn der Transfusion erneut durchzuführen.

5.1.10. Blutkonserven nicht teilen, nicht umschütten, keine Zusätze irgendwelcher Art verwenden.

5.1.11. Trockenplasma — und andere gefriergetrocknete oder tiefgefrorene Blutbestandteilkonserven sind nach dem Auflösen bzw. Auftauen sofort zu verbrauchen.

5.1.12. Auf Anforderung extra hergestellte Thrombozyten- und Leukozytenkonzentrate sowie gewaschene Erythrozytenkonzentrate sind sofort zu verbrauchen.

5.1.13. In Operationssälen ist besonders eine strenge Abgrenzung der Verantwortung erforderlich. Besonders festzulegen ist, wer bei Operationen transfundierender Arzt und damit verpflichtet ist, die unter Ziffer 9.1.1. und 14.1.2. aufgeführten Untersuchungen zu veranlassen bzw. selbst durchzuführen.[8])

5.1.14. Zur Vermeidung von Citratschäden ist bei Verwendung von „ACD-Stabilisator“ bei großen Transfusionen Calcium i. v. zu geben. Es können bei Lebergesunden, 60 kg schweren Erwachsenen 2 Liter Citratblut innerhalb 20 Minuten gefahrlos verabreicht werden. Wird diese Grenze überschritten oder besteht Verdacht auf einen Leberschaden (z. B. Schock, Hypothermie) können pro Liter Citratblut 10 ml einer 10%igen Calciumgluconatlösung gegeben werden[21]).

5.1.15. Bei Massivbluttransfusionen nicht ausschließlich alte Blutkonserven verwenden, genügend Fachkräfte einsetzen.

5.1.16. Bed-side-Test durchführen (siehe 14.2.3.).

5.1.17. Unmittelbar nach Operationen sind die nicht verwendeten bereitgestellten Blutkonserven dem Depot zurückzugeben.

5.1.18. Bei Anfall vieler Verletzter sobald als möglich zuständige Einrichtung des Transfusionsdienstes der DDR verständigen.

5.2. Eigene Festlegungen

9. Festlegungen über die Blutgruppenbestimmung und die Kreuzprobe

9.1. Rechtsvorschriften

9.1.1. Vor jeder Transfusion hat der transfundierende Arzt folgende Maßnahmen zu veranlassen[13]):

a) beim Empfänger Bestimmung der AB0-Blutgruppe und des Rhesusfaktors, soweit diese nicht zuverlässig bekannt sind[14]),
b) Durchführung einer vollständigen Kreuzprobe, die komplette und inkomplette Antikörper erfaßt.

9.2. Hinweise

9.2.1. Der methodischen Durchführung der Blutformelbestimmung und der Kreuzprobe sind die gültigen Vorschriften des Arzneibuches der DDR, Band „Diagnostische Laboratoriumsmethoden" in der jeweils gültigen Fassung zugrundezulegen.

9.2.2. Bei Allergieanamnese, hämolytischer Anämie, Autoaggressionskrankheiten vorangegangener Transfusionsstörung, nach gehäuften Transfusionen sowie bei Müttern von Kindern mit Hyperbilirubinämien wird empfohlen, die Verträglichkeit zusätzlich zur Kreuzprobe im Antihumanglobulin- oder Enzymtest zu prüfen.

9.2.3. Zur Blutgruppenbestimmung und zur Kreuzprobe möglichst Blut verschiedener Blutentnahmen verwenden, da sonst keine Kontrolle der Blutgruppe durch die Kreuzprobe.

9.2.4. Beschriftung der Röhrchen nur am Bett des Patienten. Dabei Name, Vorname und Geburtsdatum erfragen und neben Abteilung und Station vermerken. Zur Beschriftung möglichst selbsthaftende Materialien verwenden.

9.2.5. Auf dem Begleitschein soll der Patient bestätigen, daß das im Röhrchen befindliche Blut von ihm stammt. Bei bewußtlosen Patienten Vermerk dieser Tatsache und zusätzliche Sicherung durch sonstige Befundangabe.

9.2.6. Bei Mehrfachtransfusionen ist alle 48 Stunden neues Blut für die Durchführung der Kreuzprobe wegen der Gefahr der Antikörperbildung zu verwenden.

10. Verfahrensweise bei der Bestellung von Blutkonserven

10.1. Rechtsvorschriften

10.1.1. Blut- und Blutderivatkonserven sind rechtzeitig vor der Transfusion vom transfundierenden Arzt beim Blutkonservendepot der Behandlungseinrichtung oder der für die Versorgung zuständigen Einrichtung des Blutspende- und Transfusionsdienstes auf einem Anforderungsschein anzufordern.
Wird in lebensbedrohlichen Fällen die Blutkonserve mündlich oder fernmündlich angefordert, so ist der Anforderungsschein unverzüglich nachzureichen.

10.2. Eigene Festlegungen

11. Organisatorische Festlegungen für das Abholen der Blutkonserven vom Depot und Lagerung bis zur Transfusion

11.1. Hinweise

11.1.1. Blutkonserven, die nicht zur sofortigen Transfusion bestimmt sind, sind unverzüglich bei Temperatur von 2 bis 5 °C zu lagern, wobei ein Spezialkühlschrank zu benutzen ist. Behelfsweise vorübergehende Lagerung im Haushaltkühlschrank nie ohne zusätzliches Minimum-Maximum-Thermometer, da sonst Gefahr der Hämolyse durch unbemerkte Unterkühlung.

11.1.2. Die höchstzulässige Lagerfrist der Blutkonserven bei Zimmertemperatur (18—25 °C) unmittelbar vor der Transfusion beträgt 6 Stunden.

11.1.3. Bei Ausfall der Kühleinrichtung ist die zulässige Einrichtung des Transfusionsdienstes über die Verwendbarkeit der Blutkonserven zu konsultieren.

11.2. Eigene Festlegungen

12. Beurteilung der Blutkonserve

12.1. Hinweis

12.1.1. Blutkonserven können nur im sedimentierten Zustand sicher überprüft werden, so daß die Beurteilung im allgemeinen im Depot erfolgen muß.

12.1.2. Trübung des Plasmas:

12.1.2.1. Gleichmäßig, milchig mit evtl. Verdichtung am oberen Rand ist durch Fett bedingt. Solche lipämischen Blutkonserven können transfundiert werden.

12.1.2.2. Wolkig, schleierartig, ist auf Infektion stark verdächtig. Blutkonserve nicht transfundieren. Bakteriologische Kontrolle veranlassen.

12.1.3. Dünne graue flockige oder zusammenhängende Haut auf der Erythrozytenschicht besteht aus Leukozyten, Thrombozyten und Zerfallsprodukten = sogenannte Leukozytenmembran. (buffy-coat) = unbedenklich!

12.1.4. Rote Verfärbung des Plasmas kann durch Hämolyse oder aufgeschüttelte Erythrozyten bedingt sein. Zeigt eine abgesetzte Blutkonserve unmittelbar über der Zellschicht eine roten bis rotvioletten Saum, der bei weiterer Lagerung noch zunimmt, so handelt es sich um Hämolyse. Diese Blutkonserve darf nicht verwendet werden. Ein roter Saum an der oberen Plasmagrenze (Frühhämolyse) ist unbedenklich. Bestehen Zweifel, ob es sich um Hämolyse oder nicht sedimentierte Erythrozyten handelt, ist mittels einer sterilen Spritze eine Probe zu entnehmen und stark zu zentrifugieren. Zeigt das Überstehende keine rötliche Verfärbung mehr, kann die Blutkonserve Verwendung finden. Wegen der mit der Punktion verbundenen Kontaminationsgefahr ist die Blutkonserve unverzüglich zu transfundieren.

12.1.5. Gasbildung, — z. B. blasig abgehobene Leukozytenmembran — Überdruck und übler Geruch einer Blutkonserve weisen auf Verkeimung hin. Transfusion keinesfalls durchführen.
Bakteriologische Kontrolle veranlassen.
Erykonzentrate können aus herstellungstechnischen Gründen (Abdrücken des Plasmas mittels Stickstoff) Überdruck aufweisen.

12.2. Eigene Festlegungen

13. Was ist bei der Frischblutübertragung zu beachten?

13.1. Definition

13.1.1. Unter Frischblutübertragung versteht man

a) die direkte Übertragung des Blutes vom Spender auf den Empfänger ohne irgendwelche Zusätze.
b) die indirekte Übertragung des Blutes vom Spender auf den Empfänger unter Zwischenschaltung eines Gefäßes und Verwendung gerinnungshemmender Mittel unverzüglich nach der Blutentnahme.
c) Human-Citratblut wird bezüglich der Überlebensrate der Erythrozyten bis zum 5. Tag und Human-Citratblut AG bis zum 7. Tag als Frischblut gewertet[21]).

Für die wirkungsvolle Transfusion labiler Gerinnungsfaktoren, Thrombozyten und Leukozyten ist das Blut sobald als möglich nach der Abnahme zu verwenden.[15])

13.2. Hinweise

13.2.1. Auch wenn die Blutentnahme beim Spender nicht durch eine Einrichtung des Blutspende- und Transfusionsdienstes erfolgt, sind die einschlägigen Bestimmungen bezüglich Spenderuntersuchung und Eintragung der Spende in den Ausweis für Arbeit und Sozialversicherung zu beachten.

13.2.2. Ist eine reguläre Untersuchung des Spenderblutes auf Lues vor der Spende nicht möglich, so ist ein Schnelltest durchzuführen. Die reguläre serologische Luesuntersuchung ist in allen Fällen nachzuholen.

13.2.3. Bei allen Transfusionen, bei denen das Ergebnis einer regulären luesserologischen Untersuchung nicht vorliegt, ist auch beim Empfänger vor der Transfusion Blut zu entnehmen und zur Untersuchung auf Lues einzuschicken.

13.2.4. Die Transfusion ist unter Verwendung des üblichen Formulars der zuständigen Einrichtung des Blutspende- und Transfusionsdienstes zu melden.

13.3. Festlegungen im eigenen Bereich

14. Organisatorische Festlegungen für die Durchführung der Transfusion

14.1. Rechtsvorschriften

14.1.1. Bluttransfusionen dürfen nur von Ärzten ausgeführt werden, die ausreichende wissenschaftliche Kenntnisse auf dem Gebiet des Blutspende- und Transfusionswesens besitzen und die Technik der Bluttransfusion sicher beherrschen.

14.1.2. Unmittelbar vor bzw. bei Beginn einer Bluttransfusion hat der transfundierende Arzt folgende Maßnahmen selbst vorzunehmen[16]):

a) Untersuchung des Empfängers, besonders der Kreislauf- und Atmungsorgane auf Anzeichen, die als Kontraindikation zur Bluttransfusion zu werten sind,

b) Prüfung der Verträglichkeit der Blutformel von Spender- und Empfängerblut durch Sichtvergleich des Befundes der Blutformelbestimmung des Empfängers mit der Kennzeichnung der Blutkonserve,

c) bei direkter Frischblutübertragung Prüfung der Verträglichkeit der Blutformel von Spender- und Empfängerblut durch Sichtvergleich der Blutformelbestimmungen bei Spender und Empfänger,

d) Prüfung der ordnungsgemäß vorgenommenen Kreuzprobe durch Einsichtnahme in den hierfür ausgestellten Befund,

e) Durchführung der biologischen Vorprobe nach Oehlecker, wenn der Empfänger bei Bewußtsein ist,

f) eine zusätzliche Kontrolle der Befunde der AB0-Blutgruppenbestimmung bei Spender und Empfänger durch einen Bed-side-Test wird empfohlen.

14.1.3. Bei Bluttransfusionen in lebensbedrohlichen Fällen kann ausnahmsweise von den unter Ziffer 1 genannten Bestimmungen wie folgt abgewichen werden:

a) Die Durchführung der Kreuzprobe darf unterbleiben, wenn im AB0-System verträgliches Blut, welches den Rhesusfaktor nicht besitzt (cde/cde), zur Verfügung steht.

b) Die Durchführung der Blutgruppen- und Rhesusfaktorbestimmung beim Empfänger und die Kreuzprobe dürfen unterbleiben, wenn Blut der Gruppe 0 (cde/cde) zur Verfügung steht, das als „Universalspender" gekennzeichnet ist.

14.2. Hinweise

14.2.1. Die Transfusion ist in jedem Falle durch den Arzt einzuleiten. Dieser hat sich vorher von der Identität des Patienten, z. B. durch Erfragen seiner Personalien, zu überzeugen. Bei Operationen hat dies vor Beginn der Narkose zu geschehen.

14.2.2. Durchführung der biologischen Probe (modifizierte Oehleckersche Probe): Schnell 20—40 ml Blut i. V. einlaufen lassen, danach 10—15 Minuten ganz langsam eintropfen lassen. Bleiben bis dahin Reaktionen beim Empfänger aus, notwendige Transfusionsgeschwindigkeit einstellen.

14.2.3. Durchführung des Bed-side-Testes:

a) Auf (bed-side) Testkarten: nach Vorschrift

b) Auf Objektträgern: Es werden untereinander 2 Tropfen agglutinierendes Blutgruppentestserum „Anti-A" und danach ebenfalls untereinander 2 Tropfen agglutinierendes Blutgruppentestserum „Anti-B" aufgetropft. In die nebeneinanderliegenden Testserumtropfen wird oben je ein kleiner Tropfen Empfängerblut und unten je ein kleiner Tropfen Spender-(Konserven-)Blut gegeben und gemischt. Nach etwa 3 Minuten kann man das Ergebnis ablesen. Bei AB0-gruppengleicher Transfusion zeigen obere und untere Reihe das gleiche Agglutinationsbild. Der Bed-side-Test ist unmittelbar am Bett des betreffenden Patienten mit der für ihn vorgesehenen Blutkonserve durchzuführen.
Bei fehlender Übereinstimmung des Reaktionsbildes darf nicht transfundiert werden.
Blutgruppenkontrolle veranlassen!
Ausnahme: Wird verträgliches hämolysinfreies Blut auf Empfänger anderer AB0-Gruppen übertragen, stimmt das Ergebnis nicht überein. Die Transfusion darf trotzdem erfolgen.

14.3. Festlegungen im eigenen Bereich

16. Festlegungen zur Dokumentation

16.1. Rechtsvorschriften

16.1.1. Jede Transfusion von Blut oder Blutderivaten ist mit allen erforderlichen Angaben in die Krankengeschichte des Empfängers einzutragen.

16.1.2. Nach der Bluttransfusion hat der transfundierende Arzt den sich auf die Transfusion beziehenden Teil des Vordruckes für ein Protokoll über die Blutentnahme und Bluttransfusion auszufüllen[18]), innerhalb von 24 Stunden nach der Transfusion abzuschließen und derjenigen Einrichtung des Blutspende- und Transfusionsdienstes zu übermitteln, von der die Blutkonserve bezogen wurde.

16.2 Eigene Festlegungen

17. Aufbewahrung der leeren Flaschen und Systeme

17.1. Hinweise

17.1.1. Der transfundierende Arzt hat dafür zu sorgen, daß nicht transfundierte Reste des konservierten Blutes oder Blutbestandteiles für die Dauer von 24 Stunden nach Beendigung der Transfusion in der Blutkonservenflasche kühl aufbewahrt werden. Desgleichen das Übertragungssystem.

17.3. Eigene Festlegungen

18. Festlegungen für Sonderfälle (z. B. dringende Transfusion, Überdruck-Transfusion usw.)

18.1. Rechtsvorschriften

18.1.1. In lebensbedrohlichen Fällen kann ausnahmsweise von den unter Ziffer 9.1. genannten Bestimmungen abgewichen werden:

a) Die Durchführung der Kreuzprobe darf unterbleiben, wenn im AB0-System verträgliches Blut, welches den Rhesusfaktor nicht besitzt (cde/cde), zur Verfügung steht.

b) Die Durchführung der Blutgruppen- und Rhesusfaktorbestimmung beim Empfänger und die Kreuzprobe dürfen unterbleiben, wenn Blut der Gruppe 0 (cde/cde) zur Verfügung steht, das als „Universalspender“ gekennzeichnet ist.

18.2. Hinweise

18.2.1. Die Kreuzprobe ist in jedem Falle anzusetzen, auch wenn ihr Ergebnis nicht abgewartet werden kann.

18.2.2. Bei Überdrucktransfusion nur Gebläse mit einem Loch im Zuführungsschlauch benutzen, welches bei Gebrauch mit dem Finger zugehalten werden muß. Dadurch Vermeidung einer Luftembolie möglich. Dabei ist zu beachten, daß der

Luftfilter mit einer langen Nadel eingestochen wird, deren Ende sich bei hängender Flasche oberhalb des Flüssigkeitsspiegels befindet.

18.3. Eigene Festlegungen

19. Hinweise auf Transfusionsstörungen mit Therapieempfehlungen

19.1. Mögliche Transfusionsstörungen (Tr. S.)
Hämolytische Tr. S.
Nichthämolytische febrile Tr. S.
durch HL-A-Antikörper
Bakterielle Tr. S.
Pyrogene Tr. S.
Allergische Tr. S.
Kardiovaskuläre Tr. S.
Übertragung von Infektionskrankheiten u. a. Hepatitis, Lues, Malaria
Luftembolie durch Überdrucktransfusion
Immunisierung (Alloimmunisierung)

Zu beachtende Faktoren bei Massivtransfusionen:
Citratintoxikation[21])
Hypocalciämie[21])
Metabolische Azidose
Hyperkaliämie
Hypothermie durch Kaltbluttransfusion
Gerinnungsstörungen

19.2. Allgemeine Hinweise

Eine verträgliche Transfusionsbehandlung verläuft ohne subjektive Störungen und ohne wesentliche Temperaturerhöhungen beim Empfänger. Subjektive und objektive Störungen sind immer zu beachten! Allgemeine Symptome, die bei Störungen verschiedenster Genese auftreten können, sind Kopf- und Rückenschmerzen, Beklemmungsgefühl, Schüttelfrost, Fieber, Blutdruckabfall oder Brechreiz.

Pyretische und allergische Reaktionen können auch Anfangsstadien
— einer hämolytischen oder
— einer bakteriellen/pyrogenen Transfusionsstörung sein.

Daher: Sorgfältige Überwachung jeder Transfusion, um eventuell auftretende Symptome einer Komplikation rechtzeitig erkennen zu können; schon bei geringsten Störungen Transfusion sofort abbrechen; erforderlichenfalls Gegenmaßnahmen unverzüglich einleiten; Venenkanüle muß verbleiben; Kontrolle der blutgruppenserologischen Befunde und Unterlagen.

Wenn Transfusion unterbrochen werden muß:
Sicherstellung des Transfusionsgutes, erneute Blutentnahme beim Transfusionsempfänger, Entfernung des Transfusionssystems aus der Blutkonserve, steriles Abdecken des Gummistopfens.
Weitere Hinweise (siehe 20.): Kontrolluntersuchungen zur Aufklärung und Differentialdiagnose von Transfusionstörungen.

19.3. Therapieempfehlungen für Transfusionsstörungen

19.3.1. Hämolytische Tr. S.[21])

Ursache: Übertragung von inkompatiblem Blut (meist im AB0-System) durch Verwechslung von Blutkonserven und Empfängerblutproben, seltener durch irreguläre Antikörper.

Symptome: Kreuz- und Rückenschmerzen, Schüttelfrost, Fieber und Beklemmungsgefühl.
Schockzustand, Hämoglobinämie, Hämoglobinurie, Gerinnungsstörungen, Oligurie bzw. Anurie. Der Schock tritt bei narkotisierten Patienten auch auf, ist jedoch schwer zu erkennen und entwickelt sich teilweise langsamer, oft sind Gerinnungsstörungen die ersten Anzeichen.

Therapie: Vordringlich ist die Behandlung eines aufgetretenen Kreislaufschocks sowie prophylaktische Maßnahmen zur Vermeidung eines akuten Nierenversagens.
Die nachstehend aufgeführten Hinweise müssen, entsprechend den erhobenen Befunden, zur Anwendung kommen:

- Volumensubstitution unter Berücksichtigung des Schockzustandes
- Kortikosteroide in hoher Dosierung
- Verhütung der Niereninsuffizienz durch Osmodiuretika (Mannitol-Infusionslösung 200) noch innerhalb der ersten Stunde und Saluretika
- Kontrolle der Urinausscheidung durch Blasenverweilkatheter
- Sedierung/Analgesie
  Eine bestehende Allgemeinanaesthesie soll unbedingt aufrecht erhalten bleiben.
- Blutgruppenserologische Kontrolluntersuchung zur Aufklärung der Inkompatibilität
- Austauschtransfusion mit gruppengleichem Blut unter Berücksichtigung der blutgruppenserologischen Ergebnisse und der Möglichkeit der Bereitstellung einer entsprechenden Blutmenge

— Kontrolle des Säuren-Basen-Haushaltes und des Gerinnungssystems
Einer disseminierten intravasalen Gerinnung sollte durch die Gabe von Heparin vorgebeugt werden.

Erforderlichenfalls Verlegung in ein Dialysezentrum

19.3.2. Nichthämolytische febrile Tr. S. durch HL-A-Antikörper

Ursache: HL-A-spezifische evtl. auch thrombozytenspezifische Antikörper.

Symptome: Temperaturerhöhung, zum Teil auch allergische Reaktionen.

Therapie: Antipyretika, Antiallergika, Kortikosteroide.

19.3.3. Bakterielle Tr. S.

Ursache: Übertragung bakteriell verunreinigter Blutkonserven.

Symptome: Septisches Fieber, wiederholte Schüttelfröste und Schockzustände, Blutdrucksenkung und Tachykardie, Hyperämie der Haut, Hämolyse, Subikterus, Oligurie.

Therapie: Schockbekämpfung, Erregernachweis mit Resistenzbestimmung aus Blutkonserven- und Empfängerblut. Sofortige Bekämpfung der zunächst unbekannten Keime mit Breitband-Antibiotika und Sulfonamiden, Antipyretika, Überwachung der Nierenfunktion.

19.3.4. Pyrogene Tr. S.

Ursache: Übertragung pyrogener Substanzen verschiedenen Ursprungs.

Symptome: Schüttelfrost, Fieber.

Therapie: Symptomatisch mit Antipyretika.
In der Differentialdiagnose auch andere Ursachen mit in Erwägung ziehen.

19.3.5. Allergische Tr. S.

Ursache: Individualspezifische Eiweißunverträglichkeit auf Grund einer allergischen Reaktionslage des Empfängers.

Symptome: Urtikaria, Temperaturerhöhung, bronchialasthmatische Erscheinungen, Quincke-Ödem.

Therapie: Symptomatische Behandlung der allergischen Erscheinungen, Calciumgluconat[21]) oder -thiosulfat, Antihistaminika, Kortikosteroide, Sedativa.

19.3.6. Kardiovaskuläre Tr. S.

Ursache: Volumenübertransfusion. Besonders gefährdet sind ältere Patienten mit herabgesetztem Herzleistungsvermögen.

Symptome: Tachykardie, Atemnot, Zyanose, Einflußstauung, Anstieg des zentralen Venendruckes, Lungenödem.

Therapie: Schnell wirksame Diuretika, Verlagerung des Blutvolumens in die Peripherie (Staubinden an den Extremitäten) oder Aderlaß, kontrollierte Überdruckbeatmung mit Sauerstoff.

19.3.7. Hämorrhagische Diathesen

Ursache: Verminderung der Gerinnungsfaktoren und Thrombozyten durch Verdünnungseffekt und Verbrauchsmechanismus, Freisetzung vom thromboplastischen und fibrinolytischen Materials (z. B. Verbrauchskoagulopathie), verursacht u. a. durch Massivtransfusionen, hämolytische Transfusionsstörungen usw.

Symptome: Allgemeine Symptome der hämorrhagischen Diathese, Kreislaufschock, unter Umständen schon vor Auftreten der Blutungen. Therapie erst nach Gerinnungsuntersuchungen (Quick-Test, PTT, Thrombozytenzahl, Fibrinogenbestimmung, Blutungs- und Gerinnungszeit, clot-observation-Test).

Therapie: Behandlung der Blutungsneigung durch Substitution entsprechender Gerinnungsfaktoren. Bei Verbrauchskoagulopathie[21]) vorher Hemmung der disseminierten intravasalen Gerinnung durch Heparinisierung. Danach Fibrinogensubstitution mit Human-Plasmafraktion Cohn I (3—5 TE).

19.3.8. Luftembolie

Ursache: Überdrucktransfusion ohne Sicherheitsvorkehrungen

Symptome: Bewußtseinstrübung, Krämpfe, Tachykardie, Blutdruckabfall, Asystolie.

Therapie: Linksseitenlage in Trendelenburg-Position mit Kopftieflagerung. Führt diese Maßnahme nicht unmittelbar zur Wiederherstellung ausreichender Kreislaufverhältnisse, so muß unverzüglich mit extrathorakaler Herzmassage (Rückenlage) und künstlicher Beatmung begonnen werden, evtl. intrathorakale Herzmasse mit Ventrikelpunktion rechts, insbesondere unter Operationsbedingungen.

19.3.9. Übertragung von Infektionskrankheiten

Ursache: Theoretisch kann jeder Erreger durch eine Transfusion übertragen werden, von praktischer Bedeutung ist die Serumhepatitis (Hepatitis B), Malaria und Brucellose. Bei einer Lagerung der Blutkonserve über 48—72 Stunden ist mit einer Infektion durch vorhandene Luesspirochäten nicht mehr zu rechnen.

Symptome
und
Therapie: Spezifisch entsprechend der Infektionskrankheit.

19.4. Möglichkeit der Immunisierung

Zur Antikörperbildung kann es durch Alloimmunisierung des Organismus gegen Antigene von Spendererythrozyten, Leukozyten und Thrombozyten kommen. Bei Transfusion von D- auf d-Blut (Rhesus-System) in Notfallsituationen oder bei Fehltransfusionen ist das zuständige Bezirks-Institut für Blutspende- und Transfusionswesen bezüglich der durchzuführenden Immunprophylaxe mit Human-Immunglobulin Anti-D zu informieren. Diese Anti-D-Prophylaxe kommt insbesondere für Frauen im gebärfähigen Alter in Betracht.

19.5. Störungen bei Massivtransfusionen

Ursache: Bei massiven Transfusionen (10 Blutkonserven und mehr) und bei schneller Transfusion (Transfusionsgeschwindigkeit größer als 1 bis 1,5 ml/kg/min) sind folgende Störungen möglich:
Veränderung des pH-Wertes (Azidose)
Citratüberschuß und Hypocalciämie[21])
Zunahme des Serum-Kalium-Spiegels und reduzierter 2,3-DPG-Gehalt der Erythrozyten bei Verwendung älterer Blutkonserven
Verminderung der labilen Gerinnungsfaktoren und der Thrombozyten (Verdünnungseffekt, evtl. Verbrauchsmechanismus)
Gefahr der Unterkühlung des Empfängers (Hypothermie) bei massiver Kaltblutzufuhr (Lagertemperatur +4°C)
Möglichkeit der Volumenübertransfusion

Symptome: Unterschiedlich nach den aufgeführten Faktoren. Meistens handelt es sich um mehrere Vorgänge, die sich gegenseitig beeinflussen und einen bestehenden Schockzustand noch verstärken.

Therapie: Nach Ursache der Störung, u. a.
Azidose: Zur Neutralisation von Citratblutkonserven[21]) werden 35 bis 40 ml des 0,3 molaren THAM (Tromethamol) pro 500 ml Konservenblut empfohlen. Kontrolle der Blutgaswerte erforderlich.
Citratintoxikation: Calciumthiosulfat oder -gluconat[21]).
Bei Anwendung mehrerer Blutkonserven 5—10 ml Calciumgluconat pro 500 ml-Einheit Citratblut.
Hypocalciämie: Calciumthiosulfat oder -gluconat[21]).
Hyperkaliämie: Anregung der Diurese durch rasche Infusion von kaliumfreien Zucker- oder Kochsalzlösungen unter Zugabe von Mannitol-Infusionslösung 200, Saluretika.

Veränderung des Gerinnungspotentials: Substitution der fehlenden Faktoren (vorher Gerinnungsuntersuchung), auch an Verbrauchskoagulopathie denken!

Hypothermie: Vermeidung der Unterkühlung durch Anwärmen der Blutkonserven im Wasserbad (37 °C), Temperaturkontrolle, sonst Hämolysegefahr! Anwendung von Hochfrequenzgeräten, Erwärmung hiermit innerhalb von 3 Minuten möglich.

19.6. Arzneimittel und Hilfsgeräte zur Behandlung von Transfusionsstörungen

Folgende Arzneimittel sollten jederzeit bereitgehalten werden:
Infukoll M 40 und Infukoll 6%, Tromethamol compositum,
Mannitol-Infusionslösung 200.
Kortikosteroide, Antihistaminika, Antipyretika.
Calciumgluconicum oder -thiosulfat[21]).
i. v. i. v.-injizierbare Breitbandantibiotika , Sulfonamide.
Diuretika/Saluretika
Dolcontral
Heparin, 25000 IE in 5 ml

19.7. Möglichkeit der Verlegung in ein Dialysezentrum.
Das nächste Dialysezentrum befindet sich in:

20. Kontrolluntersuchungen zur Aufklärung und Differentialdiagnose von Transfusionsstörungen

Erforderliche Untersuchungsmaterialien, die an die zuständige Einrichtung des Transfusionsdienstes der DDR einzuschicken sind:

Rest des Transfusionsgutes;
Empfängerblut (20 ml), nach Transfusion entnommen;
Reste der Blutproben, mit denen die Kreuzprobe durchgeführt wurde;
Katheterurin (50 ml) bei schweren hämolytischen Tr. S.

Folgende Untersuchungen werden empfohlen:

1. Serologische Kontrolle der AB0-Blutgruppe beim Empfänger nach erneuter Blutentnahme und aus dem Restblut im Transfusionssystem.
2. Blutdruck- und Temperaturkontrollen
3. Hämoglobin im Serum, evtl. Bilirubinbestimmung
4. Hämoglobinbestimmung und Urobilinogennachweis im Urin
5. Kontrolle der Urinausscheidung (Blasenverweilkatheter)
6. Blutbild, einschließlich Thrombozyten
7. Gerinnungsuntersuchung.

Bei Verdacht auf bakterielle Störung:

Bakteriologische Untersuchung des Empfängerblutes durch Blutentnahme vor Beginn der antibiotischen Behandlung.
Im übrigen ist nach den Maßnahmen zur Klärung von Transfusionszwischenfällen gemäß der Richtlinie Nr. 1 zur Anordnung über den Blutspende- und Transfusionsdienst vom 5. 12. 67 zu verfahren (siehe 4.2.).

21. Festlegungen im eigenen Bereich bezüglich Transfusionszwischenfällen

22. Durchgeführte Belehrungen[19])

Tag der Belehrung	Thema	Belehrung erfolgte durch	Unterschrift

Anlage

Anweisung zur Ausfüllung der Begleitscheine für Hämotherapeutika

Ab 1. Juli 1975 werden die bisher üblichen Blutkonservenanhänger durch Begleitscheine ersetzt, die zugleich als Transfusionsbericht Verwendung finden. Neben einer Vereinfachung der Schreibarbeit wird dadurch eine exakte Erfassung der durchgeführten Transfusionen, aufgeschlüsselt auf Fachabteilungen, Diagnosegruppen und Indikationen, ermöglicht. Eine exakte Ausfüllung und umgehende Rücksendung an die Einrichtung des Transfusionsdienstes der DDR, von der die Präparation bezogen wurde, ist hierzu unerläßlich.
Die Belege sind sorgfältig in Druckschrift auszufüllen. Zulässige Zeichen in den Lochspalten sind alle Ziffern (Nullen sind durchzustreichen: ∅).
Wird die Blutkonserve transfundiert, besteht für alle Felder des Begleitscheines Ausfüllpflicht.
Die Lochspalten 1—29 werden durch die herstellende Einrichtung des Transfusionsdienstes der DDR ausgefüllt. Lochspalte 37 ist vom Blutkonservendepot nur auszufüllen, wenn die Blutkonserve nicht transfundiert wurde. Es ist der neben der Lochspalte stehende Schlüssel zu verwenden.
Wird eine Blutkonserve eingekreuzt, ist zunächst nur das Kreuzprobenprotokoll (Vordruck Nr. 2145 VLV Freiberg) auszufüllen und an den Begleitschein anzuheften, um bei eventueller späterer Verwendung der Blutkonserve für einen anderen Empfänger den Begleitschein nicht korrigieren zu müssen.

Lochspalten 30—60 sind durch den transfundierenden Arzt unmittelbar vor der Transfusion auszufüllen, Lochspalte 61 spätestens 24 Stunden danach. Die Eintragung bei bedside-Test bestätigt die Durchführung bzw. Nichtdurchführung dieser Prüfung, die unter Kreuzprobe, die Kenntnisnahme des aus dem Kreuzprobenprotokoll ersichtlichen Befundes.
Wurde die Kreuzprobe aus Dringlichkeitsgründen nicht durchgeführt, ist trotzdem das Kreuzprobenprotokoll auszufertigen, auf dem Begleitschein und dem Protokoll ist „nicht durchgeführt" zu vermerken.
Bei „Empfänger" sind Vor- und Zuname anzugeben. In die Spalten 30—35 sind die Nummern der Einrichtung und transfundierenden Fachabteilungen gemäß dem gesondert jeder Einrichtung zugegangenen Schlüssel einzutragen.

Nr. der Einrichtung:
Nr. der Fachabteilung:

In die Spalten 38—49 ist die Personenkennzahl des Empfängers einzusetzen. Besitzt er diese noch nicht, wird in die Spalten 38—43 das Geburtsdatum eingesetzt (Beispiel: 1. 1. 35 = ∅ 1 ∅ 135).
Spalte 44 charakterisiert das Geschlecht und das Geburtsjahrhundert:

2 männlich, 3 weiblich } vor 1900 geboren

4 männlich, 5 weiblich } nach 1900 geboren.

In die Spalten 45—49 ist die individualspezifische Registriernummer einzusetzen, ist diese nicht bekannt, ist in die Felder 45—49 je eine 1 einzusetzen!
Die Blutgruppen werden wie bisher farbig gekennzeichnet. Dabei werden die Rh-positiven Blutgruppen durch zwei, von Rh-negativen durch einen Farbstreifen unterschieden.
In die Spalten 50—55 ist das Datum der Transfusion bzw. der Rückgabe einzusetzen. Hierbei ist das Datum entsprechend den Ausfüllanweisungen für die Spalten 38—43 anzugeben.
In die Spalten 56—59 ist die Schlüsselnummer der Grundkrankheit gemäß WHO-Klassifikation einzusetzen, die für die Transfusion entscheidend war. (Beispiel: Sekundäre Anämie bei Ulcus ventriculi ⟨531⟩, Nummer für Ulcus ventriculi, nicht für sekundäre Anämie.)
Für die Spalte 60 ist der Schlüssel auf dem Begleitschein rechts zu finden.
Die Eintragung in Spalte 61 dient der Charakterisierung der Verträglichkeit gemäß dem danebenstehenden Schlüssel. Bei schweren Komplikationen ist eine 2 einzusetzen und gemäß Richtlinie Nr. 1 zur Anordnung über den Blutspende- und Transfusionsdienst vom 5. Dezember 1967 zu verfahren. Für den dort geforderten Wortbericht ist die Rückseite des Begleitscheines zu verwenden.

Die Spalten 78—80 werden von der Einrichtung des Transfusionsdienstes ausgefüllt.
Der Unterschrift und dem Stempel des transfundierenden Arztes kommt wegen der Bestätigung der ordnungsgemäßen Prüfung der Übereinstimmung besondere Bedeutung zu, ebenfalls dem Stempel der Behandlungseinrichtung.
Das Original des Begleitscheines ist der Einrichtung des Transfusionsdienstes der DDR zuzuschicken, von der das Hämotherapeutikum bezogen wurde. Das Duplikat verbleibt im Krankenblatt.

[1]) Hier nicht abgedruckt, s. C **02 04** 01.
[2]) Hier nicht abgedruckt, s. C **02 04** 05.
[3]) Hier nicht abgedruckt, jetzt gültige Fassung s. C **02 04** 25.
[4]) Hier nicht abgedruckt, s. C **02 04** 02.
[5]) Hier nicht abgedruckt, s. C **01 06**.
[6]) Hier nicht abgedruckt, s. C **01** 08.
[7]) Nicht abgedruckt, zur Eintragung von Namen (Anschriften) und eigenen Festlegungen bestimmt.
[8]) Hier muß unbedingt Übereinstimmung mit der Narkose- und Operationssaal-Ordnung hergestellt werden.
[9]) Bluttransfusionen dürfen nur von Ärzten durchgeführt werden, die ausreichende wissenschaftliche Kenntnisse auf dem Gebiet des Blutspende- und Transfusionswesens besitzen und die Technik der Bluttransfusion sicher beherrschen.
[10]) Empfehlung: Ärzte, medizinische Assistenten, besonders zuverlässige Schwestern und Pfleger.
[11]) Empfehlung: Chefärzte, Abteilungsärzte, Oberärzte, Stationsärzte.
[13]) „zu veranlassen" bedeutet, daß diese Arbeiten mittlerem medizinischem Personal übertragen werden dürfen, welches über die nötige fachliche und persönliche Eignung verfügt. Für die ordnungsgemäße Durchführung der gegebenen Aufträge ist das mittlere medizinische Personal voll verantwortlich.
[14]) AB0-Blutgruppe und Erythrozytenagglutinogen „D" gelten auch als zuverlässig bestimmt, wenn das Probandenblut zweimal aus zwei unabhängig voneinander entnommenen Blutproben untersucht und das übereinstimmende Ergebnis der Doppelbestimmung im Personalausweis oder im Nothilfepaß schriftlich fixiert ist.
[15]) Wirkungsvoller als Frischblut sind bezüglich der labilen Gerinnungsfaktoren gerinnungsaktive Plasmafraktionen.
[16]) Die hier genannten Untersuchungen und Verrichtungen dürfen nur von Ärzten ausgeführt werden. Die mitwirkenden mittleren medizinischen Fachkräfte sind hierüber ausdrücklich zu belehren.
[17]) Nicht abgedruckt, im wesentlichen nur Hinweis, daß die Punkte 5.1.8. und 5.1.9. besonders zu beachten sind.
[18]) Siehe Ausfüllanweisung des Begleitscheines für Hämotherapeutika in der Anlage!
[19]) Die Belehrungen über die Transfusionsordnung sind mindestens halbjährlich durchzuführen und zu dokumentieren.
[20]) Unterschriftslisten nicht abgedruckt.
[21]) Offensichtliche Fehler im Original korrigiert bzw. Anpassung an IUPAC-Schreibweise.

Musterfragespiegel zur Durchführung von Kontrollen in den Einrichtungen des Blutspende- und Transfusionswesens

(Stand 1979)

1. Herstellungsprogramm

1.1. Welche registrierten Zubereitungen werden hergestellt?

1.2. Welche nicht registrierten Zubereitungen werden hergestellt?

1.3. Welche Zulieferungen an Ausgangsmaterialien (außer Chemikalien) oder Zwischenprodukte werden aus anderen Einrichtungen bezogen?

1.4. Welche Zulieferungen an Ausgangsmaterialien oder Zwischenprodukten erfolgen an andere Einrichtungen?

1.5. Werden staatlich zu prüfende Arzneimittel hergestellt?

2. Personal

2.1. Name und Qualifikation des für die Arzneimittelherstellung verantwortlichen Leiters

2.2. Name und Qualifikation des Leiters sowie des Stellvertreters des Leiters der TKO

3. TKO

3.1. Übt der TKO-Leiter seine Funktion hauptamtlich aus?

3.2. Wieviel ihm direkt unterstellte Mitarbeiter hat der TKO-Leiter?

3.3. Liegen für den TKO-Leiter und dessen Stellvertreter Funktionspläne vor?

3.4. Nimmt der TKO-Leiter an Beratungen der Leitung der Einrichtung insbesondere zu Fragen der Entwicklung, Herstellung und Qualitätssicherung von Arzneimitteln teil?

3.5. Sind die der TKO zur Verfügung stehenden Möglichkeiten

— in personeller Sicht
— in räumlicher Sicht
— in apparativer Sicht

für die Erfüllung ihrer Aufgaben ausreichend?

3.6. Werden folgende Arbeiten durchgeführt?

A) vom TKO-Leiter bzw. von dessen Mitarbeitern selbst

B) im Auftrag des TKO-Leiters von Mitarbeitern anderer Struktureinheiten der Einrichtung

C) von Mitarbeitern anderer Struktureinheiten der Einrichtung ohne Auftrag des TKO-Leiters

3.6.1. Kontrolle der Durchführung der zur Spenderüberwachung notwendigen Maßnahmen sowie Kontrolle der Einhaltung festgelegter Anforderungen an die Spender

3.6.2. Eingangskontrolle bei Chemikalien

3.6.3. Eingangskontrolle bei aus anderen Einrichtungen zugelieferten Ausgangsstoffen und Zwischenprodukten

3.6.4. Kontrolle der Durchführung der zur in-process-Überwachung notwendigen Maßnahmen

3.6.5. Kontrolle der Halbfertigwaren (Stabilisatoren, Pufferlösungen usw.)

3.6.6. Freigabe der Halbfertigwaren

3.6.7. Kontrolle der Fertigwaren/Infusionslösungen

3.6.8. Freigabe der Fertigwaren/Infusionslösungen

3.6.9. Kontrolle der Fertigwaren/Blut- und Blutbestandteil-Zubereitungen

3.6.10. Freigabe der Fertigwaren/Blut- und Blutbestandteil-Zubereitungen

3.6.11. Kontrolle und Freigabe des Verpackungs- und Etikettenmaterials

3.6.12. Kontrolle des ordnungsgemäßen Ablaufs der Herstellungsprozesse sowie der diesbezüglichen Dokumentationen

3.6.13. Entnahme von Proben für die Staatliche Prüfung

3.6.14. Bearbeitung und Auswertung eingehender Reklamationen

3.6.15. Kontrolle der ordnungsgemäßen Lagerhaltung von Ausgangssubstanzen, Zwischen- und Endprodukten sowie Verpackungs- und Etikettiermaterialien

3.6.16. Mitwirkung bei der Ausarbeitung von Herstellungsvorschriften

3.6.17. Ausarbeitung von Entwürfen für Gütevorschriften

3.6.18. Ausarbeitung von innerbetrieblichen Prüfvorschriften

3.7. Ist die rechtzeitige Einbeziehung der TKO in Entwicklungsarbeiten gewährleistet?
(Neuentwicklung, Haltbarkeit, Verpackung, Drucksachen, Gütevorschriften, Rezepturänderungen usw.)

3.8. Wird die TKO über Änderungen der Herstellungsverfahren und sonstige qualitätsbeeinflussende Fakten rechtzeitig informiert?

4. Eingangskontrolle

4.1. Erfolgt die Auswahl der Blutspender nach den Angaben der Richtlinie Nr. 1?

4.2. Welche Dokumentation wird darüber geführt?

4.3. Erfolgt die Erstuntersuchung der Blutspender nach den Angaben der Richtlinie Nr. 1?

4.4. Welche Dokumentation wird darüber geführt?
4.5. Erfolgt die Nachuntersuchung der Blutspender vor jeder Spende nach den Angaben der Richtlinie Nr. 1?
4.6. Welche Dokumentation wird darüber geführt?
4.7. Welche Siebteste auf Hepatitis werden durchgeführt?
4.8. In welchem Umfang erfolgt die Eingangskontrolle bei Chemikalien?
4.9. Wie erfolgt die Probenahme?
4.10. In welchem Umfang erfolgt die Eingangskontrolle bei aus anderen Blutspendeeinrichtungen zugelieferten Ausgangsmaterialien und Zwischenprodukten?
4.11. Liegen vertragliche Regelungen zur Qualitätssicherung bei zugelieferten Ausgangsmaterialien und Zwischenprodukten vor?
4.12. Ist gesichert, daß bei Zulieferungen für die Herstellung von Hyperimmunseren die Plasmen getrennt nach Spendern abgegeben werden?
4.13. Ist gesichert, daß der Endproduzent über nachträglich bekannt werdende Hepatitis-Erkrankungen von Spendern unverzüglich informiert wird?
4.14. Wie erfolgt die Eingangskontrolle bei Verpackungs- und Etikettiermaterial?
4.15. Wie erfolgt die Dokumentation der Eingangskontrollen?
4.16. Erfolgt die Freigabe nach der Eingangskontrolle der Chemikalien und sonstigen Zulieferungen durch die TKO schriftlich?
4.17. Wie werden nicht freigegebene Substanzen gekennzeichnet?

5. Zwischenprüfungen, operative Kontrollen, Endkontrolle

5.1. Wird die Durchführung der in den Gütevorschriften festgelegten Zwischenkontrollen kontrolliert?
5.2. Werden von der TKO zusätzliche Zwischenkontrollen durchgeführt?
5.3. Ist eine ausreichende Endkontrolle gewährleistet?
5.4. Wie erfolgt die Dokumentation der Zwischen- und Endkontrolle?
5.5. Erfolgt die Freigabe nach der Endkontrolle durch die TKO schriftlich?
5.6. Werden Produktionsbegleitscheine oder andere Produktionsdokumentationen geführt?
5.7. Sind aus den Produktionsbegleitscheinen (PBS) oder anderen Produktionsdokumentationen folgende Angaben ersichtlich?
5.7.1. Hinweise auf Rezeptur oder Herstellungsvorschrift
5.7.2. Wirkstoffeinsatz (Name, Menge, Chargen-Nr., Identitätsprüfung)
5.7.3. Anwesenheit eines TKO-Beauftragten beim protokollpflichtigen Einsatz von Rohstoffen
5.7.4. Wesentliche Arbeitsgänge
5.7.5. Theoretische, praktische Ausbeute
5.7.6. Ergebnis der Zwischenprüfungen
5.7.7. Freigabevermerk der TKO

5.7.8. Unterschrift der jeweiligen Verantwortlichen
5.7.9. Wo werden PBS aufbewahrt?
5.10. Werden durch die TKO operative Kontrollen im Herstellungsbereich durchgeführt?
5.11. Wie werden diese operativen Kontrollen dokumentiert?
5.12. Werden Rückstellmuster aufbewahrt, sofern es die Gütevorschrift verlangt?

6. Lager

6.1. Ist die zur Verfügung stehende Lager- und Kühlkapazität ausreichend?
6.2. Sind die Lager in einem solchen Zustand, der eine ordnungsgemäße Aufbewahrung der Rohstoffe, Zwischen- und Endprodukte sowie Verpackungs- und Etikettiermaterialien ermöglicht?
6.3. Sind nicht-freigegebene und freigegebene Stoffe und Zubereitungen getrennt gelagert?
6.4. Sind nicht-freigegebene Stoffe und Zubereitungen sicher gekennzeichnet?
6.5. Wie erfolgt die Freigabekennzeichnung?

7. Herstellung

7.1. Liegen in allen Herstellungsbereichen Arbeitsvorschriften vor?
7.2. Gibt es Hygiene- und Reinigungsvorschriften für die Herstellungsbereiche?
7.2.1. Blutabnahme
7.2.2. Sonstige Herstellungsbereiche
7.3. Sind Ansatzgefäße, Geräte usw. deutlich durch Angabe des darin befindlichen Arzneimittels gekennzeichnet (Chargennummer)?
7.4. Welche weiteren organisatorischen Maßnahmen wurden getroffen, um Verwechslungen und Verunreinigungen von Arzneimitteln und Chargen zu vermeiden?
7.4.1. bei der Blutabnahme
7.4.2. bei der Herstellung anderer Arzneimittel
7.5. Produktionsräume und sanitäre Einrichtungen
7.5.1. Sind die Produktionsräume im sauberen und ordentlichen Zustand?
7.5.2. Befinden sich in den Produktionsräumen Gegenstände, die für die Produktion nicht erforderlich sind?
7.5.3. Haben Wände, Decken, Fußböden und Arbeitsflächen glatte Oberflächen, die gut zu reinigen und desinfizieren sind?
7.5.4. Sind die Fenster dicht verschließbar und werden sie während der Produktion nicht geöffnet?
7.5.5. Haben die Produktionsräume Belüftungsanlagen?
7.5.6. Wird die relative Luftfeuchtigkeit in den Produktionsräumen kontrolliert?
7.5.7. Gibt es in den Produktionsräumen Möglichkeit zum Händewaschen?

7.5.8. Erfolgt der Zugang zu den Produktionsräumen durch Schleusen?

7.5.9. Haben die Toiletten Vorräume mit Waschgelegenheit?

7.6. Produktionsbedingungen

7.6.1. Wie oft werden Keimzahlbestimmungen durchgeführt?
— für Arbeitsflächen, Geräte
— für Luft

7.6.2. Erfolgt die Herstellung von Infusions- und Hilfslösungen, die nach Verfahren 1 oder 2 des AB-DDR bereitet werden, in einem gesonderten Raum?

7.6.3. Erfolgt das Einwägen der Substanzen in einem gesonderten Raum?

7.6.4. Werden bei der aseptischen Bereitung von Zubereitungen die Forderungen des AB-DDR (XV. 1.0.2. bis 1.0.3.) eingehalten?

7.6.4.1. Ist eine Schleuse vorhanden?

7.6.4.2. Erfolgen Arbeiten unter Laminar-flow-Technik?

7.6.4.3. Erfolgt regelmäßige Reinigung der Räume und Arbeitsflächen?

7.6.4.4. Erfolgt Raumluftentkeimung?

7.6.5. Wie erfolgt die Kontrolle der Funktionssicherheit der Sterilisatoren?

7.6.6. Wie erfolgt die Kontrolle der Funktionssicherheit der sonstigen Geräte, wie Kühlzentrifugen, Gefriertrocknungsanlagen?

7.7. Personalhygiene

7.7.1. Werden die in dem Entwurf der Rahmen-Hygiene-Richtlinie angegebenen Forderungen eingehalten?

7.7.1.1. Erfolgen regelmäßige Unterweisungen in persönlicher Hygiene?

7.7.1.2. Erfolgt eine regelmäßige Händedesinfektion?

7.7.1.3. Wird bei aseptischen Arbeiten jeweils frische, sterilisierte Arbeitskleidung einschließlich Kopf- und Mundschutz sowie eine zweckentsprechende Fußbekleidung angelegt?

7.7.1.4. Wird der gebrauchte Mundschutz regelmäßig gewechselt?

7.7.1.5. Wird zum Händewaschen flüssige Seife verwendet?

7.7.1.6. Werden die Handbürsten desinfiziert bzw. sterilisiert?

7.7.1.7. Werden Einmalgebrauchs-Handtücher verwendet?

Hinweise zur Planung und zum Einsatz implantierbarer Herzschrittmacher einschließlich Schrittmacherelektroden

— Auszug —

(Rundschreiben des MfGe an die Bezirksärzte vom 12. Mai 1980)

1. Implantierbare Herzschrittmacher und Schrittmacherelektroden sind gemäß § 3 Abs. 1, Buchstabe a des Arzneimittelgesetzes vom 5. 5. 1964 (GBl. I, S. 101, 1964) den Arzneimitteln gleichgestellte medizinische Gegenstände. Erzeugnisse und Hersteller unterliegen damit der Arzneimittelgesetzgebung. Zur Gewährleistung einer diesen gesetzlichen Bestimmungen gerecht werdenden kontinuierlichen Produktion, Prüfung und Zulassung sowie Anwendung von implantierbaren Herzschrittmachern und Schrittmacherelektroden in den Einrichtungen des Gesundheitswesens der DDR wurden verbindliche Grundsätze festgelegt.
   Danach sind u. a. der Hersteller und alle anwesenden Kliniken verpflichtet, Vorkommnisse, welche auf Qualitätsmängel der im Verkehr befindlichen Herzschrittmacher und Schrittmacherelektroden hinweisen ..., unverzüglich dem Institut für Arzneimittelwesen der DDR, 1120 Berlin, Große Seestraße 4 (Fernschreiber Nr. 11-4597) zu melden. Bei Inlanderzeugnissen ist durch die Kliniken gleichzeitig der Hersteller

   VEB Ultraschalltechnik Halle
   4020 Halle, Merseburger Str. 15a
   (Fernschreiber-Nr. 4498)

   zu informieren.

2. Herzschrittmacher dürfen nur in den vom Ministerium für Gesundheitswesen bestätigten Kliniken (nicht abgedruckt) implantiert werden. Nur diese bestätigten Implantationskliniken erhalten vom Zentraldepot für Pharmazie und Medizintechnik implantierbare Herzschrittmacher. Eine Weitergabe der implantierbaren Herzschrittmacher durch die Implantationskliniken an andere Kliniken ist nicht zulässig.
   Eine Erweiterung des Kreises der Implantationskliniken ist über den Bezirksarzt beim Ministerium für Gesundheitswesen (HA Medizinische Betreuung) zu beantragen.

3. (Nicht abgedruckt: Mitteilungen zum Sortiment an Standard-, Sonder- und Langzeitschrittmachern)

4. Zur Sicherung einer planmäßigen Versorgung mit implantierbaren Herzschrittmachern ist es erforderlich, daß die Bestellungen der Implantationskliniken bei Herzschritt-

machern und zugehörigen Elektroden jeweils bis zum 3. Tag des Monats beim Zentraldepot für Pharmazie und Medizintechnik, 1020 Berlin, Neue Grünstraße 18 schriftlich vorliegen. ...
Selten verwendete Schrittmachertypen und Langzeitschrittmacher innerhalb des zugelassenen Sortimentes können im Bedarfsfall kurzfristig außerhalb der planmäßigen Monatsbestellungen schriftlich beim Zentraldepot für Pharmazie und Medizintechnik abgefordert werden.[1])
...

5. ...

6. Um einen Überblick über Bestände, Funktionszeiten und Defekte bei implantierbaren Herzschrittmachern eigener Produktion zu erhalten, wurde vom VEB Ultraschalltechnik Halle die „Implant-HSM-Erfassungskartei" eingeführt. Mit Hilfe dieser Erfassungskartei ist es möglich, kurzfristig Ausfälle bei Herzschrittmachern zu erfassen und dadurch gezielte Maßnahmen zur Erhöhung der Sicherheit der Schrittmacherträger einzuleiten. Die Auswertung der Erfassungskarten läßt darüber hinaus Schlußfolgerungen für die Weiterentwicklung der Herzschrittmacher zu. Gleichzeitig ist die termingerechte Ausfüllung der Erfassungskartei eine Voraussetzung, um gegenüber dem VEB Ultraschalltechnik Halle mögliche Garantieansprüche für Herzschrittmacher aus der DDR-Produktion geltend zu machen. Es ist deshalb notwendig, die termingerechte (möglichst sofort, spätestens 30 Tage nach dem Ereignis, wie z. B. Eingang des Herzschrittmachers in der Klinik, Implantation, Explantation) Ausfüllung und Übersendung der Erfassungskartei durch die Implantationskliniken zu sichern.

7. Zur Anmeldung von Garantieansprüchen bei Herzschrittmachern aus Inlandproduktion muß der Herzschrittmacher spätestens 30 Tage nach Explantation mit ausgefülltem Schrittmacher-Bericht und ausgefüllter Implant-Erfassungskarte III beim VEB Ultraschalltechnik Halle vorliegen.
Importschrittmacher sind bei Garantieansprüchen **sofort** nach Explantation einschließlich der vollständig ausgefüllten Garantiekarte an den VEB Ultraschalltechnik Halle zu schicken.

[1]) Einzelheiten des Bestellverfahrens sowie Sicherheitsbestände werden den Implantationskliniken mitgeteilt.

Anweisung zur Erfassung und Kontrolle der Auslastung medizintechnischer Erzeugnisse

vom 11. November 1974
(VuM MfGe Nr. 21 S. 171)

Zur Qualifizierung des Einsatzes medizintechnischer Erzeugnisse und als Grundlage für Entscheidungen der Gerätekommissionen ist es erforderlich, daß eine Übersicht über den Standort und den Zustand medizintechnischer Erzeugnisse in den Einrichtungen des staatlichen Gesundheits- und Sozialwesens vorhanden ist und bei ausgewählten medizintechnischen Erzeugnissen die Auslastung kontrolliert wird.
Es wird deshalb folgendes angewiesen:

1. Ab 1. 1. 1975 sind in den Einrichtungen des örtlichen staatlichen Gesundheits- und Sozialwesens sowie in den dem Ministerium für Gesundheitswesen nachgeordneten Einrichtungen, mit Ausnahme des Staatlichen Versorgungskontors für Pharmazie und Medizintechnik, karteimäßige Übersichten über medizintechnische Erzeugnisse entsprechend den Leitungsebenen

Ministerium für Gesundheitswesen	(Erzeugnisse über 50 TM — GAP — sowie weitere wichtige, nach einer besonderen Nomenklatur zu erfassende Erzeugnisse)
Bezirk	(Erzeugnisse über 8 TM — GAP — sowie weitere wichtige, nach einer besonderen Nomenklatur zu erfassende Erzeugnisse)
Kreis	(Erzeugnisse über 3,5 TM — GAP — sowie weitere wichtige, nach einer gesonderten Nomenklatur zu erfassende Erzeugnisse)

   anzufertigen und jährlich zu ergänzen.
   Die medizintechnischen Erzeugnisse der dem Ministerium für Gesundheitswesen nachgeordneten Einrichtungen sind über den Kreis und Bezirk zu erfassen.

2. Über die Auslastung von ausgewählten medizintechnischen Erzeugnissen ist jährlich Bericht zu erstatten.

3. Festlegungen zu den Ziffern 1 und 2 trifft die Hauptabteilung Pharmazie und Medizintechnik in einer Methodischen Richtlinie.[1])

4. Die Anweisung tritt mit ihrer Veröffentlichung in Kraft.[2])

[1]) Abgedruckt unter C 04 02 61 ff.
[2]) Veröffentlicht am 5. 12. 1974.

Methodische Richtlinie (Nr. 1) zur Erfassung und Kontrolle der Auslastung medizintechnischer Erzeugnisse

vom 12. November 1974 (VuM MfGe Nr. 21 S. 171)
i. d. F. der Methodischen Richtlinie Nr. 2

vom 31. Oktober 1977
(VuM MfGe Nr. 10 S. 94)[1])

Entsprechend der Anweisung vom 11. November 1974 zur Erfassung und Kontrolle der Auslastung medizintechnischer Erzeugnisse sind in allen Einrichtungen des örtlichen staatlichen Gesundheits- und Sozialwesens sowie in den dem Ministerium für Gesundheitswesen nachgeordneten Einrichtungen (nachstehend Einrichtungen genannt), mit Ausnahme des Staatlichen Versorgungskontors für Pharmazie und Medizintechnik, karteimäßige Übersichten über medizintechnische Erzeugnisse anzufertigen, die jährlich zu ergänzen sind, und die Auslastung von ausgewählten wertintensiven medizintechnischen Erzeugnissen zu kontrollieren.
Zur Durchführung dieser Aufgaben werden folgende methodische Festlegungen getroffen:

1. Durchführung der Erfassung aller medizintechnischer Erzeugnisse über 3,5 TM (GAP)

1.1. Es sind alle medizintechnischen Erzeugnisse mit einem Anschaffungspreis über 3,5 TM (GAP) karteimäßig zu erfassen. Die Erfassung der medizintechnischen Erzeugnisse beginnt mit dem Stand per 31. 12. 1974.

1.2. Die Erfassung erfolgt auf der Karteikarte „Nachweiskarte über Erzeugnisse der Medizintechnik“[2]) (Anlage 1), die sich in einigen Bezirken in ähnlicher Form bereits bewährt hat.
Falls bereits im Bezirk eine Erfassung mit einer eigenen Nachweiskarte erfolgt, die die gleiche Aussage hat, kann diese weiter verwendet werden. Zur Berichterstattung an das Ministerium für Gesundheitswesen ist die Nachweiskarte entsprechend Anlage 1 zu verwenden.
Ausgefüllt wird je Erzeugnis eine Nachweiskarte

— in zweifacher Ausfertigung bei Erzeugnissen von 3,5 TM (GAP) bis 8 TM (GAP)
— in dreifacher Ausfertigung bei Erzeugnissen von 8 TM (GAP) bis 50 TM (GAP)
— in vierfacher Ausfertigung bei Erzeugnissen über 50 TM (GAP).

In großen Einrichtungen, die in Kliniken mit eigener Verwaltung untergliedert sind, kann eine weitere Ausfertigung für die Klinik angefertigt werden.

1.2.1. Die Einrichtungen melden alle medizintechnischen Erzeugnisse über 3,5 TM (GAP) auf den vorgesehenen Nachweiskarten an die Räte der Kreise, Abteilung Gesundheits- und Sozialwesen, bis zum 30. 9. 1975. Jeweils eine Ausfertigung der Karteikarte verbleibt in der Einrichtung.

1.2.2. Die Räte der Kreise, Abteilung Gesundheits- und Sozialwesen, melden alle Erzeugnisse über 8 TM (GAP) auf den vorgesehenen Nachweiskarten an die Räte der Bezirke, Abteilung Gesundheits- und Sozialwesen, bis zum 31. 10. 1975. Jeweils eine Ausfertigung der Karteikarte verbleibt beim Rat des Kreises.

1.2.3. Die Räte der Bezirke, Abteilung Gesundheits- und Sozialwesen, melden alle Erzeugnisse über 50 TM (GAP) auf den vorgesehenen Nachweiskarten an das Ministerium für Gesundheitswesen bis zum 31. 12. 1975.
Jeweils eine Ausfertigung der Karteikarte verbleibt beim Rat des Bezirkes.

1.3. Veränderungen der medizintechnischen Ausstattung (Neubeschaffungen, Aussonderungen, Umsetzungen usw.) sind in den folgenden Jahren jeweils zum 20. 1. an die Räte der Kreise, zum 10. 2. an die Räte der Bezirke und zum 28. 2. an das Ministerium für Gesundheitswesen zu melden.
Die Veränderungsmeldungen erfolgen in den unter Ziffer 1.2. genannten Ausfertigungen. Bei Neubeschaffungen ist die „Nachweiskarte über Geräte der Medizintechnik" auszufüllen.
Alle anderen Veränderungen sind entsprechend Anlage 2 („Veränderungsmeldung zum Nachweis über Erzeugnisse der Medizintechnik")[2]) zu melden.

2. Durchführung der Berichterstattung über die Auslastung ausgewählter medizintechnischer Erzeugnisse.

2.1. Für ausgewählte medizintechnische Erzeugnisse ist entsprechend der „Zentralen Nomenklatur" (Anlage 3)[1]) die extensive und intensive Auslastung zu erfassen. Bei der extensiven Auslastung ist über die tatsächliche Laufzeit in Stunden pro Quartal und Gerät zu berichten.
Bei der intensiven Auslastung ist über die Summe der Leistungen pro Quartal und Gerät entsprechend den in Anlage 3 genannten Kennziffern zu berichten. Die Erfassung der Auslastung wertintensiver ausgewählter medizintechnischer Erzeugnisse beginnt am 1. 1. 1975.

2.2. Die Berichterstattung über die Erfassung der extensiven und intensiven Auslastung erfolgt jährlich von den Einrichtungen über die Räte der Kreise und Bezirke, Abteilung Gesundheits- und Sozialwesen, an das Ministerium für Gesundheitswesen.

2.3. Der „Berichtsbogen zur Erfassung der Auslastung medizintechnischer Erzeugnisse"[2]) (Anlage 4) ist in vierfacher Ausfertigung auszufüllen (jeweils ein Exemplar für die Einrichtung, den Rat des Kreises, den Rat des Bezirkes und das Ministerium für Gesundheitswesen).

2.4. Zur monatlichen Dokumentation der Auslastung ausgewählter wertintensiver Erzeugnisse in den Einrichtungen ist die Rückseite der „Nachweiskarte über Erzeugnisse der Medizintechnik" entsprechend Anlage 5 zu verwenden.

2.5. Der Berichtszeitraum ist der 1. 1. bis 31. 12. des laufenden Jahres. Bis zum 20. 2. des folgenden Jahres hat die Berichterstattung entsprechend Anlage 4 von den Einrichtungen an die Räte der Kreise, Abteilung Gesundheits- und Sozialwesen, zu erfolgen. Die Berichterstattung des Rates des Kreises, Abteilung Gesundheits- und Sozialwesen, an den Rat des Bezirkes, Abteilung Gesundheits- und Sozialwesen, ist bis zum 10. 3. und des Rates des Bezirkes, Abteilung Gesundheits- und Sozialwesen, an das Ministerium für Gesundheitswesen bis zum 31. 3. durchzuführen.

2.6. Die Räte der Kreise und Bezirke, Abteilung Gesundheits- und Sozialwesen, können die Nomenklatur der medizintechnischen Erzeugnisse, deren extensive und intensive Auslastung erfaßt werden soll, für ihren Verantwortungsbereich erweitern.

Anlage 1

zu vorstehender Methodischer Richtlinie

Nachweiskarte über Erzeugnisse der Medizintechnik

1.1. Bezeichnung des Erzeugnisses/Handelsname
1.2. Typenangabe
1.3. Grundmittelart
1.4. Nr. des Gerätes
1.5. Inventar-Nr. der Grundmittelrechnung
1.6. Inventar-Nr. am Standort, soweit von 1.5. abweichend
1.7. Betriebsdaten
1.8. Zusatzgeräte/Blatt-Nr.

Blatt-Nr. ....

A	B	C

EDV-Nr.

2.1. Gesundheitseinrichtung/Anschrift
2.2. Kreis 2.3. Bezirk 2.4. Betriebs-Nr.

3.1. Hersteller
3.2. Lieferer
3.3. Baujahr
3.4. Anschaffungsjahr
3.5. Garantiezeit /Ablauf am
3.6. Tag der Inbetriebnahme

4.1. Bruttowert in M
4.2. Normative Nutzungsdauer
4.3. Abschreibung in % /in M
4.4. Verschleiß in % / in M
4.5. Aussonderung/Umsetzung am /an

5.1. Funktionseinheit/Standort des Erzeugnisses
5.2. Verantwortlich für das Erzeugnis
5.3. Wartungsvertrag ja/nein; vom /mit wem
5.4. Generalreparaturen am
5.5. Veränderungen am Gerät

6.1. Mitnutzung durch Kooperationspartner
6.2. Sonstiges

Hinweise zum Ausfüllen der „Nachweiskarte über Erzeugnisse der Medizintechnik"

— Zum Ausfüllen dieser Nachweiskarte sind

- die Grundmittelkarte,
- der vorhandene Gerätepaß,
- Lieferschein und Rechnung,
- Liefervertrag,
- Garantieurkunde und -hinweise,
- Herstellerkatalog, Bedienungsanleitung u. ä.

heranzuziehen.

— Blatt Nr.: Die Nachweiskarte ist laufend in der medizinischen Einrichtung zu numerieren.

— EDV-Nr.: ist noch nicht auszufüllen.

— Zur Kennzeichnung des Anschaffungspreises sind die Buchstaben A, B oder C folgendermaßen anzukreuzen:

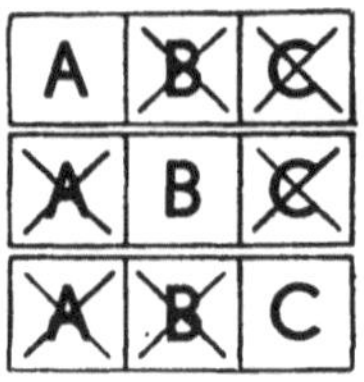

A Einrichtung/Kreis	Erzeugnis über 3,5 TM bis 8 TM
B Bezirk	Erzeugnis über 8 TM bis 50 TM
C MfGe	Erzeugnisse über 50 TM

— Zu 1.7.:

Anschlußwerte, Abmessungen, Tisch- oder Standgerät, Gewicht (kp/m²) bzw. Masse (kg) usw.

— Zu 1.8:

Jedes Zusatzgerät ist auf einem gesonderten Formular zu erfassen, trägt aber dieselbe Blatt-Nr. wie das Hauptgerät.

Beispiel:

Röntgengenerator Blatt-Nr. 12
Zusatzgerät-Schichtgerät Blatt-Nr. 12/1

— Zu 3.2.:

Angabe der Firma, die das Erzeugnis liefert; bei Umsetzung bzw. Kauf von einem Dritten ist zusätzlich die vorherige Einrichtung anzugeben.

— Zu 5.1.:

a) Funktionseinheit:
u. a. Röntgenabteilung; Bezeichnung der stationären Fachabteilung

b) Soweit, speziell für das betreffende Gerät, ein spezifischer Kaderbesatz erforderlich ist, sind entsprechende Angaben in VBE zu machen.

— Zu 5.2.:

Funktionsbezeichnung, in Ausnahmefällen Angabe des Namens.

Anlage 2

zu vorstehender Methodischer Richtlinie

Veränderungsmeldung
zum Nachweis über Erzeugnisse der Medizintechnik

A	B	C

Blatt-Nr.:

EDV-Nr.: | | | | | | | | |

1. Bezeichnung des Erzeugnisses:

2.1. Gesundheitsreinrichtung:
2.2. Kreis:
2.3. Bezirk:
2.4. Betriebs-Nr.:

3. Veränderungen:

z. B. Erzeugnis am .... ausgesondert

Erzeugnis am .... umgesetzt nach

Erzeugnis generalüberholt am ....

Hinweise zum Ausfüllen der „Veränderungsmeldung"

Die Blatt-Nr., Kennzeichnung der Wertgruppe durch die Buchstaben A, B oder C sowie die Ziffern 1. bis 2.4. müssen mit der Nachweiskarte übereinstimmen.

Anlage 4

zu vorstehender Methodischer Richtlinie

Berichtsbogen
zur Erfassung der Auslastung medizintechnischer Erzeugnisse

1. Gesundheitseinrichtung/Anschrift:
2. Kreis: 3. Bezirk: 4. Betriebsnummer:
5. Jahr der Erfassung:

Bezeichnung des medizintechn. Erzeugnisses und Gerätenummer[3])	Blatt-Nr.	Extensive Auslastung pro Quartal in Std.				Summe pro Jahr	Kennziffer	Intensive Auslastung pro Quartal				Summe pro Jahr
		I	II	III	IV							
1	2	3	4	5	6	7	8	9	10	11	12	13
Röntgengenerator D 700		400	410	430	415	1655	Röntgenleistung	7900	7300	8700	7900	31800

Unterschrift

Hinweise zum Ausfüllen des „Berichtsbogens zur Erfassung der Auslastung"

Die Angaben für diesen Berichtsbogen sind der „Nachweiskarte über Erzeugnisse der Medizintechnik" und deren Rückseite „Dokumentation zur Erfassung der Auslastung" zu entnehmen.
Die Kennziffer für die intensive Auslastung ist entsprechend Anlage 3[1]) einzutragen.
Der Berichtsbogen kann für mehrere Erzeugnisse des gleichen Typs verwendet werden.

Anlage 5

zu vorstehender Methodischer Richtlinie

Rückseite der Nachweiskarte

Dokumentation zur Erfassung der Auslastung

	1975 extensive Auslastung	intensive	1976 extensive Auslastung	intensive	1977 extensive Auslastung	intensive	1978 extensive Auslastung	intensive
1	2	3	4	5	6	7	8	9
Januar								
Februar								
März								
I. Quartal								
April								
Mai								
Juni								
II. Quartal								
Juli								
August								
September								
III. Quartal								
Oktober								
November								
Dezember								
IV. Quartal								
Jahr								

Hinweise zum Ausfüllen der Dokumentation zur Erfassung der Auslastung

Die Dokumentation zur Erfassung der Auslastung ist nur für die Erzeugnisse auszuführen, die in Anlage 3[1]) aufgeführt bzw. durch Weisung der Bezirks- bzw. Kreisärzte zusätzlich genannt sind.
Die Kennziffer für die intensive Auslastung ist für die einzelnen Erzeugnisse der Anlage 3[1]) zu entnehmen.
Die Kennziffer für die extensive Auslastung ist die tatsächliche Laufzeit in Stunden pro Quartal. Sie umfaßt die Laufzeit plus Vorbereitungs- und Abschlußzeiten, jedoch nicht die Arbeitszeit der Abteilung.

[1]) Die Methodische Richtlinie Nr. 2 setzt Anlage 3 außer Kraft und verändert Ziff. 2 hinsichtlich der Berichterstattung an das MfGe; s. a. C **04 02** 62.

[2]) Best.-Nr. wird durch eine gesonderte Mitteilung in den VuM MfGe bekanntgegeben; siehe C **04 02** 61 01.

[3]) Lt. Ziff. 1.4. der „Nachweiskarte über Erzeugnisse der Medizintechnik".

Mitteilung über Vordrucke zur Erfassung und Kontrolle der Auslastung medizintechnischer Erzeugnisse

vom 28. Januar 1975
(VuM MfGe Nr. 5 S. 28)

1. Die Vordrucke zur Erfassung und Kontrolle der Auslastung medizintechnischer Erzeugnisse entsprechend der Anweisung vom 11. 11. 1974 zur Erfassung und Kontrolle der Auslastung medizintechnischer Erzeugnisse[1]) und der Methodischen Richtlinie dazu vom 12. 11. 1974 (Verf. u. Mitt. Nr. 21/1974 S. 171)[2]) haben folgende Bestellnummern erhalten:

   9201 Nachweiskarte über Erzeugnisse der Medizintechnik
   9202 Veränderungsmeldung zum Nachweis über Erzeugnisse der Medizintechnik
   9203 Berichtsbogen zur Erfassung der Auslastung medizintechnischer Erzeugnisse

2. Die Bestellung der Vordrucke erfolgt als Sammelbestellung durch die Räte der Bezirke, Abteilung Gesundheits- und Sozialwesen, für alle in der Anweisung vom 11. 11. 1974 genannten Einrichtungen auf dem Territorium des Bezirkes an den

   Vordruckverlag Freiberg
   Absatzaußenstelle Dresden
   8023 Dresden
   Leipziger Straße 112.

3. Die Bestellungen an den Vordruckverlag sind jeweils bis zum 31. Juli eines jeden Jahres vorzunehmen, damit die Auslieferung der Vordrucke im IV. Quartal durchgeführt werden kann.

[1]) Abgedruckt unser C 04 02 60.
[2]) In der gültigen Fassung abgedruckt unter C 04 02 61.

Methodische Richtlinie Nr. 2[1]) zur Erfassung und Kontrolle der Auslastung medizintechnischer Erzeugnisse

vom 31. Oktober 1977
(VuM MfGe Nr. 10 S. 94)

Zur Durchführung der Anweisung vom 11. 11. 1974 zur Erfassung und Kontrolle der Auslastung medizintechnischer Erzeugnisse[2]) werden zur Kontrolle der Auslastung medizintechnischer Erzeugnisse unter Änderung der Methodischen Richtlinie (Nr. 1)[1]) folgende methodischen Festlegungen getroffen:

1. Die Berichterstattung über die Auslastung ausgewählter medizintechnischer Erzeugnisse erfolgt nicht mehr an das Ministerium für Gesundheitswesen.
2. Die Nomenklatur der ausgewählten medizintechnischen Erzeugnisse, deren Auslastung erfaßt werden soll, legen die Räte der Bezirke, Abteilung Gesundheits- und Sozialwesen, eigenverantwortlich fest.
3. Diese Methodische Richtlinie Nr. 2 tritt mit ihrer Veröffentlichung in Kraft. Gleichzeitig treten folgende Bestimmungen der Methodischen Richtlinie (Nr. 1)[1]) außer Kraft:
   - Anlage 3
   - Ziffer 2 hinsichtlich der Berichterstattung an das Ministerium für Gesundheitswesen.

[1]) Methodische Richtlinie (Nr. 1) vom 12. 11. 1974 zur Erfassung und Kontrolle der Auslastung medizintechnischer Erzeugnisse (Verf. u. Mitt. Nr. 21/1974 S. 171), abgedruckt unter C 04 02 61.
[2]) Verf. u. Mitt. Nr. 21/1974 S. 171, abgedruckt unter C 04 02 60.

Methodische Richtlinie Nr. 3[1]) zur Erfassung und Kontrolle der Auslastung medizintechnischer Erzeugnisse

vom 30. Oktober 1978
(VuM MfGe Nr. 11 S. 116)

Zur Durchführung der Anweisung vom 11. 11. 1974 zur Erfassung und Kontrolle der Auslastung medizintechnischer Erzeugnisse[2]) werden zur Erfassung medizintechnischer Erzeugnisse unter Ergänzung der Methodischen Richtlinie (Nr. 1)[3]) folgende methodischen Festlegungen getroffen:

1. Die Räte der Bezirke, Abt. Gesundheits- und Sozialwesen, melden zusätzlich zu den medizintechnischen Erzeugnissen über 50 TM (GAP) die folgenden Erzeugnisse auf den vorgesehenen Nachweiskarten an das Ministerium für Gesundheitswesen:
   - stationäre Röntgendiagnostikeinrichtungen (bestehend aus Röntgengenerator mit Röntgenstrahlern und Anwendungsgeräten sowie Zusatzgeräten und Zubehör)[4])
   - transportable Röntgendiagnostikeinrichtungen[4])
   - Ultraschall-B-Bildgeräte[4])
   - Kardiotokografen
   - fetale Überwachungsgeräte
   - Hämodialysegeräte (künstliche Niere)
   - Dialysatmischmaschinen (Spülmittelmischmaschinen)
   - Rohwasseraufbereitungsanlagen für die Dialyse
   - Langzeitbeatmungsgeräte[4])
   - Inkubatoren
   - Couveusen bzw. Wärmebetten
   - Schwerkrankenbetten für die Intensivpflege
   - Entbindungsbetten
   - Dermatome nach Meshgraft
   - Dermatome nach Mollowitz
   - Laborglaswaschmaschinen
   - Substratmeßplätze[4])
   - Enzymmeßplätze[4])
   - Reaktionsgeschwindigkeits-Photometer[4])
   - automatische Blutbilddifferenziergeräte[4])

2. Diese Methodische Richtlinie Nr. 3 tritt mit ihrer Veröffentlichung in Kraft. Die erste Meldung entsprechend dieser Richtlinie erfolgt bis zum 28. 2. 1979 an das Ministerium für Gesundheitswesen.

[1]) Methodische Richtlinie Nr. 2 vom 31. 10. 1977 zur Erfassung und Kontrolle der Auslastung medizintechnischer Erzeugnisse (Verf. u. Mitt. Nr. 10 S. 94), abgedruckt unter C **04 02** 62.

[2]) Verf. u. Mitt. Nr. 21/1974 S. 171, abgedruckt unter C **04 02** 60.

[3]) Methodische Richtlinie (Nr. 1) vom 12. 11. 1974 zur Erfassung und Kontrolle der Auslastung medizintechnischer Erzeugnisse (Verf. u. Mitt. Nr. 21 S. 171), abgedruckt unter C **04 02** 61.

[4]) soweit unter 50 TM (GAP).

Methodische Richtlinie Nr. 4[1]) zur Erfassung und Kontrolle der Auslastung medizintechnischer Erzeugnisse

vom 1. September 1980
(VuM MfGe 1981 Nr. 1 S. 7)

Zur Durchführung der Anweisung vom 11. 11. 1974 zur Erfassung und Kontrolle der Auslastung medizintechnischer Erzeugnisse[2]) werden zur Verbesserung der Erfassung medizintechnischer Erzeugnisse als Ergänzung der Methodischen Richtlinie (Nr. 1)[3]) und der Methodischen Richtlinie Nr. 3[1]) folgende methodischen Festlegungen getroffen:

1. Durch das Ministerium für Gesundheitswesen werden Hauptgerätelisten herausgegeben, die die medizintechnischen Erzeugnisse über 50 TM (GAP) sowie die weiteren zentral zu erfassenden medizintechnischen Erzeugnisse enthalten. Die Hauptgerätelisten können jährlich präzisiert werden. Sie dienen der Vereinheitlichung der zentralen gerätetechnischen Erfassung.

2. Die Räte der Bezirke, Abteilung Gesundheits- und Sozialwesen, melden die Erzeugnisse, die in der Hauptgeräteliste und deren Ergänzungen enthalten sind und bisher noch nicht zentral erfaßt wurden, auf den vorgesehenen Nachweiskarten jährlich bis zum 28. 2. an das

   Institut für Apothekenwesen
   Bereich Medizintechnik
   1200 Frankfurt/Oder
   Industriekomplex West
   PSF 418,

   das im Auftrag des Ministeriums für Gesundheitswesen die Zentrale Nachweiskartei führt.

3. Die Gerätebezeichnungen in den vorhandenen Nachweiskarteien der Einrichtungen, Kreise und Bezirke sind anhand der Hauptgeräteliste zu überprüfen. Die sich daraus ergebenden Korrekturen sind auf den Nachweiskarten durchzuführen und mit einer Veränderungsmeldung entsprechend der Methodischen Richtlinie (Nr. 1) dem Institut für Apothekenwesen bis zum 30. 6. 1981 mitzuteilen.

4. Bei den zentral zu erfassenden medizintechnischen Erzeugnissen ist zu gewährleisten, daß auf den Nachweiskarten mindestens folgende Positionen ausgefüllt sind:
   1.1. Bezeichnung des Gerätes/Handelsname (entsprechend Hauptgeräteliste)
   1.2. Typenangabe (entsprechende Hauptgeräteliste)
   1.8. Zusatzgeräte

2.1. Gesundheitseinrichtung/Anschrift
2.2. Kreis
2.3. Bezirk
3.3. Baujahr
4.1. Bruttowert (der kompletten Anlage) in M
5.1. Funktionseinheit/Standort des Erzeugnisses
6.1. Mitnutzung durch Kooperationspartner

5. Diese Methodische Richtlinie Nr. 4 tritt mit ihrer Veröffentlichung in Kraft.[4])

[1]) Methodische Richtlinie Nr. 3 vom 30. 10. 1978 zur Erfassung und Kontrolle der Auslastung medizintechnischer Erzeugnisse (Verf. u. Mitt. Nr. 11 S. 116), abgedruckt unter C **04 02** 63.

[2]) Verf. u. Mitt. Nr. 21/1974 S. 171, s. C **04 02** 60.

[3]) Methodische Richtlinie (Nr. 1) vom 12. 11. 1974 zur Erfassung und Kontrolle der Auslastung medizintechnischer Erzeugnisse (Verf. u. Mitt. Nr. 21 S. 171), abgedruckt unter C **04 02** 61.

[4]) Veröffentlicht am 27. 2. 1981.

Richtlinien für die gute Validierungs-Praxis

Gemeinsam bearbeitet vom Komitee für Laboratorien und Offizielle Medikamentenkontrolldienste und der Sektion der Industrieapotheker der F.I.P.[1])
(Pharm. Ind. 42 (1980) S. 982)

Zusammenfassung

Die Validierung ist ein wichtiger Bestandteil der GMP. Durch systematische Überprüfung der wesentlichen Produktionsvorgänge soll der Nachweis der beherrschten Prozeßführung erbracht werden. Jede Produktegruppe und jede Technologie bietet dabei ihre eigenen Probleme. Die Validierung beginnt in der Entwicklungsphase, in der die Verfahrens- und Prüfvorschriften ausgearbeitet und erprobt werden müssen. In der Produktionsphase gilt die Validierung vor allem den Maschinen und Produktionsbedingungen im Hinblick auf ihre Eignung für den vorgesehenen Produktionseinsatz.
Bei Vorliegen ausreichender Betriebserfahrung kann eine beweiskräftige Validierung durch eine kritische Bewertung der Inprozeß-Kontrolldaten, der analytischen Untersuchungsergebnisse sowie der Betriebserfahrung erreicht werden.
Eine Revalidierung ist in der Regel bei Änderungen der Zusammensetzung, der Verfahren und der Maschinen und Einrichtungen erforderlich sowie bei auffallenden Kontrollergebnissen.
Die Verantwortung für die Validierung in Entwicklung und Produktion einschl. der Qualitätskontrolle liegt grundsätzlich beim Hersteller. Die staatlichen Vorschriften sollten sich darauf beschränken, die Verpflichtung des Herstellers zur Validierung festzulegen. Auf dieser Grundlage ist es Aufgabe der staatlichen Inspektionen, zu überprüfen, ob der Hersteller eine Validierung nach dem Stand von Wissenschaft und Technik durchführt.

1. Einleitung

Die Validierung ist ein wichtiger Bestandteil der GMP und ein wichtiges Element zur Gewährleistung der Arzneimittelsicherheit. Sie soll den Nachweis erbringen, daß die bei der Herstellung von pharmazeutischen Produkten angewandten Produktionsvorgänge bei Innehaltung der Verfahren und den darin festgelegten Bedingungen mit Gewißheit zum spezifizierten Produkt führen.
Die Forderung nach einer Validierung der Produktionsschritte, der Einrichtungen und Ausstattungen ist nicht grundsätzlich neu. Daten aus Überprüfungen liegen in den Produktionsstätten vor. Neu ist aber die Forderung nach Systematisierung und entsprechender Dokumentierung aller wesentlichen Arbeitsschritte.

Jede pharmazeutische Darreichungsform bzw. jede Produktegruppe bietet ihre eigenen Probleme und Risiken in den Stadien der Entwicklung, der Produktion und der Kontrolle. Detaillierte, allgemein gültige Vorschriften für die Durchführung der Validierung können nicht geschaffen werden. Die Schwerpunkte der Validierung sind jedoch vor allem bei kritischen Arbeitsschritten zu setzen, d. h. in solchen Fällen, in denen Abweichungen von den Produktionsvorschriften bei der Kontrolle der Endprodukte nicht ohne weiteres erkannt werden können.

2. Definition des Begriffs Validierung

Die Validierung im Sinne dieser Richtlinien umfaßt die systematische Überprüfung der wesentlichen Arbeitsschritte und Einrichtungen in Entwicklung und Produktion einschließlich der Kontrolle von pharmazeutischen Produkten mit dem Ziel, sicherzustellen, daß die hergestellten Produkte bei Innehaltung der festgelegten Produktions- und Kontrollverfahren zuverlässig und reproduzierbar in der gewünschten Qualität hergestellt werden können.

3. Entwicklung und Produktion neuer Produkte

3.1. Entwicklungsphase

Die Validierung beginnt in der Phase der Produkteentwicklung. In dieser Entwicklungsphase wird das Qualitätsprofil (Entwurfsqualität) eines neuen Produkts festgelegt. Die Ausgangsstoffe und die Vorschriften zu deren Verarbeitung, die zum gewünschten Produkt führen, werden festgelegt. Das Ergebnis der Entwicklungsarbeiten ist ein Produktionsverfahren, in dem alle relevanten Verfahrensschritte und -bedingungen so festgelegt sind, daß die Produktion des Produktes mit dem gewünschten Anforderungsprofil gewährleistet ist.
Die aus der Entwicklung resultierenden Verfahrensbedingungen haben dabei den notwendigen Spielraum bezüglich der Prozeß-Steuerung zu berücksichtigen und die zugelassene Bandbreite festzulegen, nach welcher qualitativ einwandfreie Produkte erhalten werden. Wo notwendig, müssen auch die äußeren Bedingungen — soweit sie die Produktequalität beeinflussen können — in die Validierung einbezogen und im Verfahren spezifiziert werden.
Die Entwicklungsphase umfaßt ebenso die Ausarbeitung von Prüfmethoden und die Festlegung der Spezifikationen, die die Qualität bezüglich Identität, Wirksamkeit, Einheitlichkeit der Ausgangsstoffe und der gefertigten Produkte charakterisieren und die Innehaltung der Verarbeitungsvorschriften zu beurteilen gestatten.
In dieser Phase müssen auch die Prüfvorschriften validiert, d. h. auf deren Richtigkeit, Genauigkeit und Reproduzierbarkeit und damit deren Verläßlichkeit überprüft werden.

Diese Überprüfung dient auch dazu, die Zuverlässigkeit der hieraus resultierenden Zulassungsunterlagen zu gewährleisten.
Die produktespezifische Validierung in der Entwicklungsphase hat den Beweis zu erbringen, daß die im Produktionsverfahren festgelegten Ausgangsstoffe bei Innehaltung der Verarbeitungsbedingungen eindeutig und sicher reproduzierbar zu einem spezifikationskonformen Endprodukt führen. Die in der Entwicklungsphase gewonnenen Daten sind zu dokumentieren.

3.2. Produktionsphase

Auf den in der Entwicklungsphase gewonnenen Erkenntnissen baut sich die Validierung der Produktionsbedingungen für neue Produkte auf.
Die Validierung in der Produktionsphase umfaßt vorrangig die Ermittlung der Prozeßparameter der zum Einsatz vorgesehenen Apparate, Maschinen, Einrichtungen und Lagerungsbedingungen im Hinblick auf ihre Eignung für den vorgesehenen Produktionseinsatz.
Zur Validierung in der Produktionsphase gehören außerdem die Kontrollen auf die Einhaltung aller für die Produktion maßgebenden Parameter in bezug auf Einrichtungen und äußere Bedingungen, die an mehreren aufeinanderfolgenden Ansätzen durchzuführen sind. Die Resultate der Inprozeß- und Schlußkontrollen sind dabei ein integrierender Bestandteil der Validierung.
Wo der Prozeßverlauf eindeutig und aussagefähig durch entsprechende Inprozeßkontrollen und Untersuchungen am Endprodukt beurteilt werden kann, beruht die Validierung im wesentlichen auf der Auswertung dieser Daten.
Wo hingegen die Produktequalität nicht oder nur ungenügend durch Musterprüfungen festgelegt werden kann, ist die Eignung des gesamten Produktionsprozesses zu belegen durch den Nachweis der Wirksamkeit der wesentlichen Einzelschritte und deren Zusammenwirken sowie durch Kontrolle aller kritischen Prozeßbedingungen.
In diesem Sinne sind alle Produktionsprozesse einer kritischen Bewertung zu unterziehen und Schwerpunkte der Validierung mit erster Priorität vor allem dort zu setzen, wo Qualitätsrisiken mit besonderer Tragweite bestehen.
Die gleichen Gesichtspunkte wie für die Herstellung gelten auch für die Qualitätskontrolle.

4. Validierung der Verfahrensschritte bei Vorliegen ausreichender Betriebserfahrung

Vorausgesetzt, daß keine Änderungen der Formulierung, des Verfahrens, der Einrichtungen und Ausrüstungen vorgenommen wurden, kann eine kritische Bewertung der Inprozeßkontrolldaten und der analytischen Untersuchungsergebnisse sowie der Betriebserfahrung für eine beweiskräftige Validierung genügen.

Falls nötig sind die Erfahrungsdaten zu ergänzen durch gezielte Untersuchungen an Mustern aus laufender Produktion, durch Überprüfung kritischer Parameter der Einrichtungen und gegebenenfalls durch spezielle Versuchsläufe.

5. Revalidierung

Eine Revalidierung ist in der Regel erforderlich

- bei Änderung der Zusammensetzung, des Verfahrens oder der Ansatzgröße,
- bei prozeßbeeinflussenden Änderungen an Einrichtungen,
- bei Einsatz neuer Einrichtungen,
- bei Änderungen von Prozeßparametern,
- nach größeren Revisionen an Maschinen und Apparaten,
- bei Änderungen der Kontrollmethoden und schließlich,
- sofern die Ergebnisse der Inprozeß- und Endkontrollen hierzu Anlaß geben.

Entsprechend dem Ausmaß der Änderungen sind die Validierungsschritte verschieden. Während in Extremfällen ein vollständiges Validierungsprogramm durchzuführen ist, wird normalerweise die gezielte Überprüfung einzelner Prozeß-Stufen genügen.

6. Verantwortung

Der Hersteller pharmazeutischer Produkte ist verantwortlich für die Validierung in den Bereichen der Entwicklung und der Produktion einschließlich der Kontrolle. Seine Verantwortung umfaßt Art, Ausmaß, Organisation und Kontrolle der Validierung.
Die staatlichen Vorschriften sollten sich darauf beschränken, die Verpflichtung des Herstellers zur Validierung im Interesse der Arzneimittelsicherheit festzulegen. Auf dieser Grundlage ist es Aufgabe der staatlichen Inspektionen, zu überprüfen, ob der Hersteller eine Validierung durchführt und die von ihm gewählten Methoden nach dem Stand von Wissenschaft und Technik geeignet sind.

[1]) An der Ausarbeitung beteiligt:

a) für das Komitee für Laboratorien und Offizielle Medikamentenkontrolldienste der F. I. P.: N. Diding, K. Feiden, P. Fischer;

b) für die Sektion der Industrieapotheker der F. I. P.: R. Bentéjac, J. F. Chissell, R. Furtwängler, K. Wiesenthal.

Richtlinie des Institutes für Arzneimittelwesen der DDR zur Durchführung der Eingangskontrolle von Arzneistoffen

vom 1. August 1980*

(Information Nr. 4/80
für TKO(P)-Leiter aus dem Institut für Arzneimittelwesen der DDR
vom 4. August 1980)

Zur Sicherung des Gesundheitsschutzes bei der Herstellung von Arzneimitteln und Gesundheitspflegemitteln wird gemäß § 29 des Arzneimittelgesetzes zur Durchführung der Eingangskontrolle von Wirk- und Hilfsstoffen folgende Auflage **als Mindestforderung** für die Arbeit der TKO erteilt:

I.

Wenn das zu prüfende Material einer Charge in mehreren Behältnissen vorliegt, so sind aus mindestens $0{,}4\sqrt{n}$ Behältnissen Proben gemäß dem 2. AB-DDR zu entnehmen, wobei für n die Anzahl der Behältnisse je Charge einzusetzen ist. An der nach der Formel $0{,}4\sqrt{n}$ erhaltenen Zahl ist gegebenenfalls eine Rundung vorzunehmen, wobei gebrochene Zahlen auf die nächsthöhere ganze Zahl gerundet werden.
Die entnommenen Proben sind organoleptisch auf Einheitlichkeit zu prüfen und erst dann zu mischen. Mit diesem Mischmuster ist eine vollständige Prüfung gemäß den Forderungen der betreffenden Arzneibuchmonografie durchzuführen, gegebenenfalls unter sinnvoller Einschränkung der Identitätsprüfung.
Die organoleptische Prüfung auf Einheitlichkeit ist an **mindestens 3** entnommenen Proben durchzuführen, sofern sich nicht nach der nach der Formel $0{,}4\sqrt{n}$ erhaltenen und gerundeten Zahl höhere Werte ergeben.
Falls der Inhalt von Behältnissen gegenüber anderen Behältnissen als verschiedenartig festgestellt wird, sind **alle** Behältnisse der **gelieferten** Charge organoleptisch zu prüfen.
Lassen sich auf Grund der Ergebnisse der organoleptischen Prüfung Gruppen von Behältnissen aus der gesamten Charge bilden und werden diese Behältnisse für eine Übernahme in Betracht gezogen, so sind von jeder Gruppe mindestens $0{,}4\sqrt{n}$ Behältnisse gesondert wie oben angegeben zu prüfen, wobei für n die Anzahl der Behältnisse je Gruppe einzusetzen sind.
Falls keine Chargenkennzeichnung an den Behältnissen einer Lieferung vermerkt ist, wird die jeweilige Lieferung als einer Charge zugehörig betrachtet, und das genannte Verfahren für die Durchführung der Eingangskontrolle gilt entsprechend.

II.

Stoffe und Zubereitungen, deren Qualität den Vorschriften des Arzneibuchs der DDR oder anderen mit Zustimmung des IFAR vereinbarten Qualitätsnormen entspricht und die in **verplombten Behältnissen zusammen mit einem Untersuchungsprotokoll** von einem Herstellerbetrieb der DDR geliefert werden, dürfen ohne die gemäß Absatz I. dieser Richtlinie beim Empfänger vorgeschriebene Eingangskontrolle eingesetzt werden.

III.

Unabhängig von den Festlegungen zur Durchführung der Eingangskontrolle ist der Inhalt jedes Behältnisses unmittelbar vor dem Einsatz zur Produktion in geeigneter Weise auf seine Identität zu prüfen.

*) Gleichzeitig tritt außer Kraft:
Richtlinie zur Durchführung der Eingangskontrolle von Arzneistoffen vom 14. 6. 1971 in der ab 5. 9. 1972 verbindlichen Fassung.

Verfügung Nr. 38/80 des Institutes für Arzneimittelwesen der DDR

vom 2. Juni 1980

Betr.: Bearbeitung von Qualitätsbeanstandungen aus Apotheken

Reklamationen von Arzneimitteln werden ab sofort seitens der Versorgungsdepots für Pharmazie und Medizintechnik auch ohne Begutachtung durch das Überwachungsorgan des Gesundheitswesens anerkannt, soweit die Mängel offenkundig sind. Dazu wird folgendes festgelegt:

1. Bei eindeutig äußerlich wahrnehmbaren Mängeln wie

   — Fehlmengen aller Art
   — verschmutzten Packungen
   — auslaufenden Flaschen
   — mangelhafter Siegelung bei Tiefziehpackungen

   reklamieren die Apotheken direkt gegenüber dem zuständigen Versorgungsdepot unter Rückführung der beanstandeten Packungen.
   Bei einer Häufung derartiger Reklamationen sind die Abt. Qualitätssicherung des VZ und der BD bzw. die BAI **ohne Musterbeifügung** zu informieren.
   Bei Häufungen im Bezirk ist nach Entscheidung des Bezirksapothekers das Institut für Arzneimittelwesen der DDR in Kenntnis zu setzen.

2. Bei weiteren eindeutig äußerlich wahrnehmbaren Mängeln wie

   — geplatzten Dragees
   — verfärbten Tabletten und Dragees
   — verschimmelten Arzneifertigwaren
   — Ausfällungen bei Liquida
   — hinsichtlich des Aussehens und Geruchs nicht den Forderungen des Arzneibuches entsprechenden Substanzen

   reklamieren die Apotheken gleichfalls direkt gegenüber dem zuständigen Versorgungsdepot unter Rückführung der beanstandeten Packungen.
   Im Interesse des Gesundheitsschutzes sind darüber hinaus die Abt. Qualitätssicherung des VZ und der BD bzw. die BAI — letztere unter **Beifügung von Mustern** — mit folgenden Angaben zu informieren:
   Namen des Arzneimittels, Packungsgröße, Chargennummer, Art des Mangels, Anzahl der beanstandeten Packungen, Anzahl der gelieferten Packungen.
   Die Abt. Qualitätssicherung der Bezirksdirektionen bzw. die BAI informieren bei einer

Häufung solcher Beanstandungen unter Musterbeifügung das Institut für Arzneimittelwesen der DDR.
Bei weiteren Reklamationen gleicher Art zum gleichen Arzneimittel erfolgt erneute Information des IFAR nur, wenn Schweregrad und Umfang der Reklamationen größer sind, als ursprünglich eingeschätzt wurde.
Der Abt. Qualitätssicherung der Bezirksdirektion bzw. der BAI wird seitens des IFAR nur dann ein Untersuchungsbefund zugeschickt, wenn auf Grund der durchgeführten Prüfungen weitergehende Maßnahmen für erforderlich gehalten werden.
Die in der IfB Nr. 9/76 vom 5. 7. 1976 erfolgten Hinweise (Verfügung § 29 Abs. 4 des Arzneimittelgesetzes) werden durch diese Regelung nicht aufgehoben[1]).
Alle übrigen Qualitätsbeanstandungen von Arzneimitteln werden in der bisher üblichen Weise geregelt.

[1]) Abgedruckt unter C **05 13** 50.

Anlage 3[1])

Gütevorschrift
gemäß § 17 des Gesetzes vom 5. Mai 1964 über den Verkehr mit Arzneimitteln (GBl. I Nr. 7 S. 101)

Nr. ....

Name des Erzeugnisses:
Abgabebezeichnung/
Kennbuchstaben und
Kennziffer:
Hersteller:
Datum der Bestätigung:
Blattzahl:
Anlagenzahl:

Gliederung der Gütevorschrift

Jeder Abschnitt bzw. jede Prüfung wird durch eine arabische Ziffer gekennzeichnet. Folgende Reihenfolge ist einzuhalten:

1. Zusammensetzung
2. Deklarationspflichtige Bestandteile
3. Verpackung
4. Packungsgröße
5. Verwendbarkeitsdauer
6. Aufbewahrung
7. Beschreibung
8. Prüfung der Zubereitungsform
9. Identitätsprüfung
10. Reinheitsprüfung
11. Gehalts- und Wertbestimmung
12. Biologische Prüfung
13. Spezielle Prüfungen
14. Rückstellmuster

Anlagen: Muster der Etiketten,
Muster der Verpackung,
Beipackmaterialien,
Informationsmaterial (ZIM),

Muster eines ausgefüllten PBS,
erforderlichenfalls betriebliche Herstellungsvorschrift

Die Rückstellmuster sind während des Zeitraumes der Verwendbarkeitsdauer aufzubewahren.
Falls nicht anders angegeben, sind die Prüfmethoden und Reagenzien des Arzneibuches der DDR verbindlich.

Blatt Nr. 1	**zur Gütevorschrift**	**(Kennziffer)**

1. **Zusammensetzung**

Es sind alle Einsatzstoffe anzugeben (Reihenfolge: wirksame Bestandteile, Lösungsmittel bzw. Hilfs- und Trägerstoffe, Konservierungs- und Färbemittel, Aromen; es ist jeweils mit der höchsten Einwaage zu beginnen).
Die Qualität der Komponenten ist präzise anzugeben.
Bezugsgröße der Mengenangaben (z. B. 100 g/1 Tablette): . . . .

Lfd. Nr.	Name der Komponente	Qualitätsbezeichnung[2])	Menge
.			
.			
.			

2. **Deklarationspflichtige Angaben**

.
.
.

Blatt Nr. 2 (bis n)	zur Gütevorschrift	(Kennziffer)

3. **Verpackung**[3])

(detaillierte Angaben, wie Braun- oder Klarglas; Behältnisform; Plasttyp; Verschlußtyp; Tubenmaterial)

3.1. Innere Umhüllung:
3.2. Äußere Umhüllung:
3.3. Versandverpackung:
3.4. Beipackmaterial:
3.5. Informationsmaterial (ZIM): s. Anlage / entfällt

4. **Packungsgrößen:**
4.1. Originalpackung, lose Ware
4.2. Anzahl Originalpackungen in Versandpackungen

5. **Verwendbarkeitsdauer:**

6. **Aufbewahrung:**

Blatt Nr. n	zur Gütevorschrift	(Kennziffer)

Die Gütevorschrift wird auf Grund des § 10 der 1. Durchführungsbestimmung zum Arzneimittelgesetz, bei Gesundheitspflegemitteln in Verbindung mit § 4, Abs. 3 der 2. Durchführungsbestimmung des Gesetzes, bestätigt.
Die Bestätigung wird auf der Grundlage von § 29, Abs. 1 des Arzneimittelgesetzes mit den nachstehend ausgewiesenen Auflagen verbunden, über deren Erfüllung bis spätestens . . . . ein Bericht vorzulegen ist:

Der Direktor des
Institutes für Arzneimittelwesen
der DDR

Berlin, den . . . .

AUFLAGEN:

[1]) Seit dem 1. September 1980 werden für Arznei- und Gesundheitspflegemittel einheitliche Formblätter für Gütevorschriften verwendet. Vor der Bestätigung der Gütevorschriften sind insbesondere die Blätter 1 und 2 durch den Hersteller auf Richtigkeit zu prüfen; die nachstehend wiedergegebene Zustimmungserklärung ist dem IFAR zu übersenden:

Zustimmungserklärung zur Gütevorschrift . . . .
Es wird versichert, daß

- zur Herstellung des Erzeugnisses nur Stoffe und Zubereitungen (Einsatzstoffe) Verwendung finden, die den in der Gütevorschrift festgelegten Qualitäten entsprechen,
- alle Einsatzstoffe entsprechend den dafür gültigen Vorschriften und vor dem Zugriff Unbefugter geschützt aufbewahrt werden,
- die Einsatzstoffe vor ihrer Verwendung in geeigneter Weise auf Identität geprüft werden,
- erforderlichenfalls durch eigene Untersuchungen bzw. Auftragsuntersuchungen regelmäßig geprüft wird, daß die Wirkstoffe gleichmäßig verteilt sind und die Stabilität des Erzeugnisses während der Verwendbarkeitsdauer gewährleistet ist,
- die Prüfung von Qualitätsmerkmalen, die aus der Produktionsdokumentation nicht eindeutig ableitbar sind, in erforderlichem Umfang erfolgt,
- für das Erzeugnis eine detaillierte Herstellungsvorschrift vorhanden ist und eingehalten wird,
- über die Fertigung und Kontrolle jeder Charge eine lückenlose produktionsbegleitende Dokumentation geführt wird,
- die Einhaltung der Forderungen der Produktionshygiene und der Produktionsprozeß selbst in Form eines Produktionskontrollbuches überwacht werden,
- alle Qualitätsabweichungen, qualitätsbeeinflussenden Änderungen der Herstellungsvorschrift und Lücken in der Überwachung zur unverzüglichen Information des IFAR bzw. erforderlichenfalls zur innerbetrieblichen Sperrung des Erzeugnisses führen,
- Verpackung und Beipackmaterialien den beigefügten Mustern entsprechen,
- die Festlegungen dieser Gütevorschrift eingehalten und spezielle Auflagen sowie die in den „Informationen für TKO(P)-Leiter" des IFAR gegebenen Hinweise beachtet werden.

Datum	Unterschrift Produktionsleiter	Unterschrift TKO-Leiter

[2]) z. B. AB-DDR; TGL-Nr. ..... Ausgabe ......; Werksnorm ....

[3]) Es sind stets als Anlage beizufügen: Originaletiketten, Faltschachteln, Beipackzettel usw.; soweit sich bedruckte Materialien (z. B. Aerosolpackungen, Flaschen mit Siebdruck) nicht als Anlage eignen, sind vollständige Abschriften der Texte mit Farbangaben beizufügen.

GOOD STORAGE PRACTICE[1])

Joint report of the Committee for Laboratories and official Drug Control Services and the Industrial Pharmacists Section of FIP
(Document of the FIP-Congress 1980, Madrid)

1. General Considerations

The requirements of the WHO (WHO No. 2865) 25th Report, Technical Report Series No. 567 Geneva 1975, demand a comprehensive control of the manufacture of medicinal products in order to ensure that the consumer receives only finished products of high quality.
The objective of „Good Storage Practice" is to supplement the above mentioned document by elaborating the special measures considered appropriate for the storage and transportation of starting materials and of products at all stages of manufacture, such that the finished product will be of the nature and quality intended when it ultimately reaches the consumer.
The basic principles outlined should be considered as general guidelines; however, where necessary they may be adapted to meet individual needs, provided the desired standards of quality are still achieved.
The guidelines are applicable not just to manufacturers of medicinal products but also to pharmaceutical importers, contractors and wholesalers.

2. Glossary of Some Terms Used

Storage

The term used to describe the safe keeping of starting materials and packaging materials and components received into the factory, semifinished products in process and finished products awaiting despatch. Storage requires the introduction of suitable documentary systems including the maintenance of comprehensive records of receipts and issues.

Material

A summary term covering starting materials, intermediate products, packaging materials and components and finished products.

Starting Material

Any substance used in the manufacture of a medicinal product excluding packaging materials.

Intermediate Product

A partly processed material which must undergo further processing before it becomes a finished product.

Packaging Material

Any material used in the packaging of a product. It does not normally include the outer packaging or transit cases used for departmental transportation or shipment of orders.

(1) **Primary Packaging Material**
A packaging material which is in direct contact with the medicinal product.

(2) **Printed Packaging Material**
A packaging material which is imprinted with a text.

Finished Product

A medicinal product which has completed all stages of manufacture, including packaging.

3. Personnel

Key stores personnel who carry out supervisory and/or controlling functions should possess the necessary integrity, knowledge and experience; and where required by national regulations, the professional and technical qualifications appropriate to the tasks assigned to them.

4. Premises and Facilities

Premises and other areas to be utilised for storage purposes should comply with prescribed minimum standards.

4.1. They should be constructed, serviced and maintained so as to protect the stored materials, from;
all potentially harmful influences, such as undue variations of temperature and humidity.
dust and odour.
entry of animals, vermin and insects.

4.2. The storage areas should be sufficiently large, and if necessary, should have physically separated zones so that orderly segregated storage is possible.

4.3. Special precautions should be taken for the storage of hazardous, sensitive and dangerous materials such as; combustible liquids and solids.
pressurised gases.
narcotics and other potent habit-forming substances.
highly toxic substances.
radioactive materials.
herbal drugs and remedies.

4.4. Storage areas should be effectively lit thus permitting all operations to be carried out accurately and safely.

4.5. Materials requiring special storage conditions should be placed in separate areas constructed and equipped to provide the desired conditions taking into consideration either the seasonal climatic variations encountered and/or the national regulations in force.

1. **Temperature Control**

Wherever possible the following definitions should be adopted, or otherwise should serve for guidance. All temperatures in degrees Celsius.

Cold Place

The temperature does not exceed 8°.

Refrigeratior

The temperature is thermostatically controlled to between 2° and 8°.

Freezer

The temperature is thermostatically controlled to not higher than —10°.

Cool Place

The temperature is between 8° and 15°.

Room Temperature

The temperature is between 15° and 30°.

2. **Humidity Control**

Materials requiring dry or humidity controlled storage should be stored in areas where the relative humidity and temperature is maintained within prescribed limits.

4.6. Where controlled environmental storage conditions are required these conditions should be continuously monitored and the appropriate corrective action should be taken where necessary.

4.7. The equipment used for measuring and monitoring should be checked at suitable pre-determined intervals and the results of such checks should be recorded and retained.

4.8. Storage areas where unprotected raw materials or bulk products are handled such as in sampling and dispensing operations, should be separated from other storage areas, and should have the necessary equipment for performing the work as well as adequate facilities for the supply and exhaustion of air.
Appropriate measures should be taken to prevent cross contamination and to provide safe working conditions for personnel.

5. Sanitation

5.1. The storage areas should be clean, free from accumulated waste and from vermin. A written sanitation programme should be available indicating the frequency and methods to be used to clean the premises and areas.

5.2. Personnel who handle exposed materials or products should undergo periodic health checks. Any person with a disease in a communicable form or with open lesions on the exposed surface of the body must not work in storage areas.

5.3. Personnel employed in storage areas should wear suitable protective or working garments over or in place of street clothing.

6. Storage Procedures for Storing Raw Materials, Intermediate Products and Packaging Materials

6.1. **Written Instructions**

Written instructions should be available which specify the working methods to be adopted in the warehouse areas. They should describe adequately the storage procedures and define the route of materials and information through the organisation.

6.2. **Labelling and Containers**

All materials should be stored in containers which do not affect adversely the quality of the material and which offer adequate protection from external influences; in some circumstances this could include bacterial contamination.

All containers should be clearly and indelibly labelled with at least the name and/or code of the material and the lot number of the batch. Unauthorised abbreviations, names or codes should not be used.

A written data sheet should exist for each stored material or product indicating recommended storage conditions, any precautions to be observed and shelf life if necessary.

Pharmacopoeial requirements and other current national regulations concerning labels and containers should be respected at all times.

6.3. **Receipt of incoming materials**

Upon receipt, each incoming delivery should be checked against the relevant documentation und physically verified by label description, type and quantity, against the relevant purchase order information.

The consignment should be examined for uniformity and if necessary should be subdivided according to supplier lot numbers should the delivery comprise more than one batch.

In addition, all containers should be carefully inspected for contamination and damage and if necessary they should be cleaned or set aside for further investigation.

Records should be retained for each delivery. They should include the description of the goods, quality, quantity, supplier, supplier's batch number, the date of receipt and assigned batch number. Where national regulations state a period for retention of records this must be observed.
Samples should be taken only by appropriately trained and qualified personnel stricty in accordance with written sampling instructions. The samples should be representative of the batch from which they were taken.
Following sampling goods normally undergo quarantine. Batch segregation should be maintained during quarantine and all subsequent storage.
The recommended product related storage conditions, for example, type of container, temperature, humidity, protection from light etc., should be maintained through out the period of storage.
Quarantine status can be achieved either through the use of separate storage areas, or by means of documentary or electronic data processing systems.
The method adopted should possess adequate safeguards to prevent uncontrolled or unsatisfactory materials from being used or released.
Materials should remain in quarantine status until a written release or rejection is authorised by the department responsible for quality control.
Secure measures should be taken to ensure that rejected materials cannot be used and they should be stored separately from other materials whilst awaiting destruction, rework, or return to the supplier.

6.4. Stock Rotation and Control

Comprehensive records should be maintained showing all receipts and issues of materials according to batch number.
Periodic stock reconciliations should be performed comparing the actual and recorded stocks. In any event, this should be performed when each batch is totally used up.
All significant stock descrepancies should be subjected to investigation as a check against inadvertent mix-ups and wrong issues.
Issues should normally observe the principle of stock rotation (first in-first out) especially where expiry dated materials are concerned.
Partly used containers of materials should be securely reclosed to prevent spoilage and/or contamination during subsequent storage. Damaged containers should not be issued but should be brought to the attention of the organisation responsible for quality control.

6.5. Control of Obsolescent and Out Dated Stock

All stocks should be checked regularly for obsolescent and degraded materials. Materials with an expired shelf life should be destroyed unless an extension of shelf life is granted following the satisfactory results of re-analysis. All due precautions should be observed to preclude issue of outdated materials.

7. Storage and Transit of finished products

All stored products should be accurately documented particularly with respect to product name and quantity.
The pack integrity should be verified and maintained at all times.
Comprehensive records should be maintained of the receipt and issue of all products.
Finished products should be protected from excessive climatic conditions during storage and transit, such as heat, frost, moisture and direct sunlight. They should be stored separately from other materials in conditions which satisfy the requirements for the product, so that shelf life declaration may be maintained.

Written instructions

Control of Out Dated Stock

Sections 6.1. and 6.5. shall apply analoguosly.

8. Returned Goods

All returned goods should be placed in quarantine and only returned to saleable stock on the approval of a nominated responsible person following a satisfactory quality re-evaluation.

9. Despatch

The allocation and shipping of products should be made only after the receipt of a written sales order. Rules for despatch procedures should be established depending on the nature of the product and after taking into account any special precautions to be observed. The shipping container should offer adequate protection from all external influences, and should be indelibly and clearly labelled.
Despatch documents should be retained indicating;
 Date of despatch.
 Customer name and address.
 Product name and quantity sent.
All documentary records should be readily accessible and be kept in a secure place.
Importers should retain records of all imported goods including batch numbers, so as to be able to comply with relevant national regulations.

[1]) authors: A. ALTORFER, Switzerland.
H. CHALANSON, France.
J. D. F. CHISSELL, Great Britain.
R. FURTWÄNGLER, Switzerland
L. G. KINNANDER, Sweden.
T. WITSCHI, Switzerland.
K. WIESENTHAL, Federal Republic of Germany.

Richtlinie[1]) des Institutes für Arzneimittelwesen der DDR zur Verwendbarkeitsdauer von individuellen Rezepturen

vom 1. September 1980
(Informationen für Bezirksapotheker des Institutes für Arzneimittelwesen der DDR Nr. 7/1980 vom 14. August 1980)

1. Allgemeine Hinweise

1.1. Die Verwendbarkeitsdauer von Arzneizubereitungen, die weder im Arzneibuch noch in den SR beschrieben sind, beträgt lt. 2. AB-DDR (XIV, 1,0) 6 Monate „... soweit nicht auf Grund der Stabilität der Arznei unter Beachtung der Gebrauchsanweisung eine kürzere Verwendbarkeitsdauer angezeigt ist."
Die Frist von 6 Monaten darf auch dann nicht überschritten werden, wenn eine längere Haltbarkeit als sicher angenommen werden kann.

1.2. Die Verwendbarkeitsdauer ist — soweit nicht unter 2. aufgeführt — durch die herstellende Einrichtung in Abstimmung mit dem zuständigen Strukturelement für Qualitätssicherung festzulegen. Obwohl ein Analogieschluß bezüglich der Haltbarkeit von Arzneizubereitungen nicht ohne weiteres möglich ist, sollte bei der Festlegung von Verwendbarkeitsfristen, die 6 Monate nicht überschreiten dürfen, von vergleichbaren Zubereitungen der jeweils gültigen SR ausgegangen werden.

1.3. Werden Grundlagen (Salbengrundlagen, Arzneiträger und andere Trägerstoffe) unter Beachtung ihrer Verwendbarkeitsdauer zu Rezepturen weiterverarbeitet, so beginnt die Verwendbarkeitsfrist der daraus hergestellten Zubereitungen am Tage der Herstellung dieser Zubereitung. Voraussetzung ist stets, daß die Forderung des 2. AB-DDR bezüglich der mikrobiologischen Reinheit während der Verwendbarkeitsdauer erfüllt werden. Eine unkritische Verarbeitung sowohl von Arzneistoffen als auch von Arzneizubereitungen/Grundlagen kurz vor dem Ablauf der Verwendbarkeitsdauer kann im ungünstigsten Fall dazu führen, daß die Forderungen des Arzneibuches bezüglich der mikrobiologischen Reinheit bereits zu Beginn der Verwendbarkeitsdauer der Zubereitung nicht mehr erfüllt sind.

1.4. Für unkonservierte Augentropfen sowie Injektions- und Infusionslösungen (Herstellungsverfahren 3, 4 oder 5) sind die Angaben des 2. AB-DDR verbindlich.

1.5. Die Verwendbarkeitsdauer für im Apothekenwesen als „Ersatzproduktion" hergestellte Arzneifertigwaren beträgt ebenfalls maximal **6 Monate.** Die Diskrepanz zu den Verwendbarkeitsfristen der entsprechenden industriell hergestellten Zubereitungen, die häufig 5 Jahre betragen, resultiert aus dem zwangsläufigen Unterschied in der Fertigungstechnologie der Industrie — auf deren Grundlage Stabilitätstests durchgeführt worden sind — und dem im Apothekenwesen angewendeten Herstellungsverfahren. Unter anderem werden hiervon auch Fragen der Zusammensetzung, d. h. nicht deklarationspflichtiger Bestandteile, berührt, die nicht offengelegt werden können.

1.6. Für häufig vorkommende individuelle Rezepturen, deren Verwendbarkeitsdauer von max. 6 Monaten im Widerspruch zu einer rationellen serienmäßigen Herstellung größerer Stückzahlen und entsprechender Lagerzeit steht, ist die Aufnahme in die SR zu beantragen. Mit der Aufnahme in die SR ist gleichzeitig eine Stabilitätsuntersuchung verbunden.

1.7. Die Verwendbarkeitsdauer ist ebenso wie die Chargen-Nr. stets zu deklarieren.

Anlage zur IfB Nr. 7/80

2. Spezielle Hinweise

Die Verwendbarkeitsdauer beträgt für

2.1. **wäßrige Lösungen,** soweit nicht die chemische Stabilität der Bestandteile eine kürzere Haltbarkeit bedingt

— bei Herstellung mit Aqua conservata	3 Monate
— bei Herstellung mit Aqua unter weitgehend aseptischen Bedingungen (Kühllagerung)	10 Tage
— bei einem Gehalt von mindestens 20% anorganischen Salzen (ausgenommen Kaliumjodid und Magnesiumsulfat) oder 60% Zucker oder 15% Äthanol	3 Monate
— bei Anwesenheit von Bestandteilen, die das Keimwachstum begünstigen (Schleime, Süßholzextrakt, Gelatine) in konservierter Lösung	30 Tage

2.2. **Augensalben**

— im Regelfall	6 Monate
— mit Physostigminsalizylat b. kühler Lagerung	2 Monate
— mit Paraoxonverreibung	3 Monate
— wasserhaltig, ohne Konservierungsmittel, bei kühler Lagerung	30 Tage
— dto. nach Anbruch	6 Tage

2.3. **Augentropfen**

— Regelfall		6 Monate
— mit Epinephrinbitartrat (sauer oder neutral, stabilisiert)		3 Monate
— mit Chloramphenicol		3 Monate
— mit Paraoxonverreibung (mit Borsäurezusatz)	1 Monat	(2 Monate)
— mit Physostigminsalizylat b. kühler Lagerung		2 Monate

2.4. **Zubereitungen auf Glycerolgelatinebasis**	30 Tage
2.5. **Zubereitungen mit folgenden Bestandteilen, soweit in 2.1.—2.3. keine kürzeren Haltbarkeiten angegeben sind:**	
Argent. diacetylotannic. prot., kons.	30 Tage
Barbiturate (Na-Salze) in wäßriger Lösung	10 Tage
Epinephrinbitartrat bei kühler Lagerung	
— sauer oder neutral, stabilisiert	3 Monate
— sauer oder neutral, nicht stabilisiert	10 Tage
— mit Argent. diacetylotannic. prot.	10 Tage
Kaliumiodid (ungepuffert)	30 Tage
Neomycin und Polymyxin in wasserhalt. Zubereitung bei kühler Aufbewahrung	30 Tage
dto. in wasserfreier Zubereitung	6 Monate
Oxytetracyclin	
— in Propylenglykol	30 Tage
— in wasser- und alkoholfreien Zubereitungen	6 Monate
— in wasserhaltigen Zubereitungen	15 Tage
Nystatin, bei kühler Lagerung	
— wasserhaltig	3 Monate
— wasserfrei	6 Monate
Triphenylmethanfarbstoffe (z. B. Gentianaviolett, Brillantgrün) in wäßriger Lösung	6 Monate

[1]) Ausgearbeitet von den Bezirksapothekeninspektionen der Pharmazeutischen Zentren der Bezirke Dresden und Leipzig.

Arztbrief-Vordruck für Apotheken zur Einführung von Standardrezepturen[1])

Sehr verehrte Frau Kollegin ....!

Sehr geehrter Herr Kollege ....!

Wir händigten kürzlich Ihrem — Rp. ____________

Patienten .... ____________

das von Ihnen am .... ____________

verschriebene Arzneimittel ____________

(s. Nebenfeld) aus. ____________

Die

- ☐ Zusammensetzung,
- ☐ Indikation des Arzneimittels entspricht weitgehend

- ☐ der Arzneifertigware
- ☐ der Standardrezeptur
- ☐ der territorialen Normvorschrift

Die genaue Rezeptur, Menge, Preis und Indikation finden Sie

- ☐ im gültigen Arzneimittelverzeichnis, Teil I, Seite ....
- ☐ in der Arztinformation Nr. ....

Unter Bezugnahme auf die „Ordnung zur Durchführung der Standardisierung auf dem Gebiet des Gesundheits- und Sozialwesens" des Ministeriums für Gesundheitswesen vom 5. April 1976 bitten wir Sie, künftig nach Möglichkeit die angegebene Arzneifertigware, Standardrezeptur oder territoriale Normvorschrift zu verschreiben. Sie haben dadurch nicht nur den Vorteil optimal gestalteter und bei den Arzneifertigwaren und Standard-

rezepturen vom Zentralen Gutachterausschuß für Arzneimittelverkehr empfohlener Arzneimittel, sondern ersparen dem Patienten Wartezeiten und ermöglichen uns die Verbesserung der Versorgung.
Sollten Sie **begründete Einwände** gegen die empfohlenen Arzneimittel haben, bitten wir Sie, uns das wissen zu lassen, damit im Zentralen Gutachterausschuß für Arzneimittelverkehr über evtl. Änderungen oder Ergänzungen des Sortimentes beraten werden kann. Selbstverständlich will die Standardisierung wissenschaftlich begründete Individualrezepturen nicht beseitigen, jedoch reduzieren sich nach Meinung der Experten aller Fachgebiete diese bei dem breiten Standardsortiment auf Einzelfälle und weichen dann nicht nur in Nuancen vom Standard ab.
Mit der Bitte um Berücksichtigung dieser Hinweise

mit kollegialer Hochachtung

Leiter der Apotheke

[1]) **Bestellungen können erfolgen beim Institut für Arzneimittelwesen der DDR, 1120 Berlin, Große Seestraße 4**

Anweisung über die staatliche Prüfung und Erteilung der Freigabe von Einmalgebrauchsgegenständen aus Importen

vom 22. Februar 1980
(VuM MfGe Nr. 2 S. 12)

Zur Durchführung der staatlichen Prüfung und Erteilung der Freigabe von sterilem medizintechnischem Verbrauchsmaterial aus Importen (Arzneimittel gemäß § 1 Abs. 1 Buchst. i der Siebenten Durchführungsbestimmung vom 16. 12. 1969 zum Arzneimittelgesetz — Staatliche Prüfung von Seren, Impfstoffen und anderen Arzneimitteln — GBl. II 1970 Nr. 6 S. 27) (7. DB) wird folgendes angewiesen:

1.

Die gemäß § 11 Abs. 2 Buchst. c in Verbindung mit § 11 Abs. 6 der 7. DB festgelegte Zuständigkeit des Forschungsinstituts für Mikrobiologie und Hygiene, Bad Elster, für die staatliche Prüfung und Erteilung der Freigabe von Arzneimitteln gemäß § 1 Abs. 1 Buchst. i der 7. DB wird hinsichtlich Einmalgebrauchsgegenständen aus Importen dem Institut für Arzneimittelwesen der DDR übertragen.

2.

Das Institut für Arzneimittelwesen der DDR legt die zur Sicherung der einwandfreien hygienischen Beschaffenheit notwendigen Anforderungen an die Hersteller der Erzeugnisse gemäß Ziff. 1 fest.[1])

3.

Diese Anweisung tritt am 1. März 1980 in Kraft.

[1]) Vgl. hierzu C 05 12 52.

Verfügung S 1/80 des Institutes für Arzneimittelwesen der DDR

vom 9. April 1980

Betr.: Verfahrensweise bei der staatlichen Prüfung und Freigabe von sterilem medizintechnischem Verbrauchsmaterial aus Importen

Im Auftrag des MfGe wird zur Sicherung der einwandfreien hygienischen Beschaffenheit von sterilem medizintechnischem Verbrauchsmaterial aus Importen (Erzeugnisse) verfügt:

1. Vom IFAR wird dem SVPM eine Aufstellung der Erzeugnisse übergeben, die unbeschadet Ziffer 3 dieser Verfügung der staatlichen Prüfung gemäß 7. DB zum AMG unterliegen. Bei erstmalig zu importierenden Erzeugnissen legt das IFAR im Rahmen der pharmazeutischen Begutachtung fest, ob das Erzeugnis unter die Pflicht zur staatlichen Prüfung fällt.

2. Das SVPM hat über AHB intermed vom Hersteller eine schriftliche Erklärung zu verlangen, aus der für die Erzeugnisse hervorgeht
   - die Durchführung der Produktion entsprechend den GPM-Empfehlungen der WHO,
   - die Kontrolle jeder Charge auf einwandfreie Beschaffenheit (Sterilität, Pyrogenfreiheit, biologische, physiko-chemische und mechanische Eigenschaften),
   - die Verpflichtung zur Information des Abnehmers über nach der Freigabe einer Charge bekanntgewordene Mängel.

   Nach Möglichkeit ist die Übergabe der betrieblichen Gütevorschriften zu fordern.

3. Im Falle der Vorlage der Unterlagen gem. Ziffer 2. gegenüber dem IFAR entfällt bei den betreffenden Erzeugnissen die staatliche Prüfung gemäß 7. DB zum AMG.

4. In allen anderen Fällen führt das IFAR die staatliche Prüfung gemäß 7. DB zum AMG als in der Regel einmalige Begutachtung des Erzeugnisses beim ersten Wareneingang durch, wobei vom Handelsorgan vorzulegen sind
   - Erklärung, daß die Forderungen nach Ziffer 2 nicht realisiert werden konnten,
   - Bezeichnung des Importerzeugnisses und ausreichend Muster einer Charge,
   - Jahresimportmenge und, wenn möglich, Zahl der Chargen,
   - Name und Anschrift des Herstellers,
   - Erklärung, seit wann Erzeugnisse gleicher Art und Beschaffenheit vom gleichen Hersteller bezogen werden und ob Beanstandungen bekannt geworden sind.

5. Bei Beanstandungen kann das IFAR unbeschadet Ziffer 3 und 4 die wiederholte staatliche Prüfung eines Erzeugnisses festlegen.

6. Weisen die importierten Erzeugnisse Schädigungen der Verpackung auf, die eine Beeinträchtigung der Qualität der Erzeugnisse vermuten lassen, hat das Handelsorgan Muster der betreffenden Chargen an das IFAR einzusenden.

7. Das Ergebnis der Prüfungen teilt das IFAR dem SVPM mit, dem auch die Gebühren in Rechnung gestellt werden.
   Das SVPM unterrichtet die Versorgungsdepots über das Ergebnis der Prüfung. Bis zum Vorliegen dieses Ergebnisses sind die Erzeugnisse — soweit im Einzelfall nicht anders entschieden wird — als nicht freigegeben zu kennzeichnen und von anderen Erzeugnissen getrennt zu lagern.

8. Über die Verwendung von Erzeugnissen, die auf Grund der Ergebnisse der staatlichen Prüfung nicht in den Verkehr gebracht werden dürfen, entscheidet das SVPM.

Anzahl der für die Prüfungen gemäß 4. bis 6. der Verfügung an das IFAR einzusendenden Muster

Chargengröße	Musteranzahl
< 10	1
$\geqq 10-50$	2
$> 50-100$	3
> 100	$0{,}4 \sqrt{n}$, jedoch maximal 30

Arbeitsordnung der Ständigen Expertengruppe „Arzneimittelstandardisierung" in der Ständigen Kommission des RGW für die Zusammenarbeit auf dem Gebiet des Gesundheitswesens

vom 1. Januar 1978[1])

— Auszug —

1. Aufgaben

Die Ständige Expertengruppe „Arzneimittelstandardisierung" hat die Aufgabe, innerhalb des Komplexproblems 11. „Arzneimittel" das Problem 11.4. „Compendium Medicamentorum" zu bearbeiten, vor allem durch

a) Auarbeitung von Spezifikationen für Arzneimittel durch Unifizierung
   - von Allgemeinen physikalisch-chemischen, chemischen, biologischen und pharmazeutisch-technologischen Prüfmethoden für Arzneimittel;
   - von Parametern für Wirk- und Hilfsstoffe, Zubereitungen (Arzneiformen) sowie den Arzneimitteln gleichgestellte Gegenstände (z. B. chirurgisches Nahtmaterial, Verbandmaterialien);
   - der pharmazeutischen Terminologie;

b) Übernahme und Bearbeitung von Spezifikationen, die der Ständigen Expertengruppe „Arzneimittelstandardisierung" durch andere Arbeitsorgane des RGW zur Aufnahme in das Compendium Medicamentorum übergeben werden, insbesondere auf den Gebieten
   - Sera, Impfstoffe;
   - Blut, Blutderivatkonserven, Blutersatzpräparate;
   - Radiopharmaka;
   - Plaste und Elaste.

Die für die inhaltliche Gestaltung des Compendium Medicamentorum geltenden Auswahlprinzipien sind in der beigefügten Anlage 1 enthalten.

2. Zielsetzung

Die Arbeiten für das Compendium Medicamentorum werden mit der Zielsetzung durchgeführt, daß es die Grundlage bildet für

- die Qualitätsfestlegungen für Arzneimittel in Lieferverträgen und Spezialisierungsvereinbarungen sowie für Empfehlungen zur

- weiteren Entwicklung der nationalen Standardwerke auf dem Gebiet der Arzneimittelqualität;
- arbeitsteiligen Entwicklung sowie für die Erprobung neuer Arzneimittel;
- Entwicklung einer einheitlichen Terminologie für das Arzneimittelwesen im RGW.

3. Grundlagen der Arbeit

Die Arbeit der Ständigen Expertengruppe „Arzneimittelstandardisierung" wird auf der Grundlage ... dieser Arbeitsordnung durchgeführt.

4. Struktur der Ständigen Expertengruppe „Arzneimittelstandardisierung"

a) Die Ständige Expertengruppe „Arzneimittelstandardisierung" besteht aus Delegationen, die jeweils von einem Ständigen Delegierten geleitet werden. Die Ständigen Delegierten und jeweils ein Vertreter werden durch die Ministerien für Gesundheitswesen benannt. Die Ständigen Delegierten nehmen regelmäßig an den Beratungen der Ständigen Expertengruppe „Arzneimittelstandardisierung" teil und sind für die Bearbeitung der Aufgaben verantwortlich, die entsprechend den Arbeitsplänen und Beratungsergebnissen der Ständigen Expertengruppe „Arzneimittelstandardisierung" für ihre Delegation festgelegt wurden.

b) Jede Delegation kann durch zeitweilige Experten entsprechend den Erfordernissen erweitert werden. Ihre Nominierung erfolgt auf Vorschlag der Ständigen Delegierten durch die Ministerien für Gesundheitswesen.

c) Zur Bearbeitung spezieller Probleme kann die Ständige Expertengruppe „Arzneimittelstandardisierung" in Sektionen beraten, die von Ständigen Delegierten oder zeitweiligen Experten geleitet werden.

d) I. Der Vorsitzende der Ständigen Expertengruppe „Arzneimittelstandardisierung" wird durch die ständige Kommission des RGW für die Zusammenarbeit auf dem Gebiet des Gesundheitswesens bestätigt und ist zugleich internationaler Koordinator des Problems 11.4. „Ausarbeitung des Compendium Medicamentorum".
II. Der Vorsitzende eröffnet, leitet und schließt die Beratungen der Ständigen Expertengruppe „Arzneimittelstandardisierung" ...

e) Der Vorsitzende der Ständigen Expertengruppe „Arzneimittelstandardisierung" leitet und koordiniert die Arbeiten am Compendium Medicamentorum mit Hilfe eines Sekretariates. Das Sekretariat der Ständigen Expertengruppe „Arzneimittelstandardisierung" befindet sich in dem Land, das den Vorsitzenden stellt, und wird vom Wissenschaftlichen Sekretär der Ständigen Expertengruppe „Arzneimittelstandardisierung" geleitet.

Das Sekretariat

- überwacht die planmäßige Durchführung der Arbeiten und Vorbereitung der Beratungen der Ständigen Expertengruppe „Arzneimittelstandardisierung";
- bereitet in Abstimmung mit dem für die organisatorische Durchführung der Beratung beauftragten Land den Ablauf der Beratung u. a. durch Versand der Einladungen vor;
- nimmt entgegen, vervielfältigt und versendet Unterlagen und Dokumente zu den Fragen der Tagesordnung der Beratungen;
- bewahrt die Dokumente der Beratungen der Ständigen Expertengruppe „Arzneimittelstandardisierung" ...
- übermittelt die Resultate der Beratungen der Ständigen Expertengruppe „Arzneimittelstandardisierung" der Ständigen Kommission des RGW für die Zusammenarbeit auf dem Gebiet des Gesundheitswesens[2]).

Anlage 1

Auswahlprinzipien für die inhaltliche Gestaltung des Compendium Medicamentorum

Aufnahme finden

1. Spezifikationen für solche Wirk- und Hilfsstoffe, die im Handelsverkehr eine Rolle spielen oder die neu für die RGW-Mitgliedsländer sind und bisher nicht in einem ihrer Arzneibücher beschrieben werden oder die in allen RGW-Mitgliedsländern von Bedeutung sind
2. Spezifikationen für Zubereitungen (Arzneiformen), die sich allgemein auf alle Fertigwaren anwenden lassen (z. B. Prüfung auf Sterilität)
3. Spezifikationen für spezielle Zubereitungen (Arzneiformen),
   - deren Wirkstoffe nicht als solche dargestellt werden können;
   - die für den Warenverkehr besondere Bedeutung haben, in der Regel nur einen Wirkstoff enthalten und deren Qualität durch die Monografie eindeutig bestimmt werden kann
4. Optimale Prüfmethoden und Parameter im Sinne progressiver Normen

[1]) Zur Kenntnis genommen von der SKGe auf ihrer 5. Sitzung in Moskau vom 13. bis 15. Dezember 1977; Ziff. VI. 7. des Protokolls.

[2]) Die Resultate werden jetzt dem „Rat der Bevollmächtigten" des Komplexproblems 11 „Prüfung, Bewertung und Standardisierung von Arzneimitteln" vorgelegt und dort bestätigt.

Anordnung zur Überprüfung und Überarbeitung staatlicher Standards

vom 13. März 1980
(GBl. I Nr. 13 S. 112)

§ 1 Geltungsbereich

Diese Anordnung gilt für die zentralen Staatsorgane, wirtschaftsleitenden Organe, volkseigenen Kombinate und volkseigenen Betriebe sowie die Organe und Einrichtungen, die für die Ausarbeitung und Bestätigung von staatlichen Standards verantwortlich sind.

§ 2 Grundsätze und Ziele

(1) Zur Sicherung einer hohen Effektivität und Qualität der gesellschaftlichen Produktion sind staatliche Standards innerhalb eines Fünfjahrplanzeitraumes mindestens einmal zu überprüfen.

(2) Mit der Überprüfung und Überarbeitung der staatlichen Standards ist ausgehend vom internationalen Höchststand die Nutzung von wissenschaftlich-technischen Bestlösungen durchzusetzen. Entsprechend den geplanten volkswirtschaftlichen Zielstellungen ist durch staatliche Standards zur beschleunigten Durchsetzung des wissenschaftlich-technischen Fortschritts sowie zur Erhöhung der Effektivität der gesellschaftlichen Produktion wirkungsvoll beizutragen

- zur Erhöhung und Sicherung der Qualität der Erzeugnisse, einschließlich der Zulieferungen mit volkswirtschaftlicher Breitenwirkung, insbesondere durch Aufnahme von Festlegungen zum Gebrauchsverhalten, zur Zuverlässigkeit und Lebensdauer,
- zur Stärkung der energetischen, der Rohstoff- und Werkstoffbasis der Volkswirtschaft und zur drastischen Senkung des Produktionsverbrauches, insbesondere durch Einsatz von einheimischen Primär- und verfügbaren Sekundärrohstoffen, durch Verbesserung des Masse-Leistungs-Verhältnisses, durch Senkung des Einsatzes von Roh-, Werk- und Hilfsstoffen bei sparsamster Verwendung von Importen, durch Senkung des Verpackungsaufwandes sowie durch rationelle Energieausnutzung,
- zur Produktion hochwertiger Konsumgüter für den Export und die Versorgung der Bevölkerung,
- zum verstärkten Einsatz der Mikroelektronik,
- zur Reduzierung der Typenvielfalt von Einzelteilen und Baugruppen und zur Gewährleistung der Austauschbarkeit und Paßfähigkeit,
- zur Durchsetzung der Erfordernisse der technischen Sicherheit,

— zur Gewährleistung des Gesundheits- und Arbeitsschutzes sowie Brand- und Umweltschutzes und zur Anwendung der wissenschaftlichen Arbeitsorganisationen,
— zur Stärkung der Landesverteidigung sowie
— zur Durchsetzung neuer technologischer Lösungen mit hohen ökonomischen Effekten.

(3) Die Überprüfung und Überarbeitung der staatlichen Standards ist innerhalb der Kooperationskette durchgängig von den Grundstufen bis zum Finalerzeugnis durchzuführen.
(4) Die Aufgaben zur Überprüfung und Überarbeitung der staatlichen Standards sind in die Pläne Wissenschaft und Technik aufzunehmen.
(5) Die für die Standards Verantwortlichen haben bei entsprechenden Forderungen von staatlichen und gesellschaftlichen Organen die Überwachungs-, Kontroll- und Koordinierungsfunktionen wahrzunehmen, unabhängig von der geplanten Terminstellung die unverzügliche Überprüfung bzw. Überarbeitung von Standards durchzuführen. Das hat besonders in bezug auf ökonomischen Material- und Energieeinsatz, Gesundheits- und Arbeitsschutz sowie Brandschutz, Umweltschutz, wissenschaftliche Arbeitsorganisation und industrielle Formgestaltung zu erfolgen.
(6) Die Ergebnisse der Arbeiten zur Überprüfung und Überarbeitung sind durch die für die Standards verantwortlichen Organe mit den kooperierenden Wirtschaftsbereichen abzustimmen.
(7) Die Ergebnisse der Überprüfung und Überarbeitung der staatlichen Standards für die Erfordernisse der Landesverteidigung sind durch die Verantwortlichen mit dem Ministerium für Nationale Verteidigung abzustimmen.
(8) Bei der Überprüfung von Fachbereichstandards für prüf- und anmeldepflichtige Erzeugnisse ist die Zustimmungserklärung des Amtes für Standardisierung, Meßwesen und Warenprüfung (ASMW) einzuholen.
(9) Aus der Einführung von RGW-Standards hervorgegangene bzw. mit GOSSTANDART der UdSSR vereinheitlichte staatliche Standards sind in die Überprüfung bzw. Überarbeitung einzubeziehen. Falls ihre Überarbeitung notwendig ist, unterbreiten die verantwortlichen Organe Vorschläge für die Aufnahme in die entsprechenden internationalen Pläne.

Ablauf der Arbeiten zur Überprüfung und Überarbeitung staatlicher Standards in den Kombinaten

§ 3

(1) Die Generaldirektoren der Kombinate legen auf der Grundlage der staatlichen Aufgaben und der vom ASMW vorgegebenen Schwerpunkte der Qualitätsentwicklung eigenverantwortlich die Rang- und Reihenfolge der im Planjahr zu überprüfenden bzw. zu überarbeitenden Standards fest.

(2) Zur Koordinierung der Überprüfungsarbeiten

— übergibt das ASMW den zentralen Staatsorganen bis Februar des dem Fünfjahrplan vorangehenden Jahres Übersichten über die ihnen zugeordneten staatlichen Standards,
— bestätigen die zentralen Staatsorgane bis August des dem Fünfjahrplan vorangehenden Planjahres die Richtigkeit der Zuordnung bzw. teilen erforderliche Änderungen mit,
— übergibt das ASMW jährlich bis Februar den Kombinaten auf der Grundlage der bei der Bestätigung bzw. Überprüfung der staatlichen Standards festgelegten Termine für deren Überprüfung Übersichten über die im nachfolgenden Planjahr zu überprüfenden Standards.

(3) Als Ergebnis der Überprüfung muß eine der nachfolgenden Festlegungen durch den Generaldirektor des Kombinates getroffen werden:

— Standard entspricht den volkswirtschaftlichen Erfordernissen und kann bestehen bleiben
  nächste Überprüfung: (Jahr)
— Standard entspricht den volkswirtschaftlichen Erfordernissen nicht und
  - wird überarbeitet — Beginn der Überarbeitung (Jahr)
    Bestätigung der Neuausgabe (Jahr)
  - wird ohne Ersatz zurückgezogen (Jahr).

(4) Die Überprüfungsergebnisse sind dem ASMW unmittelbar, jedoch spätestens 10 Arbeitstage nach der Bestätigung durch die Generaldirektoren der Kombinate zu übergeben. Als Nachweis für die erfolgte Überprüfung ist ein Überprüfungsbeleg[1]) zu verwenden.

§ 4

(1) Die staatlichen Leiter der TKO der Kombinate unterstützen die Generaldirektoren bei der Realisierung der Aufgaben gemäß § 3. Sie arbeiten eng mit den Leitern der zuständigen Zentralstellen für Standardisierung zusammen.

(2) Das ASMW kontrolliert halbjährlich die Erfüllung der geplanten Überprüfungsaufgaben und übergibt den zentralen staatlichen Organen entsprechende Übersichten.

(3) Die Minister legen in Abstimmung mit dem ASMW fest, welche Überprüfungsergebnisse zu DDR- und Fachbereichstandards ihnen vorzulegen sind und welche überarbeiteten Fachbereichstandards durch sie bestätigt werden.

(4) Die Aufgaben zur Überprüfung bzw. Überarbeitung staatlicher Standards sind von den zentralen staatlichen Organen als Bestandteil der Übersicht der Aufgaben der Standardisierung jährlich dem ASMW zu übergeben.

§ 5

Für zentrale Staatsorgane, wirtschaftsleitende Organe, Betriebe sowie andere Organe und Einrichtungen, die für die Ausarbeitung und Bestätigung von staatlichen Standards verantwortlich sind, gelten die Festlegungen zur Überprüfung und Überarbeitung der staatlichen Standards gemäß § 3 sinngemäß.

§ 6 Schlußbestimmungen

(1) Diese Anordnung tritt mit ihrer Veröffentlichung in Kraft.
(2) Gleichzeitig tritt die Anordnung vom 10. Mai 1974 für die Überprüfung und Überarbeitung der staatlichen Standards der DDR im Jahre 1975 und in den Jahren 1976—1980 (GBl. I Nr. 28 S. 283) außer Kraft.

[1]) Anzuwenden ist das Formblatt ASMW-9.

Verordnung über die Leitung und Planung der Verpackungswirtschaft — Verpackungsverordnung —

vom 13. November 1980
(GBl. I 1981 Nr. 2 S. 17)
— Auszug —

Die Stärkung der ökonomischen Leistungskraft der Volkswirtschaft erfordert, daß in der Verpackungswirtschaft durch intensivere Nutzung aller qualitativen Wachstumsfaktoren die Effektivität bei der Produktion in der verpackungsmittelherstellenden Industrie und beim Einsatz von Verpackungen für den Export und das Inland entscheidend erhöht wird.

§ 1 Geltungsbereich

(1) Diese Verordnung gilt für die Kombinate, Betriebe und Einrichtungen (nachfolgend Betriebe genannt), die Verpackungswerkstoffe, -mittel und -hilfsmittel sowie -maschinen, -ausrüstungen und -anlagen für Verpackungsprozesse (nachfolgend Verpackungsmaterialien bzw. Verpackungsmaschinen genannt) planen, entwickeln, herstellen oder in Produktions-, Transport-, Umschlag-, Lager- und Handelsprozessen einsetzen. Sie gilt für Staatsorgane und Organe, die den Betrieben übergeordnet sind oder spezifische Aufgaben auf dem Gebiet der Verpackung wahrnehmen.
(2) Diese Verordnung findet für sozialistische Genossenschaften entsprechende Anwendung.
(3) Die Verpackungswirtschaft umfaßt die Gesamtheit der wissenschaftlich-technischen, technologischen, ökonomischen und organisatorischen Maßnahmen, Mittel und Verfahren zur Verpackung von Erzeugnissen in allen Bereichen der Volkswirtschaft.

§ 2 Grundsätze

(1) Die Verpackung hat die Erhaltung des Gebrauchswertes und die Erhöhung der Qualität von Erzeugnissen sowie die Vermittlung der erforderlichen Informationen über die Erzeugnisse mit dem notwendigen volkswirtschaftlichen Aufwand zu gewährleisten.
(2) Bei der Rationalisierung von Produktions-, Transport-, Umschlag-, Lager- und Handelsprozessen sind die Fragen der Verpackung rechtzeitig einzubeziehen, die sich ergebenden Anforderungen an die Verpackung mit den zuständigen Organen abzustimmen und mit dem Volkswirtschaftsplan zu sichern.
(3) In enger Zusammenarbeit zwischen den Betrieben, die Erzeugnisse verpacken (verpackende Betriebe), und den Herstellern von Verpackungsmitteln und -maschinen ist bei der Entwicklung der Enderzeugnisse zu gewährleisten, daß Verpackungslösungen durchgesetzt werden, die den Ansprüchen an strengste Maßstäbe der Materialökonomie, dem

effektivsten und sparsamsten Einsatz von Verpackungsmaterialien einschließlich der mehrfachen Wiederverwendung entsprechen. Dabei sind gleichzeitig Verpackungen zu entwickeln und bereitzustellen, die den Bedingungen des Exports und dem Bedarf an qualitativ hochwertigen Konsumgütern entsprechen.

(4) Durch konzentrierten Einsatz des wissenschaftlich-technischen Potentials und durch gezielte Maßnahmen sind vor allem

a) die Aufgaben der Forschung und Entwicklung sowie der Standardisierung zur Schaffung effektiver Verpackungsmaterialien und -technologien sowie die Einführung komplexer Verpackungslösungen beschleunigt durchzuführen;
b) der spezifische Verbrauch von Verpackungswerkstoffen zur Herstellung von Verpackungsmitteln und -hilfsmitteln planmäßig zu senken;
c) der rationelle Einsatz von Verpackungsmaterialien und -maschinen zu sichern;
d) transportgerechte Verpackungsmittel für einen aufwandsarmen Transport und Umschlag zu entwickeln und zu produzieren;
e) der Anteil von Mehrwegeverpackungen ständig zu erhöhen sowie die Rückführung und Wiederverwendung von Verpackungen bei gleichzeitiger Beschleunigung ihres Umschlages systematisch zu erweitern;
f) der verpackungsarme bzw. verpackungslose Transport von Gütern zu erweitern;
g) Sekundär- und einheimische Rohstoffe zur Herstellung von Verpackungsmaterialien einzusetzen und nicht mehr einsetzbare Verpackungsmittel zu Sekundärrohstoffen zu verwerten;
h) die gestalterische Qualität der Verpackung entsprechend dem Verwendungszweck und der Funktion zu erhöhen.

(5) Bei Exporterzeugnissen sind die Erfordernisse an die Verpackung zwischen den Exportbetrieben und den für die Verpackungsmittel zuständigen bilanzverantwortlichen Organen vor Abschluß der Verträge zu klären und die dazu notwendigen Maßnahmen festzulegen. Sofern Beistellungen von Verpackungsmaterialien gefordert werden, sind strengste volkswirtschaftliche Maßstäbe anzulegen.

(6) Die Verpackung von Erzeugnissen, die an bewaffnete Organe oder die Staatliche Verwaltung der Staatsreserve geliefert werden, hat unter Beachtung der Grundsätze dieser Verordnung auf Verlangen der zuständigen zentralen Realisierungsorgane der Besteller so zu erfolgen, daß sie hinsichtlich ihrer Beschaffenheit und den Abpackgrößen den Verwendungserfordernissen entspricht und die Organisierung einer geschlossenen Transportkette vom Lieferer bis zum Verwender ermöglicht. Im übrigen gelten die für Lieferungen und Leistungen an die bewaffneten Organe erlassenen Rechtsvorschriften.[1])

§ 3

(1) Zur Durchsetzung eines volkswirtschaftlich effektiven Einsatzes von Verpackungsmitteln sind Standards und Einsatzbestimmungen zu erlassen sowie Einzelregelungen zu treffen. Grundlegende allgemeine Festlegungen zur Verpackung mit einer volkswirtschaft-

lichen Breitenwirkung sind als DDR-Standards, unter Berücksichtigung der Beziehungen zu den Transport-, Umschlag- und Lagerprozessen, herauszugeben. In die Standards für Verpackungen und Verpackungsmaschinen bzw. in die Erzeugnisstandards sind unter Beachtung der Grundlagenstandards auf das jeweilige Erzeugnis bezogene spezifische Festlegungen aufzunehmen.
(2) Bei der Bestätigung von Kosten- und Preisvorgaben, der Bestätigung von Industrie- und Verbraucherpreisen sowie der Erteilung von Produktionsgenehmigungen und Zuerkennung von Gütezeichen für Erzeugnisse durch die zuständigen Organe ist der volkswirtschaftlich effektive Einsatz der betreffenden Verpackungsmittel nachzuweisen.

§ 4 Aufgaben der verpackenden Betriebe

(1) Die verpackenden Betriebe haben entsprechend den Rechtsvorschriften zu gewährleisten, daß die Effektivität der Verpackungsprozesse ständig erhöht und jede Art von Verschwendung der Verpackungsmittel vermieden wird. Es ist zu sichern, daß

a) der Einsatz der Verpackungsmittel auf der Grundlage von Gebrauchswert-Kosten-Analysen, Standards und staatlichen Einsatzbestimmungen mit höchster volkswirtschaftlicher Effektivität erfolgt;
b) die wiederverwendungsfähigen Verpackungen maximal genutzt werden;
c) standardisierte Rahmen- und Typentechnologien angewendet werden;
d) eine weitgehende Verkettung von Verpackungs- und Produktionsprozessen, einschließlich der Bildung rationeller Lade-, Transport- und Lagereinheiten, durchgeführt wird;
e) für den Export verkaufsfördernde Verpackungen zum Einsatz kommen, die den notwendigen Erzeugnisschutz auf dem Transport gewährleisten.

(2) Die verpackenden Betriebe haben den Bedarf an Verpackungsmaterialien und -maschinen langfristig zu planen und mit den Jahresvolkswirtschaftsplänen auf der Grundlage von Materialverbrauchsnormen zu präzisieren.
(3) Von den verpackenden Betrieben sind grundsätzlich für alle der von ihnen hergestellten Erzeugnisse spezielle Verpackungsvorschriften bzw. Werkstandards auszuarbeiten und in die Qualitätskontrolle einzubeziehen.
(4) Bei Neu- und Weiterentwicklung von zu verpackenden Erzeugnissen ist in Abhängigkeit von der Funktion und dem Verwendungszweck die volkswirtschaftlich zweckmäßigste Verpackung festzulegen und mit den entsprechenden Leistungsstufen zu verteidigen. Mit der Erprobung des Funktionsmusters für neu- und weiterentwickelte Erzeugnisse ist die Effektivität der Verpackungslösung nachzuweisen.
(5) Bei der Einführung oder Veränderung maschineller Abpackungen ist grundsätzlich die Reduzierung des Verpackungsmittelaufwandes vorzusehen. Die damit im Zusammenhang stehenden Maßnahmen sind durch das Kombinat bzw. übergeordnete Organ zu bestätigen. Bei Konsumgütern aus der Produktion der haushaltchemischen, kosmetischen sowie Lebensmittel- und Genußmittelindustrie ist außerdem eine Abstimmung mit dem Amt für

industrielle Formgestaltung, zur Beurteilung der gesundheitlichen Unbedenklichkeit mit dem Ministerium für Gesundheitswesen und der Schutzfunktion mit dem Amt für Standardisierung, Meßwesen und Warenprüfung durchzuführen.

§ 5 Aufgaben der den Ministerien direkt unterstellten Kombinate bzw. übergeordneten Organe der verpackenden Betriebe

(1) Die den Ministerien direkt unterstellten Kombinate bzw. übergeordneten Organe der verpackenden Betriebe (nachfolgend Kombinate und übergeordnete Organe genannt) haben zu sichern, daß in ihrem Verantwortungsbereich gezielte Aufgaben zur Senkung des spezifischen Aufwandes und zum effektivsten Einsatz der Verpackungsmaterialien durchgesetzt werden. Das betrifft insbesondere die

a) Ausarbeitung und Anwendung von Verpackungsvorschriften bzw. Werkstandards für alle von den Betrieben hergestellten Erzeugnisse;
b) Erteilung von Vorgaben zur Lösung von Forschungs- und Entwicklungsaufgaben zur Anwendung zweckmäßiger Verpackungen entsprechend den Zielstellungen gemäß § 2 Abs. 4;
c) Einbeziehung der Aufgaben zur Sicherung einer effektiven Verpackung bei der Ausarbeitung und Umsetzung der Intensivierungskonzeption, Erzeugnisprogramme und wissenschaftlich-technischen Konzeptionen;
d) Verallgemeinerung der Methoden zur Entwicklung und zum Einsatz rationeller Verpackungen und Verfahren innerhalb der Erzeugnisgruppe bzw. Verpackungsausschüsse.

(2) Die Kombinate und übergeordneten Organe haben langfristig ihren Bedarf an Verpackungsmaterialien und -maschinen zu planen, diesen mit dem zuständigen bilanzierenden bzw. bilanzbeauftragten Organ erzeugniskonkret abzustimmen, mit den Jahresvolkswirtschaftplänen zu präzisieren und die Versorgung des Verantwortungsbereiches mit Verpackungsmaterialien und -maschinen auf der Grundlage der bestätigten Bilanzen zu sichern. Für die Entwicklung und rationelle Gestaltung der Verpackungsprozesse sind spezielle Konzeptionen zu erarbeiten.

(3) Von den Kombinaten und übergeordneten Organen sind den Betrieben zur Ausarbeitung von technisch-ökonomisch begründeten Normativen des Verpackungsmittelverbrauchs entsprechend der zentralen Nomenklatur[2]) bei ausgewählten Verpackungsmaterialien Vorgaben und zweigspezifische Hinweise zu erteilen.

(4) Die Kombinate und übergeordneten Organe haben über die Anträge zur Einführung neuer oder veränderter Verpackungen gemäß § 4 Abs. 5 nach Zustimmung des für das Verpackungsmaterial zuständigen bilanzierenden bzw. bilanzbeauftragten Organs zu entscheiden.

(5) Die Kombinate und übergeordneten Organe haben zu gewährleisten, daß Importanträge für Verpackungsmaschinen und deren Ersatzteile erst nach Zustimmung des

Organs gestellt werden, welchem die Bilanzverantwortung für die mit der zu importierenden Maschine zu verarbeitenden Verpackungsmaterialien obliegt. Ohne Zustimmung dieses Organs ist der Import an Verpackungsmaschinen bzw. deren Ersatzteile unzulässig.

§ 6 Aufgaben der Verpackungsmaterialien und -maschinen herstellenden Betriebe

(1) Die Verpackungsmaterialien und -maschinen herstellenden Betriebe sind auf der Grundlage der staatlichen Plankennziffern zur planmäßigen Deckung des volkswirtschaftlich begründeten Bedarfs verpflichtet. Sie haben dazu das betriebliche Aufkommen entsprechend den volkswirtschaftlichen Erfordernissen sortiments- und qualitätsgerecht zu gestalten sowie die Produktionskapazitäten zu entwickeln und maximal auszulasten.

(2) Die Verpackungsmaterialien und -maschinen herstellenden Betriebe haben die Forschungs- und Entwicklungsaufgaben sowie die bedarfsgerechte Produktionsstruktur auf der Grundlage von Standards, Typentechnologien und entsprechenden Anforderungen einer hohen Materialökonomie langfristig zu planen und mit dem zuständigen bilanzierenden bzw. bilanzbeauftragten Organ abzustimmen.

(3) Den verpackenden Betrieben sind zur Durchsetzung einer rationellen Verpackung neue und weiterentwickelte Verpackungslösungen anzubieten und die notwendige Unterstützung bei der Einführung neuer Verpackungstechnologien zu gewähren. Dabei ist das Zusammenwirken zwischen den Herstellern von Verpackungsmaterialien und den Betrieben des Verpackungsmaschinenbaus zu gewährleisten, insbesondere für die Entwicklung und Einführung komplexer Verpackungslösungen. Sofern an der Neu- und Weiterentwicklung sowie Herstellung von Verpackungsmaterialien oder -maschinen mehrere Betriebe oder Organe beteiligt sind, ist grundsätzlich derjenige für die Koordinierung der Aufgaben verantwortlich, der in der Kooperationskette das Enderzeugnis herstellt.

§ 7 Aufgaben der bilanzierenden bzw. bilanzbeauftragten Organe für Verpackungsmaterialien und -maschinen

(1) Die bilanzierenden bzw. bilanzbeauftragten Organe für Verpackungsmaterialien und -maschinen sind dafür verantwortlich, daß bei der Ausarbeitung und Durchführung der Fünfjahr- und Jahresvolkswirtschaftspläne und -bilanzen das Aufkommen an Verpackungsmaterialien und -maschinen entsprechend den staatlichen Plankennziffern in einer den volkswirtschaftlichen Erfordernissen entsprechenden Struktur entwickelt wird. Hierfür sind in Zusammenarbeit mit den Hauptverbrauchern langfristige Konzeptionen zur materiellen Sicherung des begründeten Bedarfs für volkswirtschaftliche Versorgungskomplexe auszuarbeiten und dem bilanzverantwortlichen zentralen Staatsorgan zur Bestätigung vorzulegen. Erforderliche Plan- und Bilanzentscheidungen sind vorher mit den wichtigsten Herstellern und Verbrauchern abzustimmen.

(2) Die bilanzierenden bzw. bilanzbeauftragten Organe für Verpackungsmaterialien haben zur Sicherung des rationellsten Einsatzes der von ihnen bilanzierten Verpackungsmittel eine enge Zusammenarbeit mit den betreffenden Betrieben zu organisieren. Dabei haben sie auf den Abschluß langfristiger Vereinbarungen zwischen den Produzenten und Hauptverbrauchern über die Gestaltung und Anwendung komplexer Verpackungslösungen, einschließlich der planmäßigen Senkung des spezifischen Verpackungsmittelaufwandes, einzuwirken.

(3) Die bilanzierenden bzw. bilanzbeauftragten Organe für Verpackungsmaterialien haben zu gewährleisten, daß bei der Ausarbeitung der Bilanzen von den Verbrauchern der volkswirtschaftliche Bedarf auf der Grundlage von Normativen, Normen und Kennziffern des Materialverbrauchs und der Vorratshaltung im festgelegten Umfang nachgewiesen und begründet wird.

(4) Die bilanzierenden Organe haben in Übereinstimmung mit den Kombinaten und übergeordneten Organen durch gezielte Überprüfungen bei den Herstellern und Verbrauchern von Verpackungsmaterialien und -maschinen Reserven für die Steigerung der Effektivität der Verpackungswirtschaft zu erschließen. Dabei sind vor allem

a) Maßnahmen zur Verbesserung des ökonomischen Verpackungsmaterialeinsatzes, zur Einhaltung der staatlichen Einsatzbestimmungen für Verpackungsmaterialien und zur Rückführung und Wiederverwendung von Verpackungsmaterialien durchzusetzen;
b) Bedarfsüberprüfungen, insbesondere zum Einsatz von Importmaterialien, durchzuführen;
c) die Ausarbeitung und Durchsetzung der Normen und Kennziffern des Materialverbrauchs zu kontrollieren.

(5) Die bilanzierenden bzw. bilanzbeauftragten Organe für Verpackungsmaterialien haben dem zuständigen bilanzverantwortlichen zentralen Staatsorgan Vorschläge für den Erlaß bzw. für die Überarbeitung von staatlichen Einsatzbestimmungen zu unterbreiten.

(6) Die bilanzierenden bzw. bilanzbeauftragten Organe für Verpackungsmaschinen haben die Struktur und den Umfang des Aufkommens für den Inlandverbrauch mit den Organen abzustimmen, die für die auf den Verpackungsmaschinen zu verarbeitenden Verpackungsmaterialien bilanzverantwortlich sind. Dabei ist davon auszugehen, daß mit der Neuanschaffung von Maschinen kein Importbedarf von Verpackungsmaterialien hervorgerufen wird. Unterschiedliche Standpunkte sind den bilanzverantwortlichen zentralen Staatsorganen zu unterbreiten. Volkswirtschaftlich wichtige Probleme, die nach Prüfung aller Möglichkeiten von den bilanzverantwortlichen zentralen Staatsorganen nicht entschieden werden können, sind von diesen mit Lösungsvorschlägen der Staatlichen Plankommission vorzulegen.

§ 8 Aufgaben der zentralen Staatsorgane

(1) Die bilanzverantwortlichen zentralen Staatsorgane für Verpackungsmaterialien und -maschinen haben auf der Grundlage der übergebenen staatlichen Plankennziffern und Direktiven die Versorgung der Volkswirtschaft mit Verpackungsmaterialien und -maschinen zu gewährleisten.
(2) Die bilanzverantwortlichen zentralen Staatsorgane haben im Rahmen ihrer Verantwortung folgende Aufgaben durchzuführen:

a) Übergabe von Vorschlägen und Berechnungen für die Entwicklung der Produktion und des effektivsten Einsatzes von Verpackungsmaterialien und -maschinen an die Staatliche Plankommission zur Einordnung bzw. zur Entscheidung für die Aufnahme in die staatlichen Aufgaben zur Ausarbeitung der Fünfjahr- und Jahresvolkswirtschaftspläne.
b) Übergabe von Vorschlägen bzw. Zielstellungen zur Aufnahme von materialökonomischen Aufgaben in die Fünfjahr- und Jahresvolkswirtschaftspläne sowie für die Ausarbeitung und Anwendung von technisch-ökonomisch begründeten Normativen des Verpackungsmaterialverbrauchs an die dem Verbraucher übergeordneten zentralen Staatsorgane. Dabei sind insbesondere Aufgaben für die Erhöhung der Rückführung und Wiederverwendung, des schnelleren Umschlages sowie für die Reparatur und Regenerierung von Mehrwegeverpackungen vorzugeben.
c) Festlegung von Schwerpunktaufgaben für die Erzeugnisentwicklung und -gestaltung von Verpackungsmitteln sowie für die Schaffung von Verpackungslösungen bzw. einer effektiven Verpackungstechnik zur Einordnung in die Pläne Wissenschaft und Technik der betreffenden Betriebe.

(3) Zur Optimierung des Einsatzes von Verpackungsmaterialien sind von den bilanzverantwortlichen zentralen Staatsorganen staatliche Einsatzbestimmungen zu erlassen.[3])
(4) Die bilanzverantwortlichen zentralen Staatsorgane und die den verpackenden Betrieben übergeordneten zentralen Staatsorgane sind in ihren Bereichen verantwortlich für

a) die Erarbeitung, Abstimmung und Durchführung von Aufgaben der Forschung und Entwicklung auf dem Gebiet der Verpackung, insbesondere die Einführung komplexer Verpackungslösungen auf der Grundlage von Rahmen- und Typentechnologien;
b) die Erarbeitung, Verteidigung und Anwendung der technisch-ökonomischen Normative des Verpackungsmaterialverbrauchs sowie für die konsequente erzeugnisbezogene Einhaltung der staatlichen Einsatzbestimmungen;
c) den rationellen Einsatz bzw. die volle Auslastung der Anlagen zur Herstellung von Verpackungsmaterialien;
d) die Ausarbeitung, Abstimmung und Bestätigung der langfristigen Konzeptionen zur materiellen Sicherung des begründeten Bedarfs gegenüber den unterstellten Organen und Betrieben.

§ 9

(1) Das Ministerium für Glas- und Keramikindustrie ist verantwortlich für die volkswirtschaftliche Koordinierung zwischenzweiglicher Prozesse auf dem Gebiet der Verpackungswirtschaft sowie für die schwerpunktmäßige Einflußnahme auf ihre gezielte Weiterentwicklung im Rahmen der Fünfjahr- und Jahresvolkswirtschaftspläne.
(2) In enger Zusammenarbeit mit den bilanzverantwortlichen Ministerien, deren Kombinaten und wissenschaftlich-technischen Einrichtungen erarbeitet das Ministerium für Glas- und Keramikindustrie die Hauptrichtungen für die Produktion und den rationellen Einsatz der Verpackungswerkstoffe und Verpackungsmittel aus Glas, Papier, Karton, Pappe, Plaste, Metall, Holz und Textil sowie der zu ihrer Verwendung einzusetzenden Technologien.
(3) Im Rahmen seiner Koordinierungsverantwortung gewährleistet das Ministerium für Glas- und Keramikindustrie die Erarbeitung von Vorschlägen und Zielstellungen für die Entwicklung der Verpackungswerkstoffe, die der Staatlichen Plankommission bzw. den zuständigen bilanzverantwortlichen Ministerien zur Aufnahme in den Volkswirtschaftsplan zu übergeben sind. Das betrifft insbesondere Vorschläge und Zielstellungen

a) für die Entwicklung des Produktionsaufkommens ausgewählter Verpackungsmittel zur Inlandversorgung;
b) zur Herausgabe von Direktiven durch die Staatliche Plankommission bzw. bilanzverantwortlichen Ministerien zu ausgewählten Verpackungsmitteln der Nomenklatur für die Bilanzierung der Staatsplan- und Ministerpositionen;
c) für den effektiven Einsatz und sparsamsten Verbrauch von Verpackungsmitteln sowie zur Durchsetzung strengster Maßstäbe der Materialökonomie, einschließlich der Erhöhung des Anteils der Rückführung und Wiederverwendung von Verpackungsmitteln;
d) für die wissenschaftlich-technischen und Standardisierungsaufgaben.

Es koordiniert in Abstimmung mit der Staatlichen Plankommission und in Zusammenarbeit mit den zuständigen Ministerien insbesondere die rohstoffbedingten Substitutionsprozesse, die Entwicklung und Anwendung material- und arbeitssparender Versandverpackungen sowie die Entwicklung und Einführung von Rahmen- und Typentechnologien zur Schaffung komplexer Verpackungslösungen.
(4) Das Ministerium für Glas- und Keramikindustrie ist verantwortlich, daß die volkswirtschaftlichen Erfordernisse auf dem Gebiet der Verpackungswirtschaft zur Gewährleistung einer proportionalen Entwicklung zu den Verbraucherbereichen rechtzeitig und umfassend zwischen den beteiligten Organen abgestimmt, der Ausarbeitung des Volkswirtschaftsplanes zugrunde gelegt bzw. nicht in eigener Verantwortung lösbare Aufgaben zur Entscheidung gestellt werden.
(5) Das Ministerium für Glas- und Keramikindustrie gewährleistet

a) die Herausgabe der Nomenklatur für die Anwendung technisch-ökonomisch begründeter Normative bei der Planung des Verpackungsmittelverbrauchs und die Bestätigung der Normative nach entsprechender Verteidigung durch die betreffenden zentralen Staatsorgane;

b) die Durchführung von Kontrollen über die Sicherung einer effektiven Produktion und eines rationellen Einsatzes von Verpackungsmitteln und -hilfsmitteln auf der Grundlage der staatlichen Plankennziffern sowie der mit den Plan- und Bilanzdirektiven vorgegebenen Zielstellungen und den vom Minister für Glas- und Keramikindustrie erteilten Aufträgen.

(6) Der Minister für Glas- und Keramikindustrie ist berechtigt, in Durchführung seiner gesamtvolkswirtschaftlichen Koordinierungsverantwortung auf dem Gebiet der Verpackungswirtschaft von den anderen Ministern und Leitern zentraler Staatsorgane die notwendigen Informationen, Berechnungen und Nachweisführungen anzufordern. Darüber hinaus hat er das Recht, von den bilanzverantwortlichen Ministern den Erlaß und die Aufhebung staatlicher Einsatzbestimmungen über Verpackungsmaterialien zu verlangen.

(7) Rechtsvorschriften und zweigspezifische Grundsatzregelungen, in denen Festlegungen zur Verpackungswirtschaft getroffen werden, bedürfen der Zustimmung des Ministers für Glas- und Keramikindustrie.

§ 10

(1) Die beim Minister für Glas- und Keramikindustrie tätige Zentrale Verpackungsinspektion kontrolliert in den Kombinaten, Betrieben und Einrichtungen sowie wirtschaftsleitenden Organen die Wahrnehmung deren Verantwortung zur Durchsetzung eines effektiven und sparsamen Einsatzes von Verpackungsmitteln, die konsequente Einhaltung der Plandisziplin, die Einhaltung der staatlichen Einsatzbestimmungen und die in dieser Verordnung getroffenen Vorschriften zur Durchsetzung einer volkswirtschaftlich effektiven Entwicklung, Herstellung und Anwendung von Verpackungsmitteln und -hilfsmitteln.

(2) Die Zentrale Verpackungsinspektion hat aktiven Einfluß auf die Aufdeckung, Mobilisierung und Nutzung von Reserven zu nehmen mit dem Ziel, die volkswirtschaftlichen Effekte zu erhöhen und die materiell-technische Versorgung mit Verpackungsmitteln zu verbessern. Dazu gehören insbesondere

a) die Erhöhung des Anteils von Mehrwegeverpackungen sowie deren Rückführung und Wiederverwendung bei gleichzeitiger Beschleunigung des Umschlages;

b) die Erweiterung des verpackungsarmen und verpackungslosen Transports von Gütern;

c) die verstärkte Nutzung von Sekundär- und einheimischen Rohstoffen zur Herstellung von Verpackungsmaterialien.

(3) Im Rahmen dieser Aufgaben sind die Mitarbeiter der Zentralen Verpackungsinspektion berechtigt, unter Beachtung der Festlegungen über den Schutz von Staats- und Dienstgeheimnissen

a) Kombinate, Betriebe und Einrichtungen, die Verpackungsmittel und -hilfsmittel produzieren, weiterverarbeiten und einsetzen oder dafür entsprechende Leistungen der Forschung und Entwicklung und der Kooperation vollbringen, zu betreten und zu kontrollieren;

b) die Objekte der Herstellung, der Lagerung, des Einsatzes von Verpackungsmitteln sowie die Orte und Plätze des Anfalls, der Aufbereitung, Lagerung und Verarbeitung von Sekundär-Verpackungsmaterialien zu besichtigen und notwendige Prüfungen durchzuführen;

c) Einsicht in alle erforderlichen Dokumente und Unterlagen zu nehmen, die die Herstellung, Lagerung und den Einsatz von Verpackungsmitteln betreffen.

(4) Die Leiter der kontrollierten Kombinate, Betriebe und Einrichtungen sowie wirtschaftsleitenden Organe sind verpflichtet, den Mitarbeitern der Zentralen Verpackungsinspektion bei der Durchführung ihrer Aufgaben die notwendige Unterstützung zu geben und zu sichern, daß die Angaben und Informationen vollständig und wahrheitsgetreu erfolgen.

(5) Der Minister für Glas- und Keramikindustrie kann bei Verstößen gegen die staatliche Ordnung bei der Entwicklung, Herstellung und dem Einsatz von Verpackungsmitteln und -hilfsmitteln Auflagen zur Wiederherstellung der Gesetzlichkeit erteilen.

...[4])

§ 13

Das Amt für Standardisierung, Meßwesen und Warenprüfung sichert die Einbeziehung der Verpackung in die staatliche Qualitätsbewertung von Erzeugnissen. Für die Klärung von Grundsatzproblemen der Qualitätsbewertung und des Einsatzes von Verpackungen ist ein zentraler Gutachterausschuß „Verpackung“ unter Leitung des Amtes für Standardisierung, Meßwesen und Warenprüfung und unter Einbeziehung der Staatlichen Plankommission, der bilanzverantwortlichen Ministerien und des Amtes für industrielle Formgestaltung zu bilden.

...[5])

[1]) Z. Z. gilt die Lieferverordnung (LVO) vom 8. Mai 1972 (GBl. II Nr. 33 S. 363) in der Fassung der Zweiten Lieferverordnung (LVO) vom 23. Oktober 1975 (GBl. I Nr. 42 S. 689).

[2]) Z. Z. gilt die Anordnung vom 4. Juni 1980 über die Anwendung technisch-ökonomisch begründeter Normative bei der Planung des Materialverbrauchs (Sonderdruck Nr. 1037 des Gesetzblattes).

[3]) Vgl. dazu die Anordnung vom 3. Dezember 1976 über das Informationssystem für Werkstoffe und ökonomischen Materialeinsatz und den Erlaß staatlicher Einsatzbestimmungen für Rohstoffe und Materialien (GBl. I Nr. 50 S. 565).

[4]) §§ 11 und 12 nicht abgedruckt.

[5]) §§ 14 bis 16 nicht abgedruckt.

Erste Durchführungsbestimmung zur Verordnung über die Leitung und Planung der Verpackungswirtschaft — Zentrale Verpackungsinspektion —

vom 9. Dezember 1980
(GBl. I 1981 Nr. 2 S. 21)

Auf Grund des § 10 der Verordnung vom 13. November 1980 über die Leitung und Planung der Verpackungswirtschaft — Verpackungsverordnung — (GBl. I 1981 Nr. 2 S. 17) wird im Einvernehmen mit den Leitern der zuständigen zentralen staatlichen Organe folgendes bestimmt:

§ 1

(1) Die Zentrale Verpackungsinspektion ist das Kontrollinstrument des Ministers für Glas- und Keramikindustrie zur Durchsetzung der ihm übertragenen Verantwortung zur volkswirtschaftlichen Koordinierung zwischenzweiglicher Prozesse auf dem Gebiet der Verpackungswirtschaft sowie zur Sicherung einer effektiven Produktion und eines rationellen Einsatzes der Verpackungsmaterialien und Verpackungsmittel aus Papier, Karton, Pappe, Glas, Plaste, Metall, Holz und Textil (nachfolgend Verpackungsmittel genannt). Der Leiter der Zentralen Verpackungsinspektion ist dem Minister direkt unterstellt und wird durch ihn berufen bzw. abberufen.
(2) Die Durchführung der in dieser Bestimmung festgelegten Aufgaben erfolgt in enger sozialistischer Gemeinschaftsarbeit mit den Kombinaten und Betrieben, die Verpackungsmittel oder -hilfsmittel entwickeln, herstellen oder einsetzen, sowie mit deren übergeordneneten Organen und den bilanzierenden bzw. bilanzbeauftragten Organen.
(3) Die Verantwortung zum sparsamsten Einsatz und zur ständigen Senkung des spezifischen Aufwandes an Verpackungsmaterialien durch die verpackenden Kombinate und Betriebe wird durch die Tätigkeit der Zentralen Verpackungsinspektion nicht berührt.

§ 2 Grundsätze der Inspektionstätigkeit

(1) Die Tätigkeit der Zentralen Verpackungsinspektion erfolgt auf der Grundlage der dafür geltenden Rechtsvorschriften, insbesondere der Verpackungsverordnung. Sie ist vor allem gerichtet auf die Kontrolle der Einhaltung der S-Bilanzen und der zu ihrer Untersetzung bestätigten weiteren Bilanzen, der dazu vorgegebenen Bilanzdirektiven sowie der Einsatzbestimmungen.
(2) Die Zentrale Verpackungsinspektion kontrolliert in den Kombinaten, Betrieben und Einrichtungen sowie wirtschaftsleitenden Organen die Wahrnehmung deren Verantwortung zur Durchsetzung strengster Maßstäbe der Materialökonomie, des effektivsten und

sparsamsten Einsatzes von Verpackungsmaterialien, einschließlich der konsequenten Einhaltung und Durchsetzung der Plandisziplin bei der Erfüllung der Auflagen zur Rückführung und Wiederverwendung von Verpackungsmitteln.
(3) Durch die Verallgemeinerung guter Erfahrungen und konkrete Anleitung nimmt die Zentrale Verpackungsinspektion aktiv Einfluß auf die weitere Qualifizierung der Leitung und Planung der Verpackungswirtschaft in den Kombinaten und Betrieben mit dem Ziel, weitere Reserven zur Verbesserung der Versorgung mit Verpackungsmitteln zu erschließen.

§ 3 Schwerpunkte der Inspektionstätigkeit

(1) Die Zentrale Verpackungsinspektion hat auf der Grundlage der staatlichen Plankennziffern sowie der mit den Plan- und Bilanzdirektiven dazu vorgegebenen Aufgabenstellungen die Durchführung der Produktion an Verpackungsmitteln zu kontrollieren. Das betrifft insbesondere

a) die Einhaltung der geplanten Kennziffern und Normative des Materialverbrauchs bei der Herstellung von Verpackungsmitteln und -hilfsmitteln,
b) die stabile und kontinuierliche Erfüllung der staatlichen Planauflagen und Wirtschaftsverträge entsprechend den volkswirtschaftlichen Erfordernissen, insbesondere die sortiments-, termin- und qualitätsgerechte Realisierung des volkswirtschaftlich begründeten Bedarfs,
c) die Entwicklung neuer Verpackungslösungen mit hohem Standardisierungsgrad, die einen rationellen Einsatz der Verpackungsmittel gewährleisten und den Maßstäben höherer Materialökonomie Rechnung tragen.

(2) Ausgehend von den Rechtsvorschriften auf dem Gebiet der Verpackungswirtschaft sind in den Verpackungsmittel verbrauchenden Bereichen gezielte Prüfungen und Kontrollen über den effektivsten Einsatz von Verpackungsmitteln durchzuführen. Diese Prüfungen und Kontrollen sind zu konzentrieren auf

a) die umfassende Anwendung und Einhaltung der technisch-ökonomisch begründeten Normative des Verpackungsmittelverbrauchs, der Vorratsnormative sowie der betrieblichen Materialverbrauchs- und Bestandsnormen,
b) die Auswahl und die Anwendung der zweckmäßigsten Verpackungsmaterialien und die Anwendung einer rationellen Verpackungslösung auf der Grundlage von Gebrauchswert-Kosten-Analysen, Standards und staatlichen Einsatzbestimmungen,
c) die Anwendung von standardisierten Rahmen- und Typentechnologien, die in einer weitgehenden Verkettung von Verpackungs- und Produktionsprozessen die Anwendung moderner materialsparender Abpackverfahren ermöglichen,
d) die ständige Erhöhung der Effektivität der Verpackungsprozesse und Senkung des spezifischen Aufwandes an Verpackungsmitteln,
e) die Einhaltung der Rechtsvorschriften auf dem Gebiet der Verpackungswirtschaft und der staatlichen Planauflagen, einschließlich der Einhaltung der Materialeinsatzbestimmungen.

(3) Die Inspektionstätigkeit ist darauf zu richten, daß die Leitung und Planung der Verpackungswirtschaft ständig weiter verbessert und vervollkommnet wird. Dazu ist darauf Einfluß zu nehmen, daß bei allen Fragen der Entwicklung der Volkswirtschaftszweige und der Enderzeugnisse die verpackungswirtschaftlichen Aufgaben rechtzeitig einbezogen und mit den dafür zuständigen bilanzierenden Organen abgestimmt werden. Das bezieht sich u. a. darauf, daß

a) bei Neu- und Weiterentwicklungen von zu verpackenden Erzeugnissen in Abhängigkeit von der Funktion und dem Verwendungszweck die volkswirtschaftlich zweckmäßigste Verpackung festgelegt wird,
b) ein Import von Verpackungsmaschinen erst nach Zustimmung desjenigen bilanzierenden bzw. bilanzbeauftragten Organs erfolgen darf, dem die Verantwortung für die Verpackungsmittel obliegt, die auf den zu importierenden Maschinen eingesetzt werden sollen.

(4) Die Zentrale Verpackungsinspektion hat aktiven Einfluß auf die Aufdeckung, Mobilisierung und Nutzung von Reserven zu nehmen mit dem Ziel, die materiell-technische Versorgung mit Verpackungsmitteln zu verbessern. Dazu gehört insbesondere

a) die Erhöhung des Anteils von Mehrwegeverpackungen sowie deren Rückführung und Wiederverwendung bei gleichzeitiger Beschleunigung des Umschlages,
b) die Erweiterung des verpackungsarmen und verpackungslosen Transports von Gütern,
c) die verstärkte Nutzung von Sekundär- und einheimischen Rohstoffen zur Herstellung von Verpackungsmaterialien.

(5) Die Zentrale Verpackungsinspektion gibt den Verpackungsmittel verbrauchenden Bereichen Unterstützung bei der Erarbeitung von langfristigen Konzeptionen zur Einsparung und den effektiven Einsatz von Verpackungsmitteln.

(6) Die Zentrale Verpackungsinspektion nimmt aktiv Einfluß auf die Erarbeitung von Entscheidungsvorschlägen zur Verbesserung der Effektivität bei der Herstellung und dem Einsatz von Verpackungsmitteln sowie u. a. bei der Ausarbeitung bzw. Änderung von Rechtsvorschriften, Standards, Preisregelungen u. a.

§ 4 Pflichten, Rechte und Arbeitsweise der Zentralen Verpackungsinspektion

(1) Die Mitarbeiter der Zentralen Verpackungsinspektion haben entsprechend § 10 Abs. 3 der Verpackungsverordnung das Recht, in Erfüllung ihrer Aufgaben unter Beachtung der Festlegungen über den Schutz von Staats- und Dienstgeheimnissen die betreffenden Kombinate, Betriebe und Einrichtungen zu betreten, zu kontrollieren und Einsicht in alle erforderlichen Unterlagen zu nehmen.

(2) Die Mitarbeiter der Zentralen Verpackungsinspektion sind verpflichtet, die Kontrollen mit hoher Qualität und rationellen Arbeitsmethoden vorzubereiten und durchzuführen sowie bei der Ausübung ihrer Tätigkeit mit den Werktätigen, Neuerern und den gesellschaftlichen Organen zusammenzuwirken. Dabei sind die Kontrollergebnisse schriftlich

festzuhalten, dem Leiter der kontrollierten Einrichtung zu übergeben und mit ihm auszuwerten.
(3) Bei Verstößen gegen die staatliche Ordnung bei der Entwicklung, Herstellung und dem Einsatz von Verpackungsmitteln und -hilfsmitteln können die Mitarbeiter der Zentralen Verpackungsinspektion an Ort und Stelle vom zuständigen Leiter die Wiederherstellung der Gesetzlichkeit fordern.
(4) Bei Verletzung der Plan- und Vertragsdisziplin sowie von Rechtsvorschriften über die Herstellung, Weiterverarbeitung und den Einsatz von Verpackungsmitteln und -hilfsmitteln können im Ergebnis der Kontrollen schriftliche Auflagen zur Beseitigung dieser Verstöße erteilt werden. Die Auflagen müssen konkrete und abrechenbare Aufgaben mit Terminstellung sowie eine Rechtsmittelbelehrung beinhalten. Die Erfüllung der Auflagen ist in Nachkontrollen zu belegen.
(5) Bei groben Verstößen gegen die sich aus der Verpackungsverordnung ergebenden Pflichten kann der Leiter der Zentralen Verpackungsinspektion beim zuständigen Leiter die Einleitung eines Disziplinarverfahrens gegen den verantwortlichen Leiter oder Mitarbeiter verlangen.

§ 5

Der Leiter der kontrollierten Einrichtung hat das Recht, gegen Auflagen gemäß § 4 Abs. 4 oder andere Festlegungen der Zentralen Verpackungsinspektion innerhalb von 14 Tagen nach Zugang beim Leiter der Zentralen Verpackungsinspektion schriftlich den begründeten Einspruch einzulegen. Über den Einspruch ist binnen 14 Tagen zu entscheiden. Wird dem Einspruch nicht oder nicht in vollem Umfang stattgegeben, ist er innerhalb dieser Frist dem Minister für Glas- und Keramikindustrie zuzuleiten. Der Minister für Glas- und Keramikindustrie entscheidet innerhalb einer Frist von 14 Tagen endgültig. Die Entscheidung ist dem Einreicher schriftlich mitzuteilen und zu begründen.

§ 6

Diese Anordnung tritt mit ihrer Veröffentlichung in Kraft.

Auflage des Institutes für Arzneimittelwesen der DDR

vom 21. Mai 1980

Betr.: Rückführung und Wiederverwendung von Versandverpackungen aus Well- und Vollpappe

(den Betrieben und Handelseinrichtungen direkt zugestellt)

Auf der Grundlage der vom Ministerium für Gesundheitswesen in Abstimmung mit dem Ministerium für Materialwirtschaft am 28. April 1980 erteilten Genehmigung, abweichend von § 2, Abschnitt 5 der „AO über die Rücklieferung wiederverwendungsfähiger Versandverpackungen aus Wellpappe und Vollpappe" vom 17. März 1975 (GBl. I Nr. 18 S. 328)[1] solche Versandverpackungen wiederzuverwenden, wird die Auflage erteilt

- durch Sortierung zu sichern, daß nur saubere, trockene Versandverpackungen wiederverwendet werden,
- die Entfernung oder Unkenntlichmachung von irreführenden Aufschriften (nicht zutreffende Arzneimittelnamen, Chargen o. ä.) bei den zur Wiederverwendung vorgesehenen Versandverpackungen sicherzustellen,
- rückgeführte wiederverwendungsfähige Versandverpackungen in trockenen Räumen und, soweit das möglich ist, getrennt von neuen Verpackungsmaterialien zu lagern,
- durch geeignete Maßnahmen zu sichern, daß ein Kontakt der rückgeführten Versandverpackungen mit ungeschützten, d. h. unverschlossenen Produkten vermieden wird.

[1]) Diese AO ist nicht mehr in Kraft. Die Auflage gilt weiter in Verbindung mit der „AO über die Rücklieferung und Wiederverwendung von Verpackungsmitteln aus Wellpappe und Vollpappe" vom 14. Mai 1981 (GBl. I Nr. 20 S. 260) und der auf dieser Grundlage erlassenen „AO über die Rücklieferung und Wiederverwendung von Verpackungsmitteln aus Wellpappe und Vollpappe im Verkehr mit Arzneimitteln und medizintechnischen Erzeugnissen" vom 6. August 1982 (GBl. I Nr. 32 S. 571). Diese AO werden abgedruckt unter C 06 07 06 und C 06 07 06 01.

Verfügung Nr. 87/80 des Institutes für Arzneimittelwesen der DDR

vom 22. Dezember 1980

Betr.: Aufbereitung gebrauchter Arzneiflaschen und Verschlüsse zur Wiederverwendung[1])

Für die Rücknahme gebrauchter Arzneiflaschen und Plastverschlüsse ohne Einlegescheiben ist auf eine Vorreinigung durch den Arzneimittelverbraucher zu orientieren. Wegen versäumter oder unzureichender Vorreinigung noch Substanzreste enthaltende Flaschen und Verschlüsse sind vor der Reinigung mit Desinfektionslösung (Wofasteril 0,5% 15 min oder Fesiaform 4% 2 h) zu behandeln, um die Ausbreitung eventuell vermehrt vorliegender Mikroorganismen zu vermeiden.
Zur Aufbereitung werden Flaschen und Verschlüsse einer Reinigung unterworfen und die Flaschen anschließend sterilisiert (Methode A) oder ebenso wie die Plastverschlüsse desinfiziert (Methode B).

Verfahrensweise

A. Reinigung und Sterilisation

1. Behandlung mit warmem Leitungswasser und einem geeigneten Reinigungsmittel (z. B. flüssige Seife oder Fit) unter Verwendung einer Bürste.
2. Spülung mit warmem und kaltem Leitungswasser zur Entfernung des Reinigungsmittels.
3. Nachspülung mit Wasser 2. AB-DDR.
4. Abtropfen lassen und trocknen.
5. Sterilisation nach Verfahren a_2) 2. AB-DDR.

B. Reinigung und Desinfektion

Die Reinigung erfolgt, wie unter A. 1. und 2. angegeben

3. Desinfektion mit Wofasteril 0,5% 15 min oder Fesiaform 4% 2 h
4. Entfernung des Desinfektionsmittels durch Spülung mit Wasser 2. AB-DDR, das
   a) durch Destillation gewonnen und höchstens 6 h vor Kontamination geschützt aufbewahrt,
   b) durch Destillation gewonnen, vor der Verwendung 5 min im Sieden gehalten und vor Kontamination geschützt abgekühlt oder
   c) durch Demineralisation gewonnen und nach Verfahren a_1) 2. AB-DDR sterilisiert wurde.

5. Trocknung im Trockenschrank: Flaschen bei etwa 100 °C, Verschlüsse bei 60 bis 70 °C.

Die so behandelten Flaschen und Verschlüsse sind vor Rekontamination geschützt aufzubewahren (Flaschen verschließen!).

[1]) Dazu wurde in der IfB Nr. 8/81 des IFAR vom 2. Juni 1981 der Hinweis gegeben, daß sich die Verfügung Nr. 87/80 nicht auf Infusionsflaschen bezieht. Hierbei gilt die bisher in den Infusionszentren praktizierte Verfahrensweise weiter. Zur Wiederverwendung von Infusionsflaschen in der Industrie wurde bereits in der IfB/7/81 Stellung genommen.

Richtlinie des Institutes für Arzneimittelwesen der DDR für die Verpackung von Arzneimitteln mittels Tiefziehtechnologie

vom 1. Januar 1974 i. d. F. der Information für TKO (P)-Leiter des IFAR Nr. 2/78 vom 2. Februar 1978

a) Zur Gewährleistung der Qualität und Sicherheit im Umgang mit Arzneifertigwaren in Tiefziehabschnitten — insbesondere ohne Faltschachteln — sind alle Möglichkeiten zur unterschiedlichen Gestaltung der Tiefziehabschnitte auszuschöpfen, z. B. durch Verwendung von

- farbigen Einsiegelfolien
- verschiedenen Druckfarben
- unterschiedlichen Abmessungen der Zuschnitte
- durch Anwendung einer unterschiedlichen grafischen Gestaltung.

b) Die Deklaration (vorrangig der Name der Arzneifertigware) muß mindestens zweimal auf jedem Tiefziehabschnitt enthalten sein, sofern die Deklaration bei der Entnahme der Arzneiform nicht erhalten bleibt.

c) Arzneimittel in Tiefziehpackungen sind zur Vermeidung bzw. Verringerung des Zählaufwandes beim Anbruch von Versandpackungen in geeigneter Weise zu bündeln (z. B. durch Schrumpffolie). Diese Sammelpackungen innerhalb der Versandpackung sind den Bestellgrößen der Apotheken anzupassen.

Anordnung über den Einsatz von Plastwerkstoffen für die Produktion von Plastformteilen[1])

vom 16. Dezember 1980
(GBl. I Nr. 3 S. 36)
— Auszug —

§ 1 Geltungsbereich

(1) Diese Anordnung gilt für den Einsatz der nachstehend aufgeführten Plastwerkstoffe zur Herstellung von Plastformsteilen:

		ELN-Nr.
— Zelluloseazetat	(CA)	14511200
— ungesättigte Polyester	(UP)	14521100
— Polybutylenterephthalat	(PBTP)	14521310
— Polykarbonat	(PC)	14521320
— Polyesterharz-Formmassen (Premix, Prepreg, rieselfähige Formmassen)	(UP-Formmassen)	14521800
— Phenolharz-Preßmassen, Pulver	(PF)	14523100
— Phenolharz-Preßmassen, Schnitzel	(PF)	14523200
— Harnstoff-Formaldehydharz-Preßmassen	(UF)	14524000
— Dizyandiamid-Formaldehydharz-Preßmassen	(DD)	
— Melamin-Formaldehydharz-Preßmassen	(MF)	14524000
— Polyamide	(PA)	14525000
— Niederdruck-Polyäthylen = Polyäthylen hoher Dichte	(PE-HD)	14531110
— Hochdruck-Polyäthylen = Polyäthylen niederer Dichte	(PE-ND)	14531120
— Polypropylen	(PP)	14531200
— Äthylen-Vinylazetat-Kopolymere	(EVA)	14531611
— Polyvinylchloride	(PVC)	14532100
— Polystyrol normal	(PS-n)	14532310
— Polystyrol schäumbar	(EPS)	14532340
— Polystyrol schlagzäh	(PS-sz)	14532350
— Styrol-Kopolymerisate mit Akrylnitril	(SAN)	14532821
— Styrol-Kopolymerisate mit Butadien und Akrylnitril	(ABS)	14532822
— Polymethakrylat	(PMMA)	14533100

— Polyformaldehyd	(POM)	14535100
— Polyurethane	(PUR)	14541000
— Polyphenylenoxid	(PPO)	14549000

(2) Plastformteile im Sinne dieser Anordnung sind Erzeugnisse, die aus Plastwerkstoffen im Urformverfahren in allseitig geschlossenen Formwerkzeugen hergestellt werden. Als Plastformteile gelten auch Erzeugnisse aus glasfaserverstärkten ungesättigten Polyestern, die durch spanlose Formung hergestellt werden.

§ 2 Grundsätze

Die Sicherung einer hohen volkswirtschaftlichen Effektivität beim Einsatz von Plastwerkstoffen für die Herstellung von Plastformteilen erfordert

- die Prüfung der Anforderungen an das Plastformteil und gezielte ökonomische Auswahl des diesen Anforderungen entsprechenden Plastwerkstoffes sowie die plastgerechte Gestaltung des Formteiles,
- die materialsparende Dimensionierung bzw. Konstruktion des Plastformteils,
- die weitgehende Materialausnutzung, z. B. durch Verwendung von Sekundärplasten,
- die ökonomische Übereinstimmung zwischen Plastformteilstückzahl und Formwerkzeug sowie anderen Kosten.

Dabei sind folgende Anforderungen zu erfüllen:

- hohe Arbeitsproduktivität bei der Herstellung und Anwendung des Plastformteils,
- Verbesserung der Exportfähigkeit,
- Substitution hochwertiger anderer Werkstoffe,
- Sicherung bzw. Erhöhung der Qualität des Enderzeugnisses.

§ 3 Genehmigung für den Plastwerkstoffeinsatz

(1) Der Einsatz von Plastwerkstoffen gemäß § 1 Abs. 1 sowie deren Regeneraten

- für die Neuaufnahme der Produktion von Plastformteilen,
- für die Fortführung oder Erweiterung der Produktion von Plastformteilen, wenn dazu Ersatz- bzw. zusätzliche Formwerkzeuge benötigt werden,

bedarf der Genehmigung. Die Genehmigung ist auch erforderlich, wenn für die Produktion von Plastformteilen anstelle des bisherigen oder beantragten Plastwerkstoffes ein anderer Plastwerkstoff vorgesehen wird oder eingesetzt werden soll.
(2) Sofern in der erteilten Genehmigung keine abweichenden Festlegungen enthalten sind, gilt die Genehmigung bis zum Verschleiß des jeweiligen Werkzeugs.
(3) Der Antrag auf Erteilung der Genehmigung für den Plastwerkstoffeinsatz ist in dreifacher Ausfertigung

— bei Plastformteilen, die für den Bevölkerungsbedarf, für gesellschaftliche Bedarfsträger, für den Export oder für mehrere Bedarfsträger der Volkswirtschaft bestimmt sind, vom Hersteller des Plastformteils,
— in allen anderen Fällen vom Bedarfsträger des Plastformteils

über das übergeordnete Organ (Fondsträger) an die Chemieberatungsstelle zu richten. Die den Ministerien direkt unterstellten Kombinate richten ihre Anträge unmittelbar an die Chemieberatungsstelle, soweit durch ihre zuständigen Minister nichts anderes festgelegt wurde. Die Antragstellung hat auf Vordrucken zu erfolgen, die bei der Chemieberatungsstelle[1]) anzufordern sind.
(4) Die Anträge sind

— bei Aufgaben des Planes Wissenschaft und Technik nach Abschluß der Arbeitsstufe K 2,
— in allen anderen Fällen nach Vorliegen der bestätigten Plastformteilzeichnung

zu stellen.
(5) Die übergeordneten Organe haben die Anträge vor der Weiterleitung an die Chemieberatungsstelle hinsichtlich Vollständigkeit der Angaben und Beachtung der Grundsätze gemäß § 2 zu überprüfen und mit ihrem Befürwortungsvermerk zu versehen. Anträge, die den Anforderungen nicht entsprechen, haben sie zurückzuweisen.

§ 4

(1) Die Chemieberatungsstelle hat je eine Ausfertigung der eingehenden Anträge innerhalb 1 Woche

— den für die Plastwerkstoffe zuständigen bilanzierenden bzw. bilanzbeauftragten Organen,
— den für die Plastformteile und Formwerkzeuge zuständigen bilanzierenden bzw. bilanzbeauftragten Organen

zur Prüfung und Stellungnahme zuzuleiten, deren Ergebnisse innerhalb von 2 Wochen nach Eingang der Chemieberatungsstelle mitzuteilen sind.
(2) Auf der Grundlage der Stellungnahmen hat der Leiter der Chemieberatungsstelle über die Anträge innerhalb von weiteren 2 Wochen zu entscheiden.
(3) Die Genehmigung kann mit Einschränkungen in zeitlicher, mengenmäßiger oder sonstiger Hinsicht sowie in Verbindung mit Auflagen erteilt werden und ist mit einer Rechtsmittelbelehrung zu versehen.

§ 5 Delegierung der Entscheidung durch die Chemieberatungsstelle

nicht abgedruckt

§ 6

(1) Die Neuaufnahme, Fortführung oder Erweiterung der Produktion von Plastformteilen gemäß § 3 Abs. 1 und die Herstellung der dazu benötigten Formwerkzeuge dürfen erst erfolgen, wenn den Betrieben die für den Plastwerkstoffeinsatz erteilte Genehmigung vorliegt. Hierfür sind die Plastformteile sowie die Formwerkzeuge herstellenden Betriebe nachweispflichtig.
(2) Erteilte Genehmigungen können durch die Chemieberatungsstelle für unwirksam erklärt werden, wenn das aus wichtigen volkswirtschaftlichen Gründen erforderlich ist.

§ 7 Beschwerden

nicht abgedruckt

§ 8 Anleitung, Kontrolle

nicht abgedruckt

§ 9 Wirtschaftssanktionen

Der Minister für Chemische Industrie kann beim Vorsitzenden des Staatlichen Vertragsgerichts die Einleitung eines Wirtschaftssanktionsverfahrens gegen Wirtschaftseinheiten beantragen, die bei dem Abschluß oder der Erfüllung von Wirtschaftsverträgen die in dieser Anordnung enthaltenen Vorschriften über den Einsatz von Plastwerkstoffen verletzen.

§ 10 Schlußbestimmungen

Zur Sicherung gesamtstaatlicher Belange ist der Minister für Chemische Industrie berechtigt, Sonderregelungen festzulegen.

[1]) S. a. AO über den Bedarfsnachweis bei der verbraucherseitigen Materialplanung von Plastwerkstoffen und Halbzeugen vom 24. Mai 1982 (GBl. II Nr. 24 S. 435).

Übersicht üger ausgewählte Begriffe und TGL für Verpackungsmittel und Verpackungshilfsmittel

Glas:

TGL 94-12020, April 66[1])	Ampullen für flüssige und feste Arzneimittel
TGL 8686, März 66[2])	Tablettenröhren
TGL 8685, Dez. 66	Injektionsflaschen (Rollrandflaschen)
TGL 8684, Jan. 75	Medizinflaschen für Tropfdosierung
TGL 8681/01, April 77	Flaschen für Arzneimittel und Chemikalien
TGL 8687, April 77	Dosen für Arzneimittel und Chemikalien
TGL 22197, Febr. 72	Flaschen und Dosen für Arzneimittel und Chemikalien, Technische Lieferbedingungen
Werkstandard, Kombinat Techn. Glas Ilmenau KTGI 5—1, Febr. 76	Infusionsflaschen, Typ W

Verschlußelemente:

TGL 21709, Mai 73[3])	Durchstechstopfen für Injektions- und Infusionsarzneimittel
TGL 13364, März 70	Verschlußscheiben für Injektions- und Infusionsarzneien
TGL 48-55518, Dez. 66	Verschlußkappen für Rollrandflaschen
TGL 36151, Dez. 78	Eindrückverschlußelemente für flüssige und feste Arzneifertigwaren

Schachteln:

TGL 28678, Sept. 74	Faltschachteln aus Karton mit Einsteckverschluß, Gestaltung der Elemente
TGL 144 1001, März 68[3])	Faltschachteln mit quadratischem Querschnitt
TGL 28484, Sept. 72[3])	Faltschachteln mit rechteckiger Grundfläche
TGL 22120/01, Okt. 71	Schachteln für Ampullen, Arten, Hauptabmessungen, Ausführung
TGL 22120/02, Dez. 71	Schachteln für Ampullen, Einsätze aus Folie

Folien:

TGL 27305/02, Juli 74	Zellglas, unlackiert
TGL 27305/03, Juli 74	Zellglas, lackiert
AFM 22 (Werkstandard), Juni 80	Aluminiumfolie, lackiert, heißsiegelbar gegen PVC

Weitere Standards:

TGL 12540, Juli 72	Verpackungen, Systeme der Abmessungen
TGL 28361/01, Dez. 72	Typentechnologien des Versandverpackens, Allgemeines
TGL 28361/02, Dez. 72	Verpacken in Schachteln
TGL 28361/03, Dez. 72	Verpacken in Einschläge aus Papier
TGL 28361/04, Dez. 72	Verpacken in Einschläge aus Schrumpffolie
TGL 28361/05, Dez. 72	Verpacken in Einschläge aus Pappe
TGL 28361/06, Dez. 72	Verpacken in Flaschenkästen
TGL 28361/07, Dez. 72	Verpacken in Säcke
TGL 28361/08, Dez. 72	Bilden von Ladeeinheiten
TGL 28361/09, Dez. 72	Umreifen von Ladeeinheiten
TGL 28361/10, Dez. 72	Umhüllen und Schrumpfen von Ladeeinheiten
TGL 25022/01, April 72	Fehler, Verzeichnis der Fehlerkennzahlen
TGL 25022/02, April 72	Fehler, Begriffe
TGL 25022/03, Nov. 73	Fehler, Übersicht
TGL 31528/06, Juni 77	Rahmentechnologien für das Verpacken in Verbraucherverpackungen, Verpacken in Flaschen aus Glas
TGL 31528/07, Juni 77	Rahmentechnologien für das Verpacken in Verbraucherverpackungen, Verpacken in Dosen aus Glas
TGL 14450, Febr. 64	Statistische Qualitätskontrolle

Begriffe:

Verpackungsmittel:

Erzeugnisse, die zum teilweisen oder vollständigen Umhüllen eines Arzneimittels dienen, im Endzustand einen offenen oder geschlossenen Hohlkörper bilden und nicht vorwiegend als Transport- oder Lagerhilfsmittel verwendet werden.

Verpackungshilfsmittel

Erzeugnisse, die beim Umhüllen bzw. Zusammenfassen des Arzneimittels bestimmte Aufgaben, z. B. das Abdichten, Verbinden oder Verschließen, übernehmen.

Verpackung

Einheit von Verpackungsmittel und Verpackungshilfsmittel

Packung

Einheit von Verpackung und Arzneimittel.

[1]) In Überarbeitung als TGL 37626.
[2]) In Überarbeitung als TGL 28584/05.
[3]) In Überarbeitung.

Vereinbarung zur arbeitsteiligen Wahrnehmung der Rechte und Pflichten bei der Überwachung und Sicherung des Verkehrs mit Arznei- und Gesundheitspflegemitteln zwischen dem Rat des Bezirkes ...., vertreten durch den Bezirksapotheker, und dem Institut für Arzneimittelwesen der DDR

vom 1. Oktober 1980

1. Soweit keine besondere Veranlassung vorliegt, wird das IFAR die in der Anlage[1]) aufgeführten Betriebe und Einrichtungen nicht mehr auf die Einhaltung der arzneimittelgesetzlichen Bestimmungen kontrollieren.
2. Soweit keine besondere Veranlassung vorliegt, erfolgt die Kontrolle der in der Anlage aufgeführten Betriebe und Einrichtungen durch das Qualitätssicherungsorgan des Bezirksapothekers entsprechend den vom IFAR jährlich vorgegebenen Schwerpunkten. Die Ergebnisse der Kontrollen werden 2fach in Form des ausgefüllten Kontrollschemas dem IFAR übermittelt, das ein Exemplar an den kontrollierten Betrieb — erforderlichenfalls mit Auflagen versehen — weiterleitet.
3. Soweit in anderen als den in der Anlage genannten Betrieben und Einrichtungen aus gegebener Veranlassung Kontrollen im Interesse des Gesundheitsschutzes erforderlich sind, unterstützt der Bezirksapotheker das IFAR dabei auf dessen Ersuchen durch Beauftragung seines Qualitätssicherungsorgans.

Anlage

zur Vereinbarung zwischen den Bezirksapothekern und dem Institut für Arzneimittelwesen der DDR vom 1. Oktober 1980

Hinweise zur Durchführung von Betriebskontrollen

— Auszug —[2])

- Die Kontrollen sollten im Regelfall unangemeldet erfolgen. Nur bei verkehrstechnisch schwer erreichbaren Objekten ist am Vortag die telefon. Absicherung zu empfehlen, daß ein aussagefähiger Verhandlungspartner anwesend ist.
- Muster sind nur nach besonderer Aufforderung durch das IFAR zu entnehmen oder sofern der begründete Verdacht nicht ordnungsgemäßer Herstellung bzw. Beschaffenheit besteht.
- Das Protokoll der Betriebskontrolle ist dem IFAR 2fach in knapper Form, gegliedert entsprechend den nachstehenden Schemata, zuzustellen. Von hier wird 1 Exemplar an

den kontrollierten Betrieb weitergeleitet, ggf. mit Auflagen versehen (für die ein Vorschlag der BAI[4]) auf gesondertem Blatt an das IFAR mitgeschickt werden kann). Im Protokoll nicht erwähnte Punkte gelten als bei dieser Kontrolle nicht überprüft.

Schema für die Durchführung und Protokollierung von Kontrollen in Arzneimittel, Gesundheitspflegemittel bzw. den Arzneimitteln gleichgestellte Erzeugnisse herstellenden Betrieben

(Sofern die Kontrollen im Auftrag des IFAR von Mitarbeitern der im Territorium für die Qualitätssicherung im Arzneimittelverkehr zuständigen Strukturelemente vorgenommen werden, ist dies durch einen Dienstauftrag des Bezirksapothekers/Direktors der Bezirksdirektion für Pharmazie und Medizintechnik auszuweisen)

A Name des Betriebes
B Datum der Kontrolle
C Anlaß der Kontrolle
D Name, Funktion, Qualifikation der Verhandlungspartner
E Name, Dienststellung des Kontrollierenden

1. Allgemeines

1.1. Übergeordnetes wirtschaftsleitendes Organ
1.2. Zahl der VBE
1.3. Zahl der registrierten Erzeugnisse
1.4. Produktionsvolumen zum IAP/Jahr
1.5. Werden auch andere Erzeugnisse hergestellt?
Produktionsvolumen zum IAP/Jahr
1.6. Erfolgt Export?
(welche Erzeugnisse, Hauptabnehmer, Umfang)
1.7. Ist eine TKO vorhanden?
1.7.1. Erfolgt TKO-Arbeit hauptamtlich?
1.7.2. Zahl der VBE
1.7.3. Qualifikation
1.7.4. Funktionsplan vorhanden
1.7.5. Werden Auftragsuntersuchungen außerhalb des Betriebes durchgeführt?
(welche, von wem)
1.8. Zustand der Meßmittelkartei (Standortnachweis)

2. Eingangskontrolle

2.1. Werden sämtliche Rohstoff- und Verpackungsmitteleingänge erfaßt?
WE-Schein? Lagerkartei?
2.2. **Rohstoffprüfung**

2.2.1. Ist für jeden Rohstoff ein Standard vorhanden?
2.2.2. Ist dieser im Liefervertrag verankert?
2.2.3. Erfolgt die Prüfung gemäß 2. AB-DDR bzw. TGL oder WS[5])?
2.2.4. Wie werden die durchgeführten Prüfungen dokumentiert? (WE-Nr., Chargennummer, durchgeführte Untersuchungen, Freigabe/Sperrung, Unterschrift)
2.2.5. Sind Rückstellmuster der Rohstoffe vorhanden?

2.3. **Verpackungsmittelprüfung**

2.3.1. Werden Neueingänge an Etiketten und Faltschachteln überprüft?
2.3.2. Wird Nennvolumen, Dichtigkeit, Sauberkeit der eingehenden Behältnisse überprüft? Freigabe/Sperrung

3. **Zwischenkontrolle**

3.1. Erfolgt eine Kontrolle des fertigen Ansatzes (pro Charge) vor der Konfektionierung (z. B. Alkoholgehalt, pH-Wert, Stabilität)?
3.2. Wird diese Kontrolle dokumentiert?

4. **Endkontrolle**

4.1. Werden Füllmenge, Chargenkennzeichnung, Verpackung überprüft?
4.2. Wie wird die Endfreigabe dokumentiert?
4.3. Werden pro Charge Rückstellmuster für die Dauer der Haltbarkeit aufbewahrt?

5. **Lagerhaltung**

5.1. **Rohstoffe**

5.1.1. Ist ein zentrales, verschließbares Lager vorhanden?
5.1.2. Wie ist der bauliche Zustand des Lagers?
5.1.3. Ordnung? Sauberkeit?
5.1.4. Sind die Rohstoffe ordnungsgemäß gekennzeichnet? (Chargennummer, Freigabe/-Sperrvermerk)
5.1.5. Ist das Freilager einwandfrei (Befestigung der Lagerfläche, Sicherung, Kennzeichnung)?
5.1.6. Lagert die Faßware ordentlich und dauerhaft gekennzeichnet?

5.2. **Verpackungsmittel**

5.2.1. Lagern die Verpackungsmittel getrennt von den Rohstoffen?
5.2.2. Wie ist der bauliche Zustand?
5.2.2. Wie ist der bauliche Zustand des Lagers?
5.2.3. Ordnung? Sauberkeit?

5.3. **Fertigware**

5.3.1. Zentrales Fertigwarenlager vorhanden?

5.3.2. Baulicher Zustand des Lagers?
5.3.3. Ist nur von TKO freigegebene Ware eingelagert?
5.3.4. Wird nach Chargen getrennt und älteste Ware zuerst ausgeliefert?
5.3.5. Ordnung? Sauberkeit?

6. **Produktionsbereich**

6.1. **Ansatzräume**

6.1.1. Wie ist der bauliche Zustand?
6.1.2. Ordnung? Sauberkeit?
6.1.3. Sind alle Behältnisse beschriftet?
6.1.4. Sind detaillierte Reinigungspläne vorhanden?
6.1.5. Wird die durchgeführte Reinigung protokolliert?
6.1.6. Wird der PBS (bzw. Ansatzbuch) simultan zur Herstellung geführt? (Chargennummer, Datum des Ansatzes, Art, Menge und WE[6])- bzw. TKO-Freigabenummer der eingesetzten Rohstoffe, Unterschrift des Verantwortlichen, Freigabe der TKO zur Konfektionierung)
6.1.7. Ist pro Präparat eine Herstellungsvorschrift vorhanden?

6.2. **Konfektionierungsräume**

6.2.1. Wie ist der bauliche Zustand?
6.2.2. Ordnung? Sauberkeit?
6.2.3. Wird nur freigegebene Ware konfektioniert?
6.2.4. Erfolgt eine lesbare Chargenkennzeichnung?

7. **Zustand der sanitären Einrichtungen**

8. **Gesamteinschätzung**

(Ausfertigung 06/80)

Schema für die Durchführung und Protokollierung von Kontrollen im Versorgungsdepot

Name des Versorgungsdepots:
Name und Dienststellungen der Kontrollbeauftragten:
Datum der Kontrolle:
Anlaß der Kontrolle:
Namen und Dienststellungen der Verhandlungspartner:

I. Allgemeines

1. Ist die personelle Besetzung mit Fachkräften ausreichend?
2. Ist die erforderliche Fachliteratur zugriffsbereit und entsprechend dem aktuellem

Stand (Ausgabe, Berichtigungen) vorhanden (Arzneimittelverzeichnisse, Synonymverzeichnis, Arzneibuch, ZIM, Z. Pharm. etc.)
3. Werden Verfügungen ordnungsgemäß dokumentiert und realisiert? Wie werden Außenlager berücksichtigt?
4. Gibt es Vorschriften über Umfang und Häufigkeit der Reinigung der Räume und Arbeitsgeräte?
5. Sind Außenlager vorhanden?

II. Lager Arzneifertigwaren

1. Werden die Verlängerungsetiketten des IFAR ordnungsgemäß verwendet?
2. Werden die Importaufkleber ordnungsgemäß angebracht?
3. Werden nicht für Apotheken zugelassene Erzeugnisse geführt?
4. Werden die Suchtmittel ordnungsgemäß gelagert?
5. Besteht eine Regelung „alt vor neu“ und wie wird sie praktisch durchgeführt?
6. Sind überlagerte Arzneimittel vorhanden?
7. Werden Temperatur und Feuchtigkeit in den Lagerräumen ständig überwacht?
8. Werden die Vorschriften zur Kühllagerung eingehalten?
9. Werden Arzneimittel ohne Notwendigkeit in Kühlräumen aufbewahrt?
10. Sind gesperrte Arzneimittel und Retouren besonders gekennzeichnet und gelagert?
11. Welche Reklamationen sind in den letzten 6 Monaten eingegangen, die die Qualität der Lieferungen betrafen?
12. Werden die Lieferungen (Eingänge, Ausgänge) auf ordnungsgemäße Beschaffenheit geprüft (Etiketten, Ausläufer, Bruch etc.)?
13. Zustand der Toiletten und Waschräume?
14. Werden persönliche Gegenstände, Lebensmittel, Packmaterialien oder andere Gegenstände zusammen mit den Arzneifertigwaren aufbewahrt?
15. Einschätzung von Ordnung und Sauberkeit insgesamt?

III. Lager Drogen/Chemikalien

1. Ist die Arbeitsrichtlinie des SVPM zur Qualitätssicherung von Drogen und pharmazeutischen Grundsubstanzen in den Versorgungsdepots den zuständigen Mitarbeitern bekannt und wird sie präzis eingehalten?
2. Lagerung und Kennzeichnung von Waren (Quarantäne, Freigabe, Sperrung)?
3. Lagerung und Kennzeichnung von Massengütern?
4. Wird vorkonfektioniert?
5. Werden alle Kennzeichnungsvorschriften für die konfektionierten Erzeugnisse eingehalten?
6. Werden nicht registrierte Erzeugnisse geführt?
7. Werden die Verwendbarkeitsfristen überwacht?
8. Werden die vorgeschriebenen Lagerungsbedingungen eingehalten?

9. Werden die registrierten Packungsgrößen eingehalten?
10. Sind alle Kennzeichnungsmaterialien unter Verschluß und ordnungsgemäß verwaltet?
11. Werden alle Gefäße vor Verwendung ordnungsgemäß gereinigt und gelagert?
12. Entsprechen die Meßgeräte den Vorschriften?
13. Werden untersuchte Erzeugnisse nach entsprechender Konfektionierung als Garantiepackungen ausgeliefert?
14. Wird die Probenahme ordnungsgemäß durchgeführt?
15. Zustand der Toiletten und Waschräume?
16. Einschätzung des baulichen Zustandes und der technischen Ausrüstung?
17. Sind die aus dem Giftgesetz ableitbaren Sicherheitsmaßnahmen durchgeführt?
18. Welche Reklamationen sind in den letzten 6 Monaten eingegangen?
19. Einschätzung von Ordnung und Sicherheit insgesamt?

(Ausfertigung 01/81)

Schema für die Durchführung und Protokollierung von Kontrollen in Apotheken

Betrifft: Stichprobenartige Apothekenkontrolle[3])

Eine stichprobenartige Kontrolle der ....-Apotheke
in .... am ....,
anwesender Leiter Koll(n). ....,
hatte folgendes Ergebnis:

Nachweisbuch für Verfügungen

— Kontrolle durch übergeordneten Leiter ( ) ______________
— Vertretungsfestlegung ( ) ______________
— Formale Führung ( ) ______________
— Termingerechte Realisierung ( ) ______________
— Ordnungsgemäße Realisierung ( ) ______________
— Informationsmittel-Eintragung ( ) ______________

Informationsmittel

— Sammlung ZIM[7]) ( ) ______________
— Sammlung ZTE[8]) ( ) ______________
— Kenntnisstand IfB[9]) ( ) ______________
— Standardbibliothek ( ) ______________
— Informationsdienst für Ärzte ( ) ______________

Qualitätssicherung

- Eingangskontrolle ( ) ______
- Herstellungsdokumentation ( ) ______
- Rezepturdeklaration ( ) ______
- SR-Deklaration ( ) ______
- Standgefäß-Deklaration ( ) ______
- Haltbarkeitskontrollen ( ) ______
- Abgabekontrolle (Verfügungen) ( ) ______
- Gebrauchsanweisungsübertragung ( ) ______
- Zustand Arzneibuch ( ) ______
- Zustand Meßmittel ( ) ______

Standardisierung

- Ärztebrief ( ) ______
- Anteil SR? ( ) ______
- Eigene Aktivitäten? ( ) ______

Sonstiges

- Flaschenreinigung ( ) ______
- Abgabe an Kinder ( ) ______

Sonstige Feststellungen:

Es wird gebeten, diese Information in geeigneter Weise auszuwerten.

A = einwandfrei
B = kleinere Mängel, auf die an Ort und Stelle hingewiesen wurde (d. h. hier nicht erwähnt)
C = erhebliche Mängel, stichwortartig hier erwähnt
/ = nicht kontrolliert

Unterschrift

Ausfertigung 01/80

1) Nicht abgedruckt.
2) Nicht abgedruckt sind Hinweise auf den Turnus der Kontrollen, technische Details und befristete Schwerpunkte der Kontrollen.
3) Nach diesem Schema wird insbesondere von den Kontrollbeauftragten des IFAR gearbeitet, die eine Kopie des Formulars dem Bezirksapotheker übersenden.
4) Bezirksapothekeninspektion.
5) Werkstandard.
6) Wareneingang.
7) Zentrales Informationsmaterial für Ärzte und Apotheker.
8) Zentrale Therapie-Empfehlungen.
9) Informationen für Bezirksapotheker des IFAR.

Vereinbarung zwischen dem Staatlichen Kontrollinstitut für Seren und Impfstoffe Berlin und dem Institut für Arzneimittelwesen der DDR über die Zusammenarbeit auf dem Gebiet der Überwachung des Arzneimittelverkehrs

vom 11. April 1980

1. Erteilung einer Herstellungserlaubnis

Entscheidungen zu § 2 Abs. 1 der 7. DB werden durch das IFAR nur in Abstimmung mit dem SKISI getroffen, soweit Arzneimittel gemäß § 1 Abs. 1 Buchst. a—c und e—g der 7. DB zum AMG betroffen sind.

2. Personelle Bestätigungen

Entscheidungen zu § 3 der 7. DB zum AMG werden durch das IFAR nur in Abstimmung mit dem SKISI getroffen, soweit Arzneimittel gemäß § 1 Abs. 1 Buchst. a—c und e—g betroffen sind.

3. Zuordnung von Arzneimitteln zu § 1 Abs. 1 Buchst. a—c und e—g der 7. DB zum AMG

Bei Zweifelsfällen hinsichtlich der Zuordnung von Arzneimitteln zu § 1 Abs. 1 Buchst. a—c und e—g der 7. DB zum AMG wird eine gemeinsame Entscheidung von IFAR und SKISI herbeigeführt.

4. Bestätigung von Gütevorschriften

Ein Jahresplan zur Bestätigung von Gütevorschriften ist vom SKISI als Vorschlag dem IFAR jeweils bis 15. 6. jedes Jahres zu übergeben; nach Ergänzung durch das IFAR wird zur Realisierung ein Terminplan zwischen den beteiligten Einrichtungen abgestimmt.
Die Gestaltung der Gütevorschriften erfolgt entsprechend dem für alle Arzneimittel gültigen Muster, für dessen Weiterentwicklung und Einhaltung das IFAR zuständig ist. Die inhaltliche Gestaltung der einzelnen Gütevorschriften wird zwischen den Beauftragten beider Institute abgestimmt.
Bei allen Gütevorschriften sind vorrangig Methoden des Arzneibuches der DDR bzw. des Compendium Medicamentorum zu berücksichtigen; Empfehlungen der Weltgesundheitsorganisation sowie TGL sind in Betracht zu ziehen.
Die bestätigungsreifen Gütevorschriften werden vom SKISI dem IFAR in 5facher Ausfertigung übergeben.

Das IFAR erteilt die Bestätigungsnummer und weist Einvernehmen durch Unterschriftsleistung sowie Siegelung aus. Die Exemplare 1 (Original), 2 und 4 werden dem SKISI zugeleitet, das das Original mit Rechnung an den Hersteller weitergibt. Die Exemplare 3 und 5 verbleiben beim IFAR. Die Exemplare 2 und 3 enthalten die Zustimmungserklärung des für das Erzeugnis zuständigen TKOP-Leiters.
Gütevorschriften für im Bereich des Blutspende- und Transfusionswesens hergestellte Arzneimittel gemäß § 11 Abs. 7 der 7. DB zum AMG werden, soweit immunbiologische Prüfungen erforderlich sind, vor der Bestätigung durch das IFAR mit dem SKISI abgestimmt.

5. **Änderungen von Gütevorschriften hinsichtlich Rezeptur, Abpackungsart und Größe, Informationsmaterial u. ä.**

Entsprechende Anträge sind stets beim IFAR zu stellen, das die Einschaltung des SKISI und anderer Institutionen entsprechend den Notwendigkeiten veranlaßt. Ergibt das Abstimmungsverfahren Zustimmung zur beantragten Änderung, so erfolgt diese durch Ausfertigung eines entsprechenden Änderungsbescheides zum Eintragungsbescheid. Außerdem ist für die bestätigte Gütevorschrift ein Änderungsblatt (ggf. mit Anlagen) in 5 Exemplaren durch das IFAR anzufertigen. Die Exemplare werden, wie in Ziff. 4 festgelegt, verteilt. In diesem Falle wird das Original mit Rechnung dem Hersteller vom IFAR direkt zugestellt.

6. **Änderungen der Verwendbarkeitsdauer und methodische Änderungen in Gütevorschriften**

Entsprechende Anträge sind mit ausführlicher Begründung an das SKISI einzureichen mit Kopie an das IFAR. Die Änderung der bestätigten Gütevorschriften erfolgt wie unter Ziff. 5 angegeben.
Die Änderung von vorläufigen Gütevorschriften erfolgt in Abstimmung zwischen SKISI und Hersteller, wobei das IFAR über das Ergebnis durch eine Kopie unterrichtet wird.

7. **Änderung der Verwendbarkeitsdauer im Einzelfall**

Entsprechende Anträge sind frühestens 3 Monate, bei Arzneifertigwaren mit einer Verwendbarkeitsdauer von weniger als 2 Jahren frühestens einen Monat vor Ablauf der Frist bemustert entsprechend Verfügung 47[4]) des IFAR vom 9. 12. 1965 an das SKISI zu stellen (Kopie an das IFAR). Bei positiver Entscheidung erteilt das SKISI eine Genehmigungsnummer, dokumentiert die Verlängerung in seinem Nachweisbuch und informiert Antragsteller sowie IFAR. Die verausgabten Verlängerungsetiketten werden von den Versorgungseinrichtungen dem IFAR gegenüber nachgewiesen.

8. Gutachten

Die immunbiologische Beurteilung ist Bestandteil des pharmazeutischen Gutachtens und wird durch das SKISI ausgeführt. Die Gutachten werden von den Direktoren beider Einrichtungen unterschrieben.
Die Übergabe der Gutachten an den Auftraggeber erfolgt durch das IFAR (mit Rechnung).
Die Gliederung der Gutachten und das arbeitsteilige Zusammenwirken bei ihrer Erarbeitung regeln sich nach gesonderten Übereinkommen.[1])

9. Monografien und Kommentare für das Arzneibuch der DDR

Es gilt im Prinzip die für die Ausarbeitung von Gütevorschriften getroffene Regelung.

10. Erteilung von Ausnahmegenehmigungen

Abweichungen von gültigen Registrierunterlagen sind in begründeten Fällen nur nach Erteilung einer Ausnahmegenehmigung zulässig.
Ausnahmegenehmigungen für Arzneimittel gemäß § 1 Abs. 1 Buchst. a—c und e—g der 7. DB zum AMG werden vom IFAR erteilt, das jeweils in Abstimmung mit dem SKISI handelt.
Hinsichtlich der Erteilung von Ausnahmegenehmigungen für den Import nicht registrierter Arzneimittel gemäß § 1 Abs. 1 Buchst. a—c und e—g der 7. DB zum AMG gilt das Übereinkommen zwischen SKISI und IFAR vom 27. 5. 1974[2]).

11. Kontrolle und Registrierung der vom Versorgungsdepot für Pharmazie und Medizintechnik, Versorgungsbereich Seren und Impfstoffe importierten Erzeugnisse

Es gilt die Vereinbarung zwischen IFAR, SKISI und SVPM vom 11. April 1979[3]).

12. Zusammenarbeit bei der Zulassung neuer Erzeugnisse

Die Zusammenarbeit regelt sich nach den Festlegungen der 12. DB zum AMG und den hierzu erlassenen Richtlinien, wobei jeweils für den Einzelfall Abstimmungen zwischen den Beauftragten beider Institute getroffen werden.

13. Reklamationen

Werden Arzneimittel gemäß § 1 Abs. 1 Buchst. a—c und e—g der 7. DB zum AMG beanstandet, dann sind die in diesem Zusammenhang erforderlichen Untersuchungen im SKISI durchzuführen. Im Interesse des Gesundheitsschutzes notwendige Verfügungen gemäß § 29 Abs. 4 des AMG werden vom IFAR erlassen.
Über eingehende Beanstandungen bzw. Meldungen von Nebenwirkungen informieren sich IFAR und SKISI gegenseitig (Austausch von Kopien).

14. Anleitung und Kontrolle

Anleitung und Kontrolle der Arzneimittel gemäß § 1 Abs. 1 Buchst. a—c und e—g der 7. DB zum AMG herstellenden Betriebe erfolgen — soweit sie ausschließlich solche Arzneimittel betreffen — nach einem vom SKISI und IFAR gemeinsam aufzustellenden Jahresplan. Unabhängig davon, ob solche Aktivitäten allein vom SKISI oder gemeinsam mit dem IFAR durchgeführt werden, sind Auflagen und Weisungen gemeinsam zu erteilen.
Bei Erfordernis kann das SKISI auch außerhalb der im Jahresplan vereinbarten Aktivitäten Anleitung und Kontrolle ausüben; sich daraus ergebende Auflagen und Weisungen sind gemeinsam mit dem IFAR zu erteilen.
Aus allgemeinen Inspektionen des IFAR resultierende Auflagen und Weisungen, die die Herstellung oder Prüfung von Arzneimitteln gemäß § 1 Abs. 1 Buchst. a—c und e—g der 7. DB zum AMG betreffen, werden gemeinsam mit dem SKISI erteilt.

[1]) Übereinkommen des Institutes für Arzneimittelwesen der DDR und des Staatlichen Kontrollinstitutes für Seren und Impfstoffe über die Anfertigung von pharmazeutisch-immunbiologischen Gutachten vom 1. Juli 1972. Darin wird die Gliederung der Gutachten in einen pharmazeutischen und einen immunbiologischen Teil (dieser enthält immunbiologische Prüfungen einschließlich aller mikrobiologischen, virologischen und immunchemischen Prüfungen; Prüfungen auf Sterilität, Pyrogenität, Verträglichkeit, Wirksamkeit und Unschädlichkeit) vereinbart, das arbeitsteilige Zusammenwirken geregelt sowie das Unterschriftsverfahren festgelegt.

[2]) Übereinkommen des Institutes für Arzneimittelwesen der DDR und des Staatlichen Kontrollinstitutes für Seren und Impfstoffe über die Erteilung von Ausnahmegenehmigungen für den Import nicht registrierter Seren und Impfstoffe vom 27. Mai 1974. Danach werden Formulare für Ausnahmegenehmigungen eingeführt, die eine Reihe normierter Auflagen (Meldung jedes Importes an das SKISI, Entscheidung über staatliche Prüfung — bei Erstimport oder chargenweise —, Zahl der Prüfmuster, Übergabe von Verpackungsmustern und Druckschriften, Übergabe von Zertifikaten und Gütevorschriften des Herstellers, Sonstiges) enthalten und dem IFAR in Abstimmung mit dem SKISI ohne Zeitverzug gestatten, Entscheidungen über Notwendigkeit, Art und Umfang der staatlichen Prüfung und Freigabe zu treffen.

[3]) Vereinbarung zwischen dem Institut für Arzneimittelwesen der DDR, dem Staatlichen Kontrollinstitut für Seren und Impfstoffe, dem Versorgungsbereich Seren und Impfstoffe des Versorgungsdepots für Pharmazie und Medizintechnik Berlin sowie dem Staatlichen Versorgungskontor für Pharmazie und Medizintechnik über Kontrolle und Registrierung der vom Versorgungsdepot für Pharmazie und Medizintechnik, Versorgungsbereich Seren und Impfstoffe, importierten Erzeugnisse vom 29. Mai 1979. Die Vereinbarung regelt die (bemusterte) Abgabe von Importmeldungen auf Formblatt (Name des Arzneimittels, Hersteller, Charge, Importdatum, Importmenge, Datum der Probenahme, zur staatlichen Prüfung eingereichte Menge, vom Hersteller beigefügte Anlagen, Verwendbarkeitsdauer) an das SKISI zum Zwecke der Entscheidung über die Durchführung der staatlichen Prüfung bzw. Freigabe (Kopie an IFAR) und befristet den Import auf der Grundlage von Ausnahmegenehmigungen auf 1 bis höchstens 2 Jahre. Sofern entsprechende Erzeugnisse nicht für den Hersteller bzw. das ausländische Außenhandelsorgan registriert werden können, erfolgt die Eintragung im Arzneimittelregister der DDR für das Staatliche Versorgungskontor für Pharmazie und Medizintechnik auf der Grundlage festgelegter Unterlagen (Gütevorschrift, Zusammensetzung, Verwendbarkeitsdauer, Aufbewahrungs- und Transportvorschriften, Zertifikat des SKISI, Erfahrungsberichte der Anwender); dazu ist dem IFAR vom Versorgungsbereich Seren und Impfstoffe auf Anforderung ein formgerechter Registrierantrag zusammen mit einem kostenlosen,

kompletten Muster, dazugehörigen Druckschriften und ggf. weiteren Informationen des Herstellers einzureichen. Der Eintragungsbescheid enthält in der Regel die Festlegung: „Das eingetragene Arzneimittel darf nur in der Zusammensetzung und mit den Eigenschaften in den Verkehr gebracht werden, die den Forderungen in der Gütevorschrift des Herstellers Nr. ..... vom .... sowie den zusätzlich fesgelegten Forderungen entsprechen".

Nur wenn vom Hersteller keine Gütevorschrift bzw. kein Zertifikat für die gelieferte Qualität vorgelegt werden kann, enthält der Eintragungsbescheid folgende Festlegung: „Das eingetragene Arzneimittel darf nur in der Zusammensetzung und mit den Eigenschaften in den Verkehr gebracht werden, die denjenigen der bisher an die DDR gelieferten Packungen sowie den zusätzlich festgelegten Forderungen entsprechen".

Die bei der Registrierung festgelegten Forderungen werden vom Versorgungsbereich Seren und Impfstoffe detailliert in jede Bestellung an den Außenhandelsbetrieb intermed übernommen.

[4]) Abgedruckt unter C **05 08 21**.

Anweisung über die Aufgaben und die Tätigkeit des Referenzlaboratoriums für Enzyme als Lebensmittelzusatzstoffe

vom 30. April 1980
(VuM MfGe Nr. 4 S. 45)

I.

1. Die Bezirks-Hygieneinspektion Magdeburg erhält zusätzlich zu ihren bezirksspezifischen Aufgaben auf dem Gebiet der Lebensmittel- und Ernährungshygiene die Stellung eines Referenzlaboratoriums für Enzyme als Lebensmittelzusatzstoffe (nachstehend Referenzlaboratorium genannt).
2. Die fachliche, personelle, finanzielle und materielle Planung des Referenzlaboratoriums erfolgt im Rahmen des Volkswirtschafts- und Haushaltsplanes der Bezirks-Hygieneinspektion Magdeburg. Der Bezirkshygieniker ist dem Minister für Gesundheitswesen für die Durchführung der übertragenen Aufgaben verantwortlich.

II.

1. Das Referenzlaboratorium bearbeitet lebensmittelhygienische Aspekte, die sich aus der Gewinnung und dem Einsatz von Enzymen in der Lebensmittelproduktion ergeben. Es erarbeitet methodische Grundsätze und Arbeitsunterlagen aus hygienischer Sicht für das Ministerium für Gesundheitswesen.
2. Das Referenzlaboratorium ist für die Vorbereitung zentraler Festlegungen hinsichtlich lebensmittelhygienischer Anforderungen an lebensmittel-technologisch bedeutsame Enzyme in Form von mikrobiologischen Kennwerten, Grenzwerten für Verunreinigungen mit toxischen Substanzen, Genehmigungen, Richtlinien u. ä. verantwortlich und leitet im Auftrag des Ministeriums für Gesundheitswesen die an der Lösung des Gesamtproblems beteiligten Bezirks-Hygieneinspektionen fachlich an.
3. Das Referenzlaboratorium erarbeitet Beurteilungskriterien für Enzyme als Lebensmittelzusatzstoffe.
4. Das Referenzlaboratorium wertet die internationale Literatur auf dem Gebiet der hygienisch-toxikologischen Beurteilung von lebensmittel-technologisch bedeutsamen Enzymen aus und ist für eine geeignete Form der Dokumentation verantwortlich.
5. Das Referenzlaboratorium arbeitet bei der Ausarbeitung von Rechtsvorschriften mit und beteiligt sich an der Standardisierung auf dem Gebiet des Enzymeinsatzes in der Lebensmittelproduktion.

III.

1. Das Referenzlaboratorium erfaßt die durch die Organe der Staatlichen Hygieneinspektion und durch weitere mit der Durchführung von Untersuchungen beauftragte Einrichtungen gewonnenen Arbeitsergebnisse und führt die Dokumentation und Auswertung dieser Aufgaben durch. Es ist berechtigt, von den Einrichtungen Unterlagen, die für die Erfüllung dieser Aufgabe notwendig sind, abzufordern.
2. Auf der Grundlage dieser Information erarbeitet das Referenzlaboratorium jährlich einen Bericht über die Erfüllung der Arbeitsaufgaben für den Haupthygieniker der DDR.
3. Das Referenzlaboratorium unterstützt das Ministerium für Gesundheitswesens bei der Durchführung operativer Aufgaben auf dem Gebiet der Kontrolle des Einsatzes von Enzymen. Es erarbeitet Gutachten und Stellungnahmen im Auftrage der Staatlichen Hygieneinspektion des Ministeriums für Gesundheitswesen zu Problemen, die den Verantwortungsbereich einer Bezirks-Hygieneinspektion fachlich und territorial überschreiten.

IV.

1. Das Referenzlaboratorium arbeitet eng mit dem Institut für Enzymologie und Technische Mikrobiologie Berlin, dem Zentralinstitut für Ernährung der Akademie der Wissenschaften der DDR Potsdam-Rehbrücke, der Zentralen lebensmittelhygienischen Untersuchungsstelle des Ministeriums für Gesundheitswesen, den Forschungsinstituten der Lebensmittelindustrie, dem VEB Prowiko Schönebeck und der Sektion Lebensmittel- und Ernährungshygiene der Gesellschaft Allgemeine und Kommunale Hygiene der DDR zusammen.
2. Das Referenzlaboratorium arbeitet im Rahmen der Gesundheitsabkommen und weiterer internationaler Verträge, die für die Lösung der übertragenen Aufgaben entscheidend sind, mit entsprechenden Einrichtungen anderer, insbesondere sozialistischer Länder, zusammen.
3. Zur Erfüllung seiner Aufgaben ist das Referenzlaboratorium befugt, mit anderen Einrichtungen Vereinbarungen zur Übernahme spezieller Teilaufgaben abzuschließen. Die Vereinbarungen werden nach Bestätigung durch den Haupthygieniker der DDR wirksam.

V.

Diese Anweisung tritt mit der Veröffentlichung in Kraft.

Anweisung über die Aufgaben und die Tätigkeit des Referenzlaboratoriums für Streptokokken

vom 1. Oktober 1980
(VuM MfGe Nr. 7 S. 59)

Im Einvernehmen mit dem Präsidenten der Akademie der Wissenschaften der Deutschen Demokratischen Republik und dem Minister für Hoch- und Fachschulwesen wird angewiesen:

1.

(1) Das Zentralinstitut für Mikrobiologie und experimentelle Therapie Jena der Akademie der Wissenschaften der Deutschen Demokratischen Republik, Forschungsinstitut für Molekularbiologie und Medizin (nachstehend Zentralinstitut genannt), erhält zusätzlich zu seinen Aufgaben auf dem Gebiet der Forschung die Stellung eines Referenzlaboratoriums für Streptokokken (nachstehend Referenzlaboratorium genannt).
(2) Die fachliche, personelle und materielle Planung des Referenzlaboratoriums erfolgt im Rahmen des Volkswirtschafts- und Haushaltsplanes des Zentralinstituts. Der Direktor des Zentralinstituts ist dem Minister für Gesundheitswesen für die Durchführung der dem Referenzlaboratorium zugewiesenen Aufgaben verantwortlich.

2.

(1) Das Referenzlaboratorium überwacht im Auftrag des Ministeriums für Gesundheitswesen das Vorkommen und die Ausbreitung des Streptococcus pyogenes (Streptokokken der serologischen Gruppe A) in der Deutschen Demokratischen Republik und gibt auf Grund epidemiologischer Analysen dem Ministerium für Gesundheitswesen Empfehlungen für Maßnahmen zur Verhütung und Bekämpfung von A-Streptokokkeninfektionen.
(2) Das Referenzlaboratorium überwacht im besonderen das Scharlachgeschehen. Es kontrolliert das Vorkommen epidemischer Typen und unterbreitet auf Grund der epidemiologischen Analysen und neuer wissenschaftlicher Erkenntnisse Empfehlungen für Maßnahmen zur Verhütung und Bekämpfung des Scharlachs.
(3) Das Referenzlaboratorium bearbeitet auch die übrigen im Abs. 1 nicht genannten Streptokokkenarten.

3.

Dem Referenzlaboratorium obliegt die fachliche Beratung und Anleitung aller Laboratorien im Bereich des staatlichen Gesundheitswesens und des Ministeriums für Hoch- und Fachschulwesen, die Streptokokkendiagnostik und eine serologische Diagnostik rheumatischer Erkrankungen durchführen.

4.

(1) Das Referenzlaboratorium identifiziert und typisiert ihm zugesandte Streptokokkenstämme.
(2) Es ist berechtigt, nach Abstimmung mit dem Ministerium für Gesundheitswesen, von den Bezirks-Hygieneinspektionen und -instituten, den mikrobiologischen Laboratorien aus dem Bereich des Ministeriums für Hoch- und Fachschulwesen und anderen Einrichtungen des Gesundheitswesens Informationen einzuholen und Streptokokkenstämme anzufordern.
Das Referenzlaboratorium identifiziert zweimal jährlich die eingesandten β-hämolysierenden Streptokokkenstämme, um die Typenverbreitung und den Typenwandel von Streptococcus pyogenes in der Deutschen Demokratischen Republik zu analysieren.
(3) Bei epidemischen Geschehen wirkt das Referenzlaboratorium an den operativen Maßnahmen der Staatlichen Hygieneinspektion mit.
(4) Das Referenzlaboratorium unterhält eine umfangreiche Sammlung von Streptokokkenstämmen sämtlicher Spezies.
(5) Das Referenzlaboratorium hält den DDR-Substandard von Antistreptolysin-0 und Streptokinase vorrätig, ggf. weitere DDR-Substandardpräparate nach deren Einführung durch die WHO.
(6) Das Referenzlaboratorium wirkt bei der Erarbeitung von Richtlinien für die bakteriologische und serologische Streptokokkendiagnostik und für die Serodiagnostik rheumatischer Erkrankungen mit, ebenfalls bei der Entwicklung, Begutachtung und Anwendung von Arzneimitteln zur Prophylaxe und Therapie von Streptokokkeninfektionen.

5.

(1) Das Referenzlaboratorium arbeitet im Rahmen der bestehenden Gesundheitsabkommen und der internationalen Verträge der Akademie der Wissenschaften der DDR und gemäß den vom Ministerium für Gesundheitswesen gemeinsam mit der Akademie der Wissenschaften der DDR festgelegten Aufgaben mit entsprechenden Einrichtungen anderer, insbesondere sozialistischer Länder und internationalen Referenzlaboratorien zusammen.
(2) Es wertet die internationale wissenschaftliche Literatur auf dem Gebiet der Streptokokken aus.

6.

Das Referenzlaboratorium erstattet der Staatlichen Hygieneinspektion des Ministeriums für Gesundheitswesen jährlich einen Gesamtbericht über die epidemiologische Lage.
Über besondere epidemiologische Gegebenheiten orientiert das Referenzlaboratorium unverzüglich, spätestens nach Abschluß der eingeleiteten Untersuchungen.

7.

(1) Diese Anweisung tritt am 1. Oktober 1980 in Kraft.

(2) Die Anweisung vom 1. Juni 1961 über die Einrichtung des Zentralen Streptokokkenlaboratoriums der Deutschen Demokratischen Republik (nicht veröffentlicht) wird damit gegenstandslos.

Anweisung über die Aufgaben und die Tätigkeit des Referenzlaboratoriums für Medizinische Helminthologie

vom 1. Oktober 1980
(VuM MfGe Nr. 7 S. 60)

Im Einvernehmen mit dem Minister für Hoch- und Fachschulwesen wird angewiesen:

1.

(1) Die Abteilung Medizinische Parasitologie und Schädlingsbekämpfung der Bezirks-Hygieneinspektion Potsdam erhält zusätzlich zu ihren bezirksspezifischen Aufgaben die Stellung eines Referenzlaboratoriums für Medizinische Helminthologie (nachstehend Referenzlaboratorium genannt).
(2) Die fachliche, personelle, finanzielle und materielle Planung erfolgt im Rahmen des Volkswirtschafts- und Haushaltsplanes der Bezirks-Hygieneinspektion Potsdam. Der Bezirkshygieniker des Bezirkes Potsdam ist dem Minister für Gesundheitswesen für die Durchführung der dem Referenzlaboratorium zugewiesenen Aufgaben verantwortlich.
(3) Das Referenzlaboratorium arbeitet eng mit der Sektion Infektionskrankheiten, Tropenmedizin und Parasitologie der Gesellschaft für Mikrobiologie und Epidemiologie der DDR, der Sektion Helminthologie der Parasitologischen Gesellschaft der DDR sowie mit dem Bezirksinstitut für Veterinärwesen Schwerin (Leitbezirksinstitut für Parasitologie) zusammen.

2.

Das Referenzlaboratorium überwacht im Auftrag des Ministeriums für Gesundheitswesen das Vorkommen und die Verbreitung von Helminthen beim Menschen in der Deutschen Demokratischen Republik und gibt dem Ministerium für Gesundheitswesen Empfehlungen für Maßnahmen zur Verhütung und Bekämpfung von Helmintheninfestationen und Helminthosen.

3.

Dem Referenzlaboratorium obliegt die fachliche Anleitung, Beratung und Unterstützung der helminthologisch arbeitenden Einrichtungen im Bereich des staatlichen Gesundheitswesens und des Ministeriums für Hoch- und Fachschulwesen. Es wertet deren Untersuchungsergebnisse aus.
Es ist berechtigt, nach Abstimmung mit dem Ministerium für Gesundheitswesen, von diesen Einrichtungen Informationen über sein Fachgebiet einzuholen.

4.

(1) Das Referenzlaboratorium übernimmt die taxonomische Determination fraglicher oder seltener Helminthen oder deren Entwicklungsstadien einschließlich sero-immunologischer Untersuchungen, kultiviert Stämme diagnostisch relevanter oder seltener Helminthenarten und registriert die in der Deutschen Demokratischen Republik gehaltenen Helminthenstämme.
(2) Es erarbeitet Richtlinien für die helminthologische Diagnostik sowie — in Zusammenarbeit mit dem Institut für Arzneimittelwesen der DDR — Standardentwürfe für diagnostische Laboratoriumsmethoden.
(3) Zur Absicherung der Diagnostik kooperiert es mit dem Staatlichen Kontrollinstitut für Seren und Impfstoffe, den Herstellern sowie den zuständigen Versorgungsorganen und nimmt im Einvernehmen mit dem Institut für Arzneimittelwesen der DDR Einfluß auf die Planung, Herstellung und den Import der Diagnostika.
(4) Das Referenzlaboratorium führt wissenschaftliche Arbeiten zur Biologie, Epidemiologie, Diagnostik und Bekämpfung von Helminthen durch.

5.

Das Referenzlaboratorium erstattet jährlich der Staatlichen Hygieneinspektion des Ministeriums für Gesundheitswesen Bericht über die Lage auf seinem Fachgebiet.
Über besondere epidemiologische Situationen orientiert es das Ministerium für Gesundheitswesen unverzüglich, spätestens nach Abschluß der eingeleiteten Maßnahmen.

6.

Das Referenzlaboratorium arbeitet im Rahmen der bestehenden Gesundheitsabkommen und gemäß den vom Ministerium für Gesundheitswesen festgelegten Aufgaben mit entsprechenden Einrichtungen, insbesondere sozialistischer Länder, zusammen und wertet die internationale Literatur auf dem Gebiet der medizinischen Helminthologie aus.

7.

Diese Anweisung tritt am 1. Oktober 1980 in Kraft.

Verfügung des Ministers für Land-, Forst- und Nahrungsgüterwirtschaft über das Statut des Staatlichen Veterinärmedizinischen Prüfungsinstituts beim Ministerium für Land-, Forst- und Nahrungsgüterwirtschaft

vom 26. Juni 1978[1])
— Anlage als Auszug —

Im Einvernehmen mit den Leitern der zuständigen zentralen Staatsorgane wird folgendes verfügt:

1. Rechtsstellung, Aufgaben, Arbeitsweise, Rechte und Pflichten des Staatlichen Veterinärmedizinischen Prüfungsinstituts beim Ministerium für Land-, Forst- und Nahrungsgüterwirtschaft sind im Statut (Anlage) festgelegt.
2. Diese Verfügung tritt am 1. Juli 1978 in Kraft.
   Gleichzeitig ist die Anordnung vom 8. Juli 1957 über das Statut des Staatlichen Veterinärmedizinischen Prüfungsinstituts (GBl. II Nr. 32 S. 231) nicht mehr anzuwenden.[2])

Anlage

zu vorstehender Verfügung

STATUT

des Staatlichen Veterinärmedizinischen Prüfungsinstituts beim Ministerium für Land-, Forst- und Nahrungsgüterwirtschaft

— Auszug —

§ 1 Rechtliche Stellung und Sitz

(1) Das Staatliche Veterinärmedizinische Prüfungsinstitut beim Ministerium für Land-, Forst- und Nahrungsgüterwirtschaft — nachstehend SVP genannt — ist die zentrale wissenschaftliche Einrichtung des Ministeriums für Land-, Forst- und Nahrungsgüterwirtschaft für die Wahrnehmung von Aufgaben, die sich aus der Entwicklung und Herstellung, Qualitätssicherung, dem Verkehr und Einsatz von Arzneimitteln, Stoffen, Zubereitungen und Gegenständen, die Arzneimitteln gleichgestellt sind, und Gesundheitspflegemitteln zur Anwendung in der Veterinärmedizin — nachfolgend Tierarzneimittel genannt — ergeben.
Darüber hinaus obliegen dem SVP insbesondere Aufgaben auf dem Gebiet der veterinärtoxikologischen Überwachungs- und Gutachtertätigkeit sowie in der Lebensmittel- und Futtermittelkontrolle.

...

(4) Sein Sitz ist Berlin, die Hauptstadt der Deutschen Demokratischen Republik.

§ 2 Aufgaben

(1) Auf dem Gebiet der staatlichen Kontrolle des Einsatzes von Tierarzneimitteln hat das SVP auf der Grundlage der arzneimittelrechtlichen Bestimmungen folgende Aufgaben wahrzunehmen:

— staatliche Prüfung und Freigabe von Impfstoffen, Seren und Bakteriophagen sowie von Stoffen und Zubereitungen aus biologischem Material für diagnostische und analytische Zwecke in festgelegtem Umfang;
— Überprüfung und Begutachtung der Beschaffenheit, Wirksamkeit und Unschädlichkeit von in das Arzneimittelregister der Deutschen Demokratischen Republik aufzunehmenden Tierarzneimitteln;
— Überprüfung und Begutachtung der Beschaffenheit, Wirksamkeit und Unschädlichkeit der in die Deutsche Demokratische Republik einzuführenden Tierarzneimittel einschließlich von Arznei- und Arzneihilfsstoffen;
— Mitwirkung bei der Ausarbeitung sowie Überprüfung und Bestätigung von Gütevorschriften und Arzneibuchmonographien für Tierarzneimittel;
— Prüfung und Klärung von Fragen im Zusammenhang mit möglichen Rückstandsbildungen bei der vorgesehenen Anwendung von Tierarzneimitteln in Zusammenarbeit mit den zuständigen zentralen Staatsorganen;
— arzneimittelrechtliche Anleitung und Kontrolle der am Arzneimittelverkehr beteiligten Betriebe, Institute und Einrichtungen soweit ausschließlich Belange des Veterinärwesens betroffen sind. (Wird die Zuständigkeit des Gesundheitswesens mitberührt, erfolgt die Anleitung und Kontrolle in Abstimmung mit den für die Überwachung und Sicherung zuständigen Instituten des Gesundheitswesens.);
— Vorbereitung von Leitungsentscheidungen für die Entwicklung des Arzneimittel- und Apothekenwesens im Veterinärwesen;
— eigenverantwortliche periodische Arzneimittelinformation in Zusammenarbeit mit den zuständigen Einrichtungen;
— Klärung von Zwischenfällen und Wahrnehmung der Aufgaben des Obergutachters bei Rechtsstreitigkeiten nach Anwendung von Tierarzneimitteln;
— Sekretariatstätigkeit der Sektion Veterinärmedizin des Zentralen Gutachterausschusses für Arzneimittelverkehr.

(2) Auf dem Gebiet der veterinärhygienischen Überwachung von Lebensmitteln tierischer Herkunft obliegen dem SVP folgende Aufgaben, die in enger Zusammenarbeit mit den Einrichtungen des Ministeriums für Gesundheitswesen wahrgenommen werden:

...

— Koordinierung der Forschungen und Untersuchungen zur Verhütung von Arzneimittelrückständen, soweit diese durch Einrichtungen des Veterinärwesens durchgeführt werden;

...

(3) Auf dem Gebiet der toxikologischen Überwachung von Erzeugnissen

...

nimmt das SVP folgende Aufgaben wahr:

— Koordinierung der veterinärtoxikologischen Begutachtung neu entwickelter Pflanzenschutz- und Vorratsschutzmittel sowie der Mittel zur Steuerung biologischer Prozesse in der Pflanzenproduktion, von ... Konservierungsmitteln, Farbstoffen und anderen Erzeugnissen und Stoffen für die Tierproduktion sowie Bestätigung der erarbeiteten Gutachten;
— Koordinierung und Anleitung der toxikologischen und mikrobiologischen Futtermittelkontrolle.

(4) Darüber hinaus obliegen dem SVP folgende Aufgaben:

— Wahrnehmung der Aufgaben des Fondträgers bei der Bedarfsermittlung, Planung und Bilanzierung von Tierarzneifertigwaren sowie Erzeugnissen der Medizintechnik für das Veterinärwesen;
— wissenschaftliche Anleitung der Bezirksinstitute für Veterinärwesen auf dem Gebiet der Diagnostik und des Untersuchungswesens, insbesondere bei der Entwicklung und Anwendung neuer rationeller und standardisierter Verfahren und Methoden in der labordiagnostischen Untersuchungstätigkeit;
— Wahrnehmung der Aufgaben der Zentralstelle für Standardisierung im Veterinärwesen;
— Kontrolle der Einhaltung der Rechtsvorschriften und staatlicher Weisungen in den Organen und Einrichtungen des Veterinärwesens auf der Grundlage spezieller vom Leiter des Veterinärwesens des Ministeriums für Land-, Forst- und Nahrungsgüterwirtschaft bestätigter Kontrollaufträge.

(5) Durch den Minister für Land-, Forst- und Nahrungsgüterwirtschaft können dem SVP weitere Aufgaben übertragen werden.

[1]) Den beteiligten Dienststellen direkt zugeleitet.
[2]) Außerkraftsetzung veröffentlicht in GBl. I Nr. 18 S. 231 vom 7. Juni 1978.

Vereinbarung zwischen dem Institut für Arzneimittelwesen der DDR und dem Staatlichen Veterinärmedizinischen Prüfungsinstitut

vom 27. Oktober 1980

Zur Gewährleistung einer rationellen Arbeit bei der Überwachung und Sicherung des Verkehrs mit Arzneimitteln wird folgende Vereinbarung geschlossen:

1. Kontrolle von Betrieben und Einrichtungen

a) Die Überwachung und Sicherung des Verkehrs mit Arznei- und Gesundheitspflegemitteln zur ausschließlichen Anwendung in der Veterinärmedizin obliegt dem Staatlichen Veterinärmedizinischen Prüfungsinstitut (nachfolgend SVP).

b) Die Überwachung und Sicherung des Verkehrs mit Arznei- und Gesundheitspflegemitteln in allen anderen Fällen obliegt dem Institut für Arzneimittelwesen der DDR (nachfolgend IFAR).

c) Erzeugnisspezifische Auflagen für zur ausschließlichen Anwendung in der Veterinärmedizin bestimmte Arznei- und Gesundheitspflegemittel werden vom SVP in eigener Zuständigkeit erteilt.

d) Allgemeine Auflagen betreffend VEB Serumwerk Bernburg und Institut für Impfstoffe Dessau werden gemeinsam erteilt. Auflagen für das Friedrich-Loeffler-Institut und andere Betriebe, die ausschließlich Tierarzneimittel herstellen, erteilt das SVP in eigener Zuständigkeit.
In allen anderen Fällen werden allgemeine Auflagen durch das IFAR erteilt.

e) Über festgestellte Mängel von gegenseitigem Interesse erfolgt Information, um erforderlichenfalls durch gemeinsame Auflagen eine Änderung herbeizuführen.

2. Pharmazeutische Gutachten

Pharmazeutische Gutachten für neu zu registrierende Tierarzneimittel und -gesundheitspflegemittel sind direkt beim IFAR und nachrichtlich beim SVP zu beantragen.
Im Interesse der ordnungsgemäßen Durchführung der Begutachtung gibt das SVP gezielt Hinweise an das IFAR und unterstützt das IFAR bei der rechtzeitigen Beschaffung von Mustern, Prüfungsvorschlägen, experimentellen Daten etc.
Das IFAR begutachtet nicht die anwendungstechnische Eignung der Erzeugnisse, die Anwendungshinweise, die Aufbewahrungs- und Abgabebestimmungen.
Der Direktor des SVP unterschreibt die vom IFAR 4fach übergebenen Gutachten vor ihrer Weiterleitung nach Beifügung des Passus:

a) Es wird bestätigt, daß das vorliegende Gutachten den spezifischen veterinärmedizinischen Forderungen entspricht.

bzw.

b) Das vorliegende Gutachten ist nur in Verbindung mit Anlage 1 gültig!

Die Rechnungslegung erfolgt gegenüber dem Antragsteller durch das IFAR. Ergänzungen durch das SVP nach b) werden durch das SVP berechnet.
Bei Rezepturänderungen, Haltbarkeitsverlängerungen und Abpackungsveränderungen sowie generell bei Sera, Impfstoffen, Sero-Diagnostika sowie diagnostischen Hilfsmitteln aus biologischem Material und zur ausschließlichen Anwendung in der Veterinärmedizin wird die Begutachtung insgesamt vom SVP eigenverantwortlich durchgeführt.
Beide Einrichtungen arbeiten bei der Erstellung der Gutachten entsprechend der Notwendigkeit und im Rahmen der Möglichkeiten zusammen und erweisen sich gegenseitig Hilfe und Unterstützung.

3. Gütevorschriften

Gütevorschriften für zur ausschließlichen Anwendung in der Veterinärmedizin bestimmte Erzeugnisse bestätigt das SVP unter Berücksichtigung allgemeiner Festlegungen (Arzneimittelgesetz, Arzneibuch) und spezifischer Richtlinien des IFAR allein. Von jeder Gütevorschrift erhält das IFAR ein Exemplar.
Von jeder vom IFAR bestätigten Gütevorschrift über Humanarzneimittel, die auch in der Veterinärmedizin häufig zum Einsatz kommen, erhält das SVP ein Exemplar. Das SVP übergibt dazu dem IFAR jährlich eine Nomenklatur dieser Arzneimittel.
Bei Änderung von Gütevorschriften wird analog verfahren.

4. Ausnahmegenehmigungen

Ausnahmegenehmigungen für Arzneifertigwaren und Gesundheitspflegemittel zur Anwendung am Tier erteilt das SVP in eigener Zuständigkeit; sie werden nachrichtlich dem IFAR zur Kenntnis gegeben. Bei Bearbeitung von Ausnahmegenehmigungen für Arzneimittelrohstoffe wird erforderlichenfalls zwischen dem IFAR und dem SVP abgestimmt, ob die Ausnahmegenehmigung durch das IFAR (bei Einsatz der Stoffe sowohl in Human- als auch Veterinärmedizin) oder durch das SVP (ausschließlich Einsatz in der Veterinärmedizin) erfolgt.
Seitens des IFAR werden Ausnahmegenehmigungen zu den Erzeugnissen gemäß der unter Punkt 3. genannten Nomenklatur mit dem SVP vorabgestimmt und diesem zur Kenntnis gegeben, falls die genehmigten Änderungen Auswirkungen auf die Anwendung am Tier haben könnten.
Bei Erteilung der Ausnahmegenehmigung wird sowohl vom IFAR als auch vom SVP die jeweils gültige gemeinsame Richtlinie zur Feststellung von Gebrauchswertminderungen und Festlegung von Gewinnabschlägen zur Anwendung gebracht.

5. Verfügungen

a) Verfügungen gemäß § 29 Abs. 4 AMG werden, sofern Arznei- und Gesundheitspflegemittel zur Anwendung am Tier betroffen sind, durch das SVP eigenverantwortlich über die Bezirks- und Kreistierärzte erlassen. Text und Aufbau dieser Verfügungen (Text, Zeitpunkt der Veröffentlichung, Art und Grund) sind mit denen des IFAR identisch.

b) Vor einer beabsichtigten Sperrung, die sowohl den humanmedizinischen als auch den veterinärmedizinischen Anwendungsbereich berühren kann, erfolgt eine telefonische Abstimmung zwischen SVP und IFAR, um erforderliche gleichartige Maßnahmen zu koordinieren.

c) Vom IFAR wird jede Sperrung von für das Gesundheitswesen registrierten Arzneimitteln dem SVP zwecks Entscheidung einer Übernahme der Sperrung für den Veterinärbereich schriftlich mitgeteilt.

d) Das IFAR übernimmt nur die Information in bezug auf die Sperrung solcher Arzneimittel und Gesundheitspflegemittel zur Anwendung am Tier, die in öffentlichen Apotheken gehalten werden.

e) Aus den Verfügungen resultierende Verwaltungsgebühren werden grundsätzlich getrennt berechnet, bei Sperrungen, welche gemeinsame Aktivitäten erfordern, erfolgt die Berechnung zu jeweils 50%.

6. Haltbarkeitsverlängerungen

Haltbarkeitsverlängerungen für Tierarzneimittel erteilt das SVP in eigener Zuständigkeit.

7. Anleitung der Technischen Kontrollorganisationen (TKO)

Die allgemeine Anleitung der Gütekontrollen erfolgt durch das IFAR unter Einbeziehung des SVP.
Die Vertiefung und Untersetzung dieser Anleitung erfolgt für Betriebe, die ausschließlich oder überwiegend Tierarzneimittel herstellen, durch das SVP.
In bezug auf spezielle Arzneimittel erfolgt die Anleitung getrennt (Humanarzneimittel/Arzneimittel zur ausschließlichen Anwendung in der Veterinärmedizin).

8. Erarbeitung von Rechtsnormativen und normativen Weisungen

Das IFAR und das SVP informieren sich gegenseitig rechtzeitig, um eine gemeinsame planmäßige Bearbeitung von Normativen, die den Arzneimittelverkehr und die Qualitätssicherung betreffen, vornehmen zu können.

Arzneimittel und Patentrecht

Für neue gewerblich nutzbare Erfindungen werden in fast allen Staaten der Erde Patente erteilt. Sie sichern dem Patentinhaber den wirtschaftlichen Vorteil für die gewerbliche Verwertung seines Patents.
Die wichtigsten Rechtsvorschriften auf dem Gebiet des Patentwesens in der DDR sind:

— Patentgesetz für die DDR vom 6. 9. 1950 (GBl. Nr. 106 S. 989) i. d. F. des Änderungsgesetzes vom 31. 7. 1963 zum Patentgesetz (GBl. I Nr. 9 S. 121) und des Anpassungsgesetzes vom 11. 6. 1968 (GBl. I Nr. 11 S. 242; Ber. GBl. II Nr. 103 S. 827)
— Erste Durchführungsbestimmung zum Patentgesetz für die DDR vom 20. März 1952 (GBl. Nr. 44 S. 281)
— Gesetz über die Zurschaustellung von Erfindungen, Mustern und Warenzeichen auf Ausstellungen vom 26. September 1955 (GBl. I Nr. 82 S. 656)
  Erste Durchführungsbestimmung vom 18. 12. 1968 zum Änderungsgesetz zum Patentgesetz (GBl. II 1969 Nr. 4 S. 41)
— Anordnung über Geheimpatente vom 9. September 1968 (GBl. II Nr. 101 S. 815)
  Anordnung über die Gebühren und Kosten des Amtes für Erfindungs- und Patentwesen vom 15. November 1971 (GBl. II Nr. 76 S. 658)
  Anordnung Nr. 2 über die Gebühren und Kosten des Amtes für Erfindungs- und Patentwesen vom 2. 6. 1976 (GBl. I Nr. 19 S. 274)
  Anordnung Nr. 3 über die Gebühren und Kosten des Amtes für Erfindungs- und Patentwesen vom 2. 1. 1978 (GBl. I Nr. 3 S. 59)
— Verordnung über den Rechtsschutz für Muster und Modelle der industriellen Formgestaltung — Verordnung über industrielle Muster — vom 17. Januar 1974 (GBl. I Nr. 15 S. 140)
  Erste Durchführungsbestimmung zur Verordnung über industrielle Muster — Vergütung für industrielle Muster — vom 11. Februar 1974 (GBl. I Nr. 15 S. 145)
— Anordnung über die Erfordernisse der Anmeldung von industriellen Mustern vom 3. Mai 1974 (GBl. I Nr. 27 S. 273)
  Anordnung über die Erfordernisse für die Ausarbeitung und Einreichung von Erfindungsanmeldungen vom 5. November 1975 (GBl. SDr. Nr. 821; Ber. GBl. I Nr. 10 S. 179)
— Anordnung über die Hinterlegung von Mikroorganismen bei der Vornahme von Erfindungsanmeldungen vom 27. 9. 1979 (GBl. SDr. Nr. 1022)

- Verordnung über die Arbeit mit Schutzrechten — Schutzrechtsverordnung — vom 31. 1. 1980 (GBl. I Nr. 7 S. 49)
- Erste Durchführungsbestimmung zur Schutzrechtsverordnung — Schutzrechtshandlungen in anderen Staaten — vom 31. 1. 1980 (GBl. I Nr. 7 S. 53)
- Anordnung über die Vertretung in Patent-, Muster- und Kennzeichnungsangelegenheiten vom 15. 12. 1980 (GBl. I 1981 Nr. 4 S. 59)
- Bkm. über die Pariser Verbandsübereinkunft zum Schutz des gewerblichen Eigentums .... vom 10. August 1970 (GBl. I Nr. 18 S. 177)
- Bkm. über den Beitritt der DDR zum Straßburger Abkommen vom 24. März 1971 über die internationale Patentklassifikation vom 22. September 1976 (GBl. II Nr. 15 S. 297)

Nach dem Patentgesetz der DDR werden Patente als Ausschließungspatente oder Wirtschaftspatente erteilt. Das Ausschließungspatent, bei dem die Befugnis zur Benutzung der geschützten Erfindung allein dem Patentinhaber zusteht, ist die einzige Patentart des herkömmlichen im Kapitalismus entwickelten Patentrechts. Das Wirtschaftspatent, dessen gewerbliche Verwertung außer dem Patentinhaber auch anderen zusteht, denen das Patentamt hierzu eine Erlaubnis erteilt hat, trägt den ökonomischen und gesellschaftlichen Verhältnissen in der DDR Rechnung.
Im Interesse des wissenschaftlich-technischen Fortschritts ermöglicht es eine umfassende Ausnutzung neu ausgearbeiteter Erfindungen im gesamten Wirtschaftsbereich zur planmäßigen Weiterentwicklung aller ökonomischen und technischen Potenzen und sichert dem Erfinder gleichzeitig eine angemessene Vergütung für jede Nutzung seiner schöpferischen Leistung.
Ist eine Erfindung in einem staatlichen oder gleichgestellten Betrieb entstanden oder mit staatlicher Unterstützung zustandegekommen, so ist in jedem Falle ein Wirtschaftspatent anzumelden. Die Benutzung von solchen Patenten steht allen volkseigenen und gleichgestellten Betrieben offen. Bei vorgesehener Benutzung ist beim Amt für Erfindungs- und Patentwesen der DDR eine Nutzungserlaubnis zu beantragen, damit der Benutzungsumfang festgestellt und dadurch die Erfindungsvergütung gesichert werden kann.
Die Schutzdauer von Patenten ist befristet und beträgt nach dem Patentgesetz der DDR 18 Jahre.
Auch in einer großen Zahl anderer Länder wird während dieses Zeitraumes Patentschutz gewährt. Die Schutzdauer beginnt mit der Anmeldung und zählt von dem auf den Tag der Anmeldung folgenden Tage an. Nach Ablauf dieser Frist kann jedermann ehemals geschützte Verfahren benutzen.
Für Ausschließungspatente sind Gebühren zu zahlen, die mit jedem Jahr der Schutzdauer progressiv ansteigen.
Die tatsächliche Laufzeit von Patenten ist daher unterschiedlich; sie hängt von der Interessenlage des Inhabers ab.
Patente müssen — gemessen am Stand der Technik — neu sein. Nach dem Patentgesetz der DDR gilt eine Erfindung nicht als neu und damit nicht als patentfähig, wenn sie zum

Zeitpunkt der Anmeldung in öffentlichen Druckschriften aus den letzten 100 Jahren bereits beschrieben, anderweitig durch das Patentamt bekanntgemacht oder im Inland bereits so offenkundig benutzt ist, daß danach die Benutzung durch andere Sachverständige erfolgen kann.
Die Neuheitsprüfung stellt die Patentämter vor hohe Anforderungen. In vielen Ländern wird deshalb keine volle Neuheitsprüfung von Amts wegen vorgenommen, sondern die Patentanmeldung nur vorgeprüft und bekanntgemacht. Wer durch die Patentmeldung ihm zustehende frühere Patentrechte beeinträchtigt glaubt, kann gegen die Erteilung des Patents Widerspruch erheben. Hierüber wird in einem besonderen Verfahren entschieden.
Das Patentgesetz der DDR sah zunächst in allen Fällen Neuheitsprüfung von Amts wegen vor. Nach dem Änderungsgesetz 1963 kann das Patentamt ein Patent jetzt auch ohne Prüfung des Vorliegens aller Schutzvoraussetzungen erteilen, wenn bestimmte, im wesentlichen formelle, Eintragungsvoraussetzungen erfüllt sind. Die Erteilung kann dann im Anschluß an eine nachträgliche Prüfung auf Vorhandensein der übrigen Schutzvoraussetzungen bestätigt werden. Nachträgliche Prüfung findet in jedem Falle dann statt, wenn die Erfindung benutzt werden soll.
Solange die Bestätigung nicht erfolgt ist, können alle Bürger und Betriebe begründete Einwendungen gegen das Patent erheben. Im Falle einer nachträglichen Prüfung sind die Einwendungen zu berücksichtigen.
Zur übersichtlichen Ordnung der Patente existieren verschiedene Klassifikationen. Am weitesten verbreitet ist die in beiden deutschen Staaten übliche, die mit geringen Modifikationen in der UdSSR, CSSR, Ungarn, Polen, Schweden, Dänemark, Norwegen, Finnland usw. angewandt wird. Diese Patentklassifikation umfaßt 89 Klassen mit 20000 Untergruppen. Die Klassifikation der verschiedenen Gebiete hat die Aufgabe, eine übersichtliche Ordnung der Materialien und Dokumente der jeweiligen Schriften zu ermöglichen, stellt also ein Ordnungsprinzip dar. Von wesentlicher Bedeutung, insbesondere im Hinblick auf verschiedene Vor- und Nachteile, ist die Einreihung einer Erfindung in die richtige Patentkategorie.
Patente gewährleisten den Patentschutz nur in Ländern, in denen ihre Anmeldung erfolgt ist. Wenn ein Patent im Lande A nicht angemeldet ist, so kann dort für den Inlandsbedarf nach dem in anderen Ländern geschützten Verfahren produziert werden. Es ist jedoch nicht möglich, auf diese Weise hergestellte Erzeugnisse nach Ländern zu liefern, in denen das betreffende Verfahren geschützt ist.
Von besonderer Bedeutung für Auslandspatente ist die Pariser Verbandsübereinkunft zum Schutze des gewerblichen Eigentums vom 20. März 1883. Alle Länder, die dem Abkommen beigetreten sind, bilden einen Verband zum Schutz des gewerblichen Eigentums. Jedes Verbandsland gewährt Angehörigen jedes anderen Verbandslandes in bezug auf den Schutz des gewerblichen Eigentums die Vorteile, die die inländischen Gesetze den eigenen Staatsangehörigen gewähren. Außerdem gilt zugunsten desjenigen Bürgers, der in seinem Lande eine Erfindung ordnungsgemäß angemeldet hat, der Tag

dieser Anmeldung auch als Tag der Anmeldung in jedem Verbandsland, wenn er innerhalb eines Jahres seine Erfindung auch dort tatsächlich zum Patent anmeldet (Prioritätsrecht).

Die Pariser Verbandsübereinkunft gilt derzeit in der Stockholmer Fassung vom 14. 7. 1967 und deren Nebenabkommen, die am 26. 4. 1970 in Kraft getreten ist. Die DDR ist der Verbandsübereinkunft in der Stockholmer Fassung bereits am 20. 6. 1968 beigetreten.

Für die Arzneimittelproduktion von größter Bedeutung ist, daß nach dem Patentrecht der meisten Länder Patente für die Erfindung von Arzneimitteln und von auf chemischem Wege hergestellten Stoffen nur auf bestimmte Herstellungsverfahren erteilt werden. Das Arzneimittel und der chemische Stoff selbst als Erzeugnisse sind somit nicht schutzfähig.

Auch das Patentrecht der DDR enthält ebenso wie die früheren deutschen Patentgesetze eine entsprechende Vorschrift.

Soll also ein vom Hersteller A nach einem patentierten Verfahren hergestelltes Arzneimittel vom Betrieb B produziert werden, so muß Betrieb B sich entweder um ein nicht geschütztes Verfahren bemühen oder im Falle eines Wirtschaftspatents beim Amt für Erfindungs- und Patentwesen eine Nutzungserlaubnis beantragen oder im Falle eines Ausschließungspatents beim Hersteller A eine Lizenz zur Benutzung des vorhandenen Patentes erwerben. Das Auffinden eines neuen „patentreinen“ Verfahrens, d. h. einer nicht mit bestehenden Patenten kollidierenden Herstellungsmethode, ist in der Regel schwierig, da alle wirtschaftlich brauchbaren Verfahren vom Hersteller A systematisch nach wissenschaftlichen Gesichtspunkten ermittelt und über Patente geschützt zu werden pflegen. Häufig werden zur Umgehung von Patenten auch Verfahren ausgearbeitet, die zu strukturell und wirkungsmäßig den geschützten Stoffen ähnlichen Verbindungen führten. Die Patentgesetzgebung der einzelnen Länder hierzu ist jedoch unterschiedlich. So ist in der Bundesrepublik Deutschland seit 1968 auch für Arzneimittel der Stoffschutz eingeführt; durch das (west-)Europäische Patentübereinkommen wurde im Bereich der EG generell geregelt, daß Stoffe und Stoffgemische als solche für diagnostische und therapeutische Zwecke geschützt werden können.

Ein bestimmtes Arzneimittel kann, sofern es patentiert ist, dann auch mit neuartigen Verfahren entgegen dem Willen des Patentinhabers nicht mehr in Ländern hergestellt werden, in denen ein entsprechendes Patent angemeldet bzw. gültig ist. Wie sich der eingeführte Stoffschutz insgesamt auswirken wird, kann heute noch nicht eingeschätzt werden. Auf jeden Fall wird der Stoffschutz für Arzneimittel die Schutzrechtspolitik unserer pharmazeutischen Industrie in der Perspektive nicht unberührt lassen. Seine weitere internationale Verbreitung wird die Forschung vor neue Probleme stellen und Lizenznahmen und -vergaben zu wichtigen Instrumenten der Produktion werden lassen.

Arzneimittel und Warenzeichenrecht

Zu den wichtigsten gesetzlichen Grundlagen des Warenzeichenrechtes der DDR gehören:

- Warenzeichengesetz vom 17. Februar 1954 (GBl. Nr. 23 S. 216; Ber. Nr. 27 S. 267) i. d. Neufassung des Warenzeichengesetzes vom 15. November 1968 (GBl. I Nr. 21 S. 360)
- Dritte Durchführungsbestimmung zum Warenzeichengesetz — Bildung und Tätigkeit von Warenzeichenverbänden — vom 1. März 1971 (GBl. II Nr. 33 S. 269)
  Zweite Durchführungsbestimmung zur Schutzrechtsverordnung — Gestaltung von Warenzeichen — vom 15. 6. 77 (GBl. I Nr. 19 S. 252)
  Verordnung über die Kennzeichnung der Herkunft von Waren vom 7. 5. 1970 (GBl. II Nr. 50 S. 359)
  Erste Durchführungsbestimmung zur Verordnung über die Kennzeichnung der Herkunft von Waren vom 1. 8. 1972 (GBl. II Nr. 48 S. 548)
- Bkm. über das Abkommen von Nizza über die Internationale Klassifikation von Waren und Dienstleistungen für die Eintragung von Marken ...... vom 15. Juni 1957, revidiert in Stockholm am 14. Juli 1967 und in Genf am 13. Mai 1977 vom 17. Juni 1982 (GBl. II Nr. 4 S. 56)
- Bkm. über das Madrider Abkommen über die Internationale Registrierung von Marken ...... vom 26. Juli 1971 (GBl. I Nr. 6 S. 133)
- Bkm. über die Stockholmer Zusatzvereinbarung vom 14. Juli 1967 zum Madrider Abkommen über die Unterdrückung falscher oder irreführender Herkunftsangaben auf Waren .... vom 10. August 1970 (GBl. I Nr. 18 S. 231)

Das Warenzeichen der DDR legt generell die Kennzeichnungspflicht für alle industriellen Erzeugnisse fest, d. h. der Hersteller muß eindeutig feststellbar sein. Dazu kann entweder die Firmenbezeichnung oder eine eingetragene Handels- oder Fabrikmarke (Warenzeichen) dienen.

Warenzeichen sind Fabrik- oder Handelsmarken. Sie dienen dazu, Waren des Zeicheninhabers von den Waren anderer im Handelsverkehr zu unterscheiden. Die Eintragung eines Zeichens im Warenzeichenregister bewirkt, daß allein dem Inhaber des eingetragenen Zeichens das Recht zusteht, Waren oder ihre Verpackung oder Umhüllung mit dem Zeichen im Verkehr zu führen. Eingeschlossen ist die Verwendung des Zeichens auf Ankündigunken, Preislisten, Geschäftsbriefen, Empfehlungen, Rechnungen usw. Der Zeicheninhaber kann von jedem Dritten verlangen, daß er die Benutzung von Zeichen unterläßt, die mit

dem für ihn eingetragenen Zeichen identisch oder auf Grund ihrer Ähnlichkeit mit ihm verwechselbar sind.
Die Bedeutung der Warenzeichen liegt darin, daß sie durch einprägsame Begriffe, Zeichen oder Bilder für den Verbraucher eine feste Vorstellung über die Qualität von Erzeugnissen bestimmter Herstellerbetriebe bilden sollen (z. B. Summavit, Acesal, Aspirin, Hansaplast). Warenzeichen können daher den Absatz von Erzeugnissen wesentlich beeinflussen.
Der Schutz eines Warenzeichens dauert 10 Jahre, er kann nach Ablauf der zehn Jahre jeweils um weitere zehn Jahre verlängert werden. Die Schutzdauer eines Warenzeichens beginnt mit dem Tag, der auf die Anmeldung folgt. Mit den Datum des Eingangsstempels, der auf der Zeichenanmeldung bei Eingang im Patentamt angebracht wird, wird gleichzeitig das Prioritätsdatum der Zeicheneintragung festgelegt.
In der pharmazeutischen Industrie haben die Wortzeichen zunehmende Verwendung gefunden. Die Hersteller benötigen einprägsame und leichtverständliche Wortbezeichnungen für ihre Erzeugnisse, weil die dafür vorhandenen Fachausdrücke im Verkehr auf Grund ihrer Länge und Kompliziertheit, z. B. Natriumnoraminophenazonmethansulfuricum (Metapyrin) oder ihres komplexen Charakters (Mehrstoff-Präparate wie Summavit), nicht immer verwendbar sind. Allerdings sollten nach Möglichkeit zur Benennung von Arzneifertigwaren anstelle von Warenzeichen (Phantasienamen) die von der WHO empfohlenen Bezeichnungen — zumindest als Zweitbezeichnung — Anwendung finden.
Im Warenzeichenrecht spielen die Begriffe Serien-, Vorrats-, Defensiv- und Verbandzeichen eine nicht unbedeutende Rolle.
Serienzeichen werden dadurch gebildet, daß ein Betrieb entweder alle seine Erzeugnisse oder alle Erzeugnisse einer bestimmten Serie mit Zeichen versieht, die entweder hinsichtlich des Wortanfanges oder des Wortendes übereinstimmen.
Vorratszeichen sind solche, die für Neuentwicklungen oder Veränderungen von Erzeugnissen „auf Vorrat“ vorsorglich angemeldet werden, da das Eintragungsverfahren sehr zeitaufwendig ist.
Unter Defensivzeichen (Verteidigungszeichen) versteht man Zeichen, die von Anfang an nicht für eine Benutzung zur Warenkennzeichnung bestimmt sind. Sie werden eingetragen, um ein wichtiges Zeichen zu schützen. Das geschieht dadurch, daß dieses Hauptzeichen durch eine Anzahl mit ihm verwechselbar ähnlicher Zeichen umgeben wird, die seinen Schutzumfang auf diesem Wege erweitern sollen.
Bei Vorratszeichen und Defensivzeichen ist jedoch zu beachten, daß in verschiedenen ausländischen Staaten der sogenannte „Benutzungszwang“ für Warenzeichen eingeführt wurde. Danach kann jedes Zeichen, welches innerhalb der gesetzlichen Frist nicht oder nicht in der gesetzlich vorgeschriebenen Form benutzt wurde, gelöscht werden. Dadurch wird der Wirkungsgrad dieser Zeichen weitestgehend eingeschränkt.
Auf Grund des Warenzeichengesetzes ist es auch möglich, Verbandszeichen registrieren zu lassen.
Bei Verbandszeichen sind Inhaber (Warenzeichenverband) und Benutzer (Mitglieder des Verbandes) nicht identisch. Voraussetzung für die Eintragung eines Verbandszeichens

ist, daß der Zeicheninhaber eine rechtsfähige Einrichtung des Staates oder der Wirtschaft bzw. ein rechtsfähiger eingetragener Verband ist, und daß der Anmeldung eine Zeichensatzung beigefügt wird.
Die Eintragung eines Verbandszeichens für den Warenzeichenverband pharmazeutischer und chemischer Erzeugnisse e. V. Berlin ermöglicht es allen dem Verband angehörenden Arzneimittelbetrieben, ihre Produkte übereinstimmend mit dem Verbandszeichen „GERMED" zu kennzeichnen, um in Werbung und Information einheitlich auftreten zu können. Die Mitglieder des Verbandes sind verpflichtet, unter dem Verbandszeichen nur qualitativ einwandfreie Arzneimittel in den Verkehr zu bringen. Zuwiderhandlungen können mit finanziellen Sanktionen, Untersagung des Zeichengebrauchs oder Ausschluß aus dem Warenzeichenverband geahndet werden.
Die Schutzfunktion des Warenzeichens kann zunächst jeweils nur in dem Land beansprucht werden, in dem es national registriert wurde. Die Registrierung ist gebührenpflichtig.
Das mehrfach revidierte Madrider Abkommen vom 14. 4. 1891 über die internationale Registrierung von Marken ermöglicht es jedoch den Angehörigen der Länder, die dem Abkommen beigetreten sind (Verbandsländer), durch Hinterlegung einer Zeichenanmeldung beim Internationalen Büro zum Schutze des gewerblichen Eigentums in Genf, bei Inanspruchnahme des Art. 3 auch in allen anderen Verbandsländern Warenzeichenschutz zu erlangen (internationale Registrierung). Das Internationale Büro trägt alle bei ihm hinterlegten Marken in ein Register ein, teilt die Eintragung unverzüglich allen Verbandsländern mit und veröffentlicht die registrierten Marken in einem regelmäßig erscheinenden Informationsblatt.
Liegt beim Internationalen Büro der Hinterlegungsantrag noch innerhalb von 6 Monaten gem. Art. 4 d. Pariser Verbandsübereinkunft nach Eingang des Antrags auf Warenzeicheneintragung beim Patentamt des Heimatlandes vor, so gilt als Zeitpunkt der internationalen Registrierung — und damit der Registrierung in allen Verbandsländern — derjenige der Registrierung beim Patentamt des Heimatlandes.
Das mehrfach revidierte Abkommen von Nizza vom 15. 6. 1957 stellt eine einheitliche internationale Klassifikation von Waren und Dienstleistungen für Fabrik- und Handelsmarken auf. Nach dem am 26. 4. 1970 in Kraft getretenen Übereinkommen zur Errichtung der Weltorganisation für geistiges Eigentum, unterzeichnet in Stockholm am 14. 7. 1967 (Bekanntmachung vom 10. 8. 1970, GBl. I S. 257), dem die DDR mit Wirkung vom 20. 6. 1968 beigetreten ist, nimmt jetzt das einheitliche internationale Büro für geistiges Eigentum auch die Aufgaben des internationalen Büros zum Schutze des gewerblichen Eigentums wahr.
Im übrigen gilt die Pariser Verbandsübereinkunft (s. Arzneimittel und Patentrecht) auch für Warenzeichen, so daß die Rechte Angehöriger von Verbandsländern der Pariser Verbandsübereinkunft wahlweise oder zusätzlich zu denjenigen des Madrider Warenzeichenabkommens geltend gemacht werden können.

Anwendungsrichtlinie für die Benutzung des Warenzeichens ON (optimierte Nahrung) des Warenzeichenverbandes „Diätetische Erzeugnisse" der DDR e. V. Berlin gem. § 31 der Verbands- und Zeichensatzung des Warenzeichenverbandes

(VuM MLFN 1973 Nr. 1 S. 4)
— Auszug —

...

I.

Kennzeichnung und Gestaltung

1. Das Zeichen **ON** ist ein registriertes Verbandszeichen des Warenzeichenverbandes „Diätetische Erzeugnisse" der DDR e. V. Berlin, das in seiner Grundform — mit weißem Feld im O des Zeichens — der allgemeinen Öffentlichkeitsarbeit zur Gesundheitserziehung und Werbung sowie zur Kennzeichnung von Versorgungseinrichtungen und Angebotskomplexen dient (Grundwarenzeichen).
2. Mit farbigem Punkt im O des Zeichens kennzeichnet es spezielle und diätetische Lebensmittel. Die Kennzeichnung erfolgt:
   a) mit rotem Punkt für Diabetikererzeugnisse
   b) mit gelbem Punkt für Kindernahrung
   c) mit grünem Punkt für kalorienreduzierte Nahrung
   d) mit blauem Punkt für salzarme Nahrung.
3. Fortschreitenden Erkenntnissen der Ernährungswissenschaften, der Diätetik und der Lebensmittelproduktion entsprechend, kann der Vorstand des Warenzeichenverbandes „Diätetische Erzeugnisse" weitere Farbkennzeichnungen für spezielle Gruppen von Lebensmitteln festlegen.

II.

Benutzung

1. Das Grundwarenzeichen können Versorgungseinrichtungen und Angebotskomplexe des Einzelhandels in der Gesamtheit verwenden, wenn ihr Angebot auf Erzeugnisse der gesunden und diätetischen Ernährung spezialisiert ist, soweit die erforderlichen Bedingungen und Voraussetzungen vorliegen und eingehalten werden.

   ...
2. Das Verbandszeichen **ON** in der farblichen Gestaltung können neben den Mitgliedern des Warenzeichenverbandes „Diätetische Erzeugnisse" auch andere Be-

triebe der Lebensmittel- und Nahrungsgüterproduktion für alle vom Verband zugelassenen und unter staatlicher Kontrolle befindlichen speziellen und diätetischen Lebensmittel benutzen, soweit die erforderlichen Bedingungen und Voraussetzungen vorliegen und eingehalten werden. ... Gaststätten ist es erlaubt, das Warenzeichen **ON** zur Kennzeichnung einzelner Speisen auf der Karte zu benutzen, wenn die Herstellung in Übereinstimmung mit den für **ON** genehmigten Standardrezepturen erfolgt.

...

III.

Verfahren und sonstige Voraussetzungen zur Erteilung oder Nutzung einer Benutzungsgenehmigung

1. Soweit im folgenden nicht anders bestimmt ist, erteilt der Vorstand des Warenzeichenverbandes nach Antragstellung die Genehmigung zur Benutzung des Warenzeichens **ON**.

2. Ein Antrag zur Erteilung einer Benutzungsgenehmigung hat mindestens folgende Angaben zu enthalten:

...

2.2. Vorlage einer Zustimmung des Ministeriums für Gesundheitswesen bzw. der zuständigen Bezirkshygieneinspektion.

...

2.4. Aus dem Zustimmungserklärungen und Gutachten warenproduzierender Antragsteller muß hervorgehen, daß

2.4.1. das Erzeugnis den allgemeinen und besonderen Anforderungen an eine gesunde bzw. diätetische Ernährung entspricht;

2.4.2. die Qualität des Produktes sensorisch hohe Vertrauenserwartungen befriedigt;

2.4.3. die Produktion unter Anwendung eines wirksamen Qualitätssicherungssystems erfolgt.

...

2.9. Eine Benutzungsgenehmigung kann der Vorstand jederzeit zurückziehen, wenn

2.9.1. Qualitätsmängel festgestellt werden oder andere Verstöße gegen die Vorschriften des Verbandes vorliegen;

2.9.2. festgestellt wird, daß Gründe, die zur Genehmigung einer Benutzung führten, nicht mehr vorliegen oder weggefallen sind;

2.9.3. qualitativ bessere Erzeugnisse entwickelt und anerkannt werden, die das zuvor genehmigte Erzeugnis ersetzen.

...

Taxunterlage '79
Verbindliche Arbeitsunterlagen
(gemäß § 16 der Arzneitaxe der DDR)
für das Abgeben und Taxieren von Arzneimitteln, den Arzneimitteln gleichgestellten und anderen spezifischen Erzeugnissen durch die Apotheken

(Herausgegeben vom Ministerium für Gesundheitswesen Hauptabteilung Pharmazie und Medizintechnik 1979)
— Auszug —

Inhaltsverzeichnis

ABSCHNITT 2

Richtlinien für die Abgabe zu Lasten der Sozialversicherungsträger

1. Allgemeine Bestimmungen

1.1. Von den Sozialversicherungsträgern (im folgenden Sozialversicherung genannt) werden nur die Kosten für die Verschreibungen übernommen, die auf den geltenden Rezeptvordrucken der Sozialversicherung vorgenommen werden.

1.2. Verschreibungen sind ungültig, wenn

- die Unterschrift des Arztes oder Zahnarztes fehlt
- der Namensstempel des Arztes oder Zahnarztes fehlt
- Namensstempel und Unterschrift nicht übereinstimmen
- Nummernstempel und/oder Stempel der Einrichtung fehlen
- mehr als zwei Schriften in der Ordination vorhanden sind.

In Ausnahmefällen kann der Namensstempel des Arztes oder Zahnarztes durch Blockschrift ersetzt werden. Fehlen teilweise andere notwendige Angaben im Rezeptkopf, sind diese von der Apotheke zu ergänzen, wenn vom Abholenden eindeutige Angaben zur Person des Patienten gemacht werden können.

1.3. Rezepte für Patienten, die Angehörige der bewaffneten Organe sind, müssen mindestens folgende Angaben enthalten:

- Name des Patienten
- Wohnort bzw. PSF
- Arztstempel und -unterschrift
- Telefonnummer des Arztes

1.4. Änderungen auf der Verschreibung, die die Menge der Arzneimittel betreffen, werden nur anerkannt, wenn der Arzt einen eigenhändigen Korrekturvermerk mit Unterschrift vorgenommen hat.
Fehlt dieser, ist jeweils nur eine, und zwar die kleinste im Verkehr befindliche Packung abzugeben.

1.5. Belieferte Rezepte sind zu taxieren, mit Abgabedatum und Apothekenstempel zu versehen und vom Abgebenden — bei Rezepturverschreibungen zusätzlich vom Rezeptar — abzuzeichnen.
Bei der Abgabe von Rezepturen, die in den Abt. Herstellung gefertigt wurden, ist die Chargennummer auf dem Rezept zu vermerken.

1.6. Arzneimittel, die in verschiedenen Arzneiformen und Stärken im Verkehr sind, müssen vom Arzt eindeutig gekennzeichnet sein. Anderenfalls muß nach Rücksprache mit dem Arzt die abgegebene Stärke bzw. Arzneiform vom Abgebenden auf dem Rezept vermerkt werden.

2. Spezielle Abgabebestimmungen

2.1. Werden Stoffe und Zubereitungen, die nicht als Fertigerzeugnisse im Verkehr sind, ohne genaue Mengenangabe verschrieben, so sind folgende Mengen abzugeben:

Augensalbe	10 g
Augen-, Nasen-, Ohrentropfen	10 g
Einzeldrogen	25 g

flüssige, tropfenweise anzuwendende Arzneimittel	30 g (oder ml)
andere flüssige Arzneimittel	100 g (oder ml)
Puder	50 g
Pulver	100 g
Salben	30 g
abgeteilte Pulver und Tabletten	10 Stück
Vaginalkugeln und Zäpfchen	5 Stück

2.2. Nichtregistrierte oder nicht mehr im Verkehr befindliche Arzneimittel dürfen nicht mit anderen Arzneimitteln ausgetauscht werden. Eine rezepturmäßige Herstellung ist nur bei rezepturmäßiger Verschreibung möglich. Die Abgabe eines im Arzneimittelregister gelöschten Erzeugnisses ist nur innerhalb der gesetzlich geregelten Auslauffrist entsprechend der vorhandenen Bestände möglich.

2.3. Ein notwendiger Austausch verschriebener Arzneimittel mit gleichwertigen anderen Arzneimitteln bzw. die Abgabe anderer Packungsgrößen muß vom Abgebenden auf der Verschreibung vermerkt werden.

3. Abgabebestimmungen für Rezepte auf Patientennamen

3.1. Zu Lasten der Sozialversicherung dürfen abgegeben werden:

- registrierte Arzneimittel und Gesundheitspflegemittel (einschließlich Importe) mit Ausnahme der in Punkt 3.2. aufgeführten
- daraus hergestellte Zubereitungen
- Plaster, Verbandstoffe und medizintechnische Erzeugnisse, sofern sie in der Nachweisliste aufgeführt und nicht mit einem Stern gekennzeichnet sind, mit Ausnahme der im Pkt. 3.2. aufgeführten
- Petrischalen
- folgende Diagnostika:
  - Biophan G
  - Glykurator Reagenz
  - pH-Papiere
- Gummiunterlagen.

3.2. Zu Lasten der Sozialversicherung dürfen **nicht** abgegeben werden:

- nichtregistrierte Arzneimittel
- Arzneimittel, die im Arzneimittelverzeichnis mit einem Stern hinter dem Namen gekennzeichnet sind
- Impfstoffe (außer Tetatoxoid und Tussitropin forte zur Therapie)
- Röntgenkontrastmittel, die von Ärzten in staatlichen Einrichtungen verschrieben werden

— Diagnostika, mit Ausnahme der im Punkt 3.1. aufgeführten
— Gesundheitspflegemittel, die im Arzneimittelverzeichnis kein + vor der Kennziffer aufweisen
— folgende Pflaster, Verbandstoffe und medizintechnische Erzeugnisse

Basalthermometer
Bettunterlagen (Einmalgebrauchs-)
Brustwärmer
Damenbindengürtel
Einnehmelöffel
Eiterbecken
Fieberthermometer
Frauenduschen
Gummi-Wärmflaschen
Heizkissen
Holzmundspatel
Mundmasken
Ohropax
OP-Fingerlinge und Touchierfingerlinge
Sezierhandschuhe
Patientenservietten
Pinzetten (außer für Diabetiker)
Pulverbläser
Übungsbinden
Verbandscheren
Wärmeleibbinden
Wöchnerinnenvorlagen
Wundverbandpflaster in Plaste-Etui
Pflasterabschnitte und Verbandtaschen
Zahnplättchen

4. Abgabebestimmung für den Sprechstunden- und Praxisbedarf

4.1. Sprechstundenbedarf

Zum Sprechstundenbedarf gehören alle Arzneimittel und ihnen gleichgestellte Erzeugnisse, die während der Sprechstunde oder bei einem Hausbesuch am Patienten angewendet werden. Arzneimittel zur Injektion sind, sofern sie der Anbehandlung des Patienten dienen, ebenfalls Sprechstundenbedarf.

4.2. Sprechstundenbedarf für staatliche Einrichtungen

Dieser Sprechstundenbedarf ist von den Einrichtungen zu zahlen und darf nicht auf den Rezeptvordrucken der Sozialversicherung verschrieben werden.

4.3. Sprechstundenbedarf für NVA und VP

Der Sprechstundenbedarf für die Gesundheitseinrichtungen des Ministeriums für Nationale Verteidigung (NVA) und des Ministeriums des Innern (VP) darf entsprechend den zentralen Vereinbarungen zu Lasten der Sozialversicherung des FDGB bezogen werden.
Für folgende Arzneimittel und gleichgestellte Erzeugnisse werden von der Sozialversicherung keine Kosten übernommen:

- Arzneimittel, die im Arzneimittelverzeichnis mit einem Stern hinter dem Namen gekennzeichnet sind
- Gesundheitspflegemittel, die im Arzneimittelverzeichnis kein + vor der Kennziffer aufweisen
- chirurgisches Nähmaterial
- Dentalpharmazeutika
- Desinfektionsmittel
- Labordiagnostika
- Röntgenkontrastmittel
- Seren und Impfstoffe
- Verbandstoffe in größeren Mengen

4.4. Sprechstundenbedarf für Ärzte in eigener Niederlassung

4.4.1. Zu Lasten der Sozialversicherung des FDGB (für Versicherte aller Versicherungsträger) dürfen abgegeben werden:

- registrierte Arzneimittel und Gesundheitspflegemittel mit Ausnahme der im Punkt 4.4.2. aufgeführten
- daraus hergestellte Zubereitungen
- Pflaster, Verbandstoffe und chirurgisches Nähmaterial mit Ausnahme der in Punkt 4.4.2. aufgeführten
  folgende Diagnostika:
  Acidotest
  Dextronal Streifen
  Glykurator Reagens
  Gravimun
  Latex-Test

4.4.2. Zu Lasten der Sozialversicherung dürfen **nicht** abgegeben werden:

- Arzneimittel, die im Arzneimittelverzeichnis mit einem Stern hinter dem Namen gekennzeichnet sind
- daraus hergestellte Zubereitungen
- Gesundheitspflegemittel, die im Arzneimittelverzeichnis kein + vor der Kennziffer aufweisen

— Labordiagnostika mit Ausnahme der unter 4.4.1. aufgeführten
— Mittel zur Prophylaxe einschließlich Impfstoffe
— Röntgenkontrastmittel zur Röntgendiagnostik des Magens und des Darms

4.5. Sprechstundenbedarf für Zahnärzte in eigener Niederlassung

4.5.1. Zu Lasten der Sozialversicherung des FDGB (für Versicherte aller Versicherungsträger) dürfen abgegeben werden:

— registrierte Arzneimittel und Gesundheitspflegemittel mit Ausnahme der in Punkt 4.5.2. aufgeführten
— daraus hergestellte Zubereitungen
— Verbandstoffe und chirurgisches Nähmaterial mit Ausnahme der in Punkt 4.5.2. aufgeführten

4.5.2. Zu Lasten der Sozialversicherung dürfen **nicht** abgegeben werden:

— Arzneimittel, die im Arzneimittelverzeichnis mit einem Stern hinter dem Namen gekennzeichnet sind
— daraus hergestellte Zubereitungen
— Gesundheitspflegemittel, die im Arzneimittelverzeichnis kein + vor der Kennziffer aufweisen
— Desinfektionsmittel
— folgende Stoffe, Zubereitungen und Arzneifertigwaren

Ethanol, vergälltes und unvergälltes
Ether
Ammoniaklösung, konzentrierte und verdünnte
Calxyl
Causticinpräparate und Lösungsmittel
Cervin
Chloroform
Duraphat
Jodoform und dessen Zubereitungen
Kreosot und dessen Zubereitungen
Propanol
Quecksilber
Reogan
Thymol und dessen Zubereitungen
Tresiolan
Vaseline
Wasser

4.6. Praxisbedarf

Zum Praxisbedarf gehören:

— Arzneimittel und andere spezifische Erzeugnisse, die nicht am Patienten angewendet werden, wie z. B. Mittel zur Hautreinigung und -pflege des Arztes und des medizinischen Personals, Desinfektionsmittel (einschließlich vergälltes und unvergälltes Ethanol, Propanol und Isopropanol)

— Labordiagnostika mit Ausnahme des Punktes 4.4.1.
— medizinisches Verbrauchsmaterial (z. B. Rekordspritzen, Watte, Zellstoff, Kanülen)
— Talk
— Wasser.

Sie dürfen **nicht** zu Lasten der Sozialversicherung abgegeben werden.

5. Sammelanforderungen

5.1. Für Bewohner von Feierabend- und Pflegeheimen dürfen Sammelanforderungen unter Beachtung der Punkte 3.1. und 3.2. dieser Anlage zu Lasten der Sozialversicherung beliefert werden.

5.2. Sammelanforderungen für Kinderheime, Kinderkrippen, Kinderferienlager und Mütterberatungsstellen dürfen nicht zu Lasten der Sozialversicherung beliefert werden.

ABSCHNITT 3

Richtlinien für die Belieferung von Rezepten, die von Ärzten und Zahnärzten anderer Staaten verschrieben wurden, sowie von Rezepten, die für Staatsbürger anderer Staaten verschrieben wurden

1. Rezepte, die von Ärzten und Zahnärzten anderer Staaten verschrieben wurden

1.1. Rezepte von Ärzten oder Zahnärzten sozialistischer Staaten, die nicht die erforderliche Erlaubnis zur Ausübung ihres Berufes in der DDR haben, dürfen gegen Bezahlung beliefert werden, sofern es sich um Arzneimittel der Nomenklatur A handelt. Ausgenommen von dieser Regelung sind suchtmittelhaltige Arzneimittel. Die Rezepte sind mit Preis, Abgabedatum und Apothekenstempel zu versehen und vom Abgebenden abzuzeichnen.

1.2. Rezepte von Ärzten oder Zahnärzten nichtsozialistischer Staaten, die nicht die erforderliche Erlaubnis zur Ausübung ihres Berufes in der DDR haben, dürfen gegen Bezahlung beliefert werden, wenn es sich um die Verschreibung nicht rezeptpflichtiger Arzneimittel handelt. Die Rezepte sind mit Preis, Abgabedatum und Apothekenstempel zu versehen und vom Abgebenden abzuzeichnen.

1.3. Rezepte sowjetischer Ärzte und Zahnärzte für Angehörige der zeitweilig in der Deutschen Demokratischen Republik stationierten sowjetischen Streitkräfte und deren Familienangehörige sind durch die Apotheken gegen Bezahlung zu beliefern. Ausgenommen von dieser Regelung sind suchtmittelhaltige Arzneimittel und Arzneimittel der Nomenklatur C. Die Rezepte sind mit Preis, Abgabedatum und Stempel zu versehen und vom Abgebenden abzuzeichnen.

1.4. Rezepte von Ärzten anderer Staaten, die Patienten zum Kauf rezeptpflichtiger Arzneimittel in der DDR berechtigen, sollten mindestens folgende Angaben enthalten:

- Stempel des Arztes oder der Einrichtung
- Datum der Verordnung
- Name des Patienten
- Name des Arztes
- Name des Arzneimittels
- Unterschrift des Arztes

2. Rezepte, die für Staatsbürger anderer Staaten verschrieben wurden

2.1. Rezepte von Ärzten und Zahnärzten, die die erforderliche Erlaubnis zur Ausübung ihres Berufes in der DDR besitzen, für Staatsbürger anderer Staaten werden zu Lasten der Sozialversicherung beliefert, wenn es sich um folgende Staaten handelt:

Koreanische Demokratische Volksrepublik
Mongolische Volksrepublik
Republik Kuba
Sozialistische Föderative Republik Jugoslawien
Sozialistische Republik Rumänien
Sozialistische Republik Vietnam
Tschechoslowakische Sozialistische Republik
Ungarische Volksrepublik
Union der Sozialistischen Sowjetrepubliken
Volksrepublik Bulgarien
Volksrepublik Polen
Demokratische Volksrepublik Algerien[2])
Bundesrepublik Deutschland[3])
Republik Zypern
Vereinigtes Königreich von Großbritannien und Nordirland
Berlin (West)[4])

2.2. Von Ärzten, die die erforderliche Erlaubnis zur Ausübung ihres Berufes in der DDR besitzen, für Staatsbürger anderer als in Ziffer 2.1. genannten Staaten verschriebene Rezepte werden gegen Bezahlung beliefert. Die Rezepte sind mit Preis, Abgabedatum und Apothekenstempel zu versehen und vom Abgebenden abzuzeichnen.

[1]) Die Auslieferung erfolgt zu einem späteren Zeitpunkt.

[2]) Soweit es sich um Staatsbürger handelt, die sich auf Grund eines Arbeitskräfteabkommens in der DDR aufhalten.

[3]) Rezepte für Staatsbürger der Bundesrepublik Deutschland sind im Lochfeld 1 des Rezeptvordruckes durch die Schlüsselzahl 7 in roter Schrift kenntlich zu machen.

[4]) Rezepte für Bürger von Berlin (West) sind im Lochfeld 1 des Rezeptvordruckes durch die Schlüsselzahl 8 in roter Schrift kenntlich zu machen.

[5]) Nicht abgedruckt.

Hinweis zur Herausgabe von Ergänzungen und Änderungen der Arzneitaxe der DDR und der Taxunterlage '79

vom 12. Januar 1981
(VuM MfGe Nr. 1 S. 8)

Gemäß § 16 der Arzneitaxe der DDR zur Anordnung Nr. Pr. 290 über die Festsetzung und Berechnung der Preise für Arzneimittel, den Arzneimitteln gleichgestellte und andere spezifische Erzeugnisse in Apotheken — Fassung vom 1. Januar 1978 — werden durch das Ministerium für Gesundheitswesen Ergänzungen und Änderungen zur Arzneitaxe der DDR sowie zur Taxunterlage '79 herausgegeben.
Die in der „Preisliste Labordiagnostika-Zubereitungen (Standardsortiment)" enthalten Erzeugnisse einschließlich ihrer Abpackungen sind im Sinne von Standardrezepturen (SR) anzuwenden.
Die Ergänzungen und Änderungen sind ab 1. März 1981 für alle Einrichtungen des Apothekenwesens verbindlich. Die Auslieferung der Ergänzungen und Änderungen zur Arzneitaxe der DDR und zur Taxunterlage '79 erfolgt durch das Institut für Apothekenwesen.

Anweisung zur Silberrückgewinnung aus silberhaltigen Abfällen und Rückständen

vom 29. März 1979
(VuM MfGe Nr. 4 S. 59)

i. d. F. der Anweisung Nr. 2 vom 14. Januar 1981[1])
(VuM MfGe Nr. 1 S. 4)

In Durchführung des § 6 des Edelmetallgesetzes vom 12. 7. 1973 (GBl. I Nr. 33 S. 338) und des § 11 der dazu erlassenen Ersten Durchführungsbestimmung vom 12. 7. 1973 (GBl. I Nr. 33 S. 340) wird zur Silberrückgewinnung aus silberhaltigen Abfällen und Rückständen im Einvernehmen mit den Leitern der zuständigen zentralen Staatsorgane folgendes angewiesen:

1. Alle Einrichtungen des Gesundheitswesens, ungeachtet ihrer staatlichen Unterstellung, sind verpflichtet, sämtliche silberhaltigen Abfälle und Rückstände wie verbrauchte Fixierbäder, Röntgenfilmreste und -abfälle sowie nicht mehr zu archivierende Röntgenfilme[2]) zu sammeln.
2. Die Leiter der Einrichtungen des Gesundheitswesens haben zu sichern, daß die Materialien gemäß Ziffer 1 bereitgestellt und mit dem für die Aufbereitung und Rückgewinnung zuständigen VEB (B) Filmverwertung Fürstenwalde, 124 Fürstenwalde/Spree, Jahnstraße 17/20, vertragliche Vereinbarungen abgeschlossen werden. Diese Verträge haben insbesondere Festlegungen zu enthalten über
   - die Art und den Umfang des bereitzustellenden Materials
   - den Zeitpunkt der turnusmäßigen Abholung von der Einrichtung bzw. Kreissammelstelle,
   - die qualitativen Anforderungen in bezug auf die Reinheit des Materials
3. Die Einrichtungen des Gesundheitswesens sind berechtigt, im Interesse einer vollständigen Erfassung der silberhaltigen Abfälle und Rückstände zur Silberrückgewinnung den an der Sammlung beteiligten Mitarbeitern einen materiellen Anreiz durch Zahlung zweckbestimmter Prämien zu gewähren.
   Dazu stehen 10% der vom VEB (B) Filmverwertung Fürstenwalde gezahlten Ankaufpreise (400,— M/kg analytischen Silbergehaltes bei Fixierbädern und 500,— M/kg analytischen Silbergehaltes bei Filmabfällen) zur Verfügung.
4. Der Nachweis über die vereinnahmten Mittel und gewährten Prämien erfolgt nach bzw. für die nicht dem Minister für Gesundheitswesen unterstehenden Bereiche analog den Festlegungen der Anweisung des Ministers für Gesundheitswesen vom 26. 6. 1975 über die Durchführung von Zahlungen an staatliche Einrichtungen des Gesundheits- und Sozialwesens zur Vergütung an Mitarbeiter außerhalb zweckgebundener Fonds (Verf. u. Mitt. Nr. 14 S. 102).

5. Diese Anweisung tritt mit ihrer Veröffentlichung in Kraft.[3]) Gleichzeitig tritt die Anweisung vom 27. 11. 1970 zur Silberrückgewinnung aus silberhaltigen Abfällen und Rückständen (Verf. u. Mitt. Nr. 4/5 1971 S. 11) außer Kraft.

[1]) Ziff. 3 i. d. F. der Anw. Nr. 2, die am 1. 1. 1981 in Kraft trat.

[2]) Anw. vom 16. 5. 1972 über die Aufbewahrung von Röntgenfilmaufnahmen und Röntgenbefunden (VuM MfGe Nr. 6 S. 48).

[3]) Veröffentlicht am 12. 6. 1979.

Anweisung über Bildung und Aufgaben der Zentralstelle für materielle Fonds beim Ministerium für Gesundheitswesen

vom 12. Januar 1981
(VuM MfGe Nr. 1 S. 5)

1.

(1) Für das Aufgabengebiet der Planung des materiell-technischen Bedarfs an für das Gesundheits- und Sozialwesen spezifischen und unspezifischen Erzeugnissen gemäß der vom Minister für Gesundheitswesen bestätigten Nomenklaturen (nachstehend Erzeugnisse gemäß Anlage genannt) wird mit Wirkung von 1. April 1981 die

Zentralstelle für materielle Fonds beim Ministerium für Gesundheitswesen

(nachstehend ZmF genannt) gebildet. Sie wird der Hauptabteilung Pharmazie und Medizintechnik zugeordnet.

(2) Die materiellen, finanziellen und personellen Fonds werden zweckgebunden durch das Ministerium für Gesundheitswesen für die ZmF mit den jährlichen Volkswirtschaftplänen des Staatlichen Versorgungskontors für Pharmazie und Medizintechnik bereitgestellt. Die ZmF wird verwaltungsmäßig dem Staatlichen Versorgungskontor für Pharmazie und Medizintechnik zugeordnet.

2.

(1) Die ZmF nimmt die Funktion als Fondsträger 3300 Gesundheits- und Sozialwesen für die Erzeugnisse gemäß Anlage auf der Grundlage der dafür geltenden Rechtsvorschriften wahr.

(2) Die ZmF hat insbesondere folgende Aufgaben:

— Organisatorische und methodische Sicherung der Planung, Verteilung und Planfortschreibung materieller Fonds an Erzeugnissen gemäß Anlage.
— Prüfung, Kontrolle und Zusammenfassung des Bedarfs und des Aufkommens an Erzeugnissen gemäß Anlage nach ELN, Bilanzorganen und Industriezweigen sowie Erarbeitung daraus abzuleitender Vorlagen und Analysen auf der Grundlage von Differenzprotokollen. Vornahme der Verteilung der Fonds nach Bestätigung durch das Ministerium für Gesundheitswesen.
— Vorbereitung von Vereinbarungen mit anderen Verantwortungsbereichen, Abschluß von Vereinbarungen zu Bilanzierung und Realisierung von Fonds mit Bilanzorganen und Realisierungsbetrieben.
— Erarbeitung von Fondsvorgaben (Staatliche Aufgaben) für Erzeugnisse gemäß Anlage für die Bedarfsträger und -gruppen.

— Mitwirkung bei der Erarbeitung von Vorschlägen zur Verteilung des Importaufkommens nach gesundheitspolitischen Schwerpunkten, Ausarbeitung von Orientierungskennziffern für die Bedarfsträger und -gruppen für Importe.
— Vorbereitung der Bedarfsverteidigungen der Bedarfsträgergruppen bzw. der dem Ministerium für Gesundheitswesen nachgeordneten Bedarfsträger sowie Mitwirkung.
— Auswertung der zentralen Information zu den MAK-Bilanzen im Rahmen der Staatlichen Aufgaben/Auflagen und Übergabe der Teilkennziffern an die dem Ministerium für Gesundheitswesen nachgeordneten Einrichtungen.
— Vermittlung ungenutzter medizintechnischer Ausrüstungen.
— Mitwirkung bei der Anleitung und Kontrolle der Bezirksdirektionen des Apothekenwesens bzw. analoger Einrichtungen des Apothekenwesens bei den Räten der Bezirke und der nachgeordneten Einrichtungen des Ministeriums für Gesundheitswesen.
— Mitwirkung bei der Anleitung und Kontrolle gegenüber den übrigen Bedarfsträgergruppen auf der Basis von Vereinbarungen.
— Vorbereitung der Beratungen der Zentralen Gerätekommission beim Ministerium für Gesundheitswesen und der Informationen der Bedarfsträger über die vorgenommene Einordnung.
— Herausgabe von Nomenklaturen medizintechnischer Erzeugnisse.
— Organisation und Mitwirkung bei Erfahrungsaustauschen und Fortbildungsveranstaltungen für Mitarbeiter der Bedarfsträgergruppen bzw. der dem Ministerium für Gesundheitswesen nachgeordneten Bedarfsträger.
— Mitwirkung bei der Sicherung der Ausrüstung neuer bzw. rekonstruierter Gesundheitseinrichtungen.
— Organisatorische und methodische Sicherung der Planung, Einordnung und Planfortschreibung des Importes für den Forschungsbedarf.

(3) Der ZmF können weitere Aufgaben übertragen werden.

3.

(1) Die ZmF wird vom Direktor nach dem Prinzip der Einzelleitung und persönlichen Verantwortung bei kollektiver Beratung und aktiver Mitwirkung aller Mitarbeiter in enger Zusammenarbeit mit den gesellschaftlichen Organisationen geleitet. Der Direktor ist gegenüber den Mitarbeitern der ZmF weisungsberechtigt.
(2) Der Direktor trägt die Verantwortung für die gesamte Tätigkeit der ZmF und ist dem Leiter der Hauptabteilung Pharmazie und Medizintechnik für die Erfüllung der Aufgaben rechenschaftspflichtig.
(3) Aufgaben, Rechte und Pflichten der Mitarbeiter der ZmF, die Abgrenzung ihrer Verantwortlichkeit, die Arbeitsweise und die Arbeitsorganisation werden vom Direktor der ZmF in der Arbeitsordnung und in Funktionsplänen festgelegt.
(4) Der Struktur- und Stellenplan bedarf der Bestätigung durch das Ministerium für Gesundheitswesen.

4.

(1) Der Direktor wird vom Minister für Gesundheitswesen berufen und abberufen. Die Begründung des Arbeitsrechtsverhältnisses des Stellvertreters bedarf der Zustimmung des Ministeriums für Gesundheitswesen. Die Begründung, Änderung und Auflösung der Arbeitsrechtsverhältnisse aller anderen Mitarbeiter erfolgt durch den Direktor der ZmF.
(2) Für die Mitarbeiter bestehen über alle Angelegenheiten in Zusammenhang mit den Aufgaben und mit der Tätigkeit der ZmF Schweigepflicht, die auch nach dem Ausscheiden aus der ZmF fortbesteht.
(3) Die ZmF wird im Rechtsverkehr durch den Direktor und im Fall seiner Abwesenheit durch den Stellvertreter des Direktors auf der Grundlage einer Vollmacht des Ministers für Gesundheitswesen vertreten. Andere Mitarbeiter der ZmF können die ZmF im Rahmen der ihnen vom Direktor erteilten Vollmachten im Rechtsverkehr vertreten.

5.

Diese Anweisung tritt am 1. April 1981 in Kraft.

Anlage

zu Ziff. 1 Abs. 1 vorstehender Anweisung

Nomenklaturen der für das Gesundheits- und Sozialwesen spezifischen und unspezifischen Erzeugnissen

Lfd. Nr.	ELN-Gruppe	Spezifische Erzeugnisse
1	131 17 000[1])	Wasseraufbereitungsanlagen für die Dialysetechnik
2	136 81 000	Diagnostische Röntgeneinrichtungen und Röntgenfilmentwicklungsanlagen
3	136 82 000	Röntgentherapieeinrichtungen
4	136 84 000	Geräte der Strahlentherapie
5	136 85 000	Med. Infrarotlicht- und Ultraviolettbestrahlungseinrichtungen
6	136 86 000	Med.-elektronische Meß- und Registriereinrichtungen und -geräte
7	136 87 000	Reiz-, Reizstrom- und Ionophoreseeinrichtungen, Ultraschalleinrichtungen, Elektrochirurgie, Kurz- und Mikrowellen- und Dezimetertherapieeinrichtungen
8	136 91 610[1])	Knopfzellen für Hörhilfen (in Abstimmung mit dem Bundesvorstand des FDGB)
9	137 37 610[1])	Hörhilfen (in Abstimmung mit dem Bundesvorstand des FDGB)
10	138 55 000	Physikalisch-optische Meßgeräte

11	138 56 000	Mikroskope
12	138 59 300[1])	Brillengläser und Kontaktlinsen
13	138 59 400[1])	Brillenfassungen
14	138 72 000	Geräte zur Messung radiometrischer Größen
15	938 80 000[1])	Erzeugnisse der Medizintechnik
16	138 88 000	Geräte der optischen Medizintechnik
17	138 90 000	Laborgeräte und Einrichtungen
18	153 18 620	Objektträger

Lfd. Nr.	ELN-Gruppe	Unspezifische Erzeugnisse
1	133 58 400	Großküchenmaschinen
2	134 28 500	Krankenfahrstühle
3	139 46 000	Großkocheinrichtungen
4	134 27 000	Fahrräder
5	134 26 100	Kleinkrafträder bis 50 cm^3
6	134 21 000	Personenkraftwagen
7	134 22 000	Lastkraftwagen
8	134 24 000	Kraftomnibusse
9	134 25 000	Sanitätskraftwagen
10	134 28 200	Kleintransporter (Multicar)
11	134 23 000	Anhänger für Straßenfahrzeuge (ohne Anhänger) für Zweiradfahrzeuge
12	137 32 500	Diktiergeräte
13	138 23 000	Rechen-, Buchungs- und Frakturiermaschinen, Abrechnungsautomaten und Datenerfassungsgeräte
14	138 25 000	Geräte der Schreibtechnik und Druckwerke
15	138 26 000	Vervielfältigungsmaschinen und -geräte
16	138 24 000	Kontroll- und Registrierkassen
17	155 72 300	Säcke aus Polyäthylenfolie, nicht gewebt
18	157 00 000	Erzeugnisse der Möbelindustrie
19	167 60 000	Arbeits-, Arbeitsschutz-, Dienst- und Hygienebekleidung
20	167 69 100	OP-Tücher
21	167 70 000	Leibwäsche (ohne Säuglingswäsche)
22	167 77 000	Säuglingswäsche
23	167 80 000	Haushaltswäsche

[1]) Nur statistische Erfassung.

Anweisung zur externen Qualitätskontrolle diagnostischer Laboratoriumsmethoden (DDR-Ringversuche)

vom 16. Oktober 1980
(VuM MfGe Nr. 7 S. 61)

Zur weiteren Erhöhung der Qualität und Wirksamkeit der medizinischen Betreuung der Bevölkerung wird über die Durchführung der externen Qualitätskontrolle standardisierter diagnostischer Laboratoriumsmethoden im Einvernehmen mit den Leitern der zuständigen zentralen Staatsorgane folgendes angewiesen:

1.

Diese Anweisung gilt für alle diagnostischen Laboratorien des Gesundheitswesens im Bereich

— des Ministeriums für Gesundheitswesen
— des Ministeriums für Hoch- und Fachschulwesen
— des Ministeriums für Verkehrswesen,

die labordiagnostische Untersuchungen für Prophylaxe, Diagnostik und Therapiekontrolle auf der Basis standardisierter Methoden durchzuführen haben[1]) (nachstehend Laboratorien genannt).

2.

Das Institut für Arzneimittelwesen der DDR als kontrollberechtigte Einrichtung gemäß Fünfter Durchführungsbestimmung zum Arzneimittelgesetz[1]) und als Zentralstelle für Standardisierung des Ministeriums für Gesundheitswesen für die Gebiete Medizinische Laboratoriumsdiagnostik sowie Arznei- und Gesundheitspflegemittel[2]) (nachstehend IFAR genannt) wird beauftragt, zur Erfassung des Standes der Qualität und zur weiteren Verbesserung der Zuverlässigkeit und Vergleichbarkeit der Ergebnisse labordiagnostischer Untersuchungen DDR-Ringversuche zur externen Qualitätkontrolle standardisierter diagnostischer Laboratoriumsmethoden zu organisieren. Alle Laboratorien sind verpflichtet, an diesen DDR-Ringversuchen entsprechend den Vorgaben des IFAR teilzunehmen.

3.

Das IFAR versendet entsprechend gekennzeichnete Proben und Unterlagen an die Laboratorien, die nach Abschluß der labordiagnostischen Untersuchungen die ausgefüllten Unterlagen an das IFAR zurückzusenden haben. Die Leiter der Laboratorien sind dafür verantwortlich, daß die Untersuchungen gewissenhaft durchgeführt und die Ergebnisse sorgfältig in die entsprechenden Listen eingetragen werden.

4.

Das IFAR hat die Ergebnisse der DDR-Ringversuche den Leitern der Laboratorien zu übergeben sowie auf Bezirksebene mit einem vom Bezirksarzt bzw. vom Chefarzt des Medizinischen Dienstes des Verkehrswesens der DDR für seinen Bereich benannten verantwortlichen Mitarbeiter auszuwerten und so die Voraussetzungen für eine territoriale Einflußnahme auf die Qualitätsverbesserung der Ergebnisse labordiagnostischer Untersuchungen auf der Basis standardisierter Methoden zu schaffen.

5.

Diese Anweisung tritt am 1. Januar 1981 in Kraft.

[1]) 5. DB vom 26. 9. 1968 zum Arzneimittelgesetz — Standardisierte Laboratoriumsmethoden — (GBl. II Nr. 115 S. 908).

[2]) Ziff. 5 Abs. 1 der Ordnung vom 5. 4. 1976 zur Durchführung der Standardisierung auf dem Gebiet des Gesundheits- und Sozialwesens (Verf. u. Mitt. Nr. 6 S. 27).

Verfügung Nr. 77 z/80 des Institutes für Arzneimittelwesen der DDR

vom 17. November 1980

Betr.: Kennzeichnung von Prüfergebnissen in der Befunddokumentation und Abweichung von den Standardmethoden des DAB 7 (D. L.)-DDR[1])

In der Befunddokumentation ist zur eindeutigen Kennzeichnung von Prüfergebnissen, für deren Ermittlung Standardmethoden verbindlich vorgeschrieben sind, wie folgt zu verfahren:

a) Ein Prüfergebnis ohne zusätzlichen Vermerk bedeutet, daß die im DAB 7 (D. L.)-DDR festgelegte Methode Anwendung gefunden hat.

b) Enthält das DAB 7 (D. L.)-DDR zum Nachweis oder zur Bestimmung einer Prüfkomponente mehrere Methoden, so ist die römische Ziffer der verwendeten Methode dem Prüfergebnis in Klammern beizufügen, z. B. „Gluk(ose) 80 mg/100 ml (I)“, wenn das Prüfergebnis mit Methode I ermittelt wurde.

c) Wird eine andere als die im DAB 7 (D. L.)-DDR vorgeschriebene Methode angewendet, so ist bei EDV-gerechten Laboranforderungsbelegen die vom Anforderer angekreuzte Code-Nummer der jeweiligen Prüfkomponente vom Labor zusätzlich einzukreisen, z. B. „(355) Gluk…“. Bei Laboranforderungsbelegen ohne Code-Nummer ist dieser Kreis vor der jeweiligen Prüfkomponente einzutragen.
Zur Anwendung dieser anderen Methode ist in jedem Fall das Vorliegen einer Ausnahmegenehmigung gemäß § 2 der 5. Durchführungsbestimmung zum Arzneimittelgesetz vom 26. 9. 1968 (GBl. II, S. 908) erforderlich.

d) Zuständig für die Erteilung der Ausnahmegenehmigung ist das Institut für Arzneimittelwesen der DDR. Dem Antrag sind detaillierte Untersuchungsergebnisse zur Brauchbarkeit (analytische Zuverlässigkeit und Aufwandskriterien) der beantragten Methode beizufügen.

e) Die Ausnahmegenehmigungen sind sowohl von der ausstellenden Dienststelle als auch von dem die Ausnahmegenehmigung anfordernden Labor vorerst für einen Zeitraum von 5 Jahren, gerechnet vom Datum der Ausfertigung, aufzubewahren.

Diese Verfügung tritt mit Wirkung vom 1. 12. 1980 in Kraft. Damit verliert die Verfügung Nr. 11 g/69 des IFAR vom 7. 4. 1969 ihre Gültigkeit.

[1]) Gilt auch für AB (D. L.)-DDR.

Kapitelinhaltsverzeichnis

Kapitel D

Apothekenrecht

Anweisung über den Umgang mit Arzneimitteln in Gesundheitseinrichtungen — Arzneimittelordnung —

vom 5. Februar 1981
(VuM MfGe Nr. 1 S. 1)

Auf der Grundlage der Bestimmungen der Rahmen-Krankenhausordnung — RKO — vom 14. November 1979 (Sonderdruck Nr. 1032 des Gesetzblattes) wird zur Gewährleistung von Ordnung und Sicherheit beim Umgang mit Arzneimitteln in Gesundheitseinrichtungen im Einvernehmen mit den Leitern der zuständigen zentralen Staatsorgane und in Übereinstimmung mit dem Präsidenten der Akademie der Wissenschaften der DDR folgendes angewiesen:

Geltungsbereich

1.

Diese Anweisung regelt den Umgang mit Arzneimitteln und den Arzneimitteln gleichgestellten Erzeugnissen (nachstehend Arzneimittel genannt) in den stationären und ambulanten Gesundheitseinrichtungen. Sie gilt für örtlichgeleitete Einrichtungen des Gesundheitswesens sowie für zentralgeleitete Einrichtungen des Gesundheitswesens im Verantwortungsbereich

— des Ministeriums für Gesundheitswesen
— des Ministeriums für Hoch- und Fachschulwesen
— des Ministeriums für Verkehrswesen
— des Staatssekretariats für Körperkultur und Sport
— der Akademie der Wissenschaften der DDR.

Befugnis zum Umgang mit Arzneimitteln

2.

(1) Die in der stationären und ambulanten medizinischen Betreuung tätigen Mitarbeiter sind in Erfüllung ihrer Arbeitsaufgaben zum ordnungsgemäßen und sicheren Umgang mit Arzneimitteln verpflichtet. Sie sind dazu befugt und im Rahmen ihrer Funktion bzw. Berufsausübung verantwortlich, wenn sie

a) eine Approbation als Arzt oder Zahnarzt oder
b) eine staatliche Erlaubnis zur Ausübung eines Fachschul- oder Facharbeiterberufs[1]), in dem das Lehrgebiet „Grundlagen der Arzneimittellehre" Bestandteil der Ausbildung ist bzw. während der Ausbildung Grundlagenkenntnisse der Arzneimittellehre oder fach- und aufgabenbezogene Kenntnisse über den Umgang mit Arzneimitteln vermittelt werden,

besitzen oder

c) dafür vom zuständigen Leiter festgelegt sind.

(2) Der Leiter der Gesundheitseinrichtung hat zu sichern, daß alle Mitarbeiter gemäß Abs. 1 regelmäßig — mindestens einmal im Jahr — aktenkundig über den Umgang mit Arzneimitteln, einschließlich ihrer Anwendung, belehrt werden.
(3) Sofern zum Transport von Arzneimitteln Mitarbeiter eingesetzt werden, die nicht zu dem Personenkreis gemäß Abs. 1 gehören, sind diese vor Beginn der Tätigkeit und in jährlichen Abständen durch den zuständigen Leiter aktenkundig zu belehren, wie die Arzneimittel bei der Übernahme, beim Transport und bei der Übergabe zu behandeln und vor dem Zugriff Unbefugter zu sichern sind.

Verantwortung beim Umgang mit Arzneimitteln

3.

(1) Die Verantwortung für Ordnung und Sicherheit im Umgang mit Arzneimitteln auf der Station trägt der Stationsarzt, in poliklinischen Abteilungen, Ambulatorien, Arzt- und Zahnarztpraxen und anderen Struktureinheiten der jeweilige Leiter (Verantwortlicher).
(2) Der Verantwortliche kontrolliert mindestens einmal im Monat die Arzneimittelbestände. Dabei hat er insbesondere darauf zu achten, daß die Vorräte in der Regel einen 14Tage-Bedarf — Arzneimitteln der Nomenklatur C einen Monatsbedarf — nicht überschreiten, keine verfallenen, unbeschrifteten oder nicht registrierten Arzneimittel aufbewahrt werden und weitere Festlegungen über die Aufbewahrung (s. Ziff. 7) befolgt sind. Die Kontrolle ist in einem Kontrollbuch, das im Arzneimittelschrank aufbewahrt wird, zu vermerken. Die Durchführung der Kontrolle ist nicht auf Mitarbeiter gemäß Ziff. 2 Abs. 1 Buchstaben b und c übertragbar.
(3) Die mit dem Arzneimittelverkehr verbundenen technisch-organisatorischen Aufgaben, wie beispielsweise Bestellen und Einordnen von Arzneimitteln, kann der Verantwortliche aktenkundig Mitarbeitern gemäß Ziff. 2 Abs. 1 Buchst. b übertragen.
(4) Der Leiter der Lieferapotheke (s. Ziff. 4) bzw. ein von ihm beauftragter Apotheker überprüft mindestens einmal im Jahr in den Gesundheitseinrichtungen die Arzneimittelbestände und kontrolliert die Einhaltung der Rechtsvorschriften über den Umgang mit Arzneimitteln. Die Ergebnisse der Kontrollen sind protokollarisch festzuhalten und vom Leiter der Gesundheitseinrichtung in Dienstbesprechungen auszuwerten. Die Protokolle sind mindestens 5 Jahre aufzubewahren.

Anforderung, Abgabe und Anwendung von Arzneimitteln

4.

Für jede Gesundheitseinrichtung ist durch den Kreisarzt eine Lieferapotheke festzulegen. Die Lieferapotheke und die zugeordneten Gesundheitseinrichtungen haben zur Gewährleistung einer bedarfsgerechten Versorgung der Patienten mit Arzneimitteln eng zusammenzuarbeiten. Zur Sicherung einer regelmäßigen wissenschaftlichen Arzneimittelinformation und des gegenseitigen Austausches von bedarfsbeeinflussenden Faktoren sind stabile Informationsbeziehungen zu entwickeln[2]).

5.

(1) Arzneimittel für den Behandlungsbedarf der Stationen, poliklinischen Abteilungen, Ambulatorien, Arzt- und Zahnarztpraxen und anderen Struktureinheiten sind auf Anforderungsscheinen[3]) zu bestellen, die folgende Angaben zu enthalten haben: Struktureinheit mit Telefon-Nr., Datum, Bezeichnung und Menge der Arzneimittel, Namensstempel und Unterschrift des Verantwortlichen gemäß Ziff. 3 Abs. 1. Verbleibende Leerzeilen sind zu streichen. Die Lieferapotheke erhält das Original und zwei Durchschriften. Eine Durchschrift geht als Lieferschein an die anfordernde Struktureinheit zurück, die andere Durchschrift dient der Rechnungslegung.
(2) Der Sprechstundenbedarf der Ärzte und Zahnärzte in eigener Praxis ist auf entsprechend gekennzeichneten Rezeptvordrucken, der Praxisbedarf auf Anforderungsscheinen gemäß Abs. 1 anzufordern.
(3) Die Bezeichnung der angeforderten Arzneimittel hat nach der gültigen Nomenklatur des Arzneimittelverzeichnisses Teil I und Teil II zu erfolgen. Einrichtungsinterne Abkürzungen dürfen nicht verwendet werden. Die Angabe der Mengen sowie erforderlichenfalls des Gehaltes an Wirkstoffen hat unmißverständlich zu erfolgen. Römische Ziffern sollten vermieden werden.
(4) Das Bestellen und die Abgabe von Arzneimitteln erfolgen in der zwischen der Gesundheitseinrichtung und der Lieferapotheke zu vereinbarenden Art und Weise. Anforderungen außerhalb der festgelegten Zeiten sind auf dringende Fälle zu beschränken und vom Verantwortlichen zusätzlich mit „cito" zu kennzeichnen. Die Bildung von Zwischenlagern an Arzneimitteln in Gesundheitseinrichtungen zur Versorgung der Stationen und poliklinischen Abteilungen ist unzulässig.
(5) Für die Anforderung und Auslieferung von medizinischen Gasen, Verbandmitteln, Desinfektionsmitteln, Spüllösungen für die Dialyse u. a. sind die Festlegungen entsprechend den Bedingungen der Gesundheitseinrichtung zu treffen.
(6) Die Anforderung von Arzneimitteln der Nomenklatur C richtet sich nach den hierfür geltenden Regelungen.
(7) Der Transport von Arzneimitteln von der Lieferapotheke zu den Stationen und anderen Struktureinheiten hat so zu erfolgen, daß ein Zugriff durch Unbefugte ausgeschlossen ist.
(8) Die für den Behandlungsbedarf der stationären Gesundheitseinrichtungen bezogenen Arzneimittel dürfen — ausgenommen für die Erstversorgung — nicht an zur Entlassung kommende Patienten abgegeben werden. Die Versorgung dieser Patienten hat über Rezepte zu erfolgen, die in einer öffentlichen Apotheke einzulösen sind.

6.

(1) Die Verordnung der Arzneimittel hat auf der Grundlage einer wissenschaftlich begründeten Arzneimittelanwendung unter Beachtung der Zentralen Therapieempfehlungen[4]) zu erfolgen. Arzneimittel werden ausschließlich auf ärztliche Verordnung an Patienten verabreicht und ausgegeben.
(2) In den Behandlungsdokumenten der Patienten (Krankenblatt, Temperaturkurve, Kartei u. a.) sind Menge und Dosierung der verordneten Arzneimittel nachzuweisen.
(3) Die Verabreichung und Ausgabe von Arzneimitteln an Patienten hat so zu erfolgen, daß die Anwendungsvorschriften nach Dosis und Zeit eingehalten und Verwechslungen, z. B. bei der Ausgabe von Arzneimitteln an Patienten durch Einsatz entsprechend beschrifteter Behältnisse, ausgeschlossen werden. Die Patienten sind auf die Einhaltung der Dosierung und weitere Anwendungsvorschriften sowie zu erwartende Wirkungen hinzuweisen und, soweit erforderlich, über mögliche Nebenwirkungen der Arzneimittel aufzuklären.
(4) Desinfektionsmittel sind entsprechend den Festlegungen der jeweils gültigen Liste der Desinfektionsmittel einzusetzen. Die Gewährleistung dieser Aufgabe kann der Verantwortliche gemäß Ziff. 3 Abs. 1 Mitarbeitern gemäß Ziff. 2 Abs. 1 Buchst. b übertragen.
(5) Bei der Applikation von Parenteralia sind die Festlegungen über die Durchführung von Injektionen, Infusionen und Transfusionen einzuhalten.
(6) Die Herstellung von Arzneimitteln in Gesundheitseinrichtungen ist nicht zulässig. Das Lösen des Inhaltes von Trockenampullen, der Zusatz von Elektrolytkonzentraten oder anderen Zubereitungen zu Infusionslösungen, das Mischen von Injektionslösungen, die Herstellung von Dialyselösungen aus Dialysekonzentraten, das Verdünnen von Desinfektionsmitteln u. ä. sind keine Herstellung im Sinne dieser Anweisung und können auf den Stationen bzw. in den anderen Struktureinheiten vorgenommen werden. Der Zusatz von anderen Zubereitungen zu Infusionslösungen und das Mischen von Injektionslösungen darf nur in Ausnahmefällen und nur bei nachgewiesener gegenseitiger Verträglichkeit der einzelnen Zubereitungen erfolgen.
(7) Schädliche Wirkungen von Arzneimitteln, soweit sie ungewöhnlich sind oder therapeutische Maßnahmen erfordern oder die Dauer der stationären Behandlung verlängern sowie Qualitätsmängel bei Arzneimitteln sind durch den Verantwortlichen unverzüglich der Lieferapotheke mitzuteilen. Der Meldung sind erforderlichenfalls die angebrochenen sowie nach Aufforderung durch die Lieferapotheke alle vorhandenen Packungen derselben Charge des beanstandeten Arzneimittels bzw. des Arzneimittels, dem die schädliche Wirkung zugeschrieben wird, beizufügen. Bei Infusionslösungen ist auch das verwendete Besteck mitzusenden. Eine Eintragung in die Behandlungsdokumente ist vorzunehmen, wenn durch die schädliche Wirkung therapeutische Maßnahmen erforderlich werden oder die Dauer der stationären Behandlung verlängert wird. Die Lieferapotheke hat über die Meldung das Institut für Arzneimittelwesen der DDR in Kenntnis zu setzen.[5])

Aufbewahrung von Arzneimitteln

7.

(1) Auf den Stationen, in poliklinischen Abteilungen, Ambulatorien, Arzt- und Zahnarztpraxen und anderen Struktureinheiten sind Arzneimittel so aufzubewahren, daß ein Zugriff durch Unbefugte ausgeschlossen ist. Die Arzneimittel sind übersichtlich zu ordnen, getrennt nach innerer und äußerer Anwendung. Elektrolytkonzentrate sind getrennt von den Infusionslösungen aufzuwahren. Alle Schränke, in denen die zur Anwendung am Patienten bestimmten Arzneimittel aufbewahrt werden, sind gemäß Anlage zu kennzeichnen. Unverdünnte Desinfektionsmittel, Laborchemikalien und nicht zur Anwendung am Patienten bestimmte sonstige Erzeugnisse dürfen nicht in diesen Schränken aufbewahrt werden.
(2) Alle Arzneimittel müssen eindeutig und gut lesbar entsprechend den Rechtsvorschriften gekennzeichnet sein. Die Kennzeichnung auf den Arzneimittelbehältnissen, insbesondere die Angaben über Inhalt, Aufbewahrung und Verwendbarkeit, ist gewissenhaft zu beachten.
(3) Jedes Arzneimittel muß so aufbewahrt werden, daß es hinreichend gegen mechanische Verunreinigungen, Masseverluste, Feuchtigkeit und geruchliche Beeinträchtigung geschützt ist. Zusätzlich vorgeschriebene spezielle Arten der Aufbewahrung (kühl, sehr kühl u. a.) sind darüber hinaus einzuhalten.
(4) Arzneimittel dürfen aus den Lieferbehältnissen nicht umgefüllt werden.
(5) Die Verwendbarkeitsfristen der Arzneimittel sind regelmäßig zu überwachen. In diesem Zusammenhang sowie bei der Übernahme und unmittelbar vor der Anwendung von Arzneimitteln ist deren einwandfreie äußere Beschaffenheit zu kontrollieren. Festgestellte Mängel sind unter Sicherstellung der Arzneimittel unverzüglich der Lieferapotheke mitzuteilen.
(6) Nicht mehr benötigte bzw. verfallene Arzneimittel sind der Lieferapotheke gegen Quittung zurückzugeben. Diese entscheidet über die weitere Verwendung. Es ist verboten, Arzneimittel in Abfallbehälter, Papierkörbe u. ä. zu werfen.

Suchtmittelhaltige Arzneimittel

8.

Der Umgang mit suchtmittelhaltigen Arzneimitteln ist durch das Suchtmittelgesetz und seine Durchführungsbestimmungen[6]) geregelt. Die für die stationären und ambulanten Gesundheitseinrichtungen zutreffenden Regelungen sind insbesondere in der Zweiten Durchführungsbestimmung sowie in den §§ 1, 2 Abs. 2, 3 Abs. 2, 4, 7, 16 Abs. 1 und 19 der Dritten Durchführungsbestimmung enthalten.

Gifte

9.

Der Umgang mit Giften ist im Giftgesetz, seinen Durchführungsbestimmungen sowie weiteren Rechtsvorschriften[7]) geregelt. Die für die stationären und ambulanten Gesundheitseinrichtungen zutreffenden Regelungen sind insbesondere im Giftgesetz, der Ersten Durchführungsbestimmung und der Anweisung über den Verkehr mit Giften in Einrichtungen des Gesundheitswesens enthalten.

Schlußbestimmung

10.

Diese Anweisung tritt am 1. April 1981 in Kraft.

Anlage

zu Ziff. 7 Abs. 1 vorstehender Anweisung

Kennzeichnung von Arzneimittelschränken auf den Stationen und anderen Struktureinheiten:

Hier dürfen nur

ARZNEIMITTEL

aufbewahrt werden, die zur Anwendung am Patienten bestimmt sind

Beschriftung der Behältnisse vor Anwendung stets sorgfältig lesen!

[1]) Gemäß Anordnung vom 7. August 1980 über die staatliche Erlaubnis zur Ausübung der medizinischen, pharmazeutischen und sozialen Fachschul- und Facharbeiterberufe (GBl. I Nr. 26 S. 254), abgedruckt unter G **07 06** 30.

[2]) S. auch Arzneimittelbedarfsermittlungs-Richtlinie vom 12. Oktober 1979 (Verf. u. Mitt. Nr. 8 S. 114), abgedruckt unter D **02** 21.

[3]) VL Freiberg, Vordr.-Nr. 9604 und 9611.

[4]) Herausgegeben im Auftrag des Ministeriums für Gesundheitswesen durch das Institut für Arzneimittelwesen der DDR.

[5]) Meldungen und Maßnahmen gemäß § 32 der Ersten Durchführungsbestimmung vom 15. Mai 1964 zum Arzneimittelgesetz (GBl. II Nr. 56 S. 485) bleiben davon unberührt.

[6]) – Gesetz vom 19. Dezember 1973 über den Verkehr mit Suchtmitteln – Suchtmittelgesetz – (GBl. I Nr. 58 S. 572), abgedruckt unter E 01 01.
– Erste Durchführungsbestimmung vom 28. Januar 1974 zum Suchtmittelgesetz – Unterstellte Substanzen, Erlaubnisse, Abgabe- und Bezugsberechtigungen, Ein-, Aus- und Durchfuhr – (GBl. I Nr. 16 S. 149), abgedruckt unter E 01 02.
– Zweite Durchführungsbestimmung vom 28. Januar 1974 zum Suchtmittelgesetz – Verschreibungs- und Abgabeordnung – (GBl. I Nr. 16 S. 157), abgedruckt unter E 02 01.
– Dritte Durchführungsbestimmung vom 28. Januar 1974 zum Suchtmittelgesetz – Aufbewahrung, Nachweisführung, Berichterstattung, Kontrolle – (GBl. I Nr. 16 S. 161), abgedruckt unter E 03 01.
– Vierte Durchführungsbestimmung vom 28. Januar 1974 zum Suchtmittelgesetz – Betreuung von Suchtkranken – (GBl. I Nr. 16 S. 165), abgedruckt unter E 04 01.

[7]) – Gesetz vom 7. April 1977 über den Verkehr mit Giften – Giftgesetz – (GBl. I Nr. 10 S. 103), abgedruckt unter F 01 01.
– Erste Durchführungsbestimmung vom 31. Mai 1977 zum Giftgesetz (GBl. I Nr. 21 S. 275), abgedruckt unter F 01 02.
– Zweite Durchführungsbestimmung vom 13. Februar 1980 zum Giftgesetz – Verzeichnis eingestufter Gifte – (GBl. I Nr. 9 S. 73), abgedruckt unter F 02 01.
– Dritte Durchführungsbestimmung vom 31. Mai 1977 zum Giftgesetz – Transport von Giften – (GBl. I Nr. 21 S. 282), abgedruckt unter F 03 01.
– Zweite Durchführungsbestimmung vom 21. April 1977 zur Sechsten Durchführungsverordnung zum Landeskulturgesetz – Schadlose Beseitigung toxischer Abprodukte und anderer Schadstoffe – (GBl. I Nr. 15 S. 161), abgedruckt unter F 04 01.
– Anweisung des Ministers für Gesundheitswesen vom 24. April 1979 über den Verkehr mit Giften in Einrichtungen des Gesundheitswesens (Verf. u. Mitt. Nr. 4 S. 53), abgedruckt unter F 01 20.

Kommentar zur Anweisung über den Umgang mit Arzneimitteln in Gesundheitseinrichtungen — Arzneimittelordnung —

vom 5. Februar 1981

Allgemeines:

Die Rahmenkrankenhausordnung (vom 14. 11. 1979, abgedruckt im GBl. Sonderdruck Nr. 1032) trifft im Abschnitt A „Allgemeine Aufgaben des Krankenhauses" eine Reihe von Festlegungen (u. a. in Ziff. 16 zur zweckentsprechenden und wirtschaftlichen Nutzung der Fonds sowie zur Verordnung von Arzneimitteln in Übereinstimmung mit den Grundsätzen der wissenschaftlichen Arzneimitteltherapie; in Ziff. 15 zur Gewährleistung von Ordnung und Sicherheit sowie zur Erfüllung der für den Gesundheitsschutz getroffenen Festlegungen; in Ziff. 13 zur Führung der medizinischen Dokumentationen entsprechend den Rechtsvorschriften) die durch die vorliegende Arzneimittelordnung entsprechend untersetzt werden.
Weitere, den Umgang mit Arzneimitteln allgemein regelnde Festlegungen finden sich in der Rahmenkrankenhausordnung im Abschnitt B „Grundsätze für die medizinische Betreuung der Patienten", Teil II „Behandlung und Krankenpflege" in Ziff. 2 hinsichtlich der Aufklärung über die Notwendigkeit und die möglichen Folgen der Anwendung von Arzneimitteln sowie über die erforderliche Zustimmung zu deren Applikation.
Zu den Aufgaben der Leiter und Mitarbeiter in bezug auf Arzneimittel sind Bestimmungen im Abschnitt D „Leitung des Krankenhauses" formuliert. So kann nach Teil I Ziff. 11 der Ärztliche Direktor weitere Ärzte für den Umgang mit Arznei- und Suchtmitteln verantwortlich machen. Konkret werden die auf Arzneimittel bezüglichen Aufgaben des Ärztlichen Direktors unter Teil II Ziff. 11, des Leiters der Poliklinik des Krankenhauses unter Teil IV Ziff. 5, der Leiter von Kliniken oder Abteilungen unter Teil V Ziff. 9, der Oberärzte unter Teil VI Ziff. 4, der Stationsärzte unter Teil VII Ziff. 10, der leitenden Schwestern unter Teil VIII Ziff. 3 sowie der Stationsschwestern unter Teil IX Ziff. 5 festgelegt. In der vorliegenden Arzneimittelordnung werden sowohl Einzelheiten des Umgangs mit Arzneimitteln in Gesundheitseinrichtungen geregelt als auch insbesondere das Zusammenwirken mit den für die Arzneimittelversorgung der Gesundheitseinrichtungen zuständigen Apotheken.

Zu Ziff. 1

Unter Umgang mit Arzneimitteln sind alle Maßnahmen zu verstehen, denen ein Arzneimittel nach Abgabe durch die Apotheke (Transport, Aufbewahrung, Herrichtung vor Applikation, Applikation) unterworfen wird; auch die Anforderung, Kontrolle der Aufbewahrung, Dokumentation der Verordnung von Arzneimitteln sowie die Aussonderung

und Beseitigung nicht zur Anwendung geeigneter Arzneimittel sind Umgang mit Arzneimitteln.
Die den Arzneimitteln gleichgestellten Erzeugnisse sind im § 3 des Arzneimittelgesetzes zusammengefaßt; zu ihnen gehören u. a. Grobdesinfektionsmittel, Verbandmaterialien und Erzeugnisse für die Stomatologie.
Der Geltungsbereich der Arzneimittelordnung ist sehr weit gezogen und umfaßt neben den staatlichen auch alle konfessionellen und privaten, stationären sowie ambulanten Gesundheitseinrichtungen. Ausgenommen sind lediglich spezielle Bereiche, wie z. B. die des Ministeriums für Nationale Verteidigung.
Nach den „Definitionen für Planung, Rechnungsführung und Statistik", Ausgabe 1980, gehören zu den stationären bzw. ambulanten Gesundheitseinrichtungen nicht nur Krankenhäuser, Polikliniken, Ambulatorien, Praxen u. ä., sondern auch Betriebssanitätsstellen und Gemeindeschwesternstationen. Auch Strukturelemente solcher Einrichtungen, wie diagnostische Laboratorien und hydrotherapeutische Behandlungsstellen, sind entsprechend einzuordnen. Nicht als Gesundheitseinrichtungen sind hingegen z. B. Kinderkrippen und Feierabendheime anzusehen (Sozialwesen).

Zu Ziff. 2

Die in Abs. 1 Buchst. b genannten Fachschul- und Facharbeiterberufe berechtigen nur in soweit zum Umgang mit Arzneimitteln, wie sich dies aus den Berufsbildern sowie den daraus abgeleiteten Funktionsplänen ergibt. Eine Festlegung durch den zuständigen Leiter für den Umgang mit Arzneimitteln nach Buchst. c kann sich nur auf Teilaufgaben, wie z. B. den Transport von Arzneimitteln, beziehen oder auf naturwissenschaftliche Hochschulkader, die z. B. in Laboratorien Umgang mit Arzneimitteln oder diesen gleichgestellten Erzeugnissen (z. B. Labordiagnostika) haben.
Für die aktenkundige Belehrung über den Umgang mit Arzneimitteln sollte das in Ziff. 3 Abs. 2 vorgeschriebene Kontrollbuch benutzt werden; insbesondere sollte bei Neueinstellungen unverzüglich eine Belehrung über alle aus der Arzneimittelordnung resultierenden Pflichten in Abhängigkeit vom festgelegten Funktionsplan erfolgen und dokumentiert werden.
Die zum Transport von Arzneimitteln eingesetzten Mitarbeiter sollten entsprechend ihrer Tätigkeit belehrt und dies im Kontrollbuch ausgewiesen werden. Beim Transport der Arzneimittel in unverschlossenen Behältnissen müssen diese vom Zeitpunkt der Übernahme bis zur Übergabe ständig unter Aufsicht stehen; inwieweit zusätzlich ein Vergleich der übernommenen bzw. übergebenen Menge mit den Lieferscheinen erforderlich ist, hängt von der Art der Arzneimittel und der Vertrauenswürdigkeit der eingesetzten Mitarbeiter ab. Bei Verwendung verschlossener Transportbehältnisse muß gesichert werden, daß diese nicht in toto dem Zugriff Unbefugter ausgesetzt sind.

Zu Ziff. 3

Die vorgeschriebene Bestandskontrolle durch den Verantwortlichen soll in erster Linie dazu dienen, die Anhäufung gröblich überhöhter Vorräte zu verhindern.

Grundlage der Kontrolle sollte eine Liste oder Kartei sein, die für die vorrätig zu haltenden Arzneimittel die 2 bzw. 4 Wochen Norm ausweist.
Um den Verfall von Arzneimitteln auszuschließen, muß konsequent darauf geachtet werden, daß bei Importpräparaten ohne Auslaufdatum die das Importdatum ausweisende Kennzeichnung durch das Handelsorgan bzw. die Apotheke angebracht ist (vgl. C **05 06** 60).
Soweit Arzneimittel weder eine Registriernummer tragen noch in den Arzneimittelverzeichnissen enthalten sind, empfiehlt sich eine Rückfrage beim Bezirksapotheker, ob zwischenzeitlich in den ,,Informationen für Bezirksapotheker des Institutes für Arzneimittelwesen der DDR" eine Registrierung bekanntgemacht wurde.
Unbeschriftete Arzneimittel sind grundsätzlich an die Apotheke zurückzugeben.
Für das Kontrollbuch sind keine Formvorschriften gemacht, jedoch sollten folgende Eintragungen vorgesehen werden:

— Name des Verantwortlichen und Funktion
— Namen aller zum Umgang mit Arzneimitteln Berechtigten, Datum und Inhalt der Belehrungen, Kurzzeichen der Belehrten

Abgesetzt von diesem Teil des Kontrollbuches sollte durch Datum und Kurzzeichen die monatliche Kontrolle ausgewiesen werden; festgestellte Mängel sind stichwortartig auszuweisen.
Die Jahreskontrollen durch den Leiter der Lieferapotheke oder einen von diesem beauftragten Apotheker sollten chronologisch eingeordnet im Kontrollbuch festgehalten und deren Ergebnis vom Verantwortlichen gegengezeichnet werden; das Datum der Auswertung durch den Leiter der Gesundheitseinrichtung in einer Dienstbesprechung ist gleichfalls einzutragen[1]).
Die Kontrolle des Leiters der Lieferapotheke erstreckt sich auch auf die Einhaltung der in Ziff. 5 bis 9 formulierten Vorschriften. Ergeben sich bei den Kontrollen Fragen hinsichtlich der Zweckmäßigkeit des Einsatzes bestimmter Arzneimittel, so ist für die Klärung der übergeordnete ärztliche Leiter oder die territoriale Therapiekommission zuständig. Die dem kontrollierenden Apotheker zur Kenntnis gelangenden Informationen unterliegen in vollem Umfange der Schweigepflicht.
Für die Durchführung der Jahreskontrolle, die im Regelfall nach Anmeldung erfolgen sollte, wird folgendes Vorgehen empfohlen:

1. Kontrolle der Belehrung der am Umgang mit Arzneimitteln beteiligten Mitarbeitern
2. Kontrolle des Transportes von Arzneimitteln
3. Prüfung des Kontrollbuches auf ordnungsgemäße Führung und Dokumentation der Monatskontrollen und Auswertung der Jahreskontrollen
4. Vergleich der Bestandsnormative mit den vorhandenen Vorräten
5. Prüfung der Bestände hinsichtlich verfallener, nicht registrierter oder ungenügend gekennzeichneter Arzneimittel

6. Prüfung der Arbeit mit den übergebenen Informationsmaterialien und Einschätzung der Zusammenarbeit auf dem Gebiet der Arzneimittelinformation
7. Einschätzung der Einhaltung der Rechtsvorschriften über Anforderung und Verschreibung von Arzneimitteln (incl. Nutzung von Standard-Rezepturen)
8. Stichprobenkontrolle der Dokumentation über verordnete Arzneimittel
9. Stichprobenkontrolle der Art der Ausgabe und Verabreichung von Arzneimitteln
10. Stichprobenkontrolle des ordnungsgemäßen Einsatzes der Desinfektionsmittel mit Probenahme einer Lösung
11. Kontrolle der Einhaltung der Vorschriften nach Ziff. 6 Abs. 6 einschließlich Standzeiten von Anbrüchen und vorbereiteten Infusionslösungen
12. Einschätzung der Zusammenarbeit auf dem Gebiet der Meldung schädlicher Wirkungen von Arzneimitteln
13. Einschätzung der Ordnung und Sicherheit bei der Aufbewahrung von Arzneimitteln gemäß Ziff. 7
14. Einschätzung des Umgangs mit nicht mehr benötigten bzw. verfallenen Arzneimitteln
15. Einschätzung des Umgangs mit suchtmittelhaltigen Arzneimitteln
16. Einschätzung des Umgangs mit Giften hinsichtlich der Räume, in denen auch Arzneimittel aufbewahrt, abgegeben oder angewendet werden

Das Kontrollbuch kann auch von den für den Arzneimittelverkehr zuständigen anderen Überwachungsorganen (z. B. Kreisarzt, Bezirksarzt, Institut für Arzneimittelwesen der DDR) eingesehen werden.

Zu Ziff. 4

Die Lieferapotheke wird in den meisten Fällen mit derjenigen identisch sein, die bisher bereits für die Übermittlung von Verfügungen (vgl. C **05 13** 05) und der „Zentralen Informationsmaterialien für Ärzte und Apotheker" (vgl. C **05 13** 08) zuständig war. Soweit sich Neufestlegungen hinsichtlich der Lieferapotheke erforderlich machen, werden gleichzeitig auch die Eintragungen in den Nachweisbüchern für Verfügungen zu ändern sein. Die Zusammenarbeit kann sich aber nicht auf die Weitergabe von Verfügungen und zentralen Informationsmaterialien beschränken, sondern sie muß erweitert werden durch die kontinuierliche Bereitstellung territorialer schriftlicher Informationsmaterialien, durch Gespräche zwischen den Verantwortlichen der Einrichtungen, durch Konsultationsmöglichkeiten in der Lieferapotheke und weitere Aktivitäten, wie Ausstellung neuer Arzneimittel, Hinweise auf neue Literatur, Zurverfügungstellung von Dokumentationen, wie „Zentralblatt für Pharmazie, Pharmakotherapie und Laboratoriumsdiagnostik" usw. Seitens der Gesundheitseinrichtung sind insbesondere solche Vorhaben rechtzeitig mitzuteilen, die Einfluß auf den Bedarf an Arzneimitteln haben können, wie Umstellung auf andere Arzneimittel, Erprobung neuer Therapiemethoden, diagnostische Vorhaben usw.

Zu Ziff. 5

Die erwähnten Anforderungsscheine sind nachstehend wiedergegeben:

Abteilung: Datum:

Station:

Labor:

angeforderte Menge	Arzneimittel	abgegebene Menge	Einzelpreis	Arzneimittel		Desinfektionsmittel		Laborbedarf	
				M	Pf	M	Pf	M	Pf
Stationsarzt:			Endsumme						

Erhalten: Zusammengestellt: Sachlich geprüft:

Unter Sprechstundenbedarf sind hauptsächlich solche Arzneimittel zu verstehen, die den Patienten unmittelbar appliziert werden oder ihnen in dringenden Fällen als Überbrückung für den Zeitraum zur Verfügung gestellt werden, den sie zum Aufsuchen der Apotheke und den Erhalt der verschriebenen Arzneimittel benötigen; die entsprechende Kennzeichnung lautet „Sprechstundenbedarf". Unter Praxisbedarf ist im Regelfall solches Material zu verstehen, das schlechthin für die Arbeit benötigt wird, wie Desinfektionsmittel, Zellstoff, Kanülen, Wasser (s. a. Taxunterlage 1979, Herausgegeben vom MfGe, HA Pharmazie und Medizintechnik; Abschnitt 2 Ziff. 4 abgedruckt unter C **06 13** 08).
Im Arzneimittelverzeichnis Teil I sind die Arzneimittel der Nomenklatur A enthalten; im Teil II, der im Abstand von etwa 4 Jahren erscheint, sind u. a. Verbandmaterialien,

Gesundheitspflegemittel, medizintechnische Verbrauchsmaterialien und stomatologische Arzneimittel enthalten.
Arzneimittel der Nomenklatur A sind bei Bedarf in allen Apotheken zur Abgabe vorrätig zu halten. Arzneimittel der Nomenklatur C werden in den Verfügungen und Mitteilungen des MfGe bekanntgemacht; ihre Verordnung ist auf bestimmte Indikationen bzw. hochspezialisierte Einrichtungen beschränkt.
Die Regelung der Anforderung von Arzneimitteln der Nomenklatur C ist abgedruckt unter C 05 09 10.
Unter Nomenklatur ist hier aber auch die Schreibweise der Namen von Arzneimitteln sowie die Abkürzung von Bezeichnungen für Standardrezepturen zu verstehen.

Zu Ziff. 6

„Unter Beachtung der Zentralen Therapieempfehlungen" bedeutet, daß der Arzt im Regelfall entsprechend diesen Empfehlungen verfahren sollte. Abweichungen davon sind in notwendigen Fällen selbstverständlich zulässig, jedoch muß der Arzt die daraus eventuell resultierenden Risiken mit der gebotenen Sorgfalt abwägen.
Neben den vom Institut für Arzneimittelwesen der DDR herausgegebenen „Zentralen Therapie-Empfehlungen", die auf der Grundlage des Arzneimittelsortimentes der DDR inhaltlich von den zuständigen medizinisch-wissenschaftlichen Gesellschaften und erfahrenen Klinikern des jeweiligen Fachgebietes getragen werden, sind über Rechtsvorschriften des MfGe einige weitere Therapie-Empfehlungen für geltend erklärt worden. So wurde z. B. für die Betreuung leukosekranker Kinder im Rahmen der „Richtlinie zur Betreuung von Patienten mit hämatologischen Erkrankungen" vom 17. Februar 1981 (VuM MfGe Nr. 2 S. 15) im Abschnitt IV ausdrücklich auf die Gültigkeit der „Bekanntmachung der Empfehlungen für die medizinische Betreuung leukosekranker Kinder" vom 16. Juni 1969 (VuM MfGe Nr. 14 S. 96) hingewiesen.
Die besondere Verantwortung des Arztes für die Entscheidung über erforderliche Arzneimittel wird sowohl durch den jede Delegierung untersagenden Begriff „ausschließlich" (Sprechstundenhilfe!) als auch durch die Verpflichtung zur exakten Dokumentation der verschriebenen Arzneimittel in den Behandlungsdokumenten unterstrichen. Nach internationalen Untersuchungen werden von Patienten bis zu einem Drittel der verordneten Arzneimittel überhaupt nicht angewandt[2]), und ein weiterer hoher Anteil wird nicht vorschriftsmäßig appliziert, so daß eine präzise Kontrolle der Einnahmedisziplin durch Arzt und Apotheker von hoher gesundheitspolitischer und wirtschaftlicher Bedeutung ist.
Für die beabsichtigte Wirkung von Arzneimitteln ist auch die genaue Unterrichtung des Patienten über die Modalitäten der Anwendung von ausschlaggebender Bedeutung; Arzt und Apotheker sollten der schriftlichen Übermittlung der Anwendungsvorschrift an den Patienten große Bedeutung zumessen (vgl. auch **C 05 09** 50). Die Patienten sollten auch auf Hilfsmittel hingewiesen werden, die in den Apotheken zur Kontrolle der regelmäßigen Einnahme erhältlich sind (z. B. Dosierhilfe für Arzneimittel).

In den stationären Einrichtungen sollten die zur Ausgabe von Arzneimitteln an Patienten bestimmten Behältnisse so gekennzeichnet werden, daß jede Verwechslung ausgeschlossen ist (Name des Patienten, Bettnummer, o. ä.). Untersuchungen aus den Vereinigten Staaten von Nordamerika haben gezeigt, daß dort in Krankenanstalten bis zu 15 Prozent Applikationsfehler auftreten (Unterlassung, zu häufig, falsche Zeiten, falsche Dosierung, falsches Arzneimittel, falsche Arzneiform)[3]); auch in stationären Einrichtungen entzieht sich nach internationalen Angaben ein hoher Anteil der Patienten der regelmäßigen Einnahme!

Soweit es sich um den prophylaktischen oder therapeutischen Einsatz registrierter Arzneimittel handelt, muß die erfolgte Aufklärung über erwartete Wirkungen und Nebenwirkungen nicht aktenkundig gemacht werden.

Beim Einsatz von Desinfektionsmitteln sind die Verdünnungen stets unter Verwendung geeigneter Meßmittel durchzuführen, muß die Anwendung mit den staatlichen Festlegungen übereinstimmen, insbesondere hinsichtlich der Einwirkungszeit, und das Alter der Lösungen ist zu überwachen.

Die Festlegungen zur Applikation von Parenteralia sind abgedruckt unter C **09** 04. Bei Zusätzen zu Infusions- und Injektionslösungen ist stets darauf zu achten, daß volle Asepsis gewahrt wird und die Lösungen unverzüglich nach den durchgeführten Maßnahmen zur Anwendung gelangen. Zur Haltbarkeit von Injektions- und Infusionslösungen nach dem Anbruch vergleiche C **05 06** 70; D **05** 51.

Unter ungewöhnlichen schädlichen Wirkungen von Arzneimitteln sind solche zu verstehen, die normalerweise nicht zu erwarten sind; sie sind unabhängig vom Schweregrad zu melden.

Alle anderen Nebenwirkungen (schädliche Wirkungen, adverse reactions) sind nur zu melden, wenn daraus Behandlungsnotwendigkeit bzw. Verlängerung des Krankenhausaufenthaltes resultiert. Dies gilt auch für bekannte Reaktionen, wie sie z. B. nach Anwendung von Kontrastmitteln oder Dextranen auftreten können. Da bei schädlichen Wirkungen von Arzneimitteln nicht von vornherein entschieden werden kann, ob es sich um eine besondere Empfindlichkeit des Patienten oder um einen echten Qualitätsmangel des Arzneimittels handelt, sind grundsätzlich der Lieferapotheke auch die nicht applizierten Anteile des jeweiligen Arzneimittels zu übergeben. Durch die obligatorische Einschaltung der Lieferapotheke in den Meldeprozeß von schädlichen Arzneimittelwirkungen soll die Zusammenarbeit zwischen Arzt und Apotheker auf diesem Gebiet weiter verbessert werden. Auf der Grundlage dieser Festlegung kommt der Lieferapotheke künftig bei der Erfassung von schädlichen Arzneimittelwirkungen eine bedeutsame Rolle zu. Allgemein werden Umfang und Bedeutung von schädlichen Arzneimittelwirkungen unterschätzt. Nach internationalen Feststellungen gehen 2 bis 5 Prozent aller Konsultationen in der Ambulanz auf Arzneimittelschäden zurück; bis zu 6 Prozent der Krankenhausaufnahmen haben den gleichen Grund. Unter der Behandlung im Krankenhaus sind 6 bis 22 Prozent der Patienten von schädlichen Arzneimittelwirkungen betroffen. In Abhängigkeit vom Krankheitszustand der stationären Patienten liegen

die tödlichen Zwischenfälle mit Arzneimitteln international zwischen 0,2 und 2 Prozent[4])[5])[6]).
Um jeden Zeitverzug bei der Erfassung und Auswertung von Meldungen über schädliche Arzneimittelwirkungen zu vermeiden, wurde in der Arzneimittelordnung die unmittelbare Zusammenarbeit zwischen Lieferapotheke und Institut für Arzneimittelwesen der DDR vorgesehen.
Sofern das gemeldete Ereignis allerdings im Interesse des Gesundheitsschutzes sofortige Maßnahmen (Sperrung eines Arzneimittels) erforderlich machen sollte, hat dies unverzüglich auf dem Dienstwege zu geschehen.
Für die Behandlung von Qualitätsreklamationen allgemeiner Art gilt weiterhin die in Verfügung 38/80 des IFAR (abgedruckt unter C **05 04** 80) getroffene Regelung.

Zu Ziff. 7

Schränke mit Arzneimitteln sollten — außerhalb der Füll- und Entnahmemaßnahmen — stets verschlossen sein. Die Trennung nach innerer und äußerer Anwendung gilt als ausreichend durchgeführt, wenn beide Gruppen in sich geordnet nebeneinander aufbewahrt werden, ohne daß verschiedene Schränke u. ä. benutzt werden. Das gleiche gilt für Elektrolytkonzentrate und Infusionslösungen, jedoch sollte zwischen ihnen ein möglichst großer Abstand gewahrt werden.
Die in der Anlage aufgeführten Kennzeichnung kann beim Institut für Arzneimittelwesen der DDR, 1120 Berlin, Große Seestraße 4 bestellt werden. Unverdünnte Desinfektionsmittel, Laborchemikalien und andere nicht zur Anwendung am Patienten bestimmte sonstige Erzeugnisse dürfen nicht zusammen mit Arzneimitteln aufbewahrt werden; sie müssen eindeutig entsprechend den Rechtsvorschriften (z. B. Giftgesetz) beschriftet sein.
Die Beschriftung von Arzneimitteln muß unverwischbar und gut haltbar angebracht sein. Erforderlichenfalls können Fahnenetiketten u. ä. Verwendung finden.
Die Verschlüsse von Arzneimittelbehältnissen müssen die erforderlich mechanische Festigkeit aufweisen.
Das Umfüllen von Arzneimitteln, z. B. aus Servac-Packungen in Flaschen, ist eine Unsitte, die immer wieder zu Verwechslungen, Unkenntnis der Chargennummer usw. führt. Soweit im Verkehr befindliche Arzneimittelpackungen nicht den Erfordernissen der Stationen gerecht werden, sollte unter Einschaltung des ZGA und des Institutes für Arzneimittelwesen der DDR die Industrie zur Umstellung der Packungen angeregt werden.
Nicht als unzulässige Umfüllung ist die Überführung z. B. von Desinfektionsmitteln aus Ballons in Flaschen handhabbarer Größe anzusehen, jedoch sollten solche Arbeiten möglichst nicht auf Stationen, sondern in geeigneten Räumen durch pharmazeutisches Personal vorgenommen werden.

Zu den Verwendbarkeitsfristen s. a. Kommentar zu Ziff. 3.

Nicht mehr benötigte Arzneimittel können von der Lieferapotheke, wenn es sich um Originalpackungen handelt, die auf den Stationen ordnungsgemäß aufbewahrt wur-

den, wieder der Verwendung zugeführt werden, soweit sie sich nicht direkt auf Infektionsstationen befunden haben. Sind größere Bestände verfallener Arzneimittel vorhanden, so kann über die Lieferapotheke und die zuständige Bezirksdirektion für Pharmazie und Medizintechnik eine Verlängerung der Verwendbarkeitsfrist beim Institut für Arzneimittelwesen der DDR beantragt werden.
Die Beseitigung von Arzneimitteln durch Einbringen in Mülltonnen usw. hat zu unterbleiben, da hierdurch z. B. für spielende Kinder erhebliche Intoxikationsgefahren entstehen. Arzneimittel sind nach Entfernen aus den Packungen durch Auflösung, Verspülen in Toiletten, Verbrennen oder in anderer geeigneter Weise so zu beseitigen, daß sie keinen Schaden anrichten können. Bei größeren Mengen ist erforderlichenfalls die Bezirksdirektion für Pharmazie und Medizintechnik bzw. die pharmazeutische Industrie einzuschalten (vgl. F **04** 03).

[1]) Detaillierte Aufzeichnungen über die durchgeführten Kontrolle entsprechend Fragespiegel sollten gesondert abgelegt werden.
[2]) u. a. Dtsch. Gesundh.-Wesen **31** (1976) S. 2342.
[3]) Zbl. Pharm. **7** (1966) I S. 727.
[4]) WHO-Chron. **29** (1975) S. 79.
[5]) Gross u. Spechtmeyer; Nutzen und Schaden durch Arzneimittel, Sandoz-Kurzmonographie 20, 1977.
[6]) Ludewig, humanitas Nr. 8/1976.

Kapitelinhaltsverzeichnis

Kapitel E

Suchtmittelrecht

Gesetz über den Verkehr mit Suchtmitteln

— Suchtmittelgesetz —

vom 19. Dezember 1973
(GBl. I Nr. 58 S. 572)

Die Erhaltung und Förderung von Leben, Gesundheit, Leistungsfähigkeit und Lebensfreude sowie die Entwicklung des gesellschaftlichen Zusammenlebens der Bürger der Deutschen Demokratischen Republik sind ein wichtiges Anliegen des Arbeiter- und Bauern-Staates. Jede mißbräuchliche Anwendung von Rauschgiften, Betäubungsmitteln und anderen Suchtmitteln (im folgenden Suchtmittel genannt) kann das Leben, die Gesundheit, Leistungsfähigkeit und Lebensfreude der Bürger gefährden. Deshalb beschließt die Volkskammer folgendes Gesetz:

§ 1

(1) Der Mißbrauch von Suchtmitteln ist in der Deutschen Demokratischen Republik verboten.
(2) Suchtmittel im Sinne dieses Gesetzes sind Substanzen und Zubereitungen, die beim Menschen angewandt zur psychischen und bzw. oder physischen Abhängigkeit von ihrer Wirkung führen können und bei mißbräuchlicher Anwendung Leben, Gesundheit und Leistungsfähigkeit der Menschen sowie ihr gesellschaftliches Zusammenleben gefährden.
(3) Der Verkehr mit bestimmten Suchtmitteln, insbesondere mit Cannabis (Haschisch, Marihuana), Heroin und Lysergid (LSD), deren Mißbrauch eine besonders ernsthafte Gefährdung darstellt, ist verboten.
(4) Andere Suchtmittel dürfen nur zu medizinischen Zwecken im Interesse der Bürger in den Verkehr gebracht werden.

§ 2

(1) Die Leiter der staatlichen und wirtschaftsleitenden Organen, Betriebe, Kombinate, Einrichtungen und die Vorstände der Genossenschaften sowie die Bürger und ihre gesellschaftlichen Organisationen tragen eine hohe Verantwortung für den zuverlässigen Schutz der sozialistischen Gesellschaft vor den Gefahren und Folgen des Mißbrauchs von Suchtmitteln und für die Verhinderung des illegalen Verkehrs mit Suchtmitteln.
(2) Die Leiter der staatlichen und wirtschaftsleitenden Organe, Betriebe, Kombinate, Einrichtungen und die Vorstände der Genossenschaften sowie die gesellschaftlichen Organi-

sationen haben die notwendigen Voraussetzungen für die Verhinderung des Mißbrauchs von Suchtmitteln zu schaffen. Insbesondere sind sie verpflichtet, auf die Gestaltung der Arbeits- und Lebensbedingungen entsprechend Einfluß zu nehmen, die Bürger, vor allem die Jugendlichen, über die Gefahren mißbräuchlicher Suchtmittelanwendung aufzuklären sowie die am Suchtmittelverkehr beteiligten Werktätigen für ihre verantwortungsvolle Arbeit zu qualifizieren.

§ 3

(1) Der Verkehr mit Suchtmitteln unterliegt der Leitung, Sicherung und Überwachung durch das Ministerium für Gesundheitswesen in Zusammenarbeit mit den Räten der Bezirke und Kreise sowie mit den für die Gewährleistung von Ordnung und Sicherheit zuständigen anderen staatlichen Organen. Der Minister für Gesundheitswesen legt fest, unter welchen Bedingungen der Verkehr mit Suchtmitteln zulässig ist. Er kann im Einzelfall über Ausnahmen von der im § 1 Abs. 3 getroffenen Festlegung entscheiden.
(2) Der Verkehr mit Suchtmitteln umfaßt das Gewinnen, Herstellen, Zubereiten, Be- oder Verarbeiten, Ab- oder Umfüllen, Ab- oder Umpacken und sonstige Behandeln, das Veräußern, Abgeben und sonstige Inverkehrbringen, das Erwerben, Sichverschaffen, Besitzen, Vorrätighalten, Aufbewahren, Lagern, Verordnen, Verabreichen, Vernichten sowie die Ein-, Aus- und Durchfuhr von Suchtmitteln und den sonstigen Umgang mit diesen Mitteln.

§ 4

(1) Suchtmittel sind in das Suchtmittelverzeichnis einzutragen, das vom Minister für Gesundheitswesen herauszugeben ist. Es gliedert sich in 3 Teile.
(2) Suchtmittel gemäß § 1 Abs. 3 sind im Teil I des Suchtmittelverzeichnisses aufzunehmen.
(3) Suchtmittel, die für bestimmte Maßnahmen in der gesundheitlichen Betreuung der Bevölkerung bzw. für veterinärmedizinische Zwecke unentbehrlich sind, werden im Teil II des Suchtmittelverzeichnisses erfaßt. Diese Suchtmittel sind im Rahmen der Rechtsvorschriften für den Verkehr zugelassen und dürfen als Bestandteile von Arzneimitteln verwendet werden. Arzneimittel, die Suchtmittel als Bestandteile enthalten, werden als suchtmittelhaltige Arzneimittel bezeichnet.
(4) Alle übrigen Suchtmittel sind im Teil III des Suchtmittelverzeichnisses einzutragen. Der Verkehr mit diesen Suchtmitteln ist nur zulässig, soweit diese

a) zur Weiterbe- oder -verarbeitung notwendig sind,
b) zur Arzneimittelforschung oder für andere wissenschaftliche Zwecke unentbehrlich sind oder
c) durch das Gebiet der Deutschen Demokratischen Republik durchgeführt werden.

§ 5

(1) Betriebe und Einrichtungen, die am Verkehr mit Suchtmitteln teilnehmen, bedürfen der staatlichen Erlaubnis des Ministeriums für Gesundheitswesen. Die staatliche Erlaubnis kann mit Auflagen oder Festlegungen über den Inhalt und Umfang des Suchtmittelverkehrs verbunden werden.
(2) Für die Abgabe, den Erwerb oder ein sonstiges Inverkehrbringen von Suchtmitteln ist ein besonderes Antrags- und Berechtigungsverfahren festzulegen. Für die Ein-, Aus- und Durchfuhr gilt § 7.
(3) Der Verkehr mit Suchtmitteln stellt an die damit betrauten Personen hohe Anforderungen. Sie müssen über ein hohes Verantwortungsbewußtsein, persönliche Eignung sowie über erforderliche fachliche Kenntnisse und Fähigkeiten verfügen. Jugendliche unter 18 Jahren dürfen am Verkehr mit Suchtmitteln nicht teilnehmen.

§ 6

(1) Suchtmittelhaltige Arzneimittel dürfen nur verordnet werden, wenn ihre Anwendung medizinisch oder veterinärmedizinisch begründet ist (medizinische Indikation).
(2) Suchtmittelhaltige Arzneimittel dürfen an Verbraucher nur nach Vorlage einer Verschreibung oder Anforderung abgegeben werden, die den hierzu erlassenen Regelungen entsprechen.

§ 7

(1) Die Ein- und Ausfuhr von Suchtmitteln ist nur auf Grund einer Einfuhr- bzw. Ausfuhrgenehmigung des Ministeriums für Gesundheitswesen zulässig.
(2) Die Durchfuhr von Suchtmitteln durch das Gebiet der Deutschen Demokratischen Republik ist nur zulässig, wenn die hierfür zuständige staatliche Stelle des Ausfuhrlandes eine Ausfuhrgenehmigung erteilt hat, die der Suchtmittelsendung beigefügt ist.
(3) Im grenzüberschreitenden Reiseverkehr ist die Ein-, Aus- und Durchfuhr von Suchtmitteln oder Gegenständen, die der mißbräuchlichen Verwendung oder rechtswidrigen Veräußerung von Suchtmitteln dienen, verboten mit Ausnahme der im Abs. 4 getroffenen Festlegung.
(4) Die Ein-, Aus- und Durchfuhr von Suchtmitteln wird

— Reisenden nur in der Art und dem Umfang gestattet, wie sie diese auf Grund ihres glaubhaft gemachten Gesundheitszustandes für den persönlichen Bedarf,
— Ärzten nur in der Art und dem Umfang gestattet, wie sie diese in Ausübung ihrer dienstlichen Obliegenheiten

als Arzneimittel während der Reise oder des Aufenthaltes benötigen.

§ 8

(1) Zur Betreuung von Suchtkranken sowie zur Verhütung von entsprechenden krankheitsbedingten Gefahren für das gesellschaftliche Zusammenleben haben die zuständigen staatlichen Organe die erforderlichen Regelungen zu treffen.
(2) Der Minister für Gesundheitswesen regelt die gesundheitliche Betreuung der Suchtkranken und damit verbundene Verpflichtungen einschließlich der Erfassung der im Abs. 1 genannten Personen.
(3) Für die medizinische Betreuung Suchtkranker finden die Bestimmungen des Gesetzes vom 11. Juni 1968 über die Einweisung in stationäre Einrichtungen für psychisch Kranke (GBl. I Nr. 13 S. 273) Anwendung.
(4) Wer zum Suchtmittelmißbrauch verleitet, ist unbeschadet einer strafrechtlichen Verfolgung für die Folgen und Kosten schadenersatzpflichtig.

§ 9

(1) Jeder Bürger, der glaubhaft Kenntnis über einen illegalen Verkehr mit Suchtmitteln erhält, ist verpflichtet, darüber bei der Deutschen Volkspolizei, der Staatsanwaltschaft oder anderen staatlichen Organen Anzeige zu erstatten.
(2) Soweit Ärzte, Zahnärzte, Tierärzte, Apotheker und mittlere medizinische Fachkräfte sowie in medizinischen Einrichtungen tätige Psychologen Beobachtungen über einen medizinisch nicht indizierten Gebrauch von Suchtmitteln machen, sind sie im Interesse erkrankter bzw. gefährdeter Personen verpflichtet, die für das Gesundheits- und Sozialwesen zuständigen Organe zu informieren.

§ 10

(1) Wer vorsätzlich

a) Suchtmittel entgegen den Bestimmungen des § 7 oder Gegenstände, die der mißbräuchlichen Verwendung oder rechtswidrigen Veräußerung von Suchtmitteln dienen, über die Grenzen der Deutschen Demokratischen Republik ein- oder ausführt oder durch das Gebiet der Deutschen Demokratischen Republik durchführt,

b) ohne die gemäß § 3 Abs. 1 erforderliche Ausnahmegenehmigung des Ministers für Gesundheitswesen oder Verschreibung oder Anforderung oder staatliche Erlaubnis zum Verkehr mit Suchtmitteln oder ohne Einhaltung der mit einer solchen Erlaubnis verbundenen Auflagen oder Festlegungen über den Inhalt und Umfang des Suchtmittelverkehrs Suchtmittel gewinnt, herstellt, be- oder verarbeitet oder in sonstiger Weise mit Suchtmitteln umgeht, insbesondere sie behandelt, veräußert, abgibt, erwirbt, sich verschafft, besitzt oder aufbewahrt,

c) gegenüber dem zuständigen staatlichen Organ in einem Antrag unrichtige Angaben macht, um eine staatliche Erlaubnis zum Verkehr mit Suchtmitteln zu erlangen,

d) den Mißbrauch von Suchtmitteln begünstigt oder einen anderen zum Mißbrauch von Suchtmitteln verleitet,
e) als Arzt, Zahnarzt oder Tierarzt Suchtmittel ohne medizinische Indikation verordnet oder verabreicht,
f) Jugendliche unter 18 Jahren am Verkehr mit Suchtmitteln beteiligt,

wird mit Freiheitsstrafe bis zu 5 Jahren, Verurteilung auf Bewährung, Haftstrafe oder Geldstrafe bestraft.
(2) Wer sich vorsätzlich Suchtmittel mit dem Ziel verschafft, sie mißbräuchlich selbst anzuwenden, wird mit Freiheitsstrafe bis zu 2 Jahren, Verurteilung auf Bewährung, Haftstrafe oder Geldstrafe bestraft.
(3) In schweren Fällen ist auf Freiheitsstrafe bis zu 10 Jahren zu erkennen. Ein schwerer Fall liegt insbesondere vor, wenn

a) die Täter Kinder oder Jugendliche zum Mißbrauch von Suchtmitteln verleitet oder diesen begünstigt,
b) die Tat nach Abs. 1 von einer Gruppe oder wiederholt mit großer Intensität oder, um einen erheblichen Vorteil für sich oder andere zu erlangen, begangen wird,
c) die Tat nach Abs. 1 zu einer schweren Gefährdung der Ordnung und Sicherheit im Verkehr mit Suchtmitteln geführt hat oder eine erhebliche Gefahr für die Gesundheit oder das Leben von Menschen eingetreten ist oder hätte eintreten können.

(4) Der Versuch ist strafbar.
(5) Wer die Tat nach Abs. 1 Buchstaben a, b und c fahrlässig begeht und damit die Ordnung und Sicherheit im Verkehr mit Suchtmitteln erheblich gefährdet, wird mit Freiheitsstrafe bis zu 2 Jahren, Verurteilung auf Bewährung oder Geldstrafe bestraft.

§ 11

Wer von dem Vorhaben, der Vorbereitung oder der Ausführung einer Straftat nach diesem Gesetz oder einer sonstigen Zuwiderhandlung gegen dieses Gesetz und seine Durchführungsbestimmungen vor deren Beendigung glaubhaft Kenntnis erhalten und keine Anzeige erstattet hat, kann mit Freiheitsstrafe bis zu 2 Jahren, Verurteilung auf Bewährung, Haftstrafe oder Geldstrafe bestraft werden.

§ 12

(1) Suchtmittel, die Gegenstand einer Straftat nach diesem Gesetz oder einer sonstigen Zuwiderhandlung gegen dieses Gesetz und seine Durchführungsbestimmungen waren, sind durch die zuständige staatlichen Organe entschädigungslos einzuziehen.
(2) Neben der Strafe, dem Ausspruch einer Strafverfügung durch die Dienststellen der Zollverwaltung der Deutschen Demokratischen Republik oder einer Ordnungsstrafe können die Gegenstände, die zur mißbräuchlichen Verwendung oder rechtswidrigen Ver-

äußerung von Suchtmitteln oder die zum Transport oder als Verpackung benutzt wurden, ohne Rücksicht auf Eigentumsverhältnisse oder Rechte Dritter entschädigungslos eingezogen werden.

(3) Die Einziehung nach Absätzen 1 und 2 kann auch selbständig erfolgen.

§ 13

Der Minister für Gesundheitswesen erläßt die zur Durchführung dieses Gesetzes erforderlichen Bestimmungen. Soweit Belange des Veterinärwesens berührt werden, erläßt er diese gemeinsam mit dem Minister für Land-, Forst- und Nahrungsgüterwirtschaft.

§ 14

(1) Dieses Gesetz tritt am 1. Januar 1974 in Kraft.

(2) Gleichzeitig treten außer Kraft:

a) Ausführungsvorschriften vom 20. November 1947 zum Befehl Nr. 213 vom 15. September 1947 der SMAD betreffend Organisation der Kontrolle über Herstellung, Aufbewahrung, Abgabe und Handel mit Betäubungsmitteln (ZVOBl. 1948 Nr. 6 S. 77),
b) Bestimmungen vom 14. September 1949 über den Verkehr mit Kodein und Äthylmorphin (ZVOBl. I Nr. 86 S. 743),
c) Anordnung vom 1. März 1958 über die Unterstellung weiterer Stoffe unter die Bestimmungen des Opiumgesetzes (GBl. I Nr. 22 S. 301; Ber. Nr. 32 S. 411).

(3) Gleichzeitig treten weiter außer Kraft:

a) alle vor dem 8. Mai 1945 erlassenen Rechtsvorschriften über den Verkehr mit Betäubungsmitteln,
b) alle von den ehemaligen Ländern auf dem Territorium der Deutschen Demokratischen Republik erlassenen Rechtsvorschriften über den Verkehr mit Betäubungsmitteln.

(4) Die in der Bekanntmachung vom 16. April 1959 über die Wiederanwendung multilateraler internationaler Übereinkommen (GBl. I Nr. 30 S. 505) unter den Ziffern 7, 17 und 18 aufgeführten Abkommen bleiben von der Regelung des Abs. 3 Buchst. a unberührt.

Erste Durchführungsbestimmung zum Suchtmittelgesetz — Unterstellte Substanzen, Erlaubnisse, Abgabe- und Bezugsberechtigungen, Ein-, Aus- und Durchfuhr —

vom 28. Januar 1974
(GBl. I Nr. 16 S. 149)

Auf Grund des § 13 des Suchtmittelgesetzes[1]) vom 19. Dezember 1973 (GBl. I Nr. 58 S. 572) wird im Einvernehmen mit den Leitern der zuständigen zentralen Staatsorgane folgendes bestimmt:

§ 1 Unterstellte Substanzen und Zubereitungen

Die im Suchtmittelverzeichnis (Anlage 1) genannten Substanzen und Zubereitungen sind Suchtmittel im Sinne des § 1 Abs. 2 des Suchtmittelgesetzes. Das Suchtmittelverzeichnis besteht aus den Teilen I, II und III.

§ 2

(1) Der Teil I des Suchtmittelverzeichnisses enthält die Suchtmittel, mit denen gemäß § 1 Abs. 3 des Suchtmittelgesetzes der Verkehr verboten ist.
(2) Der Teil II des Suchtmittelgesetzes enthält die Suchtmittel, die als Bestandteile von Arzneimitteln verwendet werden dürfen. Darüber hinaus sind diese Suchtmittel zum Verkehr zugelassen, soweit

a) es zur Weiterbe- oder -verarbeitung notwendig ist,
b) sie zur Arzneimittelforschung oder für andere wissenschaftliche Zwecke unentbehrlich sind oder
c) sie durch das Gebiet der Deutschen Demokratischen Republik durchgeführt werden unter Einhaltung der Vorschriften des § 7 Abs. 2 des Suchtmittelgesetzes und des § 14 dieser Durchführungsbestimmung.

(3) Der Teil III des Suchtmittelverzeichnisses enthält die Suchtmittel, die gemäß § 4 Abs. 4 des Suchtmittelgesetzes zum Verkehr zugelassen sind.
(4) Für die in den Teilen II A und III des Suchtmittelverzeichnisses enthaltenen Suchtmittel finden mit Ausnahme des § 1 Abs. 3 des Suchtmittelgesetzes sämtliche suchtmittelrechtlichen Vorschriften Anwendung. Teil II B des Suchtmittelverzeichnisses enthält die Suchtmittel, für die sämtliche suchtmittelrechtlichen Vorschriften Anwendung finden mit Ausnahme des § 1 Abs. 3 des Suchtmittelgesetzes sowie der im § 22 dieser Durchführungsbestimmung und der im § 25 der Dritten Durchführungsbestimmung vom 28. Januar 1974

zum Suchtmittelgesetz — Aufbewahrung, Nachweisführung, Berichterstattung, Kontrolle — (GBl. I Nr. 16 S. 161)[2]) (im folgenden Dritte Durchführungsbestimmung genannt) aufgeführten Bestimmungen.

§ 3

(1) Substanzen im Sinne des § 1 Abs. 2 des Suchtmittelgesetzes sind Naturerzeugnisse oder aus diesen gewonnene oder synthetisch hergestellte chemische Verbindungen.
(2) Zubereitungen im Sinne des § 1 Abs. 2 des Suchtmittelgesetzes sind Mischungen, Lösungen, Destillate, Auszüge oder andere Erzeugnisse von Substanzen gemäß Abs. 1, in denen diese Substanzen noch ganz oder teilweise enthalten sind.

§ 4

Mißbrauch (mißbräuchliche Verwendung) von Suchtmitteln ist jeder medizinisch nicht indizierte Gebrauch von oder jeder anderweitig unzulässige Verkehr mit Suchtmitteln.

§ 5 Erlaubnis zum Verkehr mit Suchtmitteln

(1) Am Verkehr mit Suchtmitteln dürfen nur Betriebe und Einrichtungen teilnehmen, die hierfür eine Erlaubnis des Ministeriums für Gesundheitswesen besitzen.
(2) Mit der Erteilung einer Erlaubnis können Auflagen oder Festlegungen über den Inhalt und Umfang des Suchtmittelverkehrs verbunden werden.
(3) Die Erlaubnis kann zurückgenommen werden, wenn

a) Tatsachen eintreten oder bekannt werden, die eine Versagung der Erlaubnis rechtfertigen würden,
b) wiederholte oder schwerwiegende Verletzungen der durch den Betrieb oder die Einrichtung einzuhaltenden Rechtsvorschriften über den Verkehr mit Suchtmitteln festgestellt werden.

§ 6

(1) Einer Erlaubnis gemäß § 5 Abs. 1 bedürfen nicht:

a) Apotheken zum Erwerb, zum Be- und Verarbeiten, Zubereiten, Vorrätighalten und zur Abgabe suchtmittelhaltiger Arzneimittel,
b) medizinische und veterinärmedizinische Einrichtungen sowie Ärzte, Zahnärzte und Tierärzte in staatlicher oder eigener Praxis und Tierärzte in betrieblicher Praxis zum Erwerb und Vorrätighalten suchtmittelhaltiger Arzneimittel unter Einhaltung der Vorschriften der Zweiten Durchführungsbestimmung vom 28. Januar 1974 zum Sucht-

mittelgesetz — Verschreibungs- und Abgabeordnung — (GBl. I Nr. 16 S. 157)[3]) (im folgenden Zweite Durchführungsbestimmung genannt),

c) sonstige Verbraucher zum Erwerb suchtmittelhaltiger Arzneimittel unter Einhaltung der Vorschriften der Zweiten Durchführungsbestimmung,

d) Ärzte, Zahnärzte und Tierärzte für das Verordnen oder Verabreichen suchtmittelhaltiger Arzneimittel,

e) die für die Aufsicht und Kontrolle des Verkehrs mit Suchtmitteln zuständigen staatlichen Organe und Einrichtungen gemäß §§ 18 und 20 der Dritten Durchführungsbestimmung) und ihre Kontrollbeauftragten zur Entnahme von Suchtmittelproben sowie deren Prüfung im Rahmen ihrer Kontrollaufgaben.

(2) Verbraucher von Suchtmitteln ist, wer suchtmittelhaltige Arzneimittel oder andere Suchtmittel unter Einhaltung der Rechtsvorschriften erwirbt, um sie an sich, an anderen oder an Tieren anzuwenden oder um sie zur Arzneimittelforschung oder für andere wissenschaftliche Zwecke zu verwenden.

§ 7

(1) Eine Erlaubnis wird erteilt:

a) Arzneimittelbetrieben (im folgenden Betriebe genannt) zum Erwerb, Gewinnen, Herstellen, Zubereiten, Be- oder Verarbeiten, Ab- oder Umfüllen, Ab- oder Umpacken von Suchtmitteln und deren Abgabe an andere Betriebe, die eine Erlaubnis besitzen, und an Versorgungsdepots für Pharmazie und Medizintechnik (im folgenden Versorgungsdepots genannt),

b) Versorgungsdepots zum Erwerb suchtmittelhaltiger Arzneimittel sowie zu deren Lagerung und Abgabe an Apotheken und andere Versorgungsdepots,

c) Außenhandelsbetrieben, die für die Ein- und Ausfuhr von Arzneimitteln zuständig sind, sowie den von diesen beauftragten Stellen (im folgenden Außenhandelsbetriebe genannt) zur Ein- und Ausfuhr von Suchtmitteln.

(2) Das Staatliche Versorgungskontor für Pharmazie und Medizintechnik — Importlager Pharmazie — (im folgenden Importlager genannt) besitzt die Erlaubnis zum Erwerb importierter Suchtmittel sowie zu deren Lagerung und Abgabe an Betriebe und Versorgungsdepots, die eine Erlaubnis gemäß Abs. 1 besitzen, und an Apotheken.

(3) In Betrieben und Versorgungsdepots, die am Verkehr mit Suchtmitteln beteiligt sind, und im Importlager muß ein fachlich geeigneter und erfahrener Mitarbeiter als Suchtmittelbeauftragter tätig sein. Dem Suchtmittelbeauftragten obliegt insbesondere die

a) Verwaltung des Suchtmittellagers (§ 2 Abs. 1 der Dritten Durchführungsbestimmung),

b) Nachweisführung über Zu- und Abgänge sowie über Bestände an Suchtmitteln,

c) Anfertigung der Berichterstattung über Suchtmittel, zu der die Betriebe, Versorgungsdepots und das Importlager nach den Vorschriften der §§ 10 bis 13 der Dritten Durchführungsbestimmung verpflichtet sind,

d) Gegenzeichnung aller Suchtmittelbestellungen des Betriebes, Versorgungsdepots oder Importlagers sowie des sonstigen sich auf Angelegenheiten des Suchtmittelverkehrs beziehenden Schriftwechsels.

§ 8

Eine Erlaubnis zum Verkehr mit Suchtmitteln kann auch wissenschaftlichen Einrichtungen zum Erwerb sowie zur Verwendung von Suchtmitteln zur Arzneimittelforschung oder für andere wissenschaftliche Zwecke erteilt werden.

§ 9

(1) Anträge auf Erteilung einer Erlaubnis zum Verkehr mit Suchtmitteln sind schriftlich vom Leiter des jeweiligen Antragstellers an das Zentrale Suchtmittelbüro beim Ministerium für Gesundheitswesen (im folgenden Zentrales Suchtmittelbüro genannt) zu richten. Sie müssen die vorgesehene Art der Teilnahme am Verkehr mit Suchtmitteln mit entsprechender Begründung enthalten.

(2) Die Anträge müssen ferner folgende Angaben enthalten:

a) Name des Suchtmittelbeauftragten und Angaben über seine Eignung gemäß § 5 Abs. 3 des Suchtmittelgesetzes,

b) Bezeichnung der Suchtmittel (außer bei Versorgungsdepots und Außenhandelsbetrieben).

(3) Veränderungen der Angaben zu den Absätzen 1 und 2 sind dem Ministerium für Gesundheitswesen unverzüglich schriftlich mitzuteilen.

(4) Angaben gemäß Abs. 2 Buchst. a und Abs. 3 sind ebenfalls vom Importlager dem Ministerium für Gesundheitswesen mitzuteilen.

§ 10 Abgabe- und Bezugsberechtigung für Suchtmittel

(1) Die Veräußerung, Abgabe und das sonstige Inverkehrbringen sowie der Erwerb von Suchtmitteln dürfen nur auf Grund einer Abgabe- und Bezugsberechtigung des Ministeriums für Gesundheitswesen erfolgen.

(2) Abgabe- und Bezugsberechtigungen sind nicht erforderlich für Abgabe und Bezug von Suchtmitteln zwischen Betrieben, Versorgungsdepots und Importlager sowie zwischen Versorgungsdepots bzw. Importlager und Apotheken. Dasselbe gilt für den Suchtmittelverkehr der Betriebe bzw. Versorgungsdepots untereinander. In diesen Fällen treten an Stelle des Abgabe- und Bezugsberechtigungsverfahrens die im § 15 geregelten Verfahren.

(3) Einer Abgabe- und Bezugsberechtigung bedürfen nicht:

a) Apotheken für die Abgabe suchtmittelhaltiger Arzneimittel,
b) Verbraucher für den Erwerb suchtmittelhaltiger Arzneimittel,

soweit die Abgabe und der Erwerb unter den in den §§ 13 bis 16 der Zweiten Durchführungsbestimmung vorgeschriebenen Voraussetzungen erfolgt.

§ 11

(1) Anträge auf Erteilung von Abgabe- und Bezugsberechtigungen sind schriftlich vom Leiter des jeweiligen Antragstellers an das Zentrale Suchtmittelbüro zu richten. Sie müssen den Namen des Mitarbeiters, unter dessen Leitung mit dem Suchtmittel gearbeitet wird, und eine Begründung für den Suchtmittelbedarf enthalten.
(2) Wird dem Antrag entsprochen, so übersendet das Ministerium für Gesundheitswesen dem Antragsteller das Original der Abgabe- und Bezugsberechtigung und legt darin den Lieferer des Suchtmittels fest. Zwei Durchschriften erhält der jeweilige Lieferer. Der Lieferer hat eine der ihm zugegangenen Durchschriften der Suchtmittelsendung beizufügen.
(3) Die erteilten Abgabe- und Bezugsberechtigungen sind beim jeweiligen Lieferer und Empfänger als Nachweise gemäß § 4 Abs. 2 der Dritten Durchführungsbestimmung aufzubewahren.

§ 12

(1) Zur Einfuhr von Suchtmitteln sind Einfuhrgenehmigungen von den Außenhandelsbetrieben beim Zentralen Suchtmittelbüro nach Muster (Anlage 2) zu beantragen.
(2) Sofern dem Antrag entsprochen wird, stellt das Ministerium für Gesundheitswesen Einfuhrgenehmigungen nach Muster (Anlage 3) aus. Das Original und eine Durchschrift der Einfuhrgenehmigung erhält der Außenhandelsbetrieb, je eine weitere Durchschrift der Empfänger der Sendung und das im Einfuhrantrag angegebene Grenz- bzw. Postzollamt. Der Außenhandelsbetrieb leitet das Original an den ausländischen Vertragspartner zur Vorlage bei der für die Erteilung der Ausfuhrgenehmigung zuständigen staatlichen Stelle des Ausfuhrlandes weiter.
(3) Das zuständige Zollamt behandelt Einfuhrsendungen mit Suchtmitteln, für die ordnungsgemäße Einfuhrgenehmigungen vorliegen, nach den geltenden Zollverfahrensvorschriften. Die Rechtsvorschriften über die Einfuhr von Waren werden durch das Vorliegen der Einfuhrgenehmigung beim Zollamt nicht berührt. Der Empfänger der Sendung hat die Übereinstimmung der Art und Menge der eingeführten Suchtmittel mit den Bedingungen der Einfuhrgenehmigung zu bestätigen und die Einfuhrgenehmigung mit dieser Bestätigung sowie die der Sendung beigefügte Ausfuhrgenehmigung des Ausfuhrlandes unverzüglich dem Zentralen Suchtmittelbüro zu übersenden.

(4) Soweit die für die Erteilung von Ausfuhrgenehmigungen zuständige staatliche Stelle des jeweiligen Ausfuhrlandes Ausfuhrgenehmigungen an die entsprechende staatliche Stelle des jeweiligen Einfuhrlandes versendet, reicht das Ministerium für Gesundheitswesen diese nach Eintragung der eingeführten Menge an das Ausfuhrland zurück.
(5) Einfuhrgenehmigungen sind nicht übertragbar. Sie haben eine Geltungsdauer von höchstens einem Jahr, gerechnet vom Tage der Ausstellung an. Nach Ablauf ihrer Geltungsdauer sind nicht benutzte Einfuhrgenehmigungen an das Ministerium für Gesundheitswesen zurückzugeben. Dieses macht nicht benutzte Einfuhrgenehmigungen ungültig und teilt die Ungültigkeit den Stellen mit, die gemäß Abs. 2 eine Ausfertigung der Einfuhrgenehmigung erhalten haben.

§ 13

(1) Zur Ausfuhr von Suchtmitteln sind Ausfuhrgenehmigungen von den Außenhandelsbetrieben beim Zentralen Suchtmittelbüro nach Muster (Anlage 2) zu beantragen. Den Ausfuhranträgen ist jeweils die Einfuhrgenehmigung der hierfür zuständigen staatlichen Stelle des Einfuhrlandes beizufügen.
(2) Sofern dem Antrag entsprochen wird, stellt das Ministerium für Gesundheitswesen für jede Sendung — bei Lieferung in Teilsendungen auch für jede Teilsendung — Ausfuhrgenehmigungen nach Muster (Anlage 4) aus. Das Original und eine Durchschrift der Ausfuhrgenehmigung erhält der Außenhandelsbetrieb, eine weitere Durchschrift die zuständige staatliche Stelle des Einfuhrlandes zur Bestätigung der importierten Suchtmittelmenge an das Ministerium für Gesundheitswesen.
(3) Der Außenhandelsbetrieb beantragt vor Absendung der Suchtmittel die zollamtliche Abfertigung nach den zollrechtlichen Vorschriften. Die Durchschrift der Ausfuhrgenehmigung mit dem zollamtlichen Vermerk begleitet die Sendung.
(4) Ausfuhrgenehmigungen sind nicht übertragbar. Sie werden innerhalb des laufenden Kalenderjahres befristet. Nach Ablauf ihrer Geltungsdauer sind nicht benutzte Ausfuhrgenehmigungen an das Ministerium für Gesundheitswesen zurückzugeben; dieses macht nicht benutzte Ausfuhrgenehmigungen ungültig und teilt die Ungültigkeit den Stellen mit, die gemäß Abs. 2 eine Ausfertigung der Ausfuhrgenehmigung erhalten haben.
(5) Zur Ausfuhr bestimmte Suchtmittel dürfen innerhalb des Territoriums der Deutschen Demokratischen Republik nicht an den Empfänger oder einen von ihm Beauftragten ausgehändigt werden.

§ 14

(1) Bei der Durchfuhr von Suchtmitteln durch das Territorium der Deutschen Demokratischen Republik muß die die Suchtmittelsendung begleitende Ausfuhrgenehmigung folgende Angaben enthalten:

a) Ausfuhrland, Name und Anschrift des Lieferers,
b) Einfuhrland, Name und Anschrift des Empfängers,

c) Name der staatlichen Stelle, die die Einfuhrgenehmigung erteilt hat, sowie Nummer und Ausstellungsdatum der Einfuhrgenehmigung,
d) Art und Menge des Suchtmittels,
e) Geltungsdauer der Ausfuhrgenehmigung.

(2) Die Durchfuhr von Suchtmittelsendungen, die an ein anderes als das in der begleitenden Ausfuhrgenehmigung angegebene Einfuhrland weitergeleitet werden sollen, ist nicht zulässig.

§ 15

(1) Betriebe, Versorgungsdepots, Importlager und Apotheken schließen zum Bezug von Suchtmitteln Liefer- bzw. Kaufverträge ab.
(2) Apotheken dürfen suchtmittelhaltige Arzneimittel nur von den für sie zuständigen Versorgungsdepots oder vom Importlager beziehen.
(3) Bestellungen der Apotheken über suchtmittelhaltige Arzneimittel sind auf Bestellscheinen[4]) mit 4 Durchschriften auszufertigen, vom Apothekenleiter — soweit dieser zum Abschluß von Verträgen berechtigt ist, andernfalls von dem Berechtigten — zu unterzeichnen und jährlich fortlaufend zu numerieren. Verbleibende Leerzeilen sind zu streichen. Auf ausgeschriebenen Bestellscheinen dürfen keine Veränderungen vorgenommen werden. Die letzte Durchschrift bleibt fest mit dem Bestellscheinblock verbunden.
(4) Das Original und 3 Durchschriften des Bestellscheines sind dem Versorgungsdepot zu übergeben. Dieses trägt die tatsächlich gelieferten Mengen in das Original und die Durchschriften ein und übermittelt nach Gegenzeichnung durch den Suchtmittelbeauftragten je eine Durchschrift an die Apotheke und an den für die Apotheke zuständigen Bezirksapotheker. Die dritte Durchschrift dient der Abrechnung. Nachlieferungen auf einen nicht voll belieferten Bestellschein sind unzulässig. Die Apotheke hat die vom Versorgungsdepot zurückgegebene Durchschrift, das Versorgungsdepot das Original des Bestellscheines als Nachweis gemäß § 4 Abs. 2 der Dritten Durchführungsbestimmung aufzubewahren.

§ 16

(1) Suchtmittelbestellungen, Liefer- bzw. Kaufverträge über Suchtmittel sowie Rechnungen über die Belieferung mit Suchtmitteln dürfen nicht gleichzeitig andere Vertragsgegenstände enthalten. Sie sind als Nachweis gemäß § 4 Abs. 2 der Dritten Durchführungsbestimmung aufzubewahren.
(2) Rechnungen über Suchtmittellieferungen sind dem Empfänger in dreifacher Ausfertigung zu übergeben. Eine Ausfertigung hat der Empfänger innerhalb einer Woche nach Zugang der Rechnung und der Lieferung mit der Bestätigung des Eingangs der Lieferung dem Lieferer zurückzugeben. Die Bestätigung muß vom Suchtmittelbeauftragten, sofern kein Suchtmittelbeauftragter vorhanden ist, von dem sonst für den Umgang mit Suchtmitteln beim Empfänger Verantwortlichen unterschrieben sein. Die bestätigte Rechnung

ist vom Lieferer als Nachweis gemäß § 4 Abs. 2 der Dritten Durchführungsbestimmung aufzubewahren.
(3) Eine Ausfertigung der Rechnung ist für den im Abs. 2 Satz 3 genannten Verantwortlichen bestimmt. Der Verantwortliche hat die Rechnung als Nachweis gemäß § 4 Abs. 2 der Dritten Durchführungsbestimmung aufzubewahren.

§ 17

(1) Suchtmittel dürfen nur gesondert und nicht mit anderen Liefergegenständen zusammen verpackt transportiert werden. Suchtmittelsendungen sind zu versiegeln oder zu verplomben.
(2) Als Postsendungen dürfen Suchtmittel nur mit der Zusatzleistung „Wertangabe“ und einem anzugebenden Betrag von mehr als 1 000 M versandt werden.
(3) Suchtmittel dürfen mit der Eisenbahn nur als Expreßgut versandt werden. Die Expreßgutsendung ist außerdem zu versichern.
(4) Bei Transportschäden an Suchtmittelsendungen, die zu einer Verunreinigung oder zum teilweisen oder vollständigen Verlust der Suchtmittel geführt haben, ist unverzüglich das Zentrale Suchtmittelbüro zu benachrichtigen sowie bei der Deutschen Volkspolizei Anzeige zu erstatten.
(5) Im übrigen gelten für den Transport von Suchtmitteln die Vorschriften über den Transport von Giften.

§ 18 Bestimmungen über Entscheidungen und Beschwerdeverfahren

Entscheidungen nach dieser Durchführungsbestimmung sind schriftlich zu erteilen und, soweit Beschwerde gemäß § 19 Abs. 1 eingelegt werden kann, zu begründen. Sie sind den betroffenen Betrieben und Einrichtungen zu übermitteln.

§ 19

(1) Gegen die Versagung der Erlaubnis zum Verkehr mit Suchtmitteln gemäß § 5 Abs. 1, die Zurücknahme einer Erlaubnis zum Verkehr mit Suchtmitteln gemäß § 5 Abs. 3, die mit der Erlaubnis verbundenen Auflagen oder Festlegungen über den Inhalt und Umfang des Suchtmittelverkehrs gemäß § 5 Abs. 2 und die Ablehnung eines Antrages auf Erteilung einer Abgabe- und Bezugsberechtigung für Suchtmittel gemäß § 10 Abs. 1 kann Beschwerde eingelegt werden.
(2) Die von einer Entscheidung gemäß Abs. 1 betroffenen Betriebe und Einrichtungen sind darüber zu belehren, daß Beschwerde eingelegt werden kann.
(3) Die Beschwerde ist schriftlich unter Angabe der Gründe innerhalb einer Frist von 4 Wochen nach Zugang der Entscheidung beim Ministerium für Gesundheitswesen ein-

zulegen. Beschwerden gegen Entscheidungen, die veterinärmedizinische Belange betreffen, sind über das zuständige veterinärmedizinische Fachorgan im Kreis oder Bezirk beim Ministerium für Gesundheitswesen einzulegen.
(4) Die Beschwerde hat keine aufschiebende Wirkung.
(5) Über die Beschwerde ist innerhalb einer Frist von 2 Wochen nach ihrem Eingang zu entscheiden. Wird der Beschwerde nicht oder nicht in vollem Umfange stattgegeben, so ist sie innerhalb dieser Frist dem Minister für Gesundheitswesen zur Entscheidung vorzulegen. Der Einreicher der Beschwerde ist davon zu informieren. Über die Beschwerde entscheidet der Minister für Gesundheitswesen innerhalb weiterer 2 Wochen endgültig.
(6) Kann in Ausnahmefällen eine Entscheidung innerhalb der Frist nicht getroffen werden, ist rechtzeitig ein Zwischenbescheid unter Angabe der Gründe sowie des voraussichtlichen Abschlußtermins zu geben.
(7) Entscheidungen über Beschwerden haben schriftlich zu ergehen, sind zu begründen und den Einreichern der Beschwerden zuzusenden.

§ 20 Ordnungsstrafbestimmungen

(1) Wer

a) vorsätzlich oder fahrlässig ohne die gemäß § 3 Abs. 1 des Suchtmittelgesetzes erforderliche Ausnahmegenehmigung des Ministers für Gesundheitswesen oder ohne die erforderliche Abgabe- und Bezugsberechtigung oder Erlaubnis zum Verkehr mit Suchtmitteln oder ohne Einhaltung der mit einer solchen Erlaubnis verbundenen Auflagen oder Festlegungen über den Inhalt und Umfang des Suchtmittelverkehrs Suchtmittel gewinnt, herstellt, be- oder verarbeitet oder in sonstiger Weise mit Suchtmitteln umgeht, insbesondere sie behandelt, veräußert, abgibt, erwirbt, sich verschafft, besitzt oder aufbewahrt, ohne daß die Ordnung und Sicherheit im Verkehr mit Suchtmitteln erheblich beeinträchtigt wird,
b) fahrlässig Jugendliche unter 18 Jahren am Verkehr mit Suchtmitteln beteiligt,

kann mit Verweis oder Ordnungsstrafe von 10 bis 300 M belegt werden.

(2) Ist eine vorsätzliche Handlung nach Abs. 1 wiederholt innerhalb von 2 Jahren begangen und mit Ordnungsstrafe geahndet worden, kann eine Ordnungsstrafe bis zu 1 000 M ausgeprochen werden.
(3) Die Durchführung des Ordnungsstrafverfahrens obliegt dem Kreisarzt, bei Zuwiderhandlungen im Bereich des Veterinärwesens dem Kreistierarzt. Sofern die Ordnungswidrigkeit von einem Mitarbeiter eines Arzneimittelbetriebes, Versorgungsdepots oder des Importlagers begangen wurde, obliegt die Durchführung des Ordnungsstrafverfahrens dem Leiter des Zentralen Suchtmittelbüros.
(4) Für die Durchführung des Ordnungsstrafverfahrens und den Ausspruch von Ordnungsstrafmaßnahmen gilt das Gesetz vom 12. Januar 1968 zur Bekämpfung von Ordnungswidrigkeiten — OWG — (GBl. I Nr. 3 S. 101).

§ 21

(1) Wer vorsätzlich oder fahrlässig entgegen den Bestimmungen des § 7 des Suchtmittelgesetzes Suchtmittel oder Gegenstände, die der mißbräuchlichen Verwendung oder rechtswidrigen Veräußerung von Suchtmitteln dienen, über die Grenzen der Deutschen Demokratischen Republik ein- oder ausführt oder durch das Gebiet der Deutschen Demokratischen Republik durchführt, ohne daß die Ordnung und Sicherheit im Verkehr mit Suchtmitteln erheblich beeinträchtigt wird, kann durch die Dienststellen der Zollverwaltung der Deutschen Demokratischen Republik mit einer Strafverfügung bis zu 5000 M belegt werden.
(2) Für das Verfahren und den Ausspruch von Strafverfügungen durch die Dienststellen der Zollverwaltung der Deutschen Demokratischen Republik gelten die §§ 40 bis 42 OWG und die Verordnung vom 24. Juni 1971 über die Verfolgung von Zoll- und Devisenverstößen und das Beschwerdeverfahren gegen Entscheidungen im grenzüberschreitenden Waren-, Devisen- und Geldverkehr (GBl. II Nr. 54 S. 480).

§ 22 **Schlußbestimmungen**

Die Vorschriften des § 15 Absätze 3 und 4, des § 17 Absätze 1 bis 4 sowie des § 16 für die Lieferbeziehungen zwischen Versorgungsdepots bzw. Importlager und Apotheken gelten nicht für die Suchtmittel, die im Teil II B des Suchtmittelverzeichnisses (Anlage 1) enthalten sind.

§ 23

Diese Durchführungsbestimmung tritt am 15. Mai 1974 in Kraft.

Anlage 1

zu § 1 vorstehender Erster Durchführungsbestimmung

Suchtmittelverzeichnis[7])

Teil I

Suchtmittel, mit denen der Verkehr gemäß § 1 Abs. 3 des Suchtmittelgesetzes verboten ist:

Äthylpsilozin
    3-(2-Diäthylaminoäthyl)-4-hydroxyindol
Äthylpsilozybin
    3-(2-Diäthylaminoäthyl)-indolyl-(4)-dihydrogenphosphat

Cannabis (Indischer Hanf) und Cannabisharz
3-Despentyl-3-(1,2-dimethylheptyl)-tetrahydrokannabinol (DMHP)
3-Despentyl-3-hexyl-tetrahydrokannabinol (Parahexyl)
N,N-Diäthyltryptamin (DET)
2,5-Dimethoxy-4,α-dimethylphenäthylamin (STP, DOM)
N,N-Dimethyltryptamin (DMT)
Etorphin
 3-Hydroxy-7α-(1-hydroxy-1-methylbutyl)-6-methoxy-N-methyl-6,14-endo-ätheno-4,5-epoxymorphinan
Heroin
 Diazetylmorphin
Lysergid
 (+)-Lysergsäurediäthylamid (LSD)
Meskalin
 3,4,5-Trimethoxyphenäthylamin
Psilozin
 3-(2-Dimethylaminoäthyl)-4-hydroxyindol
Psilozybin
 3-(2-Dimethylaminoäthyl)-indolyl-(4)-dihydrogenphosphat
Tetrahydrokannabinol
 3-Pentyl-6,6,9-trimethyl-6a,7,10,10a-tetrahydro-6H-dibenzo [b,c]pyran-1-ol
und

a) ihre Isomere, Ester und Äther, sofern solche nach ihrer chemischen Struktur existieren können,
b) ihre Salze einschließlich der Salze ihrer Isomere, Ester und Äther, sofern diese Salze nach ihrer chemischen Struktur existieren können, sowie
c) ihre Zubereitungen einschließlich der Zubereitungen ihrer Isomere, Ester und Äther, der Zubereitungen ihrer Salze sowie der Zubereitungen der Salze ihrer Isomere, Ester und Äther.

Teil II

Suchtmittel die gemäß § 4 Abs. 3 des Suchtmittelgesetzes in Verbindung mit § 2 Abs. 2 vorstehender Erster Durchführungsbestimmung zum Verkehr zugelassen sind und als Bestandteile von Arzneimitteln verwendet werden dürfen:

A

(Suchtmittel, für die mit Ausnahme des § 1 Abs. 3 des Suchtmittelgesetzes sämtliche suchtmittelrechtlichen Vorschriften Anwendung finden.)

Amphetaminil
α-(α-Methylphenäthylamino)-
α-phenylazetonitril
Diphenoxylat
1-(3,3-Diphenyl-3-zyanpropyl)-4-phenylpiperidin-4-karbonsäureäthylester
Fentanyl
N-[1-Phenäthylpiperidyl-(4)]-propionanilid
Kokain
3β-Benzoyloxy-2β-karbomethoxytropan
Methadon
2-Dimethylamino-4,4-diphhenylheptanon-(5)
Methamphetamin
(+)-2-Methylamino-1-phenylpropan
Methylphenidat
2-Phenyl-2-(2-piperidyl)-essigsäuremethylester
Morphin
3,6-Dihydroxy-N-methyl-4,5-epoxymorphinen-(7)
Normethadon
1-Dimethylamino-3,3-dipenylhexanon-(4)
Opium
Oxykodon
14-Hydroxy-3-methoxy-N-methyl-6-oxo-4,5-epoxymorphinan
Pethidin
1-Methyl-4-phenylpiperidin-4-karbonsäureäthylester
Piritramid
1-(3,3-Diphenyl-3-zyanpropyl)-4-(1'-piperidino)-piperidin-4-karbonsäureamid
und

a) ihre Salze, sofern diese Salze nach ihrer chemischen Struktur existieren können, sowie
b) ihre Zubereitungen einschließlich der Zubereitungen ihrer Salze mit Ausnahme der

1. Zubereitungen von Amphetaminil und seiner Salze als Arzneifertigware in Drageeform, sofern ein Dragee nicht mehr als 0,01 g Amphetaminil, als Base berechnet, und die abgabefertige Abpackung nicht mehr als 30 Dragees enthält,

2. Zubereitungen von Diphenoxylat und seiner Salze als Arzneifertigware in Tablettenform, sofern eine Tablette nicht mehr als 0,0025 g Diphenoxylat, als Base berechnet, und mindestens 0,000025 g Atropinsulfat, und die abgabefertige Abpackung nicht mehr als 20 Tabletten enthält,

3. Zubereitungen von Methylphenidat und seiner Salze als Arzneifertigware in Tablettenform, sofern eine Tablette nicht mehr als 0,01 g Methylphenidat, als Base berechnet, und die abgabefertige Abpackung nicht mehr als 10 Tabletten enthält,

4. Zubereitungen von Normethadon und seiner Salze als Arzneifertigware in Tablettenform oder als Lösung, sofern eine Tablette nicht mehr als 0,0075 g Normethadon und mindestens 0,0075 g Ephedrinhydrochlorid bzw. die Lösung nicht mehr als 1 Masseprozent Normethadon und zusätzlich mindestens 1 Masseprozent Ephedrinhydrochlorid und die abgabefertige Abpackung nicht mehr als 0,1 g Normethadon, jeweils als Base berechnet, enthält.

Die unter den Ziffern 1 bis 4 genannten Zubereitungen unterliegen nicht den suchtmittelrechtlichen Vorschriften.

B

(Suchtmittel, für die sämtliche suchtmittelrechtlichen Vorschriften Anwendung finden mit Ausnahme des § 1 Abs. 3 des Suchtmittelgesetzes sowie der im § 22 vorstehender Erster Durchführungsbestimmung und der im § 25 der Dritten Durchführungsbestimmung genannten Bestimmungen.)

Äthylmorphin
  3-Äthoxy-6-hydroxy-N-methyl-4,5-epoxymorphinen-(7)
Dihydrokodein
  6-Hydroxy-3-methoxy-N-methyl-4,5-epoxymorphinan
Kodein
  6-Hydroxy-3-methoxy-N-methyl-4,5-epoxymorphinen-(7)
und

a) ihre Salze sowie
b) ihre Zubereitungen einschließlich der Zubereitungen ihrer Salze mit Ausnahme der Zubereitungen, die einen oder mehrere andere Bestandteile enthalten und deren Suchtmittelgehalt, als Base berechnet, bei einzeldosierten Zubereitungen nicht mehr als 0,1 g je abgeteilte Form, bei mehrfach dosierten Zubereitungen nicht mehr als 2,5 Masseprozent beträgt.
   Diese ausgenommenen Zubereitungen unterliegen nicht den suchtmittelrechtlichen Vorschriften.

Teil III

Suchtmittel, die gemäß § 4 Abs. 4 des Suchtmittelgesetzes zum Verkehr zugelassen sind:

Äthylmethylthiambuten
  3-(Äthylmethylamino)-1,1-bis-[thienyl-(2)]-buten-(1)
Allylprodin
  3-Allyl-1-methyl-4-phenyl-4-propionyloxypiperidin
Alphameprodin
  α-3-Äthyl-1-methyl-4-phenyl-4-propionyloxypiperidin

Alphamethanol
α-6-Dimethylamino-4,4-diphenylheptanol-(3)
Alphaprodin
α-1,3-Dimethyl-4-phenyl-4-propionyloxypiperidin
Alphazetylmethanol
α-3-Azetoxy-6-dimethylamino-4,4-diphenylheptan
Amphetamin
(±)-2-Amino-1-phenylpropan
Anileridin
1-(4-Aminophenäthyl)-4-phenylpiperidin-4-karbonsäureäthylester
Azetorphin
3-Azetoxy-7α-(1-hydroxy-1-methylbutyl)-6-methoxy-N-methyl-6,14-endo-ätheno-4,5-epoxymorphinan
Azetyldihydrokodein
6-Azetoxy-3-methoxy-N-methyl-4,5-epoxymorphinan
Azetylmethanol
3-Azetoxy-6-dimethylamino-4,4-diphenylheptan
Benzethidin
1-[2-(Benzyloxy)-äthyl]-4-phenylpiperidin-4-karbonsäureäthylester
Benzylmorphin
3-Benzylmorphin
Betameprodin
β-3-Äthyl-1-methyl-4-phenyl-4-propionyloxypiperidin
Betamethadol
β-6-Dimethylamino-4,4-diphenylheptanol-(3)
Betaprodin
β-1,3-Dimethyl-4-phenyl-4-propionyloxypiperidin
Betazetylmethadol
β-3-Azetoxy-6-dimethylamino-4,4-diphenylheptan
Bezitramid
1-[1-(3,3-Diphenyl-3-zyanpropyl)-piperidyl-(4)]-3-propionylbenzimidazolinon-(2)
Desomorphin
7,8-Dihydro-6-deshydroxymorphin
Dexamphetamin
(+)-2-Amino-1-phenylpropan
Dextromoramid
(+)-N-(3-Methyl-4-morpholino-2,2-diphenylbutyryl)-pyrrolidin
Diäthylthiambuten
3-Diäthylamino-1,1-bis-[thienyl-(2)]-buten-(1)
Diampromid
N-[2-Methylphenäthylamino)-propyl]-propionanilid

Dihydromorphin
7,8-Dihydromorphin
Dimenoxadol
(2-Dimethylaminoäthyl)-1-äthoxy-1,1-diphenylazetat
Dimepheptanol
6-Dimethylamino-4,4-diphenylheptanol-(3)
Dimethylthiambuten
3-Dimethylamino-1,1-bis-[thienyl-(2)]-buten-(1)
Dioxaphetylbutyrat
4-Morpholino-2,2-diphenylbutansäureäthylester
Dipipanon
4,4-Diphenyl-6-piperidinoheptanon-(3)
Drotebanol
3,4-Dimethoxy-17-methylmorphinan-6β,14-diol
Ekgonin
(—)-3-Hydroxytropan-2-karbonsäure und Derivate, die sich zu Ekgonin und Kokain umsetzen lassen
Etonitazen
2-(4-Äthoxybenzyl)-1-(2-diäthylaminoäthyl)-5-nitrobenzimidazol
Etoxeridin
1-[2-(2-Hydroxyäthoxy)-äthyl]-4-phenylpiperidin-4-karbonsäureäthylester
Furethidin
1-(2-Tetrahydrofurfuryloxyäthyl)-4-phenylpiperidin-4-karbonsäureäthylester
Hydrokodon
3-Methoxy-N-methyl-6-oxo-4,5-epoxymorphinan
Hydromorphinol
7,8-Dihydro-14-hydroxymorphin
Hydromorphon
3-Hydroxy-N-methyl-6-oxo-4,5-epoxymorphinan
Hydroxypethidin
4-(3-Hydroxyphenyl)-1-methylpiperidin-4-karbonsäureäthylester
Isomethadon
6-Dimethylamino-5-methyl-4,4-diphenylhexanon-(3)
Ketobemidon
4-(3-Hydroxyphenyl)-1-methyl-4-propionylpiperidin
Klonitazen
2-(4-Chlorbenzyl)-1-(2-diäthylaminoäthyl)-5-nitrobenzimidazol
Kodoxim
7,8-Dihydrokodeinon-6-karboxymethyloxim
Koka-Blätter

Levomethorphan
(—)-3-Methoxy-N-methylmorphinan
Levomoramid
(—)-N-(3-Methyl-4-morpholino-2,2-diphenylbutyryl)-pyrrolidin
Levophenazylmorphan
(—)-3-Hydroxy-N-phenazylmorphinan
Levorphanol
(—)-3-Hydroxy-N-methylmorphinan
Lysergsäure und alle Derivate, die sich zu Lysergsäurediäthylamid umsetzen lassen
Metazozin
8-Hydroxy-2,6-methano-3,6,11-trimethyl-1,2,3,4,5,6-hexahydro-3-benzazozin
Methadon-Zwischenprodukt
2-Dimethylamino-4,4-diphenyl-4-zyanbutan
Methyldesorphin
3-Hydroxy-6,N-dimethyl-4,5-epoxymorphinen-(6)
Methyldihydromorphin
3,6-Dihydroxy-6,N-dimethyl-4,5-epoxymorphinan
Metopon
5,N-Dimethyl-3-hydroxy-6-oxo-4,5-epoxymorphinan
Mohnstrohkonzentrat
Moramid-Zwischenprodukt
2-Methyl-3-morpholino-1,1-diphenylbutansäure
Morpheridin
1-(2-Morpholinoäthyl)-4-phenylpiperidin-4-karbonsäureäthylester
Morphinmethylbromid und andere Morphinderivate mit fünfbindigem Stickstoff, insbesondere Morphin-N-oxid-Derivate, wie z. B. Kodein-N-oxid
Morphin-N-oxid
Myrophin
3-Benzyl-6-myristylmorphin
Nikodikodin
7,8-Dihydrokodein-6-nikotinat
Nikokodin
Kodein-6-nikotinat
Nikomorphin
Morphin-3,6-dinikotinat
Norazymethadol
(±)-α-3-Azetoxy-6-methylamino-4,4-diphenylheptan
Norkodein
N-Desmethylkodein
Norlevorphanol
(—)-3-Hydroxymorphinan

Normorphin
Desmethylmorphin
Norpipanon
4,4-Diphenyl-6-piperidinohexanon-(3)
Oxymorphon
3,14-Dihydroxy-N-methyl-6-oxo-4,5-epoxymorphinan
Pethidin-Zwischenprodukt A
1-Methyl-4-phenyl-4-zyanpiperidin
Pethidin-Zwischenprodukt B
4-Phenylpiperidin-4-karbonsäureäthylester
Pethidin-Zwischenprodukt C
1-Methyl-4-phenylpiperidin-4-karbonsäure
Phenadoxon
6-Morpholino-4,4-diphenylheptanon-(3)
Phenampromid
N-(1-Methyl-2-piperidinoäthyl)-propionanilid
Phenazozin
8-Hydroxy-6,11-dimethyl-3-phenäthyl-1,2,3,4,5,6-hexahydro-2,6-methano-3-benzazozin
Phenmetrazin
3-Methyl-2-phenylmorpholin
Phenomorphan
3-Hydroxy-N-phenäthylmorphinan
Phenoperidin
1-(3-Hydroxy-3-phenylpropyl)-4-phenylpiperidin-4-karbonsäureäthylester
Phenzyklidin
1-(1-Phenylzyklohexyl)-piperidin
Pholkodin
6-Hydroxy-N-methyl-3-(2-morpholinoäthoxy)-4,5-epoxymorphinen-(7)
Piminodin
4-Phenyl-1-(3-phenylaminopropyl)-piperidin-4-karbonsäureäthylester
Proheptazin
1,3-Dimethyl-4-phenyl-4-propionyloxyperhydroazepin
Properidin
1-Methyl-4-phenylpiperidin-4-karbonsäureisopropylester
Propiram
N-(1-Methyl-2-piperidinoäthyl)-N-(2-pyridyl)-propionamid
Razemethorphan
(±)-3-Methoxy-N-methylmorphinan
Razemoramid
(±)-N-(3-Methyl-4-morpholino-2,2-diphenylbutyryl)-pyrrolidin

Razemorphan
(±)-3-Hydroxy-N-methylmorphinan
Thebain
3,6-Dimethoxy-N-methyl-4,5-epoxymorphinadien-(6,8)
Thebakon
6-Azetoxy-3-methoxy-N-methyl-4,5-epoxymorphinen-(6)
Trimeperidin
1,2,5-Trimethyl-4-phenyl-4-propionyloxypiperidin
und

a) ihre Isomere, Ester und Äther, sofern solche nach ihrer chemischen Struktur existieren können und diese nicht Bestandteil der Teile I und II des Suchtmittelverzeichnisses sind, mit Ausnahme von
Levamphetamin
(—)-2-Amino-1-phenylpropan,
Dextrometorphan
(+)-3-Methoxy-N-methylmorphinan,
Dextrorphan
(+)-3-Hydroxy-N-methylmorphinan,
die nicht den suchtmittelrechtlichen Vorschriften unterliegen,

b) bisher nicht genannte Isomere, Ester, Äther und Rohprodukte der im Teil II des Suchtmittelverzeichnisses aufgeführten Substanzen, sofern solche existieren können und nicht bereits in den Teilen I und II des Suchtmittelverzeichnisses enthalten sind,

c) ihre Salze einschließlich der Salze der gemäß Buchstaben a und b dem Teil III des Suchtmittelverzeichnisses unterstellten Verbindungen, sofern diese Salze nach ihrer chemischen Struktur existieren können, sowie

d) ihre Zubereitungen einschließlich der Zubereitungen der gemäß Buchstaben a, b und c dem Teil III des Suchtmittelverzeichnisses unterstellten Verbindungen mit Ausnahme der Zubereitungen von

Azetyldihydrokodein,
Nikodikodin,
Norkodein,
Pholkodin sowie
von deren Salzen, die einen oder mehrere andere Bestandteile enthalten und deren Suchtmittelgehalt, als Base berechnet, bei einzeldosierten Zubereitungen nicht mehr als 0,1 g je abgeteilte Form, bei mehrfach dosierten Zubereitungen nicht mehr als 2,5 Masseprozent beträgt. Die ausgenommenen Zubereitungen unterliegen nicht den suchtmittelrechtlichen Vorschriften.

Anlage 2

zu den §§ 12 Abs. 1 und 13 Abs. 1
vorstehender Erster Durchführungsbestimmung

Muster eines Antrages
zur Einfuhr/Ausfuhr[5]) von Suchtmitteln

Name und Anschrift des Antragstellers ....

....

Name und Anschrift des Empfängers ....

....

Name und Anschrift des Lieferers ....

....

Ausfuhr / Einfuhrland[5]) ....

Einfuhrgenehmigung[6]) ....
(Nummer, Datum, staatliche Stelle des Einfuhrlandes)

Eingangs-Grenzzollamt / -Postzollamt[5]) ....

Art und Menge des Suchtmittels	Reingewicht kg

Besondere Bemerkungen:

Ort/Datum Stempel/Siegel Unterschrift des Antragstellers

Anlage 3

zu § 12 Abs. 2 vorstehender Erster Durchführungsbestimmung

Ministerrat der Deutschen Demokratischen Republik
Ministerium für Gesundheitswesen

.... Ausfertigung

Einfuhrgenehmigung Nr. ...

(nicht übertragbar)

Name und Anschrift des Antragstellers ....

....

Name und Anschrift des Empfängers ....

....

Name und Anschrift des Lieferers ....

....

Ausfuhrland ....

Eingangs-Grenzzollamt / -Postzollamt[5]) ....

Art und Menge des Suchtmittels	Reingewicht kg

Auf Grund des § 12 Abs. 2 der Ersten Durchführungsbestimmung vom 28. Januar 1974 zum Suchtmittelgesetz — Unterstellte Substanzen, Erlaubnisse, Abgabe- und Bezugsberechtigungen, Ein-, Aus- und Durchfuhr — (GBl. I Nr. 16 S. 149) genehmigt das Ministerium für Gesundheitswesen die Einfuhr der vorstehend aufgeführten Suchtmittel. Die die Suchtmittelsendung begleitenden Frachtdokumente sind durch folgende Aufschrift zu kennzeichnen:

„Suchtmittelsendung. Einfuhrgenehmigung ist beim Grenzzollamt/Postzollamt[5]) .... hinterlegt."

Die Einfuhrgenehmigung hat eine Geltungsdauer bis zum ....

Ort/Datum Siegel Unterschrift

Bei Nichtbenutzung sofort zurück an das Ministerium für Gesundheitswesen.

Anlage 4

zu § 13 Abs. 2
vorstehender Erster Durchführungsbestimmung

Ministerrat der Deutschen Demokratischen Republik
Ministerium für Gesundheitswesen

.... Ausfertigung

Ausfuhrgenehmigung Nr. . . .

(nicht übertragbar)

Name und Anschrift des Antragstellers ....

....

Name und Anschrift des Lieferers ....

....

Name und Anschrift des Empfängers ....

....

Einfuhrland ....

Einfuhrgenehmigung ....
(Nummer, Datum, staatliche Stelle des Einfuhrlandes)

Art und Menge des Suchtmittels	Reingewicht kg

Auf Grund des § 13 Abs. 2 der Ersten Durchführungsbestimmung vom 28. Januar 1974 zum Suchtmittelgesetz — Unterstellte Substanzen, Erlaubnisse, Abgabe- und Bezugsberechtigungen, Ein-, Aus- und Durchfuhr — (GBl. I Nr. 16 S. 149) genehmigt das Ministerium für Gesundheitswesen die Ausfuhr der vorstehend aufgeführten Suchtmittel.
Die Ausfuhrgenehmigung hat eine Geltungsdauer bis zum ....

Ort/Datum Siegel Unterschrift

Zollamtliche Abfertigung[5])

Kontrollstempel: Unterschrift

Bestätigung durch die zuständige staatliche Stelle des Einfuhrlandes[5])

Ort/Datum Stempel/Siegel Unterschrift

Nach Bestätigung bzw. bei Nichtbenutzung ist die Ausfuhrgenehmigung an das Ministerium für Gesundheitswesen zurückzusenden.

[1]) Abgedruckt unter E **01** 01.
[2]) Abgedruckt unter E **03** 01.
[3]) Abgedruckt unter E **02** 01.
[4]) Best.-Nr. 9630 VV Freiberg.
[5]) Nichtzutreffendes streichen.
[6]) Nur bei Ausfuhranträgen ausfüllen.
[7]) Die aufgeführten Suchtmittel wurden in der im Original verwendeten Schreibweise wiedergegeben; daraus ergeben sich Abweichungen von den IUPAC-Regeln.

Bekanntmachung über den Beitritt der Deutschen Demokratischen Republik zur Einheitlichen Konvention vom 30. März 1961 über Suchtmittel

vom 28. Juni 1976
(GBl. II Nr. 10 S. 239)

Es wird hierdurch bekanntgemacht, daß am 2. Dezember 1975 die Beitrittsurkunde der Deutschen Demokratischen Republik zur Einheitlichen Konvention vom 30. März 1961 über Suchtmittel hinterlegt wurde.
Bei der Hinterlegung der Beitrittsurkunde wurde von seiten der Deutschen Demokratischen Republik zu Artikel 12 Absätze 2 und 3, Artikel 13 Absatz 2, Artikel 14 Absätze 1 und 2 und Artikel 31 Absatz 1 (b) der Konvention folgender Vorbehalt erklärt:

„Die Deutsche Demokratische Republik betrachtet sich nicht an die Bestimmungen des Artikels 12 Absätze 2 und 3, des Artikels 13 Absatz 2, des Artikels 14 Absätze 1 und 2 und des Artikels 31 Absatz 1 (b) der Konvention gebunden, soweit sie Staaten betreffen, die nicht die Möglichkeit haben, gemäß Artikel 40 der Konvention Mitglied dieser Konvention zu werden."

Zu Artikel 48 Absatz 2 der Konvention wurde folgender Vorbehalt erklärt:

„Die Deutsche Demokratische Republik betrachtet sich nicht an die Bestimmung des Artikels 48 Absatz 2 der Konvention gebunden, die die obligatorische Gerichtsbarkeit des Internationalen Gerichtshofes vorsieht, und vertritt hinsichtlich der Zuständigkeit des Internationalen Gerichtshofes für Streitfälle, die sich aus der Auslegung oder Anwendung der Konvention ergeben, die Auffassung, daß in jedem einzelnen Fall die Zustimmung aller am Streitfall beteiligten Parteien für die Überweisung eines bestimmten Streitfalles zur Entscheidung an den Internationalen Gerichtshof erforderlich ist."

Zu den Artikeln 40 und 42 der Konvention gab die Deutsche Demokratische Republik folgende Erklärung ab:

Zu Artikel 40 der Konvention:

„Die Deutsche Demokratische Republik ist der Auffassung, daß die Bestimmungen des Artikels 40 der Konvention im Widerspruch zu dem Prinzip stehen, wonach alle Staaten, die sich in ihrer Politik von den Zielen und Grundsätzen der Charta der Vereinten Nationen leiten lassen, das Recht haben, Mitglied von Konventionen zu werden, die die Interessen aller Staaten berühren."

Zu Artikel 42 der Konvention:

„Die Deutsche Demokratische Republik läßt sich in ihrer Haltung zu den Bestimmungen des Artikels 42 der Konvention, soweit sie die Anwendung der Konvention auf Kolonialgebiete und andere abhängige Territorien betreffen, von den Festlegungen der Deklaration der Vereinten Nationen über die Gewährung der Unabhängigkeit an die kolonialen Länder und Völker (Res. Nr. 1514 [XV] vom 14. Dezember 1960) leiten, welche die Notwendigkeit einer schnellen und bedingungslosen Beendigung des Kolonialismus in allen seinen Formen und Äußerungen proklamieren."

Die Konvention ist gemäß ihrem Artikel 41 Absatz 2 für die Deutsche Demokratische Republik am 1. Januar 1976 in Kraft getreten.
Der Text der Konvention wird im Sonderdruck Nr. 880 des Gesetzblattes veröffentlicht.

Berlin, den 28. Juni 1976

Einheitliche Konvention über Suchtmittel, 1961

(GBl. Sonderdruck Nr. 880)

Präambel

Die Teilnehmer.

Bemüht um die Gesundheit und das Wohlergehen der Menschheit,
In der Erkenntnis, daß die medizinische Anwendung von Suchtmitteln zur Linderung von Schmerzen und Leiden nach wie vor unentbehrlich ist und daß ausreichende Vorkehrungen getroffen werden müssen, die Verfügbarkeit von Suchtmitteln dafür zu gewährleisten,
in der Erkenntnis, daß die Sucht nach Rauschgiften für den einzelnen ein ernstes Übel und für die Menschheit eine soziale und wirtschaftliche Gefahr ist,
Im Bewußtsein ihrer Pflicht, dieses Übel zu verhüten und zu bekämpfen,
Unter Berücksichtigung, daß wirksame Maßnahmen gegen den Mißbrauch von Suchtmitteln ein koordiniertes und universelles Handeln erfordern,
In Verständnis dafür, daß ein solches universelles Handeln eine von den gleichen Grundsätzen geleitete und auf gemeinsame Ziele gerichtete internationale Zusammenarbeit verlangt,
In Anerkennung der Zuständigkeit der Vereinten Nationen auf dem Gebiet der Suchtmittelkontrolle und in dem Wunsch, die betreffenden internationalen Organe in das System dieser Organisation einzubeziehen,
In dem Wunsch, eine allgemein annehmbare internationale Konvention abzuschließen, die die bestehenden Verträge über Suchtmittel ersetzt, die Verwendung derartiger Mittel auf medizinische und wissenschaftliche Zwecke beschränkt und eine ständige internationale Zusammenarbeit und Kontrolle zur Verwirklichung dieser Grundsätze und Ziele sichert,
Kommen hiermit wie folgt überein:

Artikel 1

Begriffsbestimmungen

(1) Sofern nicht ausdrücklich anders angegeben oder der Zusammenhang es anders verlangt, werden die folgenden Begriffsbestimmungen in der Konvention durchgängig verwendet:

a) „Behörde" bedeutet die Internationale Suchtmittel-Kontrollbehörde.
b) „Cannabis" bezeichnet die Blüten- oder Fruchtstände der Cannabispflanze (aus-

genommen Samen und Blätter, die nicht mit Ständen vermischt sind), denen das Harz nicht entzogen worden ist, unabhängig von ihrer Bezeichnung.

c) „Cannabispflanze" bezeichnet jede Pflanze der Gattung Cannabis.

d) „Cannabisharz" bezeichnet das aus der Cannabispflanze abgesonderte Harz, gleich, ob roh oder gereinigt.

e) „Kokastrauch" bezeichnet jede Pflanzenart der Gattung Erythroxylon.

f) „Kokablatt" bezeichnet das Blatt des Kokastrauchs, sofern nicht dem Blatt das gesamte Ekgonin, Kokain und alle sonstigen Ekgonin-Alkaloide entzogen worden sind.

g) „Kommission" bedeutet die Suchtmittel-Kommission des Rates.

h) „Rat" bedeutet den Wirtschafts- und Sozialrat der Organisation der Vereinten Nationen.

i) „Anbau" bedeutet den Anbau des Opiummohns, Kokastrauchs oder der Cannabispflanze.

j) „Suchtmittel" sind alle in den Listen I bis II enthaltenen natürlichen oder synthetischen Substanzen.

k) „Vollversammlung" bedeutet die Vollversammlung der Organisation der Vereinten Nationen.

l) „Illegaler Verkehr" bedeutet Anbau von oder Verkehr mit Suchtmitteln entgegen den Bestimmungen der vorliegenden Konvention.

m) „Einfuhr" und „Ausfuhr" bedeuten in ihrem jeweiligen Zusammenhang das Verbringen von Suchtmitteln aus einem Staat in einen anderen Staat oder aus einem Gebiet in ein anderes Gebiet desselben Staates.

n) „Herstellung" bedeutet alle Verfahren, mit denen Suchtmittel erzeugt werden können, einschließlich der Reinigung und der Umwandlung von Suchtmitteln in andere Suchtmittel. Ausgenommen ist die Gewinnung von Suchtmitteln.

o) „Medizinisches Opium" bezeichnet Opium, das die für den medizinischen Gebrauch erforderliche Bearbeitung erfahren hat.

p) „Opium" bezeichnet den geronnenen Saft des Opiummohns.

q) „Opiummohn" bezeichnet die Pflanzenart Papaver somniferum L.

r) „Mohnstroh" bezeichnet alle Teile des Opiummohns nach der Mahd, mit Ausnahme der Samen.

s) „Zubereitung" bezeichnet eine feste oder flüssige Mischung, die ein Suchtmittel enthält.

t) „Gewinnung" bedeutet die Trennung des Opiums, der Kokablätter, des Cannabis und des Cannabisharzes von den Pflanzen, aus denen sie gewonnen werden.

u) „Liste I", „Liste II", „Liste III" und „Liste IV" bedeuten die entsprechend numerierten Listen der Suchtmittel oder Zubereitungen, die dieser Konvention beigefügt sind und die von Zeit zu Zeit in Übereinstimmung mit Artikel 3 ergänzt werden.

v) „Generalsekretär" bedeutet den Generalsekretär der Organisation der Vereinten Nationen.

w) „Sonderbestände" bezeichnet die Suchtmittelmengen, die in einem Staat oder Gebiet von der Regierung für besondere staatliche Zwecke und außergewöhnliche Umstände gehalten werden; der Begriff „besondere Zwecke" ist entsprechend auszulegen.

x) „Bestände" bezeichnet die Suchtmittelmengen, die in einem Staat oder Gebiet gehalten werden und bestimmt sind für:

i) Verbrauch in dem Staat oder Gebiet für medizinische und wissenschaftliche Zwecke,
ii) Verwendung in dem Staat oder Gebiet für die Herstellung von Suchtmitteln und anderen Substanzen oder
iii) Ausfuhr.

Ausgenommen sind jedoch die Suchtmittelmengen, die in dem Staat oder Gebiet gehalten werden

iv) von Apothekern oder anderen berechtigten Einzelverteilern bzw. von Einrichtungen oder qualifizierten Personen für genehmigte therapeutische oder wissenschaftliche Tätigkeiten oder
y) als „Sonderbestände".

y) „Gebiet" bedeutet jeden Teil eines Staates, der bei der Anwendung des Systems von Einfuhr- und Ausfuhrgenehmigungen gemäß Artikel 31 als gesonderte Einheit behandelt wird. Diese Begriffsbestimmung gilt nicht für den Begriff „Gebiet", wie er in den Artikeln 42 und 46 verwendet wird.

(2) Im Sinne dieser Konvention wird ein Suchtmittel als „verbraucht" betrachtet, wenn es einer Person oder einem Unternehmen zur Einzelverteilung, zur medizinischen Verwendung oder zur wissenschaftlichen Forschung geliefert worden ist; der Begriff „Verbrauch" ist entsprechend auszulegen.

Artikel 2

Unter Kontrolle stehende Substanzen

(1) Abgesehen von den Kontrollmaßnahmen, die auf bestimmte Suchtmittel beschränkt sind, unterliegen die Suchtmittel der Liste I allen Kontrollmaßnahmen, die auf die dieser Konvention unterstellten Suchtmittel anwendbar sind, insbesondere denjenigen, die in den Artikeln 4 Buchstabe c, 19, 20, 21, 29, 30, 31, 32, 33, 34 und 37 vorgeschrieben werden.
(2) Die Suchtmittel der Liste II unterliegen denselben Kontrollmaßnahmen wie die Suchtmittel der Liste I, ausgenommen die im Artikel 30 Absätze 2 und 5 vorgeschriebenen Maßnahmen in bezug auf den Einzelhandel.
(3) Andere Zubereitungen als die der Liste III unterliegen denselben Kontrollmaßnahmen wie die Suchtmittel, die sie enthalten; für diese Zubereitungen sind jedoch neben den für die in ihnen enthaltenen Suchtmittel erforderlichen keine gesonderten Schätzungen

(Artikel 19) und Statistiken (Artikel 20) notwendig und Artikel 29 Absatz 2 Buchstabe c sowie Artikel 30 Absatz 1 Buchstabe b Unterbuchstabe ii brauchen nicht angewandt zu werden.

(4) Die Zubereitungen der Liste III unterliegen denselben Kontrollmaßnahmen wie die Zubereitungen, die Suchtmittel der Liste II enthalten, mit der Ausnahme, daß Artikel 31 Absätze 1 Buchstabe b und 4 bis 15 nicht angewandt zu werden brauchen und daß die für Schätzungen (Artikel 19) und Statistiken (Artikel 20) verlangten Angaben auf die bei der Herstellung dieser Zubereitungen verwendeten Suchtmittelmengen zu beschränken sind.

(5) Die Suchtmittel der Liste IV sind auch Bestandteil der Liste I und unterliegen allen Kontrollmaßnahmen, die auf Suchtmittel der letztgenannten Liste anzuwenden sind; zusätzlich

a) ergreift jeder Teilnehmer alle besonderen Kontrollmaßnahmen, die er wegen der besonders gefährlichen Eigenschaften dieser Suchtmittel für erforderlich hält,
b) verbietet jeder Teilnehmer, wenn er auf Grund der in seinem Staat vorhandenen Bedingungen es als die geeignetste Maßnahme zum Schutz der Gesundheit und des Wohlergehens der Bevölkerung hält, die Gewinnung, Herstellung, Aus- und Einfuhr, den Handel, Besitz oder die Verwendung dieser Suchtmittel, mit Ausnahme der Mengen, die nur für medizinische und wissenschaftliche Forschung einschließlich klinischer Versuche notwendig sind; derartige Versuche sind unter unmittelbarer Aufsicht und Kontrolle des betreffenden Teilnehmers durchzuführen.

(6) Zusätzlich zu den auf alle Suchtmittel der Liste I anzuwendenden Kontrollmaßnahmen unterliegen Opium den Bestimmungen der Artikel 23 und 24, Kokablätter denen der Artikel 26 und 27 und Cannabis denen des Artikels 28.

(7) Opiummohn, Kokastrauch, Cannabispflanze, Mohnstroh und Hanfblätter unterliegen den in den Artikeln 22 bis 24 bzw. 22, 26 und 27 bzw. 22 und 28 bzw. 25 bzw. 28 jeweils vorgeschriebenen Kontrollmaßnahmen.

(8) Die Teilnehmer bemühen sich nach besten Kräften auf Substanzen, die nicht unter diese Konvention fallen, aber zur illegalen Herstellung von Suchtmitteln verwendet werden können, alle durchführbaren Überwachungsmaßnahmen anzuwenden.

(9) Die Teilnehmer sind nicht verpflichtet, die Bestimmungen dieser Konvention auf Suchtmittel anzuwenden, die in der Industrie üblicherweise für andere als medizinische oder wissenschaftliche Zwecke verwendet werden, vorausgesetzt, daß

a) durch geeignete Denaturierungsmethoden oder auf andere Weise gewährleistet ist, daß die so verwendeten Suchtmittel nicht mißbraucht werden oder schädliche Wirkungen haben können (Artikel 3 Absatz 3) und daß die schädlichen Substanzen praktisch nicht wiedergewonnen werden können und
b) die von ihnen eingereichten statistischen Angaben (Artikel 20) die auf diese Weise verwendeten Suchtmittelmengen enthalten.

Artikel 3

Änderungen des Kontrollumfangs

(1) Wenn ein Teilnehmer oder die Weltgesundheitsorganisation Informationen erhalten, die nach ihrer Meinung eine Änderung einer der Listen erfordern, ist der Generalsekretär davon in Kenntnis zu setzen, wobei ihm die zur Begründung erforderlichen Angaben zu übermitteln sind.
(2) Der Generalsekretär übermittelt diese Mitteilung zusammen mit allen ihm wichtig erscheinenden Angaben den Teilnehmern, der Kommission und, wenn die Mitteilung von einem Teilnehmer ausging, der Weltgesundheitsorganisation.
(3) Betrifft die Mitteilung eine noch nicht in Liste I oder Liste II enthaltene Substanz,

a) prüfen die Teilnehmer angesichts der verfügbaren Angaben, ob alle für Suchtmittel der Liste I geltenden Kontrollmaßnahmen vorläufig auf diese Substanz angewendet werden können,
b) kann die Kommission bis zu der gemäß Buchstabe c vorgesehenen Entscheidung festlegen, daß die Teilnehmer alle für Suchtmittel der Liste I geltenden Kontrollmaßnahmen vorläufig auf diese Substanz anwenden. Die Teilnehmer wenden diese Maßnahmen vorläufig auf die betreffende Substanz an,
c) teilt die Weltgesundheitsorganisation, falls sie feststellt, daß diese Substanz ähnlich mißbraucht werden oder ähnlich schädliche Wirkungen hervorrufen kann wie die Suchtmittel der Liste I oder Liste II bzw. sich in ein Suchtmittel umwandeln läßt, diese Feststellung der Kommission mit, die in Übereinstimmung mit der Empfehlung der Weltgesundheitsorganisation entscheiden kann, diese Substanz in Liste I oder in Liste II aufzunehmen.

(4) Wenn die Weltgesundheitsorganisation feststellt, daß eine Zubereitung infolge der darin enthaltenen Substanzen weder mißbraucht noch schädliche Wirkungen hervorrufen kann (Absatz 3) und daß das darin enthaltene Suchtmittel nicht ohne weiteres zurückzugewinnen ist, kann die Kommission in Übereinstimmung mit der Empfehlung der Weltgesundheitsorganisation diese Zubereitung in Liste III aufnehmen.
(5) Wenn die Weltgesundheitsorganisation feststellt, daß ein Suchtmittel der Liste I besonders geeignet ist, mißbraucht zu werden und schädliche Wirkungen hervorzurufen (Absatz 3), und daß diese Gefahr nicht durch wesentliche therapeutische Vorteile aufgewogen wird, die anderen in Liste IV nicht aufgeführten Suchtmitteln fehlen, kann die Kommission in Übereinstimmung mit der Empfehlung der Weltgesundheitsorganisation dieses Suchtmittel in Liste IV aufnehmen.
(6) Betrifft eine Mitteilung ein bereits in Liste I oder Liste II aufgeführtes Suchtmittel oder eine in Liste III aufgeführte Zubereitung, kann die Kommission, außer der im Absatz 5 vorgesehenen Maßnahme, in Übereinstimmung mit der Empfehlung der Weltgesundheitsorganisation jede der Listen wie folgt ändern:

a) Übertragung eines Suchtmittels von der Liste I in die Liste II oder von der Liste II in die Liste I oder
b) Streichung eines Suchtmittels bzw. einer Zubereitung aus einer Liste.

(7) Der Generalsekretär teilt jede gemäß diesem Artikel von der Kommission getroffene Entscheidung allen Mitgliedstaaten der Organisation der Vereinten Nationen, den Teilnehmern dieser Konvention, die nicht Mitgliedstaaten sind, der Weltgesundheitsorganisation und der Behörde mit. Eine solche Entscheidung wird für jeden Teilnehmer mit dem Datum des Eingangs der Mitteilung wirksam und die Teilnehmer treffen daraufhin die nach dieser Konvention erforderlichen Maßnahmen.

(8) a) Die Entscheidungen der Kommission zur Änderung einer der Listen unterliegen der Überprüfung durch den Rat, wenn ein Teilnehmer diese innerhalb von neunzig Tagen nach Empfang der Mitteilung der Entscheidung beantragt. Der Antrag auf Überprüfung ist zusammen mit allen zur Begründung wesentlichen Angaben dem Generalsekretär zu übermitteln.
b) Der Generalsekretär übermittelt Abschriften des Antrages auf Überprüfung und der wesentlichen Angaben der Kommission, der Weltgesundheitsorganisation und allen Teilnehmern mit der Aufforderung, innerhalb von neunzig Tagen dazu Stellung zu nehmen. Alle eingegangenen Stellungnahmen werden dem Rat zur Erörterung vorgelegt.
c) Der Rat die Entscheidung der Kommission bestätigen, abändern oder aufheben; die Entscheidung des Rates ist endgültig. Sie wird allen Mitgliedstaaten der Organisation der Vereinten Nationen, den Teilnehmern dieser Konvention, die nicht Mitgliedstaaten sind, der Kommission, der Weltgesundheitsorganisation und der Behörde übermittelt.
d) Solange die Überprüfung andauert, bleibt die ursprüngliche Entscheidung der Kommission in Kraft.

(9) Die auf Grund dieses Artikels getroffenen Entscheidungen der Kommission unterliegen nicht dem im Artikel 7 vorgesehenen Überprüfungsverfahren.

Artikel 4

Allgemeine Verpflichtungen

Die Teilnehmer ergreifen alle notwendigen Gesetzgebungs- und Verwaltungsmaßnahmen:

a) um die Bestimmungen dieser Konvention in ihren Gebieten zu verwirklichen,
b) um mit anderen Staaten bei der Durchführung der Bestimmungen dieser Konvention zusammenzuarbeiten und
c) entsprechend den Bestimmungen dieser Konvention die Gewinnung, Herstellung, Aus- und Einfuhr, Verteilung, den Handel, Verbrauch und Besitz von sowie den Handel mit Suchtmitteln ausschließlich auf medizinische und wissenschaftliche Zwecke zu beschränken.

Artikel 5

Die internationalen Kontrollorgane

Die Teilnehmer kommen in Anerkennung der Zuständigkeit der Organisation der Vereinten Nationen hinsichtlich der internationalen Suchtmittelkontrolle überein, die Suchtmittel-Kommission des Wirtschafts- und Sozialrates und die Internationale Suchtmittel-Kontrollbehörde mit den ihnen entsprechend dieser Konvention übertragenen Funktionen zu betrauen.

Artikel 6

Ausgaben der internationalen Kontrollorgane

Die Ausgaben der Kommission und der Behörde werden von der Organisation der Vereinten Nationen entsprechend der Entscheidung der Vollversammlung getragen. Die Teilnehmer, die nicht Mitglied der Organisation der Vereinten Nationen sind, leisten zu diesen Ausgaben Beiträge, wie sie die Vollversammlung als angemessen ansieht und von Zeit zu Zeit nach Konsultation mit den Regierungen dieser Teilnehmer festsetzt.

Artikel 7

Überprüfung von Entscheidungen und Empfehlungen der Kommission

Jede von der Kommission auf Grund der Bestimmungen dieser Konvention angenommene Entscheidung oder Empfehlung, mit Ausnahme der Entscheidungen gemäß Artikel 3, unterliegt der Bestätigung oder Änderung durch den Rat oder die Vollversammlung in gleicher Weise wie andere Entscheidungen oder Empfehlungen der Kommission.

Artikel 8

Funktionen der Kommission

Die Kommission ist befugt, alle Angelegenheiten zu behandeln, die zu den Zielen dieser Konvention gehören, insbesondere

a) die Listen in Übereinstimmung mit Artikel 3 zu ändern,
b) die Aufmerksamkeit der Behörde auf alle Angelegenheiten zu lenken, die für die Funktionen der Behörde von Bedeutung sein können,
c) Empfehlungen für die Verwirklichung der Ziele und Bestimmungen dieser Konvention, einschließlich wissenschaftlicher Forschungsprogramme und des wissenschaftlichen oder fachlichen Informationsaustausches zu geben, und
d) die Aufmerksamkeit der Nichtteilnehmer auf die von ihr nach dieser Konvention angenommenen Entscheidungen und Empfehlungen zu lenken, im Hinblick darauf, daß sie entsprechende Maßnahmen in Betracht ziehen.

Artikel 9

Zusammensetzung der Behörde

(1) Die Behörde besteht aus elf Mitgliedern, die vom Rat wie folgt gewählt werden:

a) drei Mitglieder mit medizinischer, pharmakologischer oder pharmazeutischer Erfahrung aus einer Liste von mindestens fünf Personen, die von der Weltgesundheitsorganisation benannt werden, und
b) acht Mitglieder aus einer Liste von Personen, die von den Mitgliedern der Organisation der Vereinten Nationen und von den Teilnehmern, die nicht Mitglied der Organisation der Vereinten Nationen sind, benannt werden.

(2) Die Mitglieder der Behörde müssen Personen sein, die auf Grund ihrer Befähigung, Unparteilichkeit und Uneigennützigkeit allgemeines Vertrauen besitzen. Während ihrer Amtszeit dürfen sie weder eine Stellung innehaben noch eine Tätigkeit ausüben, die ihre Unparteilichkeit bei der Ausübung ihrer Funktionen beeinträchtigen könnte. Der Rat trifft in Konsultation mit der Behörde alle notwendigen Vorkehrungen, um die fachliche Unabhängigkeit der Behörde bei der Ausübung ihrer Funktionen zu gewährleisten.
(3) Unter gebührender Wahrung des Prinzips einer gerechten geographischen Vertretung hält es der Rat für wichtig, in einem angemessenen Verhältnis Personen in die Behörde aufzunehmen, die Kenntnisse über die Suchtmittelsituation in den gewinnenden, herstellenden und verbrauchenden Ländern haben und mit diesen Ländern in Verbindung stehen.

Artikel 10

Amtszeit und Vergütung der Mitglieder der Behörde

(1) Die Amtszeit der Mitglieder der Behörde beträgt drei Jahre; die Mitglieder können wiedergewählt werden.
(2) Die Amtzeit eines Mitgliedes der Behörde endet am Vortage der Sitzung der Behörde, an der sein Nachfolger erstmals teilzunehmen berechtigt ist.
(3) Ein Mitglied der Behörde, das an drei aufeinanderfolgenden Sitzungen nicht teilgenommen hat, gilt als zurückgetreten.
(4) Der Rat kann auf Empfehlung der Behörde ein Mitglied der Behörde entlassen, wenn es die im Artikel 9 Absatz 2 festgelegten Bedingungen nicht mehr erfüllt. Für eine solche Empfehlung ist die Zustimmung von acht Mitgliedern der Behörde erforderlich.
(5) Wenn die Stelle eines Mitgliedes der Behörde vor Ablauf seiner Amtszeit frei wird, so ist diese vom Rat so bald wie möglich und in Übereinstimmung mit den betreffenden Bestimmungen des Artikels 9 zu besetzen, indem er für die restliche Amtszeit ein anderes Mitglied wählt.
(6) Die Mitglieder der Behörde erhalten eine angemessene Vergütung, die von der Vollversammlung festgesetzt wird.

Artikel 11

Geschäftsordnung der Behörde

(1) Die Behörde wählt ihren Präsidenten sowie die für die Bildung ihres Büros erforderlichen Mitglieder und gibt sich eine Geschäftsordnung.
(2) Die Behörde trifft so oft zusammen, wie dies nach ihrer Meinung zur ordnungsgemäßen Erfüllung ihrer Aufgaben notwendig ist; sie hält jedoch mindestens zwei Sitzungen in jedem Kalenderjahr ab.
(3) Die auf Sitzungen der Behörde erforderliche beschlußfähige Anzahl besteht aus sieben Mitgliedern.

Artikel 12

Handhabung des Schätzungsverfahrens

(1) Die Behörde legt fest, zu welchem Termin oder zu welchen Terminen sowie in welcher Weise die gemäß Artikel 19 vorgesehenen Schätzungen zu liefern sind, und schreibt die dafür erforderlichen Formblätter vor.
(2) Die Behörde ersucht die Regierungen der Staaten und Gebiete, für die diese Konvention nicht gilt, Schätzungen gemäß den Bestimmungen dieser Konvention zu liefern.
(3) Wenn ein Staat für eines seiner Gebiete zum festgelegten Termin keine Schätzungen liefert, wird die Behörde soweit wie möglich die Schätzungen vornehmen. Die Behörde arbeitet, soweit gangbar, bei der Aufstellung solcher Schätzungen mit der betreffenden Regierung zusammen.
(4) Die Behörde prüft die Schätzungen einschließlich der Ergänzungsschätzungen und kann, soweit es sich nicht um einen Bedarf für besondere Zwecke handelt, die Informationen anfordern, die sie hinsichtlich eines Staates oder Gebietes, für die eine Schätzung geliefert worden ist, für erforderlich hält, um die Schätzung zu ergänzen oder eine darin enthaltene Angabe zu erklären.
(5) Die Behörde bestätigt die Schätzungen einschließlich der Ergänzungsschätzungen so schnell wie möglich oder ändert sie mit Zustimmung der betreffenden Regierung ab.
(6) Zusätzlich zu den im Artikel 15 genannten Berichten gibt die Behörde zu solchen Zeitpunkten, die sie festlegt, zumindest aber jährlich, Informationen über die Schätzungen heraus, die nach ihrer Meinung die Durchführung dieser Konvention erleichtern.

Artikel 13

Handhabung des Statistikverfahrens

(1) Die Behörde legt die Weise und die Form fest, in der die gemäß Artikel 20 vorgesehenen statistischen Berichte zu liefern sind, und schreibt die dafür erforderlichen Formblätter vor.
(2) Die Behörde prüft die Berichte um festzustellen, ob die Teilnehmer oder andere Staaten die Bestimmungen dieser Konvention eingehalten haben.

(3) Die Behörde kann solche zusätzlichen Informationen verlangen, die sie für erforderlich hält, um die in diesen statistischen Berichten enthaltenen Angaben zu ergänzen oder zu erklären.
(4) Die Behörde ist nicht befugt, zu statistischen Angaben über Suchtmittel, die für besondere Zwecke benötigt werden, Fragen zu stellen oder darüber eine Meinung zu äußern.

Artikel 14

Maßnahmen der Behörde zur Gewährleistung der Durchführung der Konvention

(1) a) Hat die Behörde nach Prüfung der ihr von den Regierungen entsprechend dieser Konvention eingereichten Angaben oder der ihr von Organen der Organisation der Vereinten Nationen mitgeteilten Informationen über mit diesen Bestimmungen zusammenhängende Fragen Grund zur Annahme, daß die Ziele dieser Konvention ernsthaft gefährdet sind, weil ein Staat oder Gebiet die Konvention nicht durchführt, so hat sie das Recht, die Regierung des betreffenden Staates oder Gebietes um Erklärungen zu bitten. Vorbehaltlich des Rechts der Behörde, die Teilnehmer, den Rat und die Kommission auf die unter Buchstaben c angeführte Angelegenheit aufmerksam zu machen, hat sie ein Ersuchen nach Informationen oder die Erklärung einer Regierung nach diesem Buchstaben als vertraulich zu behandeln.

b) Nachdem sie gemäß Buchstaben a wirksam geworden ist und wenn sie es für erforderlich hält, kann die Behörde die betreffende Regierung auffordern, solche Maßnahmen zur Abhilfe zu ergreifen, die unter den gegebenen Umständen für die Durchführung dieser Konvention notwendig sind.

c) Stellt die Behörde fest, daß die betreffende Regierung auf ein Ersuchen gemäß Buchstaben a keine zufriedenstellenden Erklärungen abgegeben oder nach Aufforderung gemäß Buchstaben b keine Maßnahmen zur Abhilfe ergriffen hat, kann sie die Aufmerksamkeit der Teilnehmer, des Rates und der Kommission auf diese Angelegenheit lenken.

(2) Wenn die Behörde gemäß Absatz 1 Buchstabe c die Aufmerksamkeit der Teilnehmer, des Rates und der Kommission auf eine Angelegenheit lenkt, kann sie, falls sie dies für notwendig hält, den Teilnehmern empfehlen, die Einfuhr oder die Ausfuhr von Suchtmitteln oder beides von oder nach dem betreffenden Staat oder Gebiet entweder für einen bestimmten Zeitraum oder bis zu dem Zeitpunkt, zu dem die Behörde die Lage in diesem Staat oder Gebiet als zufriedenstellend betrachtet, einzustellen. Der betroffene Staat kann die Angelegenheit vor den Rat bringen.
(3) Die Behörde hat das Recht, über jede nach den Bestimmungen dieses Artikels behandelte Angelegenheit einen Bericht zu veröffentlichen und ihm dem Rat mitzuteilen, der ihn allen Teilnehmern zuleitet. Wenn die Behörde in diesem Bericht eine auf Grund dieses Artikels getroffene Entscheidung oder eine darauf bezügliche Information veröffentlicht,

hat sie darin gleichfalls die Ansicht der betroffenen Regierung zu veröffentlichen, sofern dieselbe es verlangt.
(4) Falls eine Entscheidung der Behörde, die entsprechend diesem Artikel veröffentlicht wird, nicht einmütig ist, sind die Ansichten der Minderheit darzustellen.
(5) Jeder Staat wird eingeladen, sich auf einer Sitzung der Behörde vertreten zu lassen, auf der eine ihn unmittelbar interessierende Frage auf der Grundlage dieses Artikels erörtert wird.
(6) Entscheidungen der Behörde gemäß diesem Artikel werden mit Zweidrittelmehrheit der Gesamtanzahl ihrer Mitglieder gefaßt.

Artikel 15

Berichte der Behörde

(1) Die Behörde erarbeitet einen Jahresbericht über ihre Tätigkeit sowie die von ihr für notwendig erachteten zusätzlichen Berichte; sie enthalten auch eine Analyse der ihr zur Verfügung stehenden Schätzungen, statistischen Angaben und, soweit angebracht, eine Darlegung der von Regierungen gegebenen oder verlangten Erklärungen sowie alle Bemerkungen und Empfehlungen, die die Behörde zu geben beabsichtigt. Diese Berichte werden dem Rat über die Kommission unterbreitet, der es freisteht, dazu Bemerkungen zu machen.
(2) Die Berichte werden den Teilnehmern übermittelt und darauf vom Generalsekretär veröffentlicht. Die Teilnehmer erlauben deren uneingeschränkte Verbreitung.

Artikel 16

Sekretariat

Die Sekretariatsdienste für die Kommission und die Behörde werden vom Generalsekretär gewährleistet.

Artikel 17

Besondere Verwaltungsstelle

Die Teilnehmer unterhalten eine besondere Verwaltungsstelle zur Anwendung dieser Konvention.

Artikel 18

Von den Teilnehmern dem Generalsekretär zu liefernde Informationen

(1) Die Teilnehmer liefern dem Generalsekretär die Informationen, die die Kommission als für die Ausübung ihrer Funktionen erforderlich anfordert, insbesondere

a) einen Jahresbericht über die Wirkung der Konvention innerhalb jedes ihrer Gebiete,

b) den Text aller von Zeit zu Zeit zur Durchführung dieser Konvention erlassenen Gesetze und Vorschriften,
c) nähere Auskünfte, wie sie die Kommission in bezug auf Fälle illegalen Verkehrs festlegt, insbesondere Einzelheiten von jedem aufgedeckten Fall illegalen Verkehrs, die wegen der Anhaltspunkte über Quellen, aus denen Suchtmittel für den illegalen Verkehr bezogen werden, oder wegen der betreffenden Mengen oder wegen der im illegalen Verkehr geübten Methode, von Bedeutung sein können, und
d) die Bezeichnungen und Anschriften der staatlichen Dienststellen, die ermächtigt sind, Ausfuhr- und Einfuhrgenehmigungen oder -bescheinigungen auszustellen.

(2) Die Teilnehmer liefern die Informationen gemäß Absatz 1 in der Weise und zu den Terminen sowie unter Verwendung der Formulare, wie es die Kommission verlangt.

Artikel 19

Schätzungen des Suchtmittelbedarfs

(1) Die Teilnehmer liefern der Behörde jedes Jahr für jedes ihrer Gebiete in der von der Behörde vorgeschriebenen Weise und Form auf von der Behörde gestellten Formblättern Schätzungen zu folgenden Fragen:

a) die Mengen an Suchtmitteln, die für medizinische und wissenschaftliche Zwecke verbraucht werden sollen,
b) die Mengen an Suchtmitteln, die zur Herstellung von anderen Suchtmitteln, von Zubereitungen der Liste III und von dieser Konvention nicht unterliegenden Substanzen, verwendet werden sollen,
c) die Bestände an Suchtmitteln, die am 31. Dezember des Jahres gehalten werden sollen, auf das sich die Schätzungen beziehen, und
d) die Mengen an Suchtmitteln, die zur Ergänzung der Sonderbestände notwendig sind.

(2) Unter Berücksichtigung der Abzüge gemäß Artikel 21 Absatz 3 besteht die Gesamtschätzung für jedes Gebiet und jedes Suchtmittel aus der Summe der Mengen entsprechend Absatz 1 Buchstaben a, b und d zuzüglich der Menge, die erforderlich ist, um den am 31. Dezember des Vorjahres vorhandenen Bestand auf den gemäß Absatz 1 Buchstabe c geschätzten Stand zu bringen.
(3) Jeder Staat kann während des Jahres Ergänzungsschätzungen mit einer Erklärung über die diese Schätzungen erforderlich machenden Begleitumstände einreichen.
(4) Die Teilnehmer informieren die Behörde über die Methode, nach der die in den Schätzungen ausgewiesenen Mengen bestimmt werden, und über alle Änderungen dieser Methode.
(5) Unter Berücksichtigung der Abzüge gemäß Artikel 21 Absatz 3 dürfen die Schätzungen nicht überschritten werden.

Artikel 20

Der Behörde zu liefernde statistische Berichte

(1) Die Teilnehmer liefern der Behörde für jedes ihrer Gebiete in der von der Behörde vorgeschriebenen Weise und Form statistische Berichte auf von der Behörde gestellten Formblättern zu folgenden Fragen:

a) Gewinnung oder Herstellung von Suchtmitteln,
b) Verwendung von Suchtmitteln zur Herstellung von anderen Suchtmitteln, von Zubereitungen der Liste III und von dieser Konvention nicht unterliegenden Substanzen, sowie die Verwendung von Mohnstroh zur Herstellung von Suchtmitteln,
c) Verbrauch von Suchtmitteln,
d) Ein- und Ausfuhr von Suchtmitteln und von Mohnstroh,
e) Beschlagnahmen von Suchtmitteln und deren Verwendung, und
f) Bestände an Suchtmitteln am 31. Dezember des Jahres, auf das sich die Berichte beziehen.

(2) a) Die statistischen Berichte zu den Fragen gemäß Absatz 1, ausgenommen Buchstabe d, sind jährlich anzufertigen und der Behörde bis spätestens zu dem 30. Juni, der dem Berichtsjahr folgt, zu liefern.
b) Die statistischen Berichte zu den Fragen gemäß Absatz 1 Buchstabe d sind vierteljährlich anzufertigen und der Behörde innerhalb des dem Berichtsquartal folgenden Monats zu liefern.

(3) Zusätzlich zu den Fragen gemäß Absatz 1 können die Teilnehmer auch, soweit es möglich ist, der Behörde für jedes ihrer Gebiete Angaben über die zur Gewinnung von Opium kultivierten Flächen (in Hektar) liefern.
(4) Die Teilnehmer brauchen keine statistischen Berichte über Sonderbestände zu liefern, haben aber gesonderte Berichte über Suchtmittel einzureichen, die für besondere Zwecke in den Staat oder das Gebiet eingeführt oder in diesen beschafft wurden, sowie über die zur Deckung des Bedarfs der Zivilbevölkerung aus Sonderbeständen entnommenen Suchtmittelmengen.

Artikel 21

Beschränkung der Herstellung und der Einfuhr

(1) Die Gesamtmenge jedes Suchtmittels, das von einem Staat oder Gebiet innerhalb eines Jahres hergestellt und eingeführt wird, darf die Summe folgender Mengen nicht überschreiten:

a) die in den Grenzen der betreffenden Schätzung für medizinische und wissenschaftliche Zwecke verbrauchte Menge,
b) die in den Grenzen der betreffenden Schätzung zur Herstellung von anderen Sucht-

mitteln, Zubereitungen der Liste III und von dieser Konvention nicht unterliegenden Substanzen verbrauchte Menge,

c) die ausgeführte Menge,
d) die den Beständen zugefügte Menge, mit der die Bestände auf den der betreffenden Schätzung entsprechenden Stand gebracht wurden und
e) die in den Grenzen der betreffenden Schätzung für besondere Zwecke erworbene Menge.

(2) Von der Summe der im Absatz 1 bezeichneten Mengen ist die Menge abzuziehen, die beschlagnahmt und für die legale Verwendung freigegeben wurde, sowie die Menge, die für den Bedarf der Zivilbevölkerung den Sonderbeständen entnommen wurden.

(3) Wenn die Behörde feststellt, daß die innerhalb eines Jahres hergestellte und eingeführte Menge die Summe der im Absatz 1 bezeichneten Mengen abzüglich der Mengen gemäß Absatz 2 übersteigt, wird der so festgestellte und am Jahresende verbleibende Überschuß von der im folgenden Jahr herzustellenden oder einzuführenden Menge sowie von der Gesamtschätzung abgezogen, wie dies im Artikel 19 Absatz 2 vorgeschrieben ist.

(4) a) Wenn sich aus den statistischen Berichten über die Ein- und Ausfuhren (Artikel 20) ergibt, daß die nach einem Staat oder Gebiet ausgeführte Menge die im Artikel 19 Absatz 2 bezeichnete Gesamtschätzung für diesen Staat oder dieses Gebiet zuzüglich der als ausgeführt ausgewiesenen Mengen und abzüglich des gemäß Absatz 3 festgestellten Überschusses übersteigt, kann die Behörde dies den Staaten mitteilen, die nach Auffassung der Behörde darüber informiert werden sollten.

b) Nach Eingang einer solchen Mitteilung dürfen die Teilnehmer während des in Frage kommenden Jahres keine weiteren Ausfuhren des betreffenden Suchtmittels nach diesem Staat oder Gebiet genehmigen, ausgenommen

i) den Fall, daß eine Ergänzungsschätzung für diesen Staat oder dieses Gebiet über die zuviel eingeführte Menge und die zusätzlich erforderliche Menge geliefert wird, oder

ii) die Ausnahmefälle, in denen die Ausfuhr nach Auffassung der Regierung des Ausfuhrstaates für die Behandlung von Kranken unerläßlich ist.

Artikel 22

Besondere Bestimmungen für den Anbau

Wenn die vorhandenen Bedingungen in einem Staat oder Gebiet eines Teilnehmers es nach seiner Auffassung als die geeignetste Maßnahme erscheinen lassen, den Anbau des Opiummohns, des Kokastrauchs oder der Cannabispflanze zu verbieten, um die Gesundheit und das Wohlergehen der Bevölkerung zu schützen und um zu verhindern, daß Suchtmittel in den illegalen Verkehr gelangen, so untersagt der betreffende Teilnehmer den Anbau.

Artikel 23
Staatliche Opiumstellen

(1) Ein Teilnehmer, der den Anbau von Opiummohn zur Gewinnung von Opium erlaubt, errichtet, falls dies noch nicht geschehen ist, und unterhält eine oder mehrere staatliche Stellen (im folgenden in diesem Artikel als Stelle bezeichnet) zur Erfüllung der nach diesem Artikel vorgesehenen Aufgaben.
(2) Jeder Teilnehmer gemäß Absatz 1 wendet auf den Anbau von Opiummohn zur Gewinnung von Opium und auf Opium folgende Bestimmungen an:

a) Die Stelle legt die Gebiete und Parzellen fest, wo der Anbau von Opiummohn zur Gewinnung von Opium erlaubt ist.
b) Ausschließlich von der Stelle zugelassene Anbauer sind zu einem solchen Anbau berechtigt.
c) Jede Zulassung hat die Bodenfläche festzulegen, auf der der Anbau erlaubt ist.
d) Alle Anbauer von Opiummohn haben ihren gesamten Opiumertrag an die Stelle abzuliefern. So bald wie möglich kauft die Stelle diese Ernten und nimmt sie körperlich in Besitz, jedoch spätestens vier Monate nach Abschluß der Ernte.
e) Die Stelle hat bezüglich Opium das ausschließliche Recht auf Einfuhr, Ausfuhr, Großhandel und Lagerhaltung außer Beständen, die Hersteller von Opiumkaloiden, medizinischem Opium oder Opiumzubereitungen halten. Die Teilnehmer brauchen dieses ausschließliche Recht nicht auf medizinisches Opium und Opiumzubereitungen auszudehnen.

(3) Die im Absatz 2 aufgeführten staatlichen Aufgaben werden von einer einzigen staatlichen Stelle ausgeübt, wenn die Verfassung des betreffenden Teilnehmers es zuläßt.

Artikel 24
Beschränkung der Gewinnung von Opium für den internationalen Handel

(1) a) Wenn ein Teilnehmer die Gewinnung von Opium aufzunehmen oder eine vorhandene Gewinnung zu erhöhen beabsichtigt, zieht er den bestehenden Weltbedarf an Opium entsprechend den von der Behörde veröffentlichten diesbezüglichen Schätzungen in Rechnung, damit die Gewinnung von Opium durch diesen Teilnehmer keinen Überschuß an Opium auf der Welt hervorbringt.
b) Ein Teilnehmer erlaubt die Gewinnung von Opium oder die Erhöhung der vorhandenen Gewinnung nicht, wenn sich seiner Meinung nach aus der Gewinnung oder Erhöhung der Gewinnung in seinem Gebiet ein illegaler Verkehr mit Opium ergeben kann.

(2) a) Ein Teilnehmer, der zum 1. Januar 1961 kein Opium für die Ausfuhr gewonnen hat und der unter Anwendung des Absatzes 1 begehrt, von ihm gewonnenes Opium in einer jährlich fünf Tonnen nicht übersteigenden Menge auszuführen, hat die Behörde

davon in Kenntnis zu setzen und zusammen mit dieser Mitteilung Angaben zu liefern über

i) in Kraft befindliche Kontrollen, wie sie die Konvention hinsichtlich des zu gewinnenden und auszuführenden Opiums verlangt, und
ii) den Namen des Staates oder der Staaten, in die er dieses Opium auszuführen beabsichtigt.

Die Behörde kann diese Mitteilung entweder billigen oder dem Teilnehmer empfehlen, die Gewinnung von Opium für die Ausfuhr nicht aufzunehmen.

b) Wenn ein anderer als der im Absatz 3 angeführten Teilnehmer begehrt, Opium für die Ausfuhr in einer jährlich fünf Tonnen übersteigenden Menge zu gewinnen, hat er den Rat davon in Kenntnis zu setzen und zusammen mit dieser Mitteilung wichtige Angaben zu liefern über

i) die Schätzung der für die Ausfuhr zu gewinnenden Mengen,
ii) die hinsichtlich des zu gewinnenden Opiums bestehenden oder vorgeschlagenen Kontrollen,
iii) den Namen des Staates oder der Staaten, in die er dieses Opium auszuführen beabsichtigt.

Der Rat kann die Mitteilung entweder billigen oder dem Teilnehmer empfehlen, die Gewinnung von Opium für die Ausfuhr nicht aufzunehmen.

(3) Unabhängig von den Bestimmungen des Absatzes 2 Buchstaben a und b kann ein Teilnehmer, der während der dem 1. Januar 1961 unmittelbar vorangegangenen 10 Jahre in seinem Staat gewonnenes Opium ausgeführt hat, weiterhin von ihm gewonnenes Opium ausführen.

(4) a) Ein Teilnehmer darf Opium nur dann einführen, wenn es auf dem Gebiet eines Teilnehmers gewonnen wurde, der

i) im Absatz 3 angeführt ist,
ii) die Behörde gemäß Absatz 2 Buchstabe a in Kenntnis gesetzt hat, oder
iii) die Billigung des Rates gemäß Absatz 2 Buchstabe b erhalten hat.

b) Unabhängig von den Bestimmungen des Buchstaben a kann ein Teilnehmer Opium einführen, das in einem Staat gewonnen wurde, der während der dem 1. Januar 1961 vorangegangenen 10 Jahre Opium gewonnen und ausgeführt hat, wenn dieser Staat ein staatliches Kontrollorgan oder eine staatliche Stelle für die Zwecke gemäß Artikel 23 errichtet hat und unterhält und durch wirksame Maßnahmen gewährleistet, daß das von ihm gewonnene Opium nicht in den illegalen Verkehr gelangt.

(5) Die Bestimmungen dieses Artikels hindern keinen Teilnehmer

a) für seinen eigenen Bedarf Opium in ausreichender Menge zu gewinnen oder
b) im illegalen Verkehr beschlagnahmtes Opium in Übereinstimmung mit den Erfordernissen dieser Konvention an einen anderen Teilnehmer auszuführen.

Artikel 25
Kontrolle des Mohnstrohs

(1) Ein Teilnehmer, der den Anbau von Opiummohn für andere Zwecke als die Gewinnung von Opium erlaubt, trifft alle notwendigen Maßnahmen, um zu gewährleisten,

a) daß aus solchem Opiummohn kein Opium gewonnen wird und
b) daß die Herstellung von Suchtmitteln aus Mohnstroh ausreichend kontrolliert wird.

(2) Die Teilnehmer wenden auf Mohnstroh das im Artikel 31 Absätze 4 und 15 vorgesehene Verfahren der Einfuhrbescheinigungen und Ausfuhrgenehmigungen an.
(3) Die Teilnehmer liefern die gemäß Artikel 20 Absatz 1 Buchstabe d und Absatz 2 Buchstabe b für Suchtmittel vorgesehenen statistischen Angaben auch für die Ein- und Ausfuhr von Mohnstroh.

Artikel 26
Kokastrauch und Kokablätter

(1) Wenn ein Teilnehmer den Anbau des Kokastrauchs erlaubt, wendet er auf diesen und auf die Kokablätter das gemäß Artikel 23 für den Opiummohn vorgesehene Kontrollsystem an; bezüglich Artikel 23 Absatz 2 Buchstabe d wird an die dort genannte Stelle lediglich die Forderung gestellt, die Erträge so bald wie möglich nach Abschluß der Ernte körperlich in Besitz zu nehmen.
(2) Die Teilnehmer setzen, soweit dies möglich ist, das Ausrotten aller wild wachsenden Kokasträucher durch. Sie vernichten die illegal angebauten Kokasträucher.

Artikel 27
Zusätzliche Bestimmungen für Kokablätter

(1) Die Teilnehmer können die Verwendung von Kokablättern für die Zubereitung eines Geschmacksstoffes, der keine Alkaloide enthalten darf, erlauben, und können in dem für diese Verwendung notwendigen Umfang die Gewinnung, Ein- und Ausfuhr und den Besitz von sowie den Handel mit solchen Blättern gestatten.
(2) Die Teilnehmer liefern über die für die Zubereitung des Geschmacksstoffes bestimmten Kokablätter gesonderte Schätzungen (Artikel 19) und statistische Angaben (Artikel 20). Diese sind nicht notwendig, wenn dieselben Kokablätter für die Extraktion sowohl von Alkaloiden als auch des Geschmacksstoffes verwendet werden und in den Schätzungen und statistischen Angaben darauf verwiesen wird.

Artikel 28
Kontrolle der Cannabis

(1) Wenn ein Teilnehmer den Anbau der Cannabispflanze für die Gewinnung von Cannabis oder Cannabisharz erlaubt, wendet er darauf das im Artikel 23 für den Opiummohn vorgesehene Kontrollsystem an.

(2) Diese Konvention gilt nicht für den Anbau der Cannabispflanze für ausschließlich industrielle (Fasern und Samen) oder gärtnerische Zwecke.
(3) Die Teilnehmer treffen die erforderlichen Maßnahmen, um den Mißbrauch von und den illegalen Verkehr mit den Blättern der Cannabispflanze zu verhindern.

Artikel 29

Herstellung

(1) Die Teilnehmer verlangen für die Herstellung von Suchtmitteln eine Erlaubnis, ausgenommen dort, wo die Herstellung in einem oder mehreren staatlichen Unternehmen erfolgt.
(2) Die Teilnehmer

a) kontrollieren alle Personen und Unternehmen, die die Herstellung von Suchtmitteln betreiben oder daran teilhaben.
b) unterstellen die Betriebe und Räumlichkeiten, in denen eine derartige Herstellung erfolgen kann, der Erlaubnispflicht und
c) verlangen, daß die Hersteller von Suchtmitteln, die dazu die Erlaubnis haben, periodische Genehmigungen einholen, in denen die Arten und Mengen der Suchtmittel angegeben sind, die sie herstellen dürfen. Eine periodische Genehmigung braucht jedoch nicht für Zubereitungen verlangt zu werden.

(3) Die Teilnehmer verhindern, daß sich im Besitz der Suchtmittelhersteller Mengen an Suchtmitteln und Mohnstroh ansammeln, die über das hinausgehen, was für den normalen Geschäftsbetrieb unter Berücksichtigung der herrschenden Marktverhältnisse erforderlich ist.

Artikel 30

Handel und Verteilung

(1) a) Die Teilnehmer verlangen für den Handel mit und die Verteilung von Suchtmitteln eine Erlaubnis, ausgenommen dort, wo der Handel oder die Verteilung von einem oder mehreren staatlichen Unternehmen durchgeführt wird.
b) Die Teilnehmer
   i) kontrollieren alle Personen und Unternehmen, die den Handel mit oder die Verteilung von Suchtmitteln betreiben oder daran teilhaben und
   ii) unterstellen die Betriebe und Räumlichkeiten, in denen Suchtmittelhandel oder -verteilung erfolgen kann, der Erlaubnispflicht. Diese braucht sich nicht auf Zubereitungen zu erstrecken.
c) Die Bestimmungen der Buchstaben a und b hinsichtlich der Erlaubnispflicht brauchen nicht für Personen zu gelten, die zur Durchführung therapeutischer oder wissenschaftlicher Aufgaben befugt sind und sie ausführen.

(2) Die Teilnehmer

a) verhindern, daß sich im Besitz von Händlern, Verteilern, staatlichen Unternehmen oder der oben aufgeführten entsprechend autorisierten Personen Mengen an Suchtmitteln und Mohnstroh ansammeln, die über das hinausgehen, was für den normalen Geschäftsbetrieb unter Berücksichtigung der herrschenden Marktverhältnisse erforderlich ist.

b) i) verlangen ärztliche Verordnungen für die Lieferung oder Abgabe von Suchtmitteln an Einzelpersonen. Diese Forderung braucht sich nicht auf solche Suchtmittel zu erstrecken, die Einzelpersonen zur befugten Durchführung therapeutischer Aufgaben rechtmäßig erwerben, verwenden, abgeben oder verabreichen.

ii) verlangen, falls sie dies für notwendig oder wünschenswert halten, daß Verordnungen über Suchtmittel der Liste I auf amtliche Vordrucke zu schreiben sind, die von den zuständigen staatlichen Dienststellen oder autorisierten Berufsverbänden in der Form von Blocks mit Kontrollblättern ausgegeben werden.

(3) Es ist wünschenswert, daß die Teilnehmer verlangen, bei schriftlichen oder gedruckten Angeboten von Suchtmitteln, Werbung aller Art oder Suchtmittel beschreibender Literatur zu kommerziellen Zwecken, inneren Umhüllungen von Suchtmittelpackungen und Kennzeichnungen, unter denen Suchtmittel für den Verkauf angeboten werden, den von der Weltgesundheitsorganisation bekanntgegebenen internationalen, nicht schutzfähigen Namen anzugeben.

(4) Falls ein Teilnehmer eine solche Maßnahme für notwendig oder wünschenswert hält, verlangt er, daß die innere Suchtmittelpackung oder ihre Umhüllung einen deutlich sichtbaren roten Doppelstreifen trägt. Die äußere Umhüllung der Suchtmittelpackung trägt keinen roten Doppelstreifen.

(5) Die Teilnehmer verlangen, daß die Kennzeichnung, unter der ein Suchtmittel zum Verkauf angeboten wird, den genauen Suchtmittelgehalt nach Gewicht oder Prozent angibt. Auf ein Suchtmittel, das auf ärztliche Verordnung an eine Einzelperson abgegeben wird, braucht sich diese Forderung nicht zu erstrecken.

(6) Die Absätze 2 und 5 gelten nicht notwendigerweise für den Einzelhandel mit oder die Verteilung von den Suchtmitteln der Liste II.

Artikel 31

Besondere Bestimmungen für den internationalen Handel

(1) Die Teilnehmer erlauben wissentlich die Ausfuhr von Suchtmitteln nach einem Staat oder Gebiet nur

a) in Übereinstimmung mit den Gesetzen und Vorschriften dieses Staates oder Gebietes und

b) im Rahmen der im Artikel 19 Absatz 2 festgelegten Gesamtschätzung für diesen Staat oder dieses Gebiet, zuzüglich der für die Wiederausfuhr vorgesehenen Mengen.

(2) Die Teilnehmer üben in Freihäfen und Freizonen die gleiche Überwachung und Kontrolle aus wie in anderen Teilen ihrer Gebiete; strengere Maßnahmen können jedoch angewandt werden.

(3) Die Teilnehmer

a) kontrollieren mittels Erlaubnispflicht die Ein- und Ausfuhr von Suchtmitteln, ausgenommen dort, wo die Ein- und Ausfuhr von einem oder mehreren staatlichen Unternehmen durchgeführt wird.
b) kontrollieren alle Personen und Unternehmen, die eine derartige Ein- oder Ausfuhr betreiben oder daran teilhaben.

(4) a) Jeder Teilnehmer, der die Ein- oder Ausfuhr von Suchtmitteln erlaubt, verlangt für jede derartige Ein- oder Ausfuhr, gleich, ob sie aus einem oder mehreren Suchtmitteln besteht, eine besondere Einfuhr- oder Ausfuhrgenehmigung.
b) Eine solche Genehmigung enthält den Namen des Suchtmittels, gegebenenfalls den internationalen, nicht schutzfähigen Namen, die ein- oder auszuführende Menge sowie Name und Anschrift des Ein- und Ausführenden und legt den Zeitraum fest, innerhalb dessen die Ein- oder Ausfuhr durchzuführen ist.
c) Die Ausfuhrgenehmigung enthält weiter die Nummer und das Datum der Einfuhrbescheinigung (Absatz 5) sowie die Dienststelle, die letztere ausgestellt hat.
d) Die Einfuhrgenehmigung kann die Einfuhr in mehreren Sendungen erlauben.

(5) Vor der Erteilung einer Ausfuhrgenehmigung verlangen die Teilnehmer eine Einfuhrbescheinigung, die von den zuständigen Stellen des Einfuhrstaates oder -gebietes ausgestellt ist und bescheinigt, daß die Einfuhr des oder der darin genannten Suchtmittel genehmigt ist; diese Bescheinigung ist von der Person oder Einrichtung, die die Ausfuhrgenehmigung beantragt, vorzulegen. Die Teilnehmer richten sich so genau wie möglich nach dem von der Kommission gebilligten Formular der Einfuhrbescheinigung.

(6) Eine Kopie der Ausfuhrgenehmigung ist jeder Sendung beizufügen; eine weitere Kopie sendet die die Ausfuhrgenehmigung ausstellende Regierung an die Regierung des Einfuhrstaates oder -gebietes.

(7) a) Nachdem die Einfuhr erfolgt ist oder die für die Einfuhr festgesetzte Frist abgelaufen ist, sendet die Regierung des Einfuhrstaates oder -gebietes die Ausfuhrgenehmigung mit einem entsprechenden Vermerk an die Regierung des Ausfuhrstaates oder -gebietes zurück.
b) Der Vermerk gibt die tatsächlich eingeführte Menge an.
c) Falls tatsächlich eine geringere als die in der Ausfuhrgenehmigung angegebene Menge ausgeführt wird, ist die tatsächlich ausgeführte Menge von den zuständigen Dienststellen auf der Ausfuhrgenehmigung und auf allen amtlichen Kopien derselben zu vermerken.

(8) Ausfuhren in Form von Sendungen an eine Bank auf das Konto einer anderen als der in der Ausfuhrgenehmigung genannten Person oder an ein Postfach sind verboten.

(9) Ausfuhren in Form von Sendungen an ein Zollager sind verboten, es sei denn, die Regierung des Einfuhrstaates bestätigt auf der Einfuhrbescheinigung, welche von der die Ausfuhrgenehmigung beantragenden Person oder Einrichtung vorzulegen ist, daß sie die Einfuhr zur Unterbringung in einem Zollager gebilligt hat. In diesem Fall ist in der Ausfuhrgenehmigung anzugeben, daß die Sendung zu diesem Zweck ausgeführt wird. Jede Entnahme aus dem Zollager erfordert eine Erlaubnis der Dienststellen, denen das Lager juristisch untersteht; falls die entnommene Menge für das Ausland bestimmt ist, ist sie als neue Ausfuhr im Sinne dieser Konvention zu behandeln.

(10) Suchtmittelsendungen, die in das Gebiet eines Teilnehmers gelangen oder es verlassen und denen keine Ausfuhrgenehmigung beiliegt, werden von den zuständigen Dienststellen zurückgehalten.

(11) Ein Teilnehmer erlaubt nicht die Durchfuhr einer Suchtmittelsendung durch sein Gebiet in einen anderen Staat, gleich, ob die Sendung aus dem Beförderungsmittel, in dem sie transportiert wird, ausgeladen wird oder nicht, wenn keine Kopie der Ausfuhrgenehmigung für diese Sendung den zuständigen Dienststellen dieses Teilnehmers vorgelegt wird.

(12) Die zuständigen Dienststellen eines Staates oder Gebietes, durch den bzw. das die Durchfuhr einer Suchtmittelsendung erlaubt wurde, treffen alle erforderlichen Maßnahmen, um zu verhindern, daß die Sendung an einen anderen als den in der sie begleitenden Kopie der Ausfuhrgenehmigung genannten Bestimmungsort gelangt, es sei denn, die Regierung des Durchfuhrstaates oder -gebietes genehmigt diese Bestimmungsänderung. Die Regierung des Durchfuhrstaates oder -gebietes behandelt jede beantragte Bestimmungsänderung als Ausfuhr aus dem Durchfuhrstaat oder -gebiet nach dem neuen Bestimmungsstaat oder -gebiet. Falls die Bestimmungsänderung genehmigt wird, gelten die Bestimmungen des Absatzes 7 Buchstaben a und b auch zwischen dem Durchfuhrstaat oder -gebiet und dem Staat oder Gebiet, aus dem die Sendung ursprünglich ausgeführt wurde.

(13) Eine Suchtmittelsendung darf während der Durchfuhr oder Aufbewahrung in einem Zollager keiner Behandlung unterzogen werden, welche die Beschaffenheit der betreffenden Suchtmittel verändern würde. Die Verpackung darf ohne Erlaubnis der zuständigen Dienststellen nicht geändert werden.

(14) Die Bestimmungen der Absätze 11 bis 13 über die Durchfuhr von Suchtmitteln durch das Gebiet eines Teilnehmers gelten nicht, wenn die betreffende Sendung in einem Luftfahrzeug transportiert wird, das in dem Durchfuhrstaat oder -gebiet nicht landet. Falls in dem betreffenden Staat oder Gebiet eine Landung erfolgt, finden, soweit es die Umstände erfordern, die Bestimmungen Anwendung.

(15) Die Bestimmungen dieses Artikels berühren nicht die Bestimmungen internationaler Abkommen zur Beschränkung der Kontrolle, die von einem Teilnehmer hinsichtlich Suchtmittel bei der Durchfuhr ausgeübt werden darf.

(16) Auf Zubereitungen der Liste III brauchen die Bestimmungen dieses Artikels mit Ausnahme des Absatzes 1 Buchstabe a und des Absatzes 2 nicht angewandt zu werden.

Artikel 32

Besondere Bestimmungen über das Mitführen von Suchtmitteln in Ausrüstungen für Erste Hilfe auf Schiffen oder in Luftfahrzeugen, die am internationalen Verkehr teilnehmen

(1) Das Mitführen begrenzter Suchtmittelmengen, die im internationalen Verkehr auf Schiffen oder in Luftfahrzeugen während der Reise für Erste Hilfe oder Notfälle benötigt werden können, ist nicht als Ein-, Aus- oder Durchfuhr im Sinne dieser Konvention anzusehen.

(2) Der Registerstaat ergreift entsprechende Sicherheitsmaßnahmen, um zu verhindern, daß die im Absatz 1 genannten Suchtmittel unzulässig verwendet oder illegalen Zwecken zugeführt werden. Die Kommission empfiehlt in Konsultation mit den entsprechenden internationalen Organisationen derartige Sicherheitsmaßnahmen.

(3) Die auf Schiffen oder in Luftfahrzeugen in Übereinstimmung mit Absatz 1 mitgeführten Suchtmittel unterliegen den Gesetzen, Vorschriften, der Erlaubnis und den Genehmigungen des Registerstaates, unbeschadet aller Rechte der zuständigen örtlichen Behörden, Überprüfungen, Inspektionen und sonstige Kontrollmaßnahmen an Bord von Schiffen oder Luftfahrzeugen vorzunehmen. Das Verabreichen derartiger Suchtmittel im Notfall ist nicht als Verletzung von Artikel 30 Absatz 2 Buchstabe b anzusehen.

Artikel 33

Besitz von Suchtmitteln

Die Teilnehmer lassen keinen Besitz von Suchtmitteln ohne gesetzliche Ermächtigung zu.

Artikel 34

Überwachungs- und Inspektionsmaßnahmen

Die Teilnehmer verlangen, daß

a) alle Personen, die in Übereinstimmung mit dieser Konvention eine Erlaubnis erhalten oder die Leitungs- oder Aufsichtsfunktionen in einem staatlichen Unternehmen innehaben, das gemäß dieser Konvention errichtet wurde, die entsprechende Eignung für die wirksame und gewissenhafte Ausführung der zur Verwirklichung dieser Konvention erlassenen Gesetze und Vorschriften besitzen,

b) die staatlichen Dienststellen, Hersteller, Händler, Wissenschaftler, wissenschaftliche Einrichtungen und Krankenhäuser Aufzeichnungen zum Nachweis der Mengen jedes hergestellten Suchtmittels sowie des Erwerbs und der Abgabe von Suchtmitteln im einzelnen führen. Diese Aufzeichnungen sind mindestens zwei Jahre aufzubewahren. Soweit für ärztliche Verordnungen amtliche Blocks mit Kontrollblättern (Artikel 30 Absatz 2 Buchstabe b) verwendet werden, sind diese einschließlich der Kontrollblätter ebenfalls mindestens zwei Jahre aufzubewahren.

Artikel 35

Maßnahmen gegen den illegalen Verkehr

Die Teilnehmer werden unter gebührender Beachtung ihrer Verfassungs-, Rechts- und Verwaltungssysteme

a) innerstaatliche Koordinierungsmaßnahmen treffen, die den illegalen Verkehr verhüten und unterdrücken; sie können dafür eine entsprechende Stelle festlegen.
b) einander bei der Bekämpfung des illegalen Verkehrs mit Suchtmitteln beistehen.
c) eng miteinander und mit den zuständigen internationalen Organisationen zusammenarbeiten, deren Mitglieder sie sind, zur ständigen koordinierten Bekämpfung des illegalen Verkehrs.
d) sichern, daß die internationale Zusammenarbeit zwischen den entsprechenden Stellen schnell erfolgt und
e) gewährleisten, daß für eine Strafverfolgung rechtlich erhebliche Unterlagen, soweit solche an andere Staaten weitergegeben werden, unverzüglich an die von den Teilnehmern vorgesehenen Organe übermittelt werden; das Recht eines Teilnehmers zu verlangen, daß rechtlich erhebliche Unterlagen ihm auf diplomatischem Wege zugeleitet werden, wird hiervon nicht berührt.

Artikel 36

Strafbestimmungen

(1) Jeder Teilnehmer ergreift im Rahmen seiner verfassungsmäßigen Begrenzungen Maßnahmen, die sichern, daß jedes gegen diese Konvention verstoßende Anbauen, Gewinnen, Herstellen, Extrahieren, Zubereiten, Besitzen, Anbieten, Anbieten zum Verkauf, Verteilen, Kaufen, Verkaufen, Liefern, gleich zu welchen Bedingungen, Vermitteln, Versenden, Befördern, Ein-, Aus- und Durchführen von Suchtmitteln sowie jede andere Handlung, die nach Meinung des betreffenden Teilnehmers gegen diese Konvention verstößt, sofern vorsätzlich begangen, strafbar ist, und daß schwere Verstöße angemessen bestraft werden, insbesondere durch Haft- oder andere Freiheitsstrafen.
(2) Im Rahmen der verfassungsmäßigen Begrenzungen eines Teilnehmers, seiner Rechtsordnung und seines staatlichen Rechts

a) i) ist jeder der im Absatz 1 aufgeführten Verstöße, wenn in verschiedenen Staaten begangen, als gesonderter Verstoß zu betrachten,
   ii) sind bezüglich derartiger Verstöße die vorsätzliche Teilnahme, der Zusammenschluß zur gemeinschaftlichen Begehung und der Versuch sowie vorbereitende und finanzielle Handlungen in Zusammenhang mit den in diesem Artikel aufgeführten Verstößen strafbar wie im Absatz 1 festgelegt,
   iii) sind im Ausland erfolgte Verurteilungen wegen solcher Verstöße zur Feststellung von Rückfällen zu berücksichtigen, und

iv) sind die vorstehend genannten schweren Verstöße, gleich ob von eigenen Staatsangehörigen oder Ausländern begangen, von dem Teilnehmer strafrechtlich zu verfolgen, auf dessen Gebiet der Verstoß begangen wurde, oder von dem Teilnehmer, auf dessen Gebiet der Täter sich befindet, wenn eine Auslieferung entsprechend dem Recht des Teilnehmers, an den das Ersuchen gerichtet ist, abgelehnt wird und wenn ein derartiger Täter noch nicht strafrechtlich verfolgt und gegen ihn noch kein Urteil gefällt wurde.

b) Es ist wünschenswert, daß die im Absatz 1 und Absatz 2 Buchstabe a Ziffer ii aufgeführten Verstöße als Auslieferungsfall in jeden Auslieferungsvertrag aufgenommen werden, der zwischen Teilnehmern abgeschlossen worden ist oder künftig abgeschlossen werden wird, und daß diese von Teilnehmern, die eine Auslieferung nicht von dem Vorhandensein eines Vertrages oder von der Gegenseitigkeit abhängig machen, als Auslieferungsfall anerkannt werden; Voraussetzung ist, daß die Auslieferung entsprechend dem Recht des Teilnehmers erfolgt, an den das Ersuchen gerichtet ist, und daß dieser berechtigt ist, die Festnahme oder die Auslieferung in den Fällen abzulehnen, in denen die zuständigen Dienststellen den Verstoß als nicht schwerwiegend genug erachten.

(3) Die Bestimmungen dieses Artikels berühren nicht das Strafrecht des Teilnehmers hinsichtlich der Gerichtsbarkeit.

(4) In keinem Fall beeinträchtigt dieser Artikel den Grundsatz, daß der jeweilige Verstoß entsprechend dem staatlichen Recht eines Teilnehmers definiert, strafrechtlich verfolgt und geahndet wird.

Artikel 37

Beschlagnahme und Einziehung

Alle Suchtmittel, Substanzen und Gegenstände, die zu einem Verstoß im Sinne des Artikels 36 verwendet wurden oder dafür vorgesehen waren, sind zu beschlagnahmen und einzuziehen.

Artikel 38

Behandlung Suchtkranker

(1) Die Teilnehmer schenken der Schaffung von Möglichkeiten zur medizinischen Behandlung, Pflege und Rehabilitation von Suchtkranken besondere Beachtung.

(2) Wenn die Sucht für einen Teilnehmer ein ernstes Problem darstellt und es seine wirtschaftlichen Möglichkeiten erlauben, ist es wünschenswert, daß er entsprechende Einrichtungen für die wirksame Betreuung Suchtkranker schafft.

Artikel 39

Anwendung strengerer staatlicher Kontrollmaßnahmen, als von dieser Konvention gefordert

Ungeachtet der Bestimmungen dieser Konvention ist es einem Teilnehmer weder verwehrt, noch soll er sich als gehindert betrachten, strengere oder schärfere als von dieser Konvention geforderte Kontrollmaßnahmen zu ergreifen und insbesondere zu verlangen, daß Zubereitungen der Liste III oder Suchtmittel der Liste II allen oder den Kontrollmaßnahmen unterliegen, die auf Suchtmittel der Liste I anwendbar sind, soweit es nach seiner Auffassung notwendig oder wünschenswert ist, um die Gesundheit oder das Wohlergehen der Bevölkerung zu schützen.

Artikel 40

Sprachen der Konvention und Verfahren für die Unterzeichnung, Ratifizierung und den Beitritt

(1) Diese Konvention, deren chinesischer, englischer, französischer, russischer und spanischer Wortlaut gleichermaßen verbindlich ist, liegt bis zum 1. August 1961 für jedes Mitglied der Organisation der Vereinten Nationen, für jeden Nichtmitgliedstaat, der Teilnehmer des Statuts des Internationalen Gerichtshofes oder Mitglied einer Spezialorganisation der Vereinten Nationen ist, sowie auch für jeden anderen Staat, den der Rat einladen kann, Teilnehmer zu werden, zur Unterzeichnung aus.
(2) Diese Konvention bedarf der Ratifizierung. Die Ratifikationsurkunden sind beim Generalsekretär zu hinterlegen.
(3) Diese Konvention liegt nach dem 1. August 1961 für die im Absatz 1 bezeichneten Staaten zum Beitritt auf. Die Beitrittsurkunden sind beim Generalsekretär zu hinterlegen.

Artikel 41

Inkrafttreten

(1) Diese Konvention tritt am dreißigsten Tag nach Hinterlegung der vierzigsten Ratifikations- oder Beitrittsurkunde gemäß Artikel 40 in Kraft.
(2) Für jeden anderen Staat, der nach Hinterlegung der vierzigsten Urkunde eine Ratifikations- oder Beitrittsurkunde hinterlegt, tritt diese Konvention am dreißigsten Tag nach Hinterlegung seiner Ratifikations- oder Beitrittsurkunde in Kraft.

Artikel 42

Territoriale Anwendung

Diese Konvention gilt für alle Gebiete außerhalb des Mutterlandes, für deren internationale Beziehungen ein Teilnehmer verantwortlich ist, ausgenommen dort, wo die vorherige Einwilligung eines solchen Gebietes auf Grund der Verfassung des Teilnehmers oder des betreffenden Gebietes oder durch Gewohnheitsrecht erforderlich ist. In diesem Falle wird sich der Teilnehmer bemühen, die erforderliche Einwilligung des Gebietes so bald wie möglich zu erlangen, und wird, wenn diese vorliegt, dem Generalsekretär darüber Mitteilung geben. Diese Konvention gilt für jedes in einer derartigen Mitteilung angegebene Gebiet vom Tage ihres Eingangs beim Generalsekretär an. In den Fällen, in denen die vorherige Einwilligung eines Gebietes außerhalb des Mutterlandes nicht erforderlich ist, gibt der betreffende Teilnehmer zum Zeitpunkt der Unterzeichnung, Ratifizierung oder des Beitritts an, für welche Gebiete außerhalb des Mutterlandes diese Konvention gilt.

Artikel 43

Gebiete im Sinne der Artikel 19, 20, 21 und 31

(1) Jeder Teilnehmer kann dem Generalsekretär mitteilen, daß im Hinblick auf die Artikel 19, 20, 21 und 31 eines seiner Gebiete in zwei oder mehr aufgeteilt ist oder daß zwei oder mehr seiner Gebiete zu einem einzigen zusammengefaßt sind.
(2) Zwei oder mehr Teilnehmer können dem Generalsekretär mitteilen, daß sie infolge einer zwischen ihnen errichteten Zollunion ein einziges Gebiet im Hinblick auf die Artikel 19, 20, 21 und 31 bilden.
(3) Jede Mitteilung nach Absatz 1 oder 2 tritt am 1. Januar des auf das Jahr der Mitteilung folgenden Jahres in Kraft.

Artikel 44

Auslaufen früherer internationaler Verträge

(1) Mit Inkrafttreten der vorliegenden Konvention wird diese die folgenden Verträge zwischen den Teilnehmern aufheben und ersetzen:

a) Internationales Opiumabkommen, unterzeichnet im Haag am 23. Januar 1912
b) Vereinbarung über die Herstellung von, den Binnenhandel mit und die Verwendung von zubereitetem Opium, unterzeichnet in Genf am 11. Februar 1925
c) Internationales Opiumabkommen, unterzeichnet in Genf am 19. Februar 1925
d) Abkommen zur Beschränkung der Herstellung und zur Regelung der Verteilung der Betäubungsmittel, unterzeichnet in Genf am 13. Juli 1931
e) Vereinbarung über die Kontrolle des Opiumrauchens im Fernen Osten, unterzeichnet in Bangkok am 27. November 1931
f) Protokoll zur Änderung der im Haag am 23. Januar 1912, in Genf am 11. Februar 1925, 19. Februar 1925 und 13. Juli 1931, in Bangkok am 27. November 1931 und in Genf am 26. Juni 1936 über Betäubungsmittel abgeschlossenen Vereinbarungen, Abkommen und Protokolle, unterzeichnet in Lake Success am 11. Dezember 1946, ausgenommen in seiner Wirkung auf das letztgenannte Abkommen
g) die unter Buchstaben a bis e aufgeführten Abkommen und Vereinbarungen in der Fassung des unter Buchstaben f genannten Protokolls von 1946

h) Protokoll zur internationalen Kontrolle der Betäubungsmittel, die nicht durch das Abkommen vom 13. Juli 1931 zur Beschränkung der Herstellung und zur Regelung der Verteilung der Betäubungsmittel in der Fassung des am 11. Dezember 1946 in Lake Success unterzeichneten Protokolls, erfaßt werden, unterzeichnet in Paris am 19. November 1948

i) Protokoll zur Beschränkung und Regelung des Anbaus der Mohnpflanze und der Gewinnung von, des internationalen Handels und Großhandels mit sowie der Verwendung von Opium, unterzeichnet in New York am 23. Juni 1953, falls dieses Protokoll in Kraft getreten sein sollte.

(2) Mit Inkrafttreten dieser Konvention tritt Artikel 9 des Abkommens zur Unterdrückung des illegalen Verkehrs mit Betäubungsmitteln, unterzeichnet in Genf am 26. Juni 1936, zwischen denjenigen Teilnehmern außer Kraft, die auch Teilnehmer der vorliegenden Konvention sind, und wird durch Artikel 36 Absatz 2 Buchstabe b dieser Konvention ersetzt; es sei denn, ein Teilnehmer beläßt durch Mitteilung an den Generalsekretär den genannten Artikel 9 in Kraft.

Artikel 45

Übergangsbestimmungen

(1) Die Funktionen der gemäß Artikel 9 vorgesehenen Behörde werden mit Inkrafttreten der vorliegenden Konvention (Artikel 41 Absatz 1), je nach den Erfordernissen, vorläufig von dem Ständigen Zentralausschuß, der nach Kapitel VI des im Artikel 44 Absatz 1 Buchstabe c aufgeführten Abkommens in seiner geänderten Fassung gebildet wurde und von dem Überwachungsausschuß, der nach Kapitel II des im Artikel 44 Absatz 1 Buchstabe d aufgeführten Abkommens in seiner geänderten Fassung gebildet wurde, wahrgenommen.

(2) Der Rat legt den Zeitpunkt fest, zu dem die im Artikel 9 genannte neu geschaffene Behörde ihre Arbeit aufnimmt. Von diesem Zeitpunkt an übernimmt diese Behörde die Funktionen der im Absatz 1 genannten Ausschüsse gegenüber den Teilnehmerstaaten der im Artikel 44 aufgeführten Verträge, die nicht Teilnehmer der vorliegenden Konvention sind.

Artikel 46

Kündigung

(1) Nach Ablauf von zwei Jahren nach Inkrafttreten der vorliegenden Konvention (Artikel 41 Absatz 1) kann jeder Teilnehmer in eigenem Namen oder im Namen eines Gebietes, das er international vertritt und das seine gemäß Artikel 42 gegebene Einwilligung zurückgezogen hat, diese Konvention durch Hinterlegung einer entsprechenden Urkunde beim Generalsekretär kündigen.

(2) Die Kündigung wird, sofern sie bis zum ersten Juli eines Jahres beim Generalsekretär eingegangen ist, am ersten Januar des folgenden Jahres wirksam, geht sie nach dem ersten

Juli ein, so wird sie wie eine bis zum ersten Juli des nächsten Jahres eingegangene Kündigung wirksam.
(3) Die vorliegende Konvention tritt außer Kraft, wenn infolge von Kündigungen nach Absatz 1 die im Artikel 41 Absatz 1 festgelegten Voraussetzungen nicht mehr bestehen.

Artikel 47

Änderungen

(1) Jeder Teilnehmer kann eine Änderung der vorliegenden Konvention vorschlagen. Wortlaut und Begründung einer solchen Änderung sind dem Generalsekretär mitzuteilen, der diese den Teilnehmern und dem Rat übermittelt. Der Rat kann entscheiden,

a) in Übereinstimmung mit Artikel 62 Absatz 4 der Charta der Vereinten Nationen eine Konferenz einzuberufen, um die vorgeschlagene Änderung zu erörtern, oder
b) die Teilnehmer zu befragen, ob sie die vorgeschlagene Änderung annehmen, und sie gleichfalls aufzufordern, dem Rat ihre Bemerkungen zu dem Vorschlag einzureichen.

(2) Ist eine vorgeschlagene nach Absatz 1 Buchstabe b übermittelte Änderung innerhalb von 18 Monaten nach Übermittlung von keinem Teilnehmer abgelehnt worden, tritt sie daraufhin in Kraft. Falls jedoch die vorgeschlagene Änderung von einem Teilnehmer abgelehnt wird, kann der Rat angesichts der von Teilnehmern eingegangenen Bemerkungen entscheiden, ob eine Konferenz zur Erörterung des Änderungsvorschlages einberufen werden soll.

Artikel 48

Streitigkeiten

(1) Ergibt sich zwischen zwei oder mehr Teilnehmern eine Streitigkeit hinsichtlich der Auslegung oder Anwendung der vorliegenden Konvention, beraten sie sich zu dem Zwecke, die Streitigkeit durch Verhandlung, Untersuchung, Vermittlung, Schlichtung, Schiedsverfahren, Zurückgreifen auf regionale Körperschaften, gerichtliches Verfahren oder andere friedliche Mittel nach eigener Wahl beizulegen.
(2) Jede derartige Streitigkeit, die nicht auf die beschriebene Weise beigelegt werden kann, ist dem Internationalen Gerichtshof zur Entscheidung vorzulegen.

Artikel 49

Zeitlich begrenzte Vorbehalte

(1) Ein Teilnehmer kann sich bei der Unterzeichnung, der Ratifizierung oder dem Beitritt das Recht vorbehalten, in jedem seiner Gebiete zeitweilig folgendes zu gestatten:

a) die quasi-medizinische Verwendung von Opium,
b) das Rauchen von Opium,

c) das Kauen von Kokablättern,
d) die Verwendung von Cannabis, Cannabisharz, Cannabisextrakten und -tinkturen für nichtmedizinische Zwecke, und
e) die Gewinnung und Herstellung der sowie den Handel mit den unter Buchstaben a bis d aufgeführten Suchtmitteln zu den dort genannten Zwecken.

(2) Die Vorbehalte nach Absatz 1 unterliegen folgenden Einschränkungen:

a) Die im Absatz 1 erwähnten Tätigkeiten dürfen nur insoweit gestattet werden, als sie in den Gebieten, für die der Vorbehalt erklärt wird, üblich sind und am 1. Januar 1961 erlaubt waren.
b) Eine Ausfuhr der im Absatz 1 aufgeführten Suchtmittel für die dort genannten Zwecke in einem Nichtteilnehmerstaat oder in ein Gebiet, auf das diese Konvention nach Artikel 42 keine Anwendung findet, darf nicht gestattet werden.
c) Das Rauchen von Opium darf nur den Personen erlaubt werden, die mit Stand vom 1. Januar 1961 bei den zuständigen Dienststellen registriert waren.
d) Die quasi-medizinische Verwendung von Opium ist innerhalb von 15 Jahren nach dem im Artikel 41 Absatz 1 vorgesehenen Inkrafttreten dieser Konvention abzuschaffen.
e) Das Kauen von Kokablättern ist innerhalb von 25 Jahren nach dem im Artikel 41 Absatz 1 vorgesehenen Inkrafttreten dieser Konvention abzuschaffen.
f) Die Verwendung von Cannabis für andere als medizinische und wissenschaftliche Zwecke ist möglichst bald einzustellen, auf jeden Fall aber innerhalb von 25 Jahren nach dem im Artikel 41 Absatz 1 vorgesehenen Inkrafttreten dieser Konvention.
g) Die Gewinnung und Herstellung von sowie der Handel mit den im Absatz 1 aufgeführten Suchtmitteln für jeden der dort genannten Zwecke sind gleichzeitig mit der Einschränkung und Abschaffung dieser Verwendungen zu verringern und schließlich einzustellen.

(3) Ein Teilnehmer, der nach Absatz 1 einen Vorbehalt geltend macht, hat

a) in dem gemäß Artikel 18 Absatz 1 Buchstabe a an den Generalsekretär zu liefernden Jahresbericht Rechenschaft über die im Vorjahr bei der Einstellung der im Absatz 1 genannten Verwendung, Herstellung, Gewinnung oder des Handels erzielten Fortschritte abzulegen und
b) gesonderte Schätzungen (Artikel 19) und statistische Berichte (Artikel 20) für jede der Tätigkeiten, für die ein Vorbehalt geltend gemacht wurde, der Behörde in der von ihr vorgeschriebenen Art und Form zu liefern.

(4) a) Wenn ein Teilnehmer, der nach Absatz 1 einen Vorbehalt geltend gemacht hat, es versäumt,

i) den im Absatz 3 Buchstabe a angegebenen Bericht innerhalb von sechs Monaten nach Ablauf des Berichtsjahres zu liefern,
ii) die im Absatz 3 Buchstabe b angegebenen Schätzungen innerhalb von drei Monaten

nach dem dafür von der Behörde gemäß Artikel 12 Absatz 1 festgelegten Zeitpunkt zu liefern,

iii) die im Absatz 3 Buchstabe b angegebenen Statistiken innerhalb von drei Monaten nach dem Zeitpunkt, zu dem sie gemäß Artikel 20 Absatz 2 fällig waren, zu liefern,

wird je nachdem die Behörde oder der Generalsekretär den betreffenden Teilnehmer über den Verzug in Kenntnis setzen und diese Angaben innerhalb eines Zeitraumes von drei Monaten nach Erhalt dieser Mitteilung anfordern.

b) Wenn der Teilnehmer der Anforderung der Behörde oder des Generalsekretärs innerhalb dieses Zeitraumes nicht nachkommt, verliert der unter Absatz 1 gemachte Vorbehalt seine Wirksamkeit.

(5) Ein Staat, der Vorbehalte erhoben hat, kann diese jederzeit durch schriftliche Mitteilung ganz oder teilweise zurücknehmen.

Artikel 50

Sonstige Vorbehalte

(1) Andere als die nach Artikel 49 oder den folgenden Absätzen möglichen Vorbehalte sind nicht zulässig.

(2) Jeder Staat kann bei der Unterzeichnung, der Ratifizierung oder dem Beitritt Vorbehalte hinsichtlich folgender Bestimmungen dieser Konvention erklären: Artikel 12 Absätze 2 und 3, Artikel 13 Absatz 2, Artikel 14 Absätze 1 und 2, Artikel 31 Absatz 1 Buchstabe b und Artikel 48.

(3) Ein Staat, der Teilnehmer zu werden wünscht, aber ermächtigt werden möchte, andere Vorbehalte zu erklären als die, welche nach Absatz 2 dieses Artikels oder nach Artikel 49 möglich sind, kann den Generalsekretär von dieser Absicht informieren. Sofern nicht nach Ablauf von zwölf Monaten, gerechnet vom Datum der Mitteilung des Generalsekretärs über den betreffenden Vorbehalt, von einem Drittel der Staaten, die diese Konvention vor Ablauf dieser Frist ratifiziert haben oder ihr beigetreten sind, Einwände gegen diesen Vorbehalt erhoben worden sind, gilt dieser als zugelassen. Dabei wird jedoch vorausgesetzt, daß die Staaten, die gegen den Vorbehalt Einwände erhoben haben, gegenüber dem den Vorbehalt erklärenden Staat keine rechtlichen Verpflichtungen, die sich aus der vorliegenden Konvention ergeben und die durch den Vorbehalt berührt werden, zu übernehmen brauchen.

(4) Ein Staat, der Vorbehalte erhoben hat, kann jederzeit durch schriftliche Mitteilung seine Vorbehalte ganz oder teilweise zurücknehmen.

Artikel 51

Notifikationen

Der Generalsekretär benachrichtigt alle im Artikel 40 Absatz 1 genannten Staaten über

a) Unterzeichnungen, Ratifizierungen und Beitritte gemäß Artikel 40,

b) das Datum, an dem diese Konvention gemäß Artikel 41 in Kraft tritt,

c) Kündigungen gemäß Artikel 46 und
d) Erklärungen und Mitteilungen gemäß den Artikeln 42, 43, 47, 49 und 50.

Zu Urkund dessen haben die Unterzeichneten, ordnungsgemäß ermächtigt, die vorliegende Konvention im Namen ihrer Regierungen unterschrieben.
Geschehen zu New York, am dreißigsten März eintausendneunhundertundeinundsechzig, in einfacher Ausfertigung, die im Archiv der Organisation der Vereinten Nationen hinterlegt wird und von der beglaubigte Abschriften allen Mitgliedstaaten der Organisation der Vereinten Nationen und den anderen im Artikel 40 Absatz 1 genannten Staaten übermittelt werden.

Anlagen[1])

Verzeichnis der in Liste I enthaltenen Suchtmittel

Acetorphin
3-Acetoxy-7α-(1-hydroxy-1-methylbutyl)-6-methoxy-N-methyl-6,14-endo-äthen-4,5-epoxymorphinan
Acetylmethadol
3-Acetoxy-6-dimethylamino-4,4-diphenylheptan
Allylprodin
3-Allyl-1-methyl-4-phenyl-4-propionoxypiperidin
Alphacetylmethadol
α-3-acetoxy-6-dimethylamino-4,4-diphenylheptan
Alphameprodin
α-3-Äthyl-1-methyl-4-phenyl-4-propionoxypiperidin
Alphamethadol
α-6-Dimethylamino-4,4-diphenylheptanol-(3)
Alphaprodin
α-1,3-Dimethyl-4-phenyl-4-propionoxypiperidin
Anileridin
1-(4-Aminophenäthyl)-4-phenylpiperidin-4-carbonsäure-äthylester
Benzethidin
1-[2-Benzyloxy)-äthyl]-4-phenylpiperidin-4-carbonsäureäthylester
Benzylmorphin
3-Benzylmorphin
Betacetylmethadol
β-3-Acetoxy-6-dimethylamino-4,4-diphenylheptan
Betameprodin
β-3-Äthyl-1-methyl-4-phenyl-4-propionoxypiperidin
Betamethadol
β-6-Dimethylamino-4,4-diphenylheptanol-(3)

Betaprodin
    β-1,3-Dimethyl-4-phenyl-4-propionoxypiperidin
Bezitramid
    1-(3-Cyano-3,3-diphenylpropyl)-4-(2-oxo-3-propionyl)-1-(benzimid-azolinyl)-piperidin
Cannabis, Cannabisharz
Cannabisextrakt und -tinktur
Clonitazen
    2-(4-Chlorbenzyl)-1-(2-diäthylaminoäthyl)-5-nitrobenzimidazol
Cocain
    Methylester des Benzoylekgonins
Codoxim
    7,8-Dihydrocodeinon-6-carboxymethyloxim
Desomorphin
    7,8-Dihydro-6-deshydroxymorphin
Dextromoramid
    (+)-4-[2-Methyl-4-oxo-3,3-diphenyl-4-(1-pyrrolidinyl)-butyl]-morpholin
Diampromid
    N-[2-(Methylphenäthylamino)-propyl]-propionanilid
Diethylthiambuten
    3-Diäthylamino-1,1-bis-[thienyl-(2)]-buten-(1)
Difenoxin
    1-(3,3-Diphenyl-3-cyanpropyl)-4-phenylpiperidin-4-carbonsäure
Dihydromorphin
Dimenoxadol
    (2-Dimethylaminoäthyl)-1-äthoxy-1,1-diphenylacetat
Dimepheptanol
    6-Dimethylamino-4,4-diphenylheptanol-(3)
Dimethylthiambuten
    3-Dimethylamino-1,1-bis-[thienyl-(2)]-buten-(1)
Dioxaphetylbutyrat
    4-Morpholino-2,2-diphenylbutansäureäthylester
Diphenoxylat
    1-(3,3-Diphenyl-3-cyanpropyl)-4-phenylpiperidin-4-carbonsäureäthylester
Dipipanon
    4,4-Diphenyl-6-piperidinoheptanon-(3)
Drotebanol
    3,4-Dimethoxy-17-methylmorphinan-6β, 14-diol
Ekgonin, seine Ester und Derivate, die sich zu Ekgonin und Cocain umsetzen lassen
Ethylmethylthiambuten
    3-(Äthylmethylamino)-1,1-bis-[thienyl-(2)]-buten-(1)

Etonitazen
2-(4-Äthoxybenzyl)-1-(2-diäthylaminoäthyl)-5-nitrobenzimidazol
Etorphin
3-Hydroxy-7α-(1-hydroxy-1-methylbutyl)-6-methoxy-N-methyl-6,14-endo-ätheno-4,5-epoxymorphinan
Etoxeridin
1-[2-(2-Hydroxyäthoxy)-4-phenylpiperidin-4-carbonsäureäthylester
Fentanyl
N-[1-Phenäthylpiperidyl-(4)]-propionanilid
Furethidin
1-(2-Tetrahydrofurfuryloxyäthyl)-4-phenylpiperidin-4-carbonsäureäthylester
Heroin
Diacetylmorphin
Hydrocodon
Dihydrocodeinon
Hydromorphinol
7,8-Dihydro-14-hydroxymorphin
Hydromorphon
Dihydromorphinon
Hydroxypethidin
4-(3-Hydroxyphenyl)-1-methylpiperidin-4-carbonsäureäthylester
Isomethadon
6-Dimethylamino-5-methyl-4,4-diphenylhexanon-(3)
Ketobemidon
4-(3-Hydroxyphenyl)-1-methyl-4-propionylpiperidin
Kokablätter
Levomethorphan[2])
(—)-3-Methoxy-N-methylmorphinan
Levomoramid
(—)-4-[2-Methyl-4-oxo-3,3-diphenyl-4-(1-pyrrolidinyl)-butyl]-morpholin
Levophenacylmorphan
(—)-3-Hydroxy-N-phenacylmorphinan
Levorphanol[2]
(—)-3-Hydroxy-N-methylmorphinan
Metazocin
8-Hydroxy-2,6-methano-3,6,11-trimethyl-1,2,3,4,5,6-hexahydro-3-benzazocin
Methadon
6-Dimethylamino-4,4-diphenylheptanon-(3)
Methadonzwischenprodukt
4-Cyano-2-dimethylamino-4,4-diphenylbutan

Methyldesorphin
3-Hydroxy-6,N-dimethyl-4,5-epoxymorphinen-(6)
Methyldihydromorphin
6-Methyldihydromorphin
Metopon
5-Methyldihydromorphinon
Mohnstrohkonzentrat (das Produkt, das bei der Verarbeitung von Mohnstroh zwecks Konzentrierung seiner Alkaloide entsteht, soweit dieses Produkt im Handel erhältlich ist)
Moramidzwischenprodukt
2-Methyl-3-morpholino-1,1-diphenylbutansäure
Morpheridin
1-(2-Morpholinoäthyl)-4-phenylpiperidin-4-carbonsäureäthylester
Morphin
Morphinmethylbromid und andere Morphinderivate mit fünfbindigem Stickstoff, insbesondere Morphin-N-oxid-Derivate, wie z. B. Codein-N-oxid
Morphin-N-oxid
Myrophin
3-Benzyl-6-myristylmorphin
Nicomorphin
Morphin-3,6-dinicotinat
Noracymethadol
($\pm$)-α-3-Acetoxy-6-methylamino-4,4-diphenylheptan
Norlevorphanol
($-$)-3-Hydroxymorphinan
Normethadon
6-Dimethylamino-4,4-diphenylhexanon-(3)
Normorphin
Desmethylmorphin
Norpipanon
4,4-Diphenyl-6-piperidinohexanon-(3)
Opium
Oxycodon
14-Hydroxydihydrocodeinon
Oxymorphon
14-Hydroxydihydromorphinon
Pethidin
1-Methyl-4-phenylpiperidin-4-carbonsäureäthylester
Pethidin-Zwischenprodukt A
1-Methyl-4-phenyl-4-cyanpiperidin
Pethidin-Zwischenprodukt B
4-Phenylpiperidin-4-carbonsäureäthylester

Pethidin-Zwischenprodukt C
1-Methyl-4-phenylpiperidin-4-carbonsäure
Phenadoxon
6-Morpholino-4,4-diphenylheptanon-(3)
Phenampromid
N-(1-Methyl-2-piperidinäthyl)-propionanilid
Phenazocin
8-Hydroxy-6,11-dimethyl-3-phenäthyl-1,2,3,4,5,6-hexahydro-2,6-methano-3-benzazocin
Phenomorphan
3-Hydroxy-N-phenäthylmorphinan
Phenoperidin
1-(3-Hydroxy-3-phenylpropyl)-4-phenylpiperidin-4-carbonsäureäthylester
Piminodin
4-Phenyl-1-(3-phenylaminopropyl)-piperidin-4-carbonsäureäthylester
Piritramid
1-(3,3-Diphenyl-3-cyanpropyl)-4-(1-piperidino)-piperidin-4-carbonsäureamid
Proheptazin
1,3-Dimethyl-4-phenyl-4-propionyloxyperhydroazepin
Properidin
1-Methyl-4-phenylpiperidin-4-carbonsäureisopropylester
Racemetorphan
(±)-3-Methoxy-N-methylmorphinan
Racemoramid
(±)-N-(3-Methyl-4-morpholino-2,2-diphenylbutyryl)-pyrrolidin
Racemorphan
(±)-3-Hydroxy-N-methylmorphinan
Thebacon
Acetyldihydrocodeinon
Thebain
Trimeperidin
1,2,5-Trimethyl-4-phenyl-4-propionyloxypiperidin

und

soweit nicht ausdrücklich ausgenommen, die Isomere der in dieser Liste aufgeführten Suchtmittel, wenn solche Isomere nach der angegebenen chemischen Bezeichnung existieren können,

soweit nicht in einer anderen Liste aufgeführt, die Ester und Äther der in dieser Liste aufgeführten Suchtmittel, wenn solche Ester oder Äther existieren können,

die Salze der in dieser Liste aufgeführten Suchtmittel einschließlich der Salze der Ester, Äther und Isomere, wie oben festgelegt, wenn solche Salze existieren können.

Verzeichnis der in Liste II enthaltenen Suchtmittel

Acetyldihydrocodein
Codein
    3-Methylmorphin
Dihydrocodein
Ethylmorphin
    3-Äthylmorphin
Nicocodin
    Codein-6-nicotinat
Nicodicodin
    Dihydrocodein-6-nicotinat
Norcodein
    N-Desmethylcodein
Pholcodin
    3-(2-Morpholinoäthyl)-morphin
Propiram
    N-(1-Methyl-2-piperidinoäthyl)-N-(2-pyridyl)-propionamid
und
soweit nicht ausdrücklich ausgenommen, die Isomere der in dieser Liste aufgeführten Suchtmittel, wenn solche Isomere nach der angegebenen chemischen Bezeichnung existieren können,
die Salze der in dieser Liste aufgeführten Suchtmittel einschließlich der Salze der Isomere, wie oben festgelegt, wenn solche Salze existieren können.

Verzeichnis der in Liste III enthaltenen Zubereitungen

1. Zubereitungen von

   Acetyldihydrocodein
   Codein
   Dihydrocodein
   Ethylmorphin
   Nicodicodin
   Norcodein und
   Pholcodin
   mit einem oder mehreren Bestandteilen, sofern sie nicht mehr als 100 mg des Suchtmittels je Dosiseinheit bzw. bei nicht abgeteilten Zubereitungen nicht mehr als 2,5% enthalten.

2. Zubereitungen von Cocain, die nicht mehr als 0,1% Cocain, berechnet als Cocainbase, und Zubereitungen von Opium oder Morphin, die nicht mehr als 0,2% Morphin, be-

rechnet als wasserfreie Morphinbase, und die einen oder mehrere andere Bestandteile enthalten und in einer Art, daß das Suchtmittel nicht durch leicht anwendbare Mittel oder in einer Menge, die eine Gefahr für die öffentliche Gesundheit darstellen würde, zurückgewonnen werden kann.

3. Zubereitungen von Difenoxin, die je Dosiseinheit nicht mehr als 0,5 mg Difenoxin und mindestens 5% Atropinsulfat, bezogen auf die Difenoxin-Dosis, enthalten.
4. Zubereitungen von Diphenoxylat, die je Dosiseinheit nicht mehr als 2,5 mg Diphenoxylat, berechnet als Base, und mindestens 1% Atropinsulfat, bezogen auf die Diphenoxylat-Dosis, enthalten.
5. Pulvis ipecacuanhae et opii compositus
   10% Opiumpulver
   10% Brechwurzelpulver, gut gemischt mit
   80% eines anderen pulverförmigen Bestandteils, der kein Suchtmittel enthält.
6. Zubereitungen, die einer der in dieser Liste aufgeführten Rezepturen entsprechen, und Mischungen solcher Zubereitungen mit einem anderen Bestandteil, der kein Suchtmittel enthält.

Verzeichnis der in Liste IV enthaltenen Suchtmittel

Cannabis und Cannabisharz
Desomorphin
    7,8-Dihydro-6-deshydroxymorphin
Heroin
    Diacetylmorphin
Ketobemidon
    4-(3-Hydroxyphenyl)-1-methyl-4-propionylpiperidin
und
die Salze der in dieser Liste aufgeführten Suchtmittel, wenn die Bildung solcher Salze möglich ist.

[1]) In den Listen sind alle gem. Art. 3 der vorliegenden Konvention bis zum 1. 1. 1975 erfolgten Ergänzungen und Veränderungen berücksichtigt.
[2]) Dextromethorphan ((+)-3-Methoxy-N-methylmorphinan) und Dextrorphan ((+)-3-Hydroxy-N-methylmorphinan) sind ausdrücklich von dieser Liste ausgenommen.

Bekanntmachung über den Beitritt der Deutschen Demokratischen Republik zur Konvention vom 21. Februar 1971 über psychotrope Substanzen

vom 28. Juni 1976
(GBl. II Nr. 10 S. 239)

Es wird hierdurch bekanntgemacht, daß am 2. Dezember 1975 die Beitrittsurkunde der Deutschen Demokratischen Republik zur Konvention vom 21. Februar 1971 über psychotrope Substanzen hinterlegt wurde.
Bei der Hinterlegung der Beitrittsurkunde wurden von seiten der Deutschen Demokratischen Republik zu Artikel 19 Absätze 1 und 2 und zu Artikel 31 Absatz 2 der Konvention folgende Vorbehalte erklärt:

Zu Artikel 19 Absätze 1 und 2 der Konvention:

„Die Deutsche Demokratische Republik betrachtet sich nicht an die Bestimmungen des Artikels 19 Absätze 1 und 2 der Konvention gebunden, soweit sie Staaten betreffen, die nicht die Möglichkeit haben, gemäß Artikel 25 der Konvention Mitglied dieser Konvention zu werden."

Zu Artikel 31 Absatz 2 der Konvention:

„Die Deutsche Demokratische Republik betrachtet sich nicht an die Bestimmung des Artikels 31 Absatz 2 der Konvention gebunden, die die obligatorische Gerichtsbarkeit des Internationalen Gerichtshofes vorsieht, und vertritt hinsichtlich der Zuständigkeit des Internationalen Gerichtshofes für Streitfälle, die sich aus der Auslegung oder Anwendung der Konvention ergeben, die Auffassung, daß in jedem einzelnen Fall die Zustimmung aller am Streitfall beteiligten Parteien für die Überweisung eines bestimmten Streitfalles zur Entscheidung an den Internationalen Gerichtshof erforderlich ist."

Zu den Artikeln 25 und 27 der Konvention gab die Deutsche Demokratische Republik folgende Erklärungen ab:

Zu Artikel 25 der Konvention:

„Die Deutsche Demokratische Republik ist der Auffassung, daß die Bestimmungen des Artikels 25 der Konvention im Widerspruch zu dem Prinzip stehen, wonach alle Staaten, die sich in ihrer Politik von den Zielen und Grundsätzen der Charta der Vereinten Nationen leiten lassen, das Recht haben, Mitglied von Konventionen zu werden, die die Interessen aller Staaten berühren."

Zu Artikel 27 der Konvention:

„Die Deutsche Demokratische Republik läßt sich in ihrer Haltung zu den Bestimmungen des Artikels 27 der Konvention, soweit sie die Anwendung der Konvention auf Kolonialgebiete und andere abhängige Territorien betreffen, von den Festlegungen der Deklaration der Vereinten Nationen über die Gewährung der Unabhängigkeit an die kolonialen Länder und Völker (Res. Nr. 1514 [XV] vom 14. Dezember 1960) leiten, welche die Notwendigkeit einer schnellen und bedingungslosen Beendigung des Kolonialismus in allen seinen Formen und Äußerungen proklamieren."

Der Tag, an dem die Konvention für die Deutsche Demokratische Republik in Kraft tritt, wird im Gesetzblatt der Deutschen Demokratischen Republik bekanntgemacht.[1])
Der Text der Konvention wird im Sonderdruck Nr. 880 des Gesetzblattes veröffentlicht.

Berlin, den 28. Juni 1976

[1]) In Kraft getreten am 16. 8. 1976.

Konvention über psychotrope Substanzen

(GBl. Sonderdruck Nr. 880)

Präambel

DIE TEILNEHMER,

BEMÜHT um die Gesundheit und das Wohlergehen der Menschheit,

BEOBACHTEND mit Besorgnis die volksgesundheitlichen und sozialen Probleme, die sich aus dem Mißbrauch bestimmter psychotroper Substanzen ergeben,

ENTSCHLOSSEN, den Mißbrauch derartiger Substanzen und den damit verbundenen illegalen Verkehr zu verhindern und zu bekämpfen,

UNTER BERÜCKSICHTIGUNG, daß strenge Maßnahmen notwendig sind, um die Verwendung derartiger Substanzen auf rechtmäßige Zwecke zu beschränken,

IN DER ERKENNTNIS, daß die Verwendung psychotroper Substanzen für medizinische und wissenschaftliche Zwecke unerläßlich ist, und daß ihre Verfügbarkeit für derartige Zwecke nicht unangemessen eingeschränkt werden sollte,

IN DER ÜBERZEUGUNG, daß wirksame Maßnahmen gegen den Mißbrauch derartiger Substanzen ein koordiniertes und weltweites Handeln erfordern,

IN ANERKENNUNG der Zuständigkeit der Vereinten Nationen auf dem Gebiet der Kontrolle psychotroper Substanzen und in dem Wunsch, die betreffenden internationalen Organe in das System dieser Organisation einzubeziehen,

IN DER ERKENNTNIS, daß zum Erreichen dieses Ziels eine internationale Konvention notwendig ist,

KOMMEN wie folgt ÜBEREIN:

Artikel 1

Begriffsbestimmungen

Sofern nicht ausdrücklich anders angegeben oder der Zusammenhang es anders verlangt, haben die folgenden in dieser Konvention verwendeten Begriffe nachstehende Bedeutung:

a) „Rat“ bedeutet den Wirtschafts- und Sozialrat der Organisation der Vereinten Nationen.

b) „Kommission“ bedeutet die Suchtmittel-Kommission des Rates.

c) „Behörde“ bedeutet die in der Einheitlichen Konvention über Suchtmittel von 1961 vorgesehene internationale Suchtmittel-Kontrollbehörde.

d) „Generalsekretär“ bedeutet den Generalsekretär der Organisation der Vereinten Nationen.

e) „Psychotrope Substanzen“ sind alle in den Listen I, II, III oder IV enthaltenen natürlichen und synthetischen Substanzen oder Naturstoffe.

f) „Zubereitung“ bezeichnet:

(i) jede Lösung oder Mischung, ganz gleich in welchem physikalischen Zustand, die eine oder mehrere psychotrope Substanzen enthält, oder

(ii) eine oder mehrere psychotrope Substanzen in abgeteilter Form.

g) „Liste I“, „Liste II“, „Liste III“ und „Liste IV“ bedeuten die dieser Konvention beigefügten und entsprechend numerierten Listen psychotroper Substanzen in der gemäß Artikel 2 geänderten Fassung.

h) „Ausfuhr“ und „Einfuhr“ bedeuten in ihrem jeweiligen Zusammenhang das Verbringen von psychotropen Substanzen aus einem Staat in einen anderen Staat.

i) „Herstellung“ bedeutet alle Verfahren, mit denen psychotrope Substanzen erzeugt werden können, einschließlich der Reinigung und der Umwandlung psychotroper Substanzen in andere psychotrope Substanzen. Dazu gehört auch die Anfertigung von Zubereitungen, ausgenommen solche, die in Apotheken auf Rezept angefertigt werden.

j) „Illegaler Verkehr“ bedeutet Herstellung von oder Verkehr mit psychotropen Substanzen entgegen den Bestimmungen der vorliegenden Konvention.

k) „Region“ bedeutet jeden Teil eines Staates, der im Sinne dieser Konvention gemäß Artikel 28 als gesonderte Einheit behandelt wird.

l) „Grundstücke“ bedeutet Gebäude oder Gebäudeteile einschließlich des dazugehörenden Grund und Bodens.

Artikel 2

Umfang der Kontrolle der Substanzen

(1) Wenn ein Teilnehmer oder die Weltgesundheitsorganisation über eine Substanz, die noch nicht der internationalen Kontrolle untersteht, Informationen erhält, die nach ihrer Meinung die Aufnahme jener Substanz in eine der Listen dieser Konvention erfordern, ist der Generalsekretär davon in Kenntnis zu setzen, wobei ihm die zur Begründung erforderlichen Angaben zu übermitteln sind. Das vorstehende Verfahren ist auch anzuwenden, wenn ein Teilnehmer oder die Weltgesundheitsorganisation Informationen erhält, die die Übertragung einer Substanz von einer Liste in eine der anderen Listen oder die Streichung einer Substanz aus den Listen rechtfertigen.

(2) Der Generalsekretär übermittelt diese Mitteilung zusammen mit allen ihm wichtig erscheinenden Angaben den Teilnehmern, der Kommission und, wenn die Mitteilung von einem Teilnehmer ausging, der Weltgesundheitsorganisation.

(3) Wenn die mit einer solchen Mitteilung zugegangenen Angaben darauf schließen lassen, daß die Substanz gemäß Absatz 4 in Liste I oder in Liste II gehört, prüfen die Teilnehmer angesichts aller verfügbaren Angaben, ob alle für die Substanzen der Liste I oder der Liste II geltenden Kontrollmaßnahmen vorläufig auf diese Substanz angewendet werden können.

(4) Wenn die Weltgesundheitsorganisation feststellt,

a) daß diese Substanz die Eigenschaft besitzt

(i) 1. einen Zustand der Abhängigkeit zu erzeugen, und
2. eine Stimulierung oder Depression des Zentralnervensystems hervorzurufen, die zu Halluzinationen oder zu Störungen der motorischen Funktionen oder im Denken oder im Verhalten oder im Wahrnehmungsvermögen oder in der Stimmung führt, oder

(ii) ähnlich mißbraucht zu werden und ähnlich schädliche Wirkungen hervorzurufen wie eine Substanz der Listen I, II, III oder IV, und

b) daß ausreichend belegt ist, daß ein Mißbrauch der betreffenden Substanz erfolgt oder wahrscheinlich ist und zu einem volksgesundheitlichen oder sozialen Problem wird, das die Unterstellung der Substanz unter die internationale Kontrolle rechtfertigt,

unterbreitet die Weltgesundheitsorganisation der Kommission eine Einschätzung der betreffenden Substanz, aus der der Umfang oder die Wahrscheinlichkeit des Mißbrauchs, die Größe des volksgesundheitlichen und sozialen Problems und der Grad der Nützlichkeit der Substanz für die medizinische Behandlung hervorgehen, zusammen mit Empfehlungen von eventuell dafür in Frage kommenden Kontrollmaßnahmen.

(5) Die Kommission kann unter Berücksichtigung der Mitteilung der Weltgesundheitsorganisation, deren Einschätzung für die medizinische und wissenschaftliche Seite bestimmend ist, und unter Berücksichtigung ökonomischer, sozialer, gesetzlicher, administrativer und anderer Faktoren, die sie für bedeutend hält, die Substanz in die Liste I, II, III oder IV aufnehmen. Die Kommission kann die Weltgesundheitsorganisation und andere geeignete Quellen um weitere Angaben ersuchen.

(6) Betrifft eine Mitteilung gemäß Absatz 1 eine bereits in einer der Listen aufgeführte Substanz, wird die Weltgesundheitsorganisation der Kommission ihre neuen Erkenntnisse, jede neue Einschätzung der Substanz gemäß Absatz 4 sowie jede neue Empfehlung von eventuell dafür in Frage kommenden Kontrollmaßnahmen unterbreiten. Die Kommission kann unter Berücksichtigung der Mitteilung der Weltgesundheitsorganisation gemäß Absatz 5 und der in diesem Absatz genannten Faktoren die Entscheidung treffen, die Substanz von einer Liste in eine andere zu übertragen oder aus den Listen zu streichen.

(7) Der Generalsekretär teilt jede gemäß diesem Artikel von der Kommission getroffene Entscheidung allen Mitgliedstaaten der Organisation der Vereinten Nationen, den Teilnehmern dieser Konvention, die nicht Mitgliedstaaten sind, der Weltgesundheitsorganisation und der Behörde mit. Eine solche Entscheidung wird für jeden Teilnehmer 180 Tage

nach dem Datum der Mitteilung wirksam. Ausgenommen sind die Teilnehmer, die innerhalb dieser Zeit zu der Entscheidung, eine bestimmte Substanz in eine bestimmte Liste aufzunehmen, dem Generalsekretär eine schriftliche Nachricht übermittelt haben, wonach sie auf Grund außergewöhnlicher Umstände nicht in der Lage sind, alle für Substanzen der betreffenden Liste geltenden Bestimmungen der Konvention auf die fragliche Substanz anzuwenden. In einer solchen Nachricht sind die Gründe für eine derartige Ausnahme aufzuführen. Trotz seiner Nachricht soll jeder Teilnehmer zumindest die nachstehend aufgeführten Kontrollmaßnahmen anwenden:

a) Ein Teilnehmer, der hinsichtlich einer ursprünglich nicht der Kontrolle unterstellten und nun in Liste I aufgenommenen Substanz eine solche Nachricht übermittelt hat, wird im Rahmen des Möglichen die im Artikel 7 aufgeführten speziellen Kontrollmaßnahmen berücksichtigen; er wird für diese Substanz:
   (i) für die Herstellung, den Handel und die Verteilung eine Erlaubnis verlangen, wie im Artikel 8 für Substanzen der Liste II vorgesehen;
   (ii) für die Belieferung und die Abgabe ärztliche Rezepte verlangen, wie im Artikel 9 für Substanzen der Liste II vorgesehen;
   (iii) hinsichtlich Ausfuhr und Einfuhr den im Artikel 12 vorgesehenen Verpflichtungen nachkommen, außer in bezug auf einen solchen Teilnehmer, der zu dieser Substanz ebenfalls eine derartige Nachricht übermittelt hat;
   (iv) hinsichtlich des Verbots und der Einschränkungen bei Ausfuhr und Einfuhr den im Artikel 13 für Substanzen der Liste II vorgesehenen Verpflichtungen nachkommen;
   (v) der Behörde statistische Berichte gemäß Artikel 16 Absatz 4 Buchstabe a liefern und
   (vi) Maßnahmen gemäß Artikel 22 zur Verhinderung von Handlungen ergreifen, die im Widerspruch zu Gesetzen und Regelungen stehen, die in Übereinstimmung mit den vorstehend genannten Verpflichtungen erlassen wurden.

b) Hat ein Teilnehmer eine solche Nachricht hinsichtlich einer ursprünglich nicht der Kontrolle unterstellten und nun in Liste II aufgenommenen Substanz übermittelt, so soll er für diese Substanz
   (i) für die Herstellung, den Handel und die Verteilung eine Erlaubnis gemäß Artikel 8 verlangen;
   (ii) für die Belieferung und die Abgabe ärztliche Rezepte gemäß Artikel 9 verlangen;
   (iii) hinsichtlich der Ausfuhr und Einfuhr den im Artikel 12 vorgesehenen Verpflichtungen nachkommen, außer in bezug auf einen solchen Teilnehmer, der zu dieser Substanz ebenfalls eine derartige Nachricht übermittelt hat;
   (iv) hinsichtlich des Verbots und der Einschränkungen bei Ausfuhr und Einfuhr den im Artikel 13 vorgesehenen Verpflichtungen nachkommen;
   (v) der Behörde statistische Berichte gemäß Artikel 16 Absatz 4 Buchstaben a, c und d liefern und

(vi) Maßnahmen gemäß Artikel 22 zur Verhinderung von Handlungen ergreifen, die im Widerspruch zu Gesetzen und Regelungen stehen, die in Übereinstimmung mit den vorstehend genannten Verpflichtungen erlassen wurden.

c) Hat ein Teilnehmer eine solche Nachricht hinsichtlich einer ursprünglich nicht der Kontrolle unterstellten und nun in Liste III aufgenommenen Substanz übermittelt, so soll er für diese Substanz

(i) für die Herstellung, den Handel und die Verteilung eine Erlaubnis gemäß Artikel 8 verlangen;
(ii) für die Belieferung und die Abgabe ärztlicher Rezepte gemäß Artikel 9 verlangen;
(iii) hinsichtlich der Ausfuhr den im Artikel 12 vorgesehenen Verpflichtungen nachkommen, außer in bezug auf einen solchen Teilnehmer, der zu dieser Substanz ebenfalls eine derartige Nachricht übermittelt hat;
(iv) hinsichtlich des Verbots und der Einschränkungen bei Ausfuhr und Einfuhr den im Artikel 13 vorgesehenen Verpflichtungen nachkommen und
(v) Maßnahmen gemäß Artikel 22 zur Verhinderung von Handlungen ergreifen, die im Widerspruch zu Gesetzen oder Regelungen stehen, die in Übereinstimmung mit den vorstehend genannten Verpflichtungen erlassen wurden.

d) Hat ein Teilnehmer eine solche Nachricht hinsichtlich einer ursprünglich nicht der Kontrolle unterstellten und nun in Liste IV aufgenommenen Substanz übermittelt, so soll er für diese Substanz

(i) für die Herstellung, den Handel und die Verteilung eine Erlaubnis gemäß Artikel 8 verlangen;
(ii) hinsichtlich des Verbots und der Einschränkungen bei Ausfuhr und Einfuhr den im Artikel 13 vorgesehenen Verpflichtungen nachkommen und
(iii) Maßnahmen gemäß Artikel 22 zur Verhinderung von Handlungen ergreifen, die im Widerspruch zu Gesetzen oder Regelungen stehen, die in Übereinstimmung mit den vorstehend genannten Verpflichtungen erlassen wurden.

e) Hat ein Teilnehmer eine solche Nachricht hinsichtlich einer Substanz übermittelt, die in eine Liste übertragen wurde, die strengere Kontrollen und Verpflichtungen vorsieht, soll er zumindest alle diejenigen Bestimmungen der vorliegenden Konvention anwenden, die für die Liste gelten, in der diese Substanz gestrichen wurde.

(8) a) Die Entscheidungen der Kommission gemäß diesem Artikel unterliegen der Überprüfung durch den Rat, wenn ein Teilnehmer diese innerhalb von 180 Tagen nach Empfang der Mitteilung der Entscheidung beantragt. Der Antrag auf Überprüfung ist zusammen mit allen zur Begründung wesentlichen Angaben dem Generalsekretär zu übermitteln.

b) Der Generalsekretär übermittelt Abschriften des Antrages auf Überprüfung und der wesentlichen Angaben der Kommission, der Weltgesundheitsorganisation und allen

Teilnehmern mit der Aufforderung, innerhalb von 90 Tagen dazu Stellung zu nehmen. Alle eingegangenen Stellungnahmen werden dem Rat zur Erörterung vorgelegt.

c) Der Rat kann die Entscheidung der Kommission bestätigen, abändern oder aufheben. Die Entscheidung des Rates wird allen Mitgliedstaaten der Organisation der Vereinten Nationen, den Teilnehmern dieser Konvention, die nicht Mitgliedstaaten sind, der Kommission, der Weltgesundheitsorganisation und der Behörde übermittelt.

d) Solange die Überprüfung andauert, bleibt die ursprüngliche Entscheidung der Kommission gemäß Absatz 7 in Kraft.

(9) Die Teilnehmer werden sich nach Kräften bemühen, auf Substanzen, die nicht der vorliegenden Konvention unterstellt sind, aber bei der illegalen Herstellung psychotroper Substanzen verwendet werden können, solche Kontrollmaßnahmen anzuwenden, die durchführbar sind.

Artikel 3

Spezielle Bestimmungen für die Kontrolle der Zubereitungen

(1) Auf eine Zubereitung sind, ausgenommen die Festlegungen der folgenden Absätze dieses Artikels, die gleichen Kontrollmaßnahmen wie auf die darin enthaltene psychotrope Substanz anzuwenden. Enthält die Zubereitung mehr als eine psychotrope Substanz, sind die Maßnahmen anzuwenden, die für die am strengsten kontrollierte Substanz gelten.

(2) Wenn eine Zubereitung, die keine der in Liste I aufgeführten psychotropen Substanzen enthält, so zusammengesetzt ist, daß keine oder keine nennenswerte Gefahr des Mißbrauchs besteht und daß die psychotrope Substanz nicht durch leicht anwendbare Mittel in einer Menge zurückgewonnen werden kann, die zum Mißbrauch verleiten könnte, so daß durch die Zubereitung kein volksgesundheitliches und soziales Problem entsteht, kann die Zubereitung von einigen der Kontrollmaßnahmen ausgenommen werden, die in dieser Konvention gemäß Absatz 3 vorgesehen sind.

(3) Trifft ein Teilnehmer hinsichtlich einer bestimmten Zubereitung eine Feststellung entsprechend dem vorstehenden Absatz, so kann er entscheiden, die Zubereitung in seinem Land oder in einer der Regionen dieses Landes von einer oder allen Kontrollmaßnahmen zu befreien, die in dieser Konvention vorgesehen sind, mit Ausnahme folgender Forderungen:

a) Artikel 8 (Erlaubnis), soweit er sich auf die Herstellung bezieht;

b) Artikel 11 (Nachweisführung), soweit er sich auf von Kontrollmaßnahmen befreite Zubereitungen bezieht;

c) Artikel 13 (Verbot und Einschränkungen bei Ausfuhr und Einfuhr);

d) Artikel 15 (Kontrolle), soweit er sich auf die Herstellung bezieht;

e) Artikel 16 (von den Teilnehmern zu liefernde Berichte), soweit er sich auf Zubereitungen bezieht, die von Kontrollmaßnahmen befreit sind, und

f) Artikel 22 (Strafbestimmungen), in dem notwendigen Maße zur Verhinderung von Handlungen, die im Widerspruch zu Gesetzen oder Regelungen stehen, die in Übereinstimmung mit den vorstehend genannten Verpflichtungen erlassen wurden.

Der betreffende Teilnehmer wird den Generalsekretär von einer derartigen Entscheidung, in Kenntnis setzen unter Angabe der Bezeichnung und Zusammensetzung der ausgenommenen Zubereitung und der Kontrollmaßnahmen, von denen die Zubereitung befreit wurde. Der Generalsekretär leitet diese Mitteilung an die anderen Teilnehmer, an die Weltgesundheitsorganisation und an die Behörde weiter.

(4) Wenn ein Teilnehmer oder die Weltgesundheitsorganisation bezüglich einer Zubereitung, die in Übereinstimmung mit Absatz 3 von der Kontrolle ausgenommen ist, Informationen erhalten, die nach ihrer Meinung die völlige oder teilweise Aufhebung der Ausnahme erforderlich machen kann, ist der Generalsekretär davon in Kenntnis zu setzen, wobei ihm die zur Begründung erforderlichen Angaben zu übermitteln sind. Der Generalsekretär leitet diese Mitteilung mit allen ihm wichtig erscheinenden Angaben den Teilnehmern, der Kommission, und wenn die Mitteilung von einem Teilnehmer ausging, der Weltgesundheitsorganisation zu. Die Weltgesundheitsorganisation wird der Kommission eine Einschätzung der Zubereitung bezüglich des im Absatz 2 angeführten Sachverhalts unterbreiten, gegebenenfalls zusammen mit einer Empfehlung der Kontrollmaßnahmen, von denen die Zubereitung nicht mehr ausgenommen sein soll. Die Kommission kann unter Berücksichtigung der Mitteilung der Weltgesundheitsorganisation, deren Einschätzung für die medizinische und wissenschaftliche Seite bestimmend ist, und unter Berücksichtigung ökonomischer, sozialer, gesetzlicher, administrativer und anderer Faktoren, die sie für bedeutend hält, entscheiden, daß die Befreiung der Zubereitung von einzelnen oder allen Kontrollmaßnahmen aufgehoben wird. Der Generalsekretär teilt jede gemäß diesem Absatz von der Kommission getroffene Entscheidung allen Mitgliedstaaten der Organisation der Vereinten Nationen, den Teilnehmern dieser Konvention, die nicht Mitgliedstaaten sind, der Weltgesundheitsorganisation und der Behörde mit. Alle Teilnehmer ergreifen Maßnahmen, daß innerhalb von 180 Tagen nach dem Datum der Mitteilung des Generalsekretärs die Befreiung von den fraglichen Kontrollmaßnahmen aufgehoben wird.

Artikel 4

Weitere spezielle Bestimmungen zum Kontrollumfang

Die Teilnehmer können hinsichtlich psychotroper Substanzen, die nicht in der Liste I erfaßt sind, folgendes erlauben:

a) Das Mitführen geringer Mengen von Zubereitungen durch Auslandsreisende zur persönlichen Verwendung. Jeder Teilnehmer ist jedoch berechtigt, sich zu überzeugen, daß diese Zubereitungen rechtmäßig erworben wurden.

b) Die Verwendung solcher Substanzen in der Industrie zur Herstellung von nichtpsychotropen Substanzen oder Produkten, vorbehaltlich der Anwendung der in der vorliegenden Konvention geforderten Kontrollmaßnahmen, bis die psychotropen Substanzen soweit umgewandelt sind, daß sie praktisch nicht mehr mißbraucht bzw. nicht mehr zurückgewonnen werden können.

c) Die Verwendung solcher Substanzen für den Tierfang durch von den zuständigen Behörden dazu besonders berechtigte Personen, vorbehaltlich der Anwendung der in der vorliegenden Konvention geforderten Kontrollmaßnahmen.

Artikel 5

Beschränkung der Verwendung auf medizinische und wissenschaftliche Zwecke

(1) Jeder Teilnehmer wird die Verwendung von Substanzen der Liste I gemäß Artikel 7 beschränken.

(2) Jeder Teilnehmer wird, ausgenommen die Bestimmungen gemäß Artikel 4, durch ihm geeignet erscheinende Maßnahmen die Herstellung, die Ausfuhr, die Einfuhr, die Verteilung, die Bestandshaltung, die Verwendung und den Besitz von sowie den Handel mit Substanzen der Listen II, III und IV auf medizinische und wissenschaftliche Zwecke beschränken.

(3) Es ist erwünscht, daß die Teilnehmer nur den legalen Besitz von Substanzen der Listen II, III und IV erlauben.

Artikel 6

Besondere Verwaltungsstelle

Es ist erwünscht, daß jeder Teilnehmer zur Anwendung der vorliegenden Konvention eine besondere Verwaltungsstelle einrichtet und unterhält, die vorteilhafterweise die gleiche sein sollte wie die besondere Verwaltungsstelle, die gemäß den Konventionen über die Suchtmittelkontrolle eingerichtet wurde, oder mit dieser eng zusammenarbeiten sollte.

Artikel 7

Spezielle Bestimmungen für Substanzen der Liste I

Die Teilnehmer werden hinsichtlich der in Liste I erfaßten Substanzen:

a) jede Verwendung verbieten außer zu wissenschaftlichen und sehr begrenzten medizinischen Zwecken durch ordnungsgemäß ermächtigte Personen in medizinischen oder wissenschaftlichen Einrichtungen, die der unmittelbaren Kontrolle der Regierung unterstehen oder von dieser ausdrücklich anerkannt sind;

b) verlangen, daß die Herstellung, der Handel, die Verteilung und der Besitz einer besonderen Erlaubnis oder einer zuvor erteilten Genehmigung unterliegen;

c) für strikte Überwachung der Aktivitäten und Akte gemäß Buchstaben a und b sorgen;
d) die einer ordnungsgemäß ermächtigten Person zu liefernde Menge auf das für den genehmigten Zweck erforderliche Maß beschränken;
e) verlangen, daß die Personen, die medizinische oder wissenschaftliche Tätigkeiten ausüben, Nachweise über den Erwerb der Substanzen und die Einzelheiten ihrer Verwendung führen, wobei diese Aufzeichnungen mindestens zwei Jahre nach der letzten Eintragung aufzubewahren sind; und
f) die Ausfuhr und Einfuhr verbieten, es sei denn, der Exporteur und der Importeur sind zugleich die zuständigen Stellen oder Organisationen des jeweils ausführenden und einführenden Landes (oder der Region) bzw. andere von den zuständigen Behörden ihres Landes (oder ihrer Region) dafür besonders ermächtigte Personen oder Unternehmen. Die Forderungen des Artikels 12 Absatz 1 in bezug auf Ausfuhr- und Einfuhrgenehmigungen für Substanzen der Liste II sind auch für Substanzen der Liste I anzuwenden.

Artikel 8

Erlaubnis

(1) Die Teilnehmer verlangen, daß die Herstellung und die Verteilung von sowie der Handel (einschließlich Ausfuhr und Einfuhr) mit in den Listen II, III und IV erfaßten Substanzen einer Erlaubnis oder anderen ähnlichen Kontrollmaßnahmen unterliegen.
(2) Die Teilnehmer

a) kontrollieren alle ordnungsgemäß ermächtigten Personen und Unternehmen, die mit der Herstellung und der Verteilung von sowie dem Handel (einschließlich Ausfuhr und Einfuhr) mit Substanzen gemäß Absatz 1 befaßt sind oder daran teilhaben;
b) unterstellen die Einrichtungen und Grundstücke, in denen eine derartige Herstellung oder Verteilung sowie ein Handel damit erfolgen kann, der Erlaubnispflicht oder anderen ähnlichen Kontrollmaßnahmen und
c) sorgen bei derartigen Einrichtungen und Grundstücken für Sicherheitsmaßnahmen gegen Diebstahl oder sonstige nicht ordnungsgemäße Verwendung von Beständen.

(3) Die Bestimmungen der Absätze 1 und 2 dieses Artikels über die Erlaubniserteilung oder andere ähnliche Kontrollmaßnahmen müssen nicht Anwendung finden auf Personen, die zur Erfüllung therapeutischer oder wissenschaftlicher Aufgaben und für die Dauer derselben ordnungsgemäß ermächtigt sind.
(4) Die Teilnehmer verlangen, daß alle Personen, die in Übereinstimmung mit dieser Konvention eine Erlaubnis erhalten oder die gemäß Absatz 1 dieses Artikels oder gemäß Artikel 7 Buchstabe b anderweitig ermächtigt sind, eine ausreichende Qualifikation für die wirksame und gewissenhafte Durchführung der auf Grund dieser Konvention erlassenen Gesetze und Regelungen besitzen.

Artikel 9

Rezeptpflicht

(1) Die Teilnehmer verlangen, daß die Substanzen der Listen II, III und IV zur individuellen Anwendung nur auf ärztliches Rezept beliefert oder abgegeben werden, es sei denn, diese Substanzen werden von Einzelpersonen in ordnungsgemäß ermächtigter Erfüllung therapeutischer oder wissenschaftlicher Aufgaben rechtmäßig erworben, verwendet, abgegeben oder verabreicht.
(2) Die Teilnehmer ergreifen Maßnahmen, um zu gewährleisten, daß Rezepte für Substanzen der Listen II, III und IV nur in medizinisch begründeten Fällen ausgestellt werden und daß diese Rezepte besonders hinsichtlich der wiederholten Abgabe und der Gültigkeitsdauer Vorschriften unterliegen, die dem Schutz der Gesundheit und des Wohlergehens der Bevölkerung dienen.
(3) Ungeachtet der Bestimmungen des Absatzes 1 kann ein Teilnehmer, wenn die örtlichen Verhältnisse es seiner Meinung nach erfordern, unter von ihm festzulegenden Bedingungen, einschließlich einer Nachweisführung, zugelassene Apotheker oder andere zugelassene Einzelhändler, die von den für das Gesundheitswesen verantwortlichen Stellen des Landes oder Landesteils benannt sind, ermächtigen, in Ausnahmefällen nach ihrem Ermessen und ohne Rezept zur individuellen Anwendung für medizinische Zwecke Substanzen der Listen III und IV in kleinen Mengen in von den Teilnehmern festzulegenden Grenzen abzugeben.

Artikel 10

Warnhinweise auf der Verpackung, Werbung

(1) Unter Berücksichtigung aller zutreffenden Regelungen oder Empfehlungen der Weltgesundheitsorganisation verlangt jeder Teilnehmer, daß Kennzeichnungen, soweit möglich, in jedem Fall aber die Beipackzettel der Einzelhandelspackungen psychotroper Substanzen Anwendungsvorschriften einschließlich Vorsichts- und Warnhinweise, enthalten, die seiner Meinung nach für die Sicherheit des Verbrauchers als notwendig erachtet werden.
(2) Jeder Teilnehmer verbietet unter gebührender Beachtung seiner gesetzlichen Bestimmungen die Werbung für derartige Substanzen in der breiten Öffentlichkeit.

Artikel 11

Nachweisführung

(1) Die Teilnehmer verlangen bezüglich der in Liste I erfaßten Substanzen von den Herstellern und allen anderen Personen, die gemäß Artikel 7 zum Handel mit und zur Verteilung von diesen Substanzen ermächtigt sind, eine von jedem Teilnehmer festzulegende Nachweisführung, aus der Einzelheiten über hergestellte Mengen, Lagerbestände und für jeden Erwerb und jede Abgabe Einzelheiten über Menge, Datum, Lieferer und Empfänger hervorgehen.

(2) Die Teilnehmer verlangen bezüglich der in den Listen II und III erfaßten Substanzen von den Herstellern, Großhändlern, Exporteuren und Importeuren eine von jedem Teilnehmer festzulegende Nachweisführung, aus der Einzelheiten über hergestellte Mengen und für jeden Erwerb und jede Abgabe Einzelheiten über Menge, Datum, Lieferer und Empfänger hervorgehen.
(3) Die Teilnehmer verlangen bezüglich der in Liste II erfaßten Substanzen von den Einzelhändlern, Krankenhäusern, Pflegeheimen und wissenschaftlichen Einrichtungen eine von jedem Teilnehmer festzulegende Nachweisführung, aus der für jeden Erwerb und jede Abgabe Einzelheiten über Menge, Datum, Lieferer und Empfänger hervorgehen.
(4) Die Teilnehmer sichern auf geeignete Weise und unter Berücksichtigung der in ihren Ländern üblichen Berufs- und Geschäftspraxis, daß Angaben über Erwerb und Abgabe von Substanzen der Liste III durch Einzelhändler, Krankenhäuser, Pflegeheime und wissenschaftliche Einrichtungen schnell verfügbar sind.
(5) Die Teilnehmer verlangen bezüglich der in Liste IV erfaßten Substanzen von den Herstellern, Exporteuren und Importeuren eine von jedem Teilnehmer festzulegende Nachweisführung, aus der die hergestellten, ausgeführten und eingeführten Mengen hervorgehen.
(6) Die Teilnehmer verlangen von den Herstellern von gemäß Artikel 3 Absatz 3 befreiten Zubereitungen eine Nachweisführung, aus der die zur Herstellung einer befreiten Zubereitung verwendete Menge der einzelnen psychotropen Substanzen sowie die Art, die Gesamtmenge und die erste Abgabe der daraus hergestellten befreiten Zubereitungen hervorgeht.
(7) Die Teilnehmer sichern, daß die in diesem Artikel genannten Nachweise und Angaben, die für die Berichterstattung gemäß Artikel 16 erforderlich sind, mindestens zwei Jahre aufbewahrt werden.

Artikel 12

Bestimmungen für den internationalen Handel

(1) a) Jeder Teilnehmer, der die Ausfuhr oder Einfuhr von Substanzen der Listen I oder II erlaubt, verlangt für jede derartige Ausfuhr oder Einfuhr, gleich, ob sie aus einer oder mehreren Substanzen besteht, eine besondere Einfuhr- oder Ausfuhrgenehmigung auf einem von der Kommission festzulegenden Formblatt festzulegenden Formblatt.

b) Eine solche Genehmigung enthält den internationalen nicht schutzfähigen Namen oder, falls ein solcher Name nicht vorhanden ist, die in der Liste angegebene Bezeichnung der Substanz, die aus- oder einzuführende Menge, die Arzneiform, Name und Anschrift des Exporteurs und des Importeurs sowie den Zeitraum, innerhalb dessen die Ausfuhr oder die Einfuhr durchzuführen ist. Wird die Substanz in Form einer Zubereitung aus- oder eingeführt, ist, soweit vorhanden, der Name der Zubereitung zusätzlich anzugeben. Die Ausfuhrgenehmigung enthält weiter die Nummer und das Datum der Einfuhrgenehmigung sowie die Dienststelle, die letztere erteilt hat.

c) Vor der Erteilung einer Ausfuhrgenehmigung verlangen die Teilnehmer eine Einfuhrgenehmigung, die von der zuständigen Stelle des Einfuhrlandes oder der -region ausgestellt ist und bescheinigt, daß die Einfuhr der darin genannten Substanz oder Substanzen genehmigt ist; diese Genehmigung ist von der Person oder Einrichtung, die die Ausfuhrgenehmigung beantragt, vorzulegen.
d) Eine Kopie der Ausfuhrgenehmigung ist jeder Sendung beizufügen; eine weitere Kopie sendet die die Ausfuhrgenehmigung ausstellende Regierung an die Regierung des Einfuhrlandes oder der -region.
e) Nachdem die Einfuhr erfolgt ist, sendet die Regierung des Einfuhrlandes oder der -region die Ausfuhrgenehmigung mit einem Vermerk, der die tatsächlich eingeführte Menge bestätigt, an die Regierung des Ausfuhrlandes oder der -region zurück.

(2) a) Die Teilnehmer verlangen, daß die Exporteure für jede Ausfuhr von Substanzen der Liste III in dreifacher Ausfertigung auf einem von der Kommission festzulegenden Formblatt eine Erklärung abgeben, die folgende Angaben enthält:
(i) Name und Anschrift des Exporteurs und des Importeurs;
(ii) internationaler nicht schutzfähiger Name oder, falls ein solcher nicht vorhanden ist, die in der Liste angegebene Bezeichnung der Substanz;
(iii) Menge und Arzneiform, in der die Substanz ausgeführt wird, und bei einer Zubereitung, soweit vorhanden, deren Name, und
(iv) Versanddatum.
b) Die Exporteure übersenden zwei Kopien der Erklärung den zuständigen Stellen ihres Landes oder ihrer Region. Die dritte Kopie fügen sie der Sendung bei.
c) Ein Teilnehmer, von dessen Gebiet eine Substanz der Liste III ausgeführt wurde, sendet sobald wie möglich, spätestens jedoch neunzig Tage nach dem Versanddatum, den zuständigen Stellen des Einfuhrlandes oder der -region durch Einschreibsendung mit Rückschein eine Kopie der vom Exporteur erhaltenen Erklärung.
d) Die Teilnehmer können verlangen, daß der Importeur nach Empfang der Sendung die der Sendung beigefügte Kopie, auf der ordnungsgemäß die erhaltenen Mengen und das Empfangsdatum vermerkt wurden, an die zuständigen Stellen seines Landes oder seiner Region weiterleitet.

(3) Für Substanzen der Listen I und II gelten folgende zusätzliche Bestimmungen:

a) Die Teilnehmer üben in Freihäfen und Freizonen die gleiche Überwachung und Kontrolle aus wie in anderen Teilen ihres Gebietes; strengere Maßnahmen können jedoch angewandt werden.
b) Ausfuhren in Form von Sendungen an ein Postfach oder an eine Bank auf das Konto einer anderen als der in der Ausfuhrgenehmigung genannten Person sind verboten.
c) Ausfuhren in Form von Sendungen von Substanzen der Liste I an Zollager sind verboten. Ausfuhren in Form von Sendungen von Substanzen der Liste II an ein Zollager sind ebenfalls verboten, es sei denn, die Regierung des Einfuhrlandes bestätigt auf der

Einfuhrgenehmigung, die von der die Ausfuhrgenehmigung beantragenden Person oder Einrichtung vorgelegt wird, daß sie die Einfuhr zur Unterbringung in einem Zollager gebilligt hat. In diesem Fall ist in der Ausfuhrgenehmigung anzugeben, daß die Sendung zu diesem Zweck ausgeführt wird. Jede Entnahme aus dem Zollager erfordert eine Erlaubnis der Stellen, denen das Lager juristisch untersteht; falls die entnommene Menge für das Ausland bestimmt ist, ist sie als neue Ausfuhr im Sinne dieser Konvention zu behandeln.

d) Sendungen, die in das Gebiet eines Teilnehmers gelangen oder es verlassen und denen keine Ausfuhrgenehmigung beiliegt, sind von den zuständigen Stellen zurückzuhalten.

e) Ein Teilnehmer erlaubt nicht die Durchfuhr von Substanzen durch sein Gebiet in ein anderes Land, gleich, ob die Sendung aus dem Beförderungsmittel, in dem sie transportiert wird, ausgeladen wird oder nicht, wenn keine Kopie der Ausfuhrgenehmigung für diese Sendung den zuständigen Stellen dieses Teilnehmers vorgelegt wird.

f) Die zuständigen Stellen eines Landes oder einer Region, durch das bzw. durch die die Durchfuhr einer Sendung derartiger Substanzen erlaubt wurde, treffen alle erforderlichen Maßnahmen, um zu verhindern, daß die Sendung an einen anderen als den in der beiliegenden Kopie der Ausfuhrgenehmigung genannten Bestimmungsort gelangt, es sei denn, die Regierung des Durchfuhrlandes oder der -region genehmigt diese Bestimmungsänderung. Die Regierung des Durchfuhrlandes oder der -region behandelt jede beantragte Bestimmungsänderung als Ausfuhr aus dem Durchfuhrland oder der -region nach dem neuen Bestimmungsland oder der neuen Bestimmungsregion. Falls die Bestimmungsänderung genehmigt wird, gelten die Bestimmungen des Absatzes 1 Buchstabe e auch zwischen dem Durchfuhrland oder der -region und dem Land oder der Region, aus denen die Sendung ursprünglich ausgeführt wurde.

g) Eine Sendung derartiger Substanzen darf während der Durchfuhr oder Aufbewahrung in einem Zollager keiner Behandlung unterzogen werden, die die Beschaffenheit der betreffenden Substanz verändern würde. Die Verpackung darf ohne Erlaubnis der zuständigen Stellen nicht verändert werden.

h) Die Bestimmungen der Buchstaben e bis g über die Durchfuhr derartiger Substanzen durch das Gebiet eines Teilnehmers gelten nicht, wenn die betreffende Sendung in einem Luftfahrzeug transportiert wird, das in dem Durchfuhrland oder der -region nicht landet. Falls in dem betreffenden Land oder der betreffenden Region eine Landung erfolgt, finden, soweit es die Umstände erfordern, die Bestimmungen Anwendung.

i) Die Bestimmungen dieses Absatzes berühren nicht die Bestimmungen internationaler Abkommen zur Beschränkung der Kontrolle, die von einem Teilnehmer hinsichtlich dieser Substanzen bei der Durchfuhr ausgeübt werden darf.

Artikel 13
Verbot und Beschränkungen von Ausfuhr und Einfuhr

(1) Ein Teilnehmer kann durch den Generalsekretär allen anderen Teilnehmern mitteilen, daß er die Einfuhr einer oder mehrerer, in der Mitteilung genau angegebener Substanzen

der Listen II, III oder IV in sein Land oder in eine seiner Regionen verbietet. In jeder derartigen Mitteilung ist der in den Listen II, III oder IV verwendete Name der Substanz anzugeben.
(2) Wenn einem Teilnehmer ein Verbot gemäß Absatz 1 mitgeteilt wurde, sind Maßnahmen zu ergreifen, die sichern, daß keine der in der Mitteilung genannten Substanzen in das Land oder eine der Regionen des Teilnehmers, der das Einfuhrverbot mitgeteilt hat, ausgeführt wird.
(3) Ungeachtet der Bestimmungen des vorstehenden Absatzes kann ein Teilnehmer, der eine Mitteilung gemäß Absatz 1 gegeben hat, durch eine besondere Einfuhrerlaubnis im Einzelfall die Einfuhr festgelegter Mengen der in Frage kommenden Substanzen oder der solche Substanzen enthaltenen Zubereitungen genehmigen. Die die Erlaubnis erteilende Stelle des Einfuhrlandes sendet zwei Kopien der besonderen Einfuhrerlaubnis, auf der Name und Anschrift des Importeurs und des Exporteurs angegeben sind, an die zuständige Stelle des ausführenden Landes oder der ausführenden Region, die darauf dem Exporteur den Versand genehmigen kann. Eine Kopie der von der zuständigen Stelle des Ausfuhrlandes oder der -region ordnungsgemäß bestätigten besonderen Einfuhrerlaubnis ist der Sendung beizufügen.

Artikel 14

Besondere Bestimmungen über das Mitführen von psychotropen Substanzen in Ausrüstungen für Erste Hilfe auf Schiffen, in Luftfahrzeugen oder anderen öffentlichen Beförderungsmitteln, die am internationalen Verkehr teilnehmen

(1) Das Mitführen begrenzter Mengen von Substanzen der Listen II, III oder IV, die im internationalen Verkehr auf Schiffen, in Luftfahrzeugen oder anderen öffentlichen Beförderungsmitteln, beispielsweise internationalen Eisenbahnzügen und Autobussen, während der Fahrt für die Erste Hilfe oder Notfälle benötigt werden können, ist nicht als Ausfuhr, Einfuhr oder Durchfuhr im Sinne dieser Konvention anzusehen.
(2) Das Registerland ergreift entsprechende Sicherheitsmaßnahmen, um zu verhindern, daß die im Absatz 1 genannten Substanzen unzulässig verwendet oder illegalen Zwecken zugeführt werden. Die Kommission empfiehlt in Konsultation mit den entsprechenden internationalen Organisationen derartige Sicherheitsvorkehrungen.
(3) Die auf Schiffen, in Luftfahrzeugen oder anderen internationalen öffentlichen Beförderungsmitteln, beispielsweise internationalen Eisenbahnzügen und Autobussen, in Übereinstimmung mit Absatz 1 mitgeführten Substanzen unterliegen den Gesetzen, Vorschriften, Genehmigungen und der Erlaubnis des Registerlandes, unbeschadet aller Rechte der zuständigen örtlichen Behörden, Überprüfungen, Inspektionen und sonstige Kontrollmaßnahmen an Bord dieser Beförderungsmittel vornehmen. Das Verabreichen derartiger Substanzen im Notfall ist nicht als Verletzung von Artikel 9 Absatz 1 anzusehen.

Artikel 15

Inspektion

Die Teilnehmer unterhalten ein System der Inspektion der Hersteller, Exporteure, Importeure, Groß- und Einzelhändler psychotroper Substanzen sowie der medizinischen und wissenschaftlichen Einrichtungen, die derartige Substanzen verwenden. Sie nehmen Inspektionen der Grundstücke, Bestände und Nachweisführung vor, so oft sie diese für notwendig erachten.

Artikel 16

Von den Teilnehmern zu liefernde Berichte

(1) Die Teilnehmer liefern dem Generalsekretär die Informationen, die die Kommission zur Erfüllung ihrer Aufgaben anfordert, insbesondere einen Jahresbericht über die Wirkung der Konvention in ihren Gebieten einschließlich Informationen über

a) wichtige Veränderungen in den Gesetzen und Regelungen bezüglich psychotroper Substanzen und
b) bedeutsame Entwicklungen im Mißbrauch und im illegalen Verkehr psychotroper Substanzen in ihren Gebieten.

(2) Weiterhin teilen die Teilnehmer dem Generalsekretär die Namen und Anschriften der staatlichen Stellen mit, die im Artikel 7 Buchstabe f, Artikel 12 und Artikel 13 Absatz 3 erwähnt sind. Derartige Informationen sind durch den Generalsekretär allen Teilnehmern zugänglich zu machen.
(3) Die Teilnehmer liefern dem Generalsekretär nach einem Ereignis so bald als möglich einen Bericht über jeden Fall von illegalem Verkehr mit psychotropen Substanzen oder damit in Zusammenhang stehenden Beschlagnahmen, den sie für wichtig halten hinsichtlich

a) festgestellter neuer Tendenzen,
b) der beteiligten Mengen,
c) der Aufdeckung der Quellen, aus denen die Substanzen stammen, oder
d) der von illegalen Händlern angewandten Methoden.

Kopien des Berichtes sind gemäß Artikel 21 Buchstabe b zu übersenden.
(4) Die Teilnehmer liefern der Behörde jährlich statistische Berichte auf von dieser erarbeiteten Formblättern bezüglich.

a) jeder Substanz der Listen I und II über hergestellte Mengen, nach bzw. von jedem Land oder jeder Region ausgeführte bzw. eingeführte Mengen und bei den Herstellern vorhandene Bestände,

b) jeder Substanz der Listen III und IV über hergestellte Mengen und insgesamt ausgeführte bzw. eingeführte Mengen,
c) jeder Substanz der Listen II und III über zur Herstellung von befreiten Zubereitungen verwendete Mengen, und
d) jeder Substanz, ausgenommen Substanzen der Liste I, über gemäß Artikel 4 Buchstabe b für industrielle Zwecke verwendete Mengen.

Die gemäß Buchstaben a und b anzugebenden hergestellten Mengen enthalten nicht die Mengen der hergestellten Zubereitungen.
(5) Ein Teilnehmer liefert der Behörde auf deren Ersuchen zusätzliche statistische Informationen bezüglich künftiger Zeiträume über die nach bzw. von jedem Land oder jeder Region ausgeführten bzw. eingeführten Mengen jeder einzelnen Substanz der Listen III und IV. Der betreffende Teilnehmer kann verlangen, daß die Behörde sowohl das Ersuchen um Informationen als auch die gemäß diesem Absatz gegebene Information vertraulich behandelt.
(6) Die Teilnehmer liefern die Informationen gemäß den Absätzen 1 und 4 in der Art und Weise und zu den Terminen, wie sie von der Kommission oder der Behörde gefordert werden.

Artikel 17

Aufgaben der Kommission

(1) Die Kommission kann alle Angelegenheiten behandeln, die zu den Zielen dieser Konvention und zur Verwirklichung ihrer Bestimmungen gehören, sowie damit im Zusammenhang stehende Empfehlungen geben.
(2) Die in den Artikel 2 und 3 vorgesehenen Entscheidungen der Kommission müssen mit einer Zweidrittelmehrheit der Mitglieder der Kommission getroffen werden.

Artikel 18

Berichte der Behörden

(1) Die Behörde erarbeitet über ihre Tätigkeit Jahresberichte, die eine Analyse der ihr zur Verfügung stehenden statistischen Informationen enthalten und, soweit angebracht, eine Darlegung der von Regierungen gegebenen oder verlangten Erklärungen sowie alle Bemerkungen und Empfehlungen, die die Behörde zu geben beabsichtigt. Darüber hinaus kann die Behörde zusätzliche Berichte geben, wenn sie diese für erforderlich hält. Die Berichte werden dem Rat über die Kommission unterbreitet, der es freisteht, dazu Bemerkungen zu machen.
(2) Die Berichte der Behörde werden den Teilnehmern übermittelt und darauf vom Generalsekretär veröffentlicht. Die Teilnehmer erlauben deren uneingeschränkte Verbreitung.

Artikel 19

Maßnahmen der Behörde zur Gewährleistung der Durchführung der Konvention

(1) a) Hat die Behörde nach Prüfung der ihr von den Regierungen eingereichten Angaben oder der ihr von Organen der Organisation der Vereinten Nationen mitgeteilten Informationen Grund zu der Annahme, daß die Ziele dieser Konvention ernsthaft gefährdet sind, weil ein Land oder eine Region die Konvention nicht durchführt, so hat sie das Recht, die Regierung des betreffenden Landes oder der betreffenden Region um Erklärung zu bitten. Vorbehaltlich des Rechts der Behörde, die Teilnehmer, den Rat und die Kommission auf die unter Buchstaben c angeführte Angelegenheit aufmerksam zu machen, hat sie ein Ersuchen nach Information oder die Erklärung einer Regierung nach diesem Buchstaben als vertraulich zu behandeln.

b) Nachdem sie gemäß Buchstaben a wirksam geworden ist, und wenn sie es für erforderlich hält, kann die Behörde die betreffende Regierung auffordern, solche Maßnahmen zur Abhilfe zu ergreifen, die unter den gegebenen Umständen für die Durchführung dieser Konvention notwendig sind.

c) Stellt die Behörde fest, daß die betreffende Regierung auf ein Ersuchen gemäß Buchstaben a keine zufriedenstellende Erklärung abgegeben oder nach Aufforderung gemäß Buchstaben b keine Maßnahmen zur Abhilfe ergriffen hat, kann sie die Aufmerksamkeit der Teilnehmer, des Rates und der Kommission auf diese Angelegenheit lenken.

(2) Wenn die Behörde gemäß Absatz 1 Buchstabe c die Aufmerksamkeit der Teilnehmer, des Rates und der Kommission auf eine Angelegenheit lenkt, kann sie, falls sie dies für erforderlich hält, den Teilnehmern empfehlen, die Ausfuhr oder Einfuhr bestimmter psychotroper Substanzen oder beides von oder nach dem betreffenden Land oder der betreffenden Region entweder für einen bestimmten Zeitraum oder bis zu dem Zeitpunkt, zu dem die Behörde die Lage in diesem Land oder dieser Region zufriedenstellend betrachtet, einzustellen. Der betreffende Staat kann die Angelegenheit vor den Rat bringen.

(3) Die Behörde hat das Recht, über jede nach den Bestimmungen dieses Artikels behandelte Angelegenheit einen Bericht zu veröffentlichen und ihn dem Rat mitzuteilen, der ihn allen Teilnehmern zuleitet. Wenn die Behörde in diesem Bericht eine auf Grund dieses Artikels getroffene Entscheidung oder eine darauf bezügliche Information veröffentlicht, hat sie darin gleichfalls die Ansicht der betroffenen Regierung zu veröffentlichen, sofern diese es verlangt.

(4) Falls eine Entscheidung der Behörde, die entsprechend diesem Artikel veröffentlicht wird, nicht einmütig ist, sind die Ansichten der Minderheiten darzustellen.

(5) Jeder Staat wird eingeladen, sich auf einer Sitzung der Behörde vertreten zu lassen, auf der eine ihn unmittelbar interessierende Frage auf der Grundlage dieses Artikels erörtert wird.

(6) Entscheidungen der Behörde gemäß diesem Artikel werden mit Zweidrittelmehrheit der Gesamtzahl ihrer Mitglieder gefaßt.
(7) Die Bestimmungen der vorstehenden Absätze sind auch anzuwenden, wenn die Behörde Grund zu der Annahme hat, daß die Ziele dieser Konvention infolge einer von einem Teilnehmer gemäß Artikel 2 Absatz 7 getroffenen Entscheidung ernsthaft gefährdet sind.

Artikel 20

Maßnahmen gegen den Mißbrauch psychotroper Substanzen

(1) Die Teilnehmer ergreifen alle brauchbaren Maßnahmen zur Verhütung des Mißbrauchs psychotroper Substanzen und zur Früherkennung, Behandlung, Erziehung, Nachsorge, Rehabilitation sowie zur sozialen Wiedereingliederung der betroffenen Personen und koordinieren ihre Bemühungen zu diesen Zwecken.
(2) Die Teilnehmer fördern so weit als möglich die Ausbildung des Personals für die Behandlung, Nachsorge, Rehabilitation und soziale Wiedereingliederung von Personen, die psychotrope Substanzen mißbrauchen.
(3) Die Teilnehmer unterstützen Personen, deren Arbeit Verständnis für die Probleme des Mißbrauchs psychotroper Substanzen und dessen Verhütung erfordert und fördern ein solches Verständnis auch in der breiten Öffentlichkeit, wenn die Gefahr besteht, daß der Mißbrauch derartiger Substanzen sich weit verbreitet.

Artikel 21

Maßnahmen gegen den illegalen Verkehr

Die Teilnehmer werden unter gebührender Beachtung ihrer Verfassungs-, Rechts- und Verwaltungssysteme

a) innerstaatliche Koordinierungsmaßnahmen treffen, die den illegalen Verkehr verhüten und unterdrücken; sie können dafür eine entsprechende Stelle festlegen.
b) einander bei der Bekämpfung des illegalen Verkehrs mit psychotropen Substanzen beistehen und, insbesondere den anderen direkt betroffenen Teilnehmern auf diplomatischem Wege oder über die von den Teilnehmern für diesen Zweck bestimmten zuständigen Stellen sofort eine Kopie eines jeden Berichtes übermitteln, der gemäß Artikel 16 im Zusammenhang mit der Aufdeckung eines Falles von illegalem Verkehr oder einer Beschlagnahme an den Generalsekretär geschickt wird.
c) eng miteinander und mit den zuständigen internationalen Organisationen zusammenarbeiten, deren Mitglieder sie sind, zur ständigen koordinierten Bekämpfung des illegalen Verkehrs.
d) sichern, daß die internationale Zusammenarbeit zwischen den entsprechenden Stellen schnell erfolgt, und

e) gewährleisten, daß für Gerichtsverfahren rechtserhebliche Unterlagen, soweit solche an andere Staaten weitergegeben werden, unverzüglich an die von den Teilnehmern vorgesehenen Organe übermittelt werden; das Recht eines Teilnehmers zu verlangen, daß rechtserhebliche Unterlagen ihm auf diplomatischem Wege zugeleitet werden, wird hiervon nicht berührt.

Artikel 22

Strafbestimmungen

(1) a) Jeder Teilnehmer behandelt im Rahmen seiner verfassungsmäßigen Begrenzung jedes vorsätzliche Zuwiderhandeln gegen ein Gesetz oder eine Regelung, das bzw. die infolge der gemäß dieser Konvention eingegangenen Verpflichtungen erlassen wurde, als einen strafbaren Verstoß, und jeder Teilnehmer sichert, daß schwere Verstöße angemessen bestraft werden, insbesondere durch Haft- oder andere Freiheitsstrafen.

b) Unbeschadet des vorstehenden Buchstaben können die Teilnehmer, wenn die Verstöße von Personen, die psychotrope Substanzen mißbrauchen, begangen wurden, vorsehen, daß diese Personen entweder an Stelle der Verurteilung oder Bestrafung oder zusätzlich zur Bestrafung sich Maßnahmen der Behandlung, Erziehung, Nachsorge, Rehabilitation und sozialen Wiedereingliederung in Übereinstimmung mit Artikel 20 Absatz 1 unterziehen.

(2) Im Rahmen der verfassungsmäßigen Begrenzungen eines Teilnehmers, seiner Rechtsordnung und seines staatlichen Rechts

a)

(i) ist bei einer Reihe in Beziehung stehender Handlungen, die Verstöße gemäß Absatz 1 sind und in verschiedenen Ländern begangen wurden, jede einzelne als gesonderter Verstoß zu betrachten,

(ii) sind bezüglich derartiger Verstöße die vorsätzliche Teilnahme, der Zusammenschluß zur gemeinschaftlichen Begehung und der Versuch sowie vorbereitende und finanzielle Handlungen im Zusammenhang mit den in diesem Artikel aufgeführten Verstößen strafbar wie im Absatz 1 festgelegt,

(iii) sind im Ausland erfolgte Verurteilungen wegen solcher Verstöße zur Feststellung von Rückfällen zu berücksichtigen, und

(iv) sind die vorstehend genannten schweren Verstöße, gleich, ob von eigenen Staatsangehörigen oder Ausländern begangen, von den Teilnehmern strafrechtlich zu verfolgen, auf dessen Gebiet der Verstoß begangen wurde, oder von dem Teilnehmer, auf dessen Gebiet der Täter sich befindet, wenn eine Auslieferung entsprechend dem Recht des Teilnehmers, an den das Ersuchen gerichtet ist, abgelehnt wird, und wenn ein derartiger Täter noch nicht strafrechtlich verfolgt und gegen ihn noch kein Urteil gefällt wurde.

b) ist es wünschenswert, daß die in den Absätzen 1 und 2 Buchstabe a Ziffer ii aufgeführten Verstöße als Auslieferungsfall in jeden Auslieferungsvertrag aufgenommen werden, der zwischen Teilnehmern abgeschlossen worden ist oder künftig abgeschlossen werden wird, und daß diese von den Teilnehmern, die eine Auslieferung nicht von dem Vorhandensein eines Vertrages oder von der Gegenseitigkeit abhängig machen, als Auslieferungsfall anerkannt werden; Voraussetzung ist, daß die Auslieferung entsprechend dem Recht des Teilnehmers erfolgt, an den das Ersuchen gerichtet ist, und daß dieser berechtigt ist, die Festnahme oder die Auslieferung in den Fällen abzulehnen, in denen die zuständigen Stellen den Verstoß als nicht schwerwiegend genug erachten.

(3) Alle psychotropen oder anderen Substanzen sowie Gegenstände, die zur Begehung eines Verstoßes gemäß den Absätzen 1 und 2 benutzt wurden oder dafür vorgesehen waren, können beschlagnahmt und eingezogen werden.

(4) Die Bestimmungen dieses Artikels berühren nicht das staatliche Recht des Teilnehmers hinsichtlich der Gerichtsbarkeit.

(5) In keinem Fall beeinträchtigt dieser Artikel den Grundsatz, daß der jeweilige Verstoß entsprechend dem staatlichen Recht eines Teilnehmers definiert, strafrechtlich verfolgt und geahndet wird.

Artikel 23

Anwendung strengerer Kontrollmaßnahmen als von dieser Konvention gefordert

Ein Teilnehmer kann strengere oder schärfere Kontrollmaßnahmen ergreifen als von dieser Konvention gefordert, falls seiner Meinung nach solche Maßnahmen zum Schutz der Gesundheit und des Wohlergehens der Bevölkerung wünschenswert oder notwendig sind.

Artikel 24

Ausgaben internationaler Organe bei der Durchführung dieser Konvention

Die Ausgaben, die der Kommission und der Behörde in Erfüllung ihrer jeweiligen Aufgaben entsprechend dieser Konvention entstehen, werden von der Organisation der Vereinten Nationen gemäß der Entscheidung der Vollversammlung getragen. Die Teilnehmer, die nicht Mitglied der Organisation der Vereinten Nationen sind, leisten zu diesen Ausgaben Beiträge, wie sie die Vollversammlung als angemessen ansieht und von Zeit zu Zeit nach Konsultation mit den Regierungen dieser Teilnehmer festsetzt.

Artikel 25

Verfahren für die Zulassung, Unterzeichnung, Ratifizierung und den Beitritt

(1) Mitglieder der Organisation der Vereinten Nationen, Staaten, die nicht Mitglieder der Organisation der Vereinten Nationen sind, aber einer Spezialorganisation der Vereinten Nationen oder der Internationalen Atomenergie-Behörde angehören oder Teilnehmer des

Statuts des Internationalen Gerichtshofes sind, sowie jeder andere vom Rat eingeladene Staat können Teilnehmer dieser Konvention werden

a) durch Unterzeichnung, oder
b) durch Ratifizierung, wenn mit dem Vorbehalt der Ratifizierung unterzeichnet wurde, oder
c) durch Beitritt.

(2) Die Konvention ist bis einschließlich 1. Januar 1972 zur Unterzeichnung offen. Danach ist sie zum Beitritt offen.
(3) Die Ratifizierungs- und Beitrittsurkunden sind beim Generalsekretär zu hinterlegen.

Artikel 26

Inkrafttreten

(1) Die Konvention tritt am neunzigsten Tage in Kraft, nachdem vierzig der im Artikel 25 Absatz 1 erwähnten Staaten ohne Vorbehalt der Ratifizierung unterzeichnet oder ihre Ratifizierungs- oder Beitrittsurkunden hinterlegt haben.
(2) Für jeden anderen Staat, der nach der letzten im vorstehenden Absatz genannten Unterzeichnung oder Hinterlegung ohne Vorbehalt der Ratifizierung unterzeichnet oder eine Ratifizierungs- oder Beitrittsurkunde hinterlegt, tritt die Konvention am neunzigsten Tag nach Unterzeichnung oder Hinterlegung seiner Ratifizierungs- oder Beitrittsurkunde in Kraft.

Artikel 27

Territoriale Anwendung

Die Konvention gilt für alle Gebiete außerhalb des Mutterlandes, für deren internationale Beziehungen ein Teilnehmer verantwortlich ist, ausgenommen dort, wo die vorherige Einwilligung eines solchen Gebietes auf Grund der Verfassung des Teilnehmers oder des betreffenden Gebietes oder durch Gewohnheitsrecht erforderlich ist. In solch einem Fall wird sich der Teilnehmer bemühen, die erforderliche Einwilligung des Gebietes so bald wie möglich zu erlangen und wird, wenn diese vorliegt, dem Generalsekretär darüber Mitteilung geben. Diese Konvention gilt für jedes in einer derartigen Mitteilung angegebene Gebiet vom Tag ihres Einganges beim Generalsekretär an. In den Fällen, in denen die vorherige Einwilligung eines Gebietes außerhalb des Mutterlandes nicht erforderlich ist, gibt der betreffende Teilnehmer zum Zeitpunkt der Unterzeichnung, Ratifizierung oder des Beitritts an, für welche Gebiete außerhalb des Mutterlandes diese Konvention gilt.

Artikel 28

Regionen im Sinne dieser Konvention

(1) Jeder Teilnehmer kann dem Generalsekretär mitteilen, daß im Hinblick auf diese Konvention sein Gebiet in zwei oder mehr Regionen aufgeteilt ist oder daß zwei oder mehr seiner Regionen zu einer zusammengefaßt sind.

(2) Zwei oder mehr Teilnehmer können dem Generalsekretär mitteilen, daß sie infolge einer zwischen ihnen errichteten Zollunion eine Region im Hinblick auf diese Konvention bilden.
(3) Jede Mitteilung nach Absatz 1 oder 2 tritt am 1. Januar des auf das Jahr der Mitteilung folgenden Jahres in Kraft.

Artikel 29

Kündigung

(1) Nach Ablauf von zwei Jahren nach Inkrafttreten der vorliegenden Konvention kann jeder Teilnehmer in eigenem Namen oder im Namen eines Gebietes, das er international vertritt und das seine gemäß Artikel 27 gegebene Einwilligung zurückgezogen hat, diese Konvention durch Hinterlegen einer entsprechenden Urkunde beim Generalsekretär kündigen.
(2) Die Kündigung wird, sofern sie bis zum ersten Juli eines Jahres beim Generalsekretär eingegangen ist, am ersten Januar des folgenden Jahres wirksam; geht sie nach dem ersten Juli ein, so wird sie wie eine bis zum ersten Juli des nächsten Jahres eingegangene Kündigung wirksam.
(3) Die Konvention tritt außer Kraft, wenn infolge von Kündigungen nach den Absätzen 1 und 2 die im Artikel 26 Absatz 1 festgelegten Voraussetzungen nicht mehr bestehen.

Artikel 30

Änderungen

(1) Jeder Teilnehmer kann eine Änderung der vorliegenden Konvention vorschlagen. Wortlaut und Begründung einer solchen Änderung sind dem Generalsekretär mitzuteilen, der diese den Teilnehmern und dem Rat übermittelt. Der Rat kann entscheiden

a) in Übereinstimmung mit Artikel 62 Absatz 4 der Charta der Vereinten Nationen eine Konferenz einzuberufen, um die vorgeschlagene Änderung zu erörtern, oder
b) die Teilnehmer zu befragen, ob sie die vorgeschlagene Änderung annehmen, und sie ebenfalls aufzufordern, dem Rat ihre Bemerkungen zu dem Vorschlag einzureichen.

(2) Ist eine vorgeschlagene nach Absatz 1 Buchstabe b übermittelte Änderung innerhalb von 18 Monaten nach Übermittlung von keinem Teilnehmer abgelehnt worden, tritt sie daraufhin in Kraft. Falls jedoch die vorgeschlagene Änderung von einem Teilnehmer abgelehnt wird, kann der Rat angesichts der von Teilnehmern eingegangenen Bemerkungen entscheiden, ob eine Konferenz zur Erörterung des Änderungsvorschlages einberufen werden soll.

Artikel 31

Streitigkeiten

(1) Ergibt sich zwischen zwei oder mehr Teilnehmern eine Streitigkeit hinsichtlich der Auslegung oder Anwendung dieser Konvention, beraten sie sich zu dem Zweck, die Streitigkeit durch Verhandlung, Untersuchung, Vermittlung, Schlichtung, Schiedsverfahren, Zurückgreifen auf regionale Körperschaften, gerichtliches Verfahren oder andere friedliche Mittel nach eigener Wahl beizulegen.
(2) Jede derartige Streitigkeit, die nicht auf die beschriebene Weise beigelegt werden kann, ist auf Antrag eines der streitenden Teilnehmer dem Internationalen Gerichtshof zur Entscheidung vorzulegen.

Artikel 32

Vorbehalte

(1) Andere als die nach den Absätzen 2, 3 und 4 dieses Artikels möglichen Vorbehalte sind nicht zulässig.
(2) Jeder Staat kann bei der Unterzeichnung, der Ratifizierung oder dem Beitritt Vorbehalte hinsichtlich folgender Bestimmungen der vorliegenden Konvention erklären:

a) Artikel 19 Absätze 1 und 2,
b) Artikel 27, und
c) Artikel 31.

(3) Ein Staat, der Teilnehmer zu werden wünscht, aber ermächtigt werden möchte, andere Vorbehalte zu erklären als die, die nach den Absätzen 2 und 4 möglich sind, kann den Generalsekretär von dieser Absicht informieren. Sofern nicht nach Ablauf von 12 Monaten, gerechnet vom Datum der Mitteilung des Generalsekretärs über den betreffenden Vorbehalt, von einem Drittel der Staaten, die diese Konvention vor Ablauf dieser Frist ohne Vorbehalt oder Ratifizierung unterzeichnet haben, ratifiziert haben oder ihr beigetreten sind, Einwände gegen diesen Vorbehalt erhoben worden sind, gilt dieser als zugelassen. Dabei wird jedoch vorausgesetzt, daß die Staaten, die gegen den Vorbehalt Einwände erhoben haben, gegenüber dem den Vorbehalt erklärenden Staat keine rechtlichen Verpflichtungen, die sich aus dieser Konvention ergeben und die durch den Vorbehalt berührt werden, zu übernehmen brauchen.
(4) Ein Staat, auf dessen Gebiet psychotrope Substanzen der Liste I enthaltende Pflanzen wild wachsen, die traditionsgemäß von bestimmten kleinen, deutlich abgegrenzten Gruppen für magische oder religiöse Riten verwendet werden, kann zum Zeitpunkt der Unterzeichnung, der Ratifizierung oder des Beitritts bezüglich dieser Pflanzen Vorbehalte gegen die Bestimmungen des Artikels 7 geltend machen, mit Ausnahme der Bestimmungen über den internationalen Handel.
(5) Ein Staat, der Vorbehalte erhoben hat, kann jederzeit durch schriftliche Mitteilung an den Generalsekretär seine Vorbehalte ganz oder teilweise zurücknehmen.

Artikel 33

Notifikationen

Der Generalsekretär benachrichtigt alle im Artikel 25 Absatz 1 genannten Staaten über

a) Unterzeichnungen, Ratifizierungen und Beitritte gemäß Artikel 25,
b) das Datum, an dem diese Konvention gemäß Artikel 26 in Kraft tritt,
c) Kündigungen gemäß Artikel 29, und
d) Erklärungen und Mitteilungen gemäß den Artikeln 27, 28, 30 und 32.

Zu urkund dessen haben die Unterzeichneten, ordnungsgemäß ermächtigt, diese Konvention im Namen ihrer Regierungen unterschrieben.

Geschehen zu Wien, am einundzwanzigsten Februar eintausendneunhundertundeinundziebzig, in einer einzigen Ausfertigung in chinesischer, englischer, französischer, russischer und spanischer Sprache, deren jeweiliger Wortlaut gleichermaßen gültig ist. Die Konvention wird beim Generalsekretär der Organisation der Vereinten Nationen hinterlegt, der davon beglaubigte Abschriften allen Mitgliedstaaten der Organisation der Vereinten Nationen und den anderen im Artikel 25 Absatz 1 genannten Staaten übermitteln wird.

Verzeichnis der in den Listen enthaltenen Substanzen[1])

Verzeichnis der in Liste I enthaltenen Substanzen

INN	Andere nicht schutzfähige Namen oder Trivialnamen	Chemische Bezeichnung
1.	DET	N,N-Diäthyltryptamin
2.	DMHP	3-Despentyl-3-(1,2-dimethyl-heptyl)-tetrahydrocannabinol
3.	DMT	N,N-Dimethyltryptamin
4. (+)-LYSERGID	LSD, LSD-25	(+)-Lysergsäurediäthylamid
5.	Mescalin	3,4,5-Trimethoxyphenäthylamin
6.	Parahexyl	3-Despentyl-3-hexyl-tetrahydrocannabinol
7.	Psilocin, Psilotsin	3-(2-Dimethylaminoäthyl)-4-hydroxyindol
8. PSILOCYBIN		3-(2-Dimethylaminoäthyl)-indolyl-(4)-dihydrogenphosphat
9.	STP, DOM	2,5-Dimethoxy-4,α-dimethyl-phenäthylamin
10.	Tetrahydrocannabinol, alle Isomere	3-Pentyl-6,6,9-trimethyl-6a,7,10,10a-tetrahydro-6H-dibenzo [b, c] pyran-1-ol

Verzeichnis der in Liste II enthaltenen Substanzen

INN	Andere nicht schutzfähige Namen oder Trivialnamen	Chemische Bezeichnung
1. AMPHETAMIN		(±)-2-Amino-1-phenylpropan
2. DEXAMPHETAMIN		(±)-2-Amino-1-phenylpropan
3. METHAMPHETAMIN		(+)-2-Methylamino-1-phenylpropan.
4. METHYLPHENIDAT		2-Phenyl-2-(2-piperidyl)-essigsäuremethylester
5. PHENCYCLIDIN		1-(1-Phenylcyclohexyl)-piperidin
6. PHENMETRAZIN		3-Methyl-2-phenylmorpholin

Verzeichnis der in Liste III enthaltenen Substanzen

INN	Andere nicht schutzfähige Namen oder Trivialnamen	Chemische Bezeichnung
1. AMOBARBITAL		5-Äthyl-5-(3-methylbuthyl)-barbitursäure
2. CYCLOBARBITAL		5-Äthyl-5-(1-cyclohexen-1-yl)-barbitursäure
3. GLUTETHIMID		α-Äthyl-α-phenylglutarimid
4. PENTOBARBITAL		5-Äthyl-5-(1-methylbutyl)-barbitursäure
5. SECOBARBITAL		5-Allyl-5-(1-methylbutyl)-barbitursäure

Verzeichnis der in Liste IV enthaltenen Substanzen

INN	Andere nicht schutzfähige Namen oder Trivialnamen	Chemische Bezeichnung
1. AMFEPRAMON		2-Diäthylamino-1-phenylpropan-1-on
2. BARBITAL		5,5-Diäthylbarbitursäure
3.	ETHCHLORVYNOL	Äthyl-β-chlorvinyläthinylcarbinol
4. ETHINAMAT		1-Äthinylcyclohexylcarbamat
5. MEPROBAMAT		2-Methyl-2-n-propyl-1,3-propandioldicarbamat
6. METHAQUALON		2-Methyl-3-o-tolyl-4(3H)-chinazolinon

7.	METHYLPHENO-BARBITAL		5-Äthyl-1-methyl-5-phenylbarbitursäure
8.	METHYPRYLON		3,3-Diäthyl-5-methylpiperidin-2,4-dion
9.	PHENOBARBITAL		5-Äthyl-5-phenylbarbitursäure
10.	PIPRADROL		α,α-Diphenyl-α-(2-piperidyl)-methanol
11.		SPA	(—)-N,N-Dimethyl-1,2-diphenyläthylamin

[1]) Die in der linken Spalte in großen Buchstaben aufgeführten Namen sind die internationalen nicht schutzfähigen Namen (INN). Mit einer Ausnahme ((+)-LYSERGID) wurden andere nicht schutzfähige Namen oder Trivialnamen nur dann angegeben, wenn noch keine INN vorgeschlagen wurden.

Zweite Durchführungsbestimmung zum Suchtmittelgesetz — Verschreibungs- und Abgabeordnung —

vom 28. Januar 1974
(GBl. I Nr. 16 S. 157)

Auf Grund des § 13 des Suchtmittelgesetzes vom 19. Dezember 1973 (GBl. I Nr. 58 S. 572)[1]) wird im Einvernehmen mit den Leitern der zuständigen zentralen Staatsorgane folgendes bestimmt:

Verordnung suchtmittelhaltiger Arzneimittel

§ 1

(1) Die in Anlage 1 enthaltenen Suchtmittelzubereitungen dürfen als Arzneimittel oder als Bestandteile von Arzneimitteln unter Anwendung der Bestimmungen dieser Durchführungsbestimmung ärztlich, zahnärztlich oder tierärztlich verordnet und in Apotheken für Verbraucher abgegeben werden.
(2) Die in Anlage 1 genannten Zahlen geben die Höchstabgabemengen an, die von Ärzten, Zahnärzten oder Tierärzten an einem Tage

a) für einen Patienten verschrieben,
b) für ein Tier verschrieben oder
c) für den Praxisbedarf angefordert

und in Apotheken abgegeben werden dürfen. Diese Tageshöchstabgabemengen beziehen sich auf den in der jeweiligen Zubereitung enthaltenen Suchtstoff, bei Opiumpulver und -tinktur auf die Zubereitung selbst.
(3) Suchtmittelzubereitungen, für die in Anlage 1 keine Höchstabgabemengen angegeben sind, dürfen als Arzneimittel oder als Bestandteil von Arzneimitteln

a) in den mit x gekennzeichneten Fällen nicht ärztlich oder zahnärztlich für Patienten oder tierärztlich für Tiere verschrieben,
b) in den mit xx gekennzeichneten Fällen nicht für den Praxisbedarf der Ärzte, Zahnärzte und Tierärzte in staatlicher oder eigener Praxis und der Tierärzte in betrieblicher Praxis sowie für den Behandlungsbedarf der ärztlichen und zahnärztlichen Abteilungen der Polikliniken und Ambulatorien oder der entsprechenden veterinärmedizinischen Einrichtungen angefordert

werden.

§ 2

(1) Suchtmittelhaltige Arzneimittel dürfen nur von Ärzten, Zahnärzten oder Tierärzten verordnet werden, die die erforderliche Erlaubnis zur Ausübung ihres Berufes in der Deutschen Demokratischen Republik besitzen, die in einer medizinischen Einrichtung zur stationären oder ambulanten Betreuung oder in einer entsprechenden veterinärmedizinischen Einrichtung oder in staatlicher, betrieblicher oder eigener Praxis in der Deutschen Demokratischen Republik tätig sind und denen die Befugnis zur Verordnung suchtmittelhaltiger Arzneimittel nicht gemäß § 8 Absätze 1 bis 3 der Vierten Durchführungsbestimmung vom 28. Januar 1974 zum Suchtmittelgesetz — Betreuung von Suchtkranken — (GBl. I Nr. 16 S. 165) entzogen ist. Ärzte und Zahnärzte dürfen suchtmittelhaltige Arzneimittel nicht zur Anwendung an sich selbst verschreiben.
(2) Die Verordnung eines suchtmittelhaltigen Arzneimittels ist dann medizinisch oder veterinärmedizinisch begründet, wenn das medizinische oder veterinärmedizinische Behandlungsziel nach strenger Prüfung aller Umstände des jeweiligen Krankheitsfalles auf andere Weise nicht erreicht werden kann.
(3) Es dürfen nur solche suchtmittelhaltigen Arzneimittel ärztlich, zahnärztlich oder tierärztlich verabreicht werden, die verordnet werden dürfen. Verabreichen von Suchtmitteln ist deren unmittelbare Anwendung, gleich welcher Art, an anderen Personen oder an Tieren.
(4) Benötigt ein ambulant behandelter Kranker aus medizinischer Indikation suchtmittelhaltige Arzneimittel über eine Anwendungsdauer von 6 Wochen hinaus, so dürfen diese nur mit Zustimmung des für den behandelnden Arzt zuständigen Kreisarztes oder eines von ihm beauftragten Arztes verschrieben und von einer bestimmten Apotheke abgegeben werden. Hat der Kranke seine Hauptwohnung in einem anderen Kreis, so hat der für den behandelnden Arzt zuständige Kreisarzt den für den Ort der Hauptwohnung des Kranken zuständigen Kreisarzt hiervon in Kenntnis zu setzen. Die Zustimmung ist durch den behandelnden Arzt unter Angabe der Gründe schriftlich zu beantragen.
(5) Die Zustimmung gemäß Abs. 4 ist der medizinischen Indikation entsprechend zu befristen und muß den zur Verschreibung berechtigten Arzt und die für die Abgabe festgelegte Apotheke enthalten. Bei der Festlegung der Apotheke ist der Wunsch des Kranken zu berücksichtigen. Als Nachweis ihrer Abgabeberechtigung erhält die Apotheke eine Durchschrift der Zustimmung. Bei anhaltender medizinischer Indikation kann die Zustimmung auf erneuten Antrag wiederholt erteilt werden.

Verschreibungen und Anforderungen suchtmittelhaltiger Arzneimittel

§ 3

(1) Verschreibungen suchtmittelhaltiger Arzneimittel dürfen nur auf Suchtmittel-Rezeptvordrucken (§§ 4 bis 9) erfolgen.
(2) Anforderungen suchtmittelhaltiger Arzneimittel sind
a) für den Behandlungsbedarf der Abteilungen und Stationen in medizinischen Einrich-

tungen zur stationären Betreuung, in Polikliniken und Ambulatorien sowie in den entsprechenden veterinärmedizinischen Einrichtungen auf besonderen Anforderungsscheinen (§ 10),

b) für den Praxisbedarf der Ärzte, Zahnärzte und Tierärzte in staatlicher oder eigener Praxis und der Tierärzte in betrieblicher Praxis auf Suchmittel-Rezeptvordrucken

vorzunehmen.

§ 4

(1) Suchtmittel-Rezeptvordrucke werden an Ärzte, Zahnärzte und Tierärzte ausgegeben, wenn durch den für den Ort ihrer hauptberuflichen Tätigkeit zuständigen Kreisarzt bzw. Kreistierarzt festgestellt wurde, daß die Verwendung von Suchtmittel-Rezeptvordrucken für die Ausübung der ärztlichen Tätigkeit notwendig ist.
(2) Die Ausgabe erfolgt durch den nach Abs. 1 zuständigen Rat des Kreises, Abteilung Gesundheits- und Sozialwesen, der über Ausgabe und Rückgabe der Rezeptblocks einen schriftlichen Nachweis nach Muster (Anlage 2) zu führen hat. Die Ausgabe an Tierärzte erfolgt nur nach schriftlicher Zustimmung des Kreistierarztes.
(3) Die Suchtmittel-Rezeptvordrucke[2]) (§ 3 Abs. 1) sind in durchnumerierten Blocks zusammengefaßt und bestehen aus dem Original und 2 Durchschriften. Das Original und die erste Durchschrift erhält die abgebende Apotheke, die zweite Durchschrift verbleibt im Block. Das Original hat die Apotheke als Nachweis gemäß § 4 Abs. 2 der Dritten Durchführungsbestimmung vom 28. Januar 1974 zum Suchtmittelgesetz — Aufbewahrung, Nachweisführung, Berichterstattung, Kontrolle — (GBl. I Nr. 16 S. 161)[3]) (im folgenden Dritte Durchführungsbestimmung genannt) aufzubewahren, die Durchschrift dient der Abrechnung.

§ 5

(1) Jeder Arzt, Zahnarzt oder Tierarzt darf nur im Besitz eines Suchtmittel-Rezeptblocks sein. Das gilt auch, wenn er Tätigkeiten an mehreren Stellen ausübt. Der Suchtmittel-Rezeptblock ist an die Person gebunden und nicht übertragbar.
(2) Der Kreisarzt kann, soweit Belange des Veterinärwesens berührt werden, in Abstimmung mit dem Kreistierarzt hiervon abweichend festlegen, daß in bestimmten Einrichtungen sowie im Bereitschaftsdienst tätige Ärzte, Zahnärzte oder Tierärzte, die keinen eigenen Suchtmittel-Rezeptblock besitzen, jeweils gemeinsam einen Suchtmittel-Rezeptblock benutzen. Diese Rezeptblocks sind auf die betreffende Einrichtung auszustellen und dürfen nur an den Leiter der Einrichtung oder einen von ihm beauftragten Arzt, Zahnarzt oder Tierarzt ausgegeben werden. Zur Sicherung einer ordnungsgemäßen Verwendung dieser Suchtmittel-Rezeptblocks ist der Leiter der Einrichtung für die Anleitung und Kontrolle aller den gemeinsamen Rezeptblock der Einrichtung benutzenden Ärzte, Zahnärzte oder Tierärzte verantwortlich.

§ 6

(1) Aufgebrauchte Suchtmittel-Rezeptblocks sind mit der vollständigen Anzahl der zweiten Durchschriften unverzüglich nach Verwendung des letzten Rezeptvordruckes an die Ausgabestelle zurückzugeben. Der Kreisarzt oder ein von ihm beauftragter Mitarbeiter hat aufgebrauchte Suchtmittel-Rezeptblocks zu überprüfen, insbesondere auf Vollständigkeit der Angaben auf den Durchschriften, Vollzähligkeit der Durchschriften sowie daraufhin, ob alle Verschreibungen ausschließlich von den Berechtigten vorgenommen wurden.
(2) Tierärzte haben aufgebrauchte Suchtmittel-Rezeptblocks dem zuständigen Kreistierarzt zurückzugeben. Die im Abs. 1 Satz 2 genannte Überprüfung obliegt in diesen Fällen dem Kreistierarzt oder einem von ihm beauftragten Mitarbeiter. Überprüfte Rezeptblocks sind mit einem Prüfvermerk innerhalb von 4 Wochen nach Rückgabe der Ausgabestelle zur Aufbewahrung zu übergeben.

§ 7

(1) Bei Verlegung der hauptberuflichen Tätigkeit eines Arztes, Zahnarztes oder Tierarztes in einen anderen Kreis muß der Suchtmittel-Rezeptblock an die Ausgabestelle zurückgegeben werden, auch dann, wenn er noch nicht aufgebraucht ist. Das gleiche gilt bei Auflösung einer ärztlichen, zahnärztlichen oder tierärztlichen Praxis bzw. bei Aufgabe der ärztlichen, zahnärztlichen oder tierärztlichen Tätigkeit. Für Tierärzte finden die Vorschriften des § 6 Abs. 2 entsprechend Anwendung.
(2) Bei Tod eines Arztes, Zahnarztes oder Tierarztes in eigener Praxis erstreckt sich die Verpflichtung der Angehörigen bzw. der Erben zur Herausgabe aller ärztlichen Aufzeichnungen auch auf den vorhandenen Suchtmittel-Rezeptblock.
(3) Der Rat des Kreises, Abteilung Gesundheits- und Sozialwesen, ist verpflichtet, zurückgegebene Rezeptvordrucke in nicht aufgebrauchten Suchtmittel-Rezeptblocks ungültig zu machen.
(4) Kommt ein Suchtmittel-Rezeptblock abhanden, so ist der Verlust unverzüglich der Ausgabestelle zu melden. Diese hat die Meldung auf schnellstem Wege mit Angabe der Serien- und Blocknummer an das Zentrale Suchtmittelbüro beim Ministerium für Gesundheitswesen weiterzuleiten. Das Ministerium für Gesundheitswesen verfügt die Sperre des abhanden gekommenen Rezeptblocks. Die Information der Apotheken erfolgt entsprechend dem Verfahren gemäß § 33 der Ersten Durchführungsbestimmung vom 15. Mai 1964 zum Arzneimittelgesetz (GBl. II Nr. 56 S. 485).[4])

§ 8

Der Rat des Kreises, Abteilung Gesundheits- und Sozialwesen, hat Ausgabenachweise für Suchtmittel-Rezeptblocks (§ 4 Abs. 2) und aufgebrauchte Suchtmittel-Rezeptblocks mit sämtlichen zweiten Durchschriften als Nachweis gemäß § 4 Abs. 2 der Dritten Durchführungsbestimmung aufzubewahren.

§ 9

(1) Verschreibungen suchtmittelhaltiger Arzneimittel müssen enthalten:

a) Arztnummernstempel bei ärztlichen und zahnärztlichen Verschreibungen,

b) Datum der Verschreibung,

c) Name, Wohnanschrift und Geburtsdatum des Kranken, bei tierärztlichen Verschreibungen Art und Anzahl der Tiere sowie Name und Wohnanschrift des Tierhalters,

d) Bezeichnung und Menge des verschriebenen Arzneimittels, bei rezepturmäßig anzufertigenden Arzneimitteln (Arzneien) deren Zusammensetzung,

e) Gebrauchsanweisung, aus der Einzel- und Tagesdosis sowie erforderlichenfalls Art der Anwendung des Arzneimittels ersichtlich sind,

f) Namensstempel des Arztes, Zahnarztes oder Tierarztes mit folgenden Angaben

1. den ausgeschriebenen Familiennamen,
2. den ersten Buchstaben des Vornamens (Rufname),
3. bei Führung eines akademischen Grades die abgekürzte Bezeichnung,
4. die Berufsbezeichnung bzw. die abgekürzte Facharzt- oder Fachzahnarztbezeichnung,
5. die Diensttelefonnummer,

g) Stempel der Einrichtung einschließlich der Fachabteilung,

h) eigenhändig, ungekürzte Namensunterschrift des Arztes, Zahnarztes oder Tierarztes,

i) im Falle des § 2 Abs. 5 die abgabeberechtigte Apotheke,

j) auf der im Block verbleibenden zweiten Durchschrift die unverschlüsselte Diagnose.

(2) Tierärztliche Verschreibungen für mehrere Tiere derselben Art über nur ein suchtmittelhaltiges Arzneimittel können auf einem Suchtmittel-Rezeptvordruck erfolgen.

(3) Anforderungen suchtmittelhaltiger Arzneimittel für den Praxisbedarf der Ärzte, Zahnärzte in staatlicher oder eigener Praxis und der Tierärzte in betrieblicher Praxis (§ 3 Abs. 2 Buchst. b) müssen die Angaben gemäß Abs. 1 mit Ausnahme der unter Buchstaben c, e und j genannten enthalten. Die Anforderungen sind als Praxisbedarf zu kennzeichnen.

(4) Verschreibungen und Anforderungen suchtmittelhaltiger Arzneimittel dürfen nicht vor- oder rückdatiert werden.

(5) Die im Abs. 1 Buchstaben b bis e, h bis j und Abs. 3 vorgeschriebenen Angaben sind vom Arzt, Zahnarzt oder Tierarzt eigenhändig und deutlich mit Kugelschreiber oder Tintenstift zu schreiben. Auf Verschreibungen dürfen keine Veränderungen vorgenommen werden. Die Vorschrift des § 16 Abs. 3 bleibt hiervon unberührt.

(6) Auf Suchtmittel-Rezeptvordrucke dürfen nur suchtmittelhaltige Arzneimittel verschrieben oder angefordert werden.

§ 10

(1) Anforderungsscheine[5]) (§ 3 Abs. 2 Buchst. a) sind in Blocks zusammengefaßt. Sie sind deutlich und vollständig mit Kugelschreiber oder Tintenstift mit 3 Durchschriften auszufertigen und jährlich fortlaufend zu numerieren. Verbleibende Leerzeilen sind zu strei-

chen. Anforderungsscheine dürfen nur zur Anforderung suchtmittelhaltiger Arzneimittel verwendet werden. Sie sind von dem für die anfordernde Stelle verantwortlichen Arzt, Zahnarzt oder Tierarzt mit eigenhändiger ungekürzter Namensunterschrift zu unterzeichnen. Auf ausgeschriebenen Anforderungsscheinen dürfen keine Veränderungen vorgenommen werden. Die letzte Durchschrift bleibt fest mit dem Block verbunden.

(2) Die abgebende Apotheke erhält das Original und 2 Durchschriften des Anforderungsscheines. Nach Eintragung der tatsächlich gelieferten Menge des suchtmittelhaltigen Arzneimittels auf dem Original und den Durchschriften gibt sie eine Durchschrift zusammen mit der Lieferung an die anfordernde Stelle zurück. Die zweite Durchschrift des Anforderungsscheines dient der Abrechnung. Nachlieferungen auf einen nicht vollbelieferten Anforderungsschein sind unzulässig. Die anfordernde Stelle hat die von der Apotheke zurückgegebene Durchschrift, die Apotheke das Original des Anforderungsscheines als Nachweis gemäß § 4 Abs. 2 der Dritten Durchführungsbestimmung aufzubewahren.

§ 11

(1) In Notfällen dürfen suchtmittelhaltige Arzneimittel unter Beschränkung auf die zur Behebung des Notfalls erforderliche Art und Menge auch in anderer Weise verschrieben werden. Verschreibungen in Notfällen sind mit dem Wort „Notverschreibung" zu kennzeichnen. Eine Notverschreibung soll die im § 9 Abs. 1 geforderten Angaben enthalten.

(2) Die Apotheke, die eine Notverschreibung beliefert, hat den verschreibenden Arzt, Zahnarzt oder Tierarzt von der Abgabe zu benachrichtigen. Dieser ist verpflichtet, innerhalb von 3 Tagen die Verschreibung auf Suchtmittel-Rezeptvordruck mit dem Vermerk über die vorausgegangenen Notverschreibung der Apotheke nachzureichen. Die Apotheke hat die Notverschreibung mit der nachgereichten Verschreibung auf Suchtmittel-Rezeptvordruck dauerhaft zu verbinden.

(3) Ist innerhalb der im Abs. 2 genannten Zeit die Verschreibung auf Suchtmittel-Rezeptvordruck nicht in der Apotheke eingegangen, so hat die Apotheke den Rat des Kreises, Abteilung Gesundheits- und Sozialwesen, unverzüglich davon in Kenntnis zu setzen. Dieser hat bei Notverschreibung eines Tierarztes dem Kreistierarzt Mitteilung zu machen. Durch den Kreisarzt bzw. Kreistierarzt sind geeignete Maßnahmen zur Klärung des Sachverhaltes zu veranlassen.

§ 12

(1) Suchtmittelhaltige Arzneimittel dürfen nur in Form von Zubereitungen verordnet werden.

(2) Arzneien, die mehr als ein Suchtmittel oder mehr als 20 Masseprozent Suchtstoffanteil enthalten, dürfen nicht verordnet werden.

(3) Für einen Kranken darf an einem Tage nur jeweils ein suchtmittelhaltiges Arzneimittel bis zu der Höchstabgabemenge verschrieben werden, die in Anlage 1 festgelegt ist.

(4) Für ein Tier darf an einem Tage nur jeweils ein suchtmittelhaltiges Arzneimittel bis zu der Höchstabgabemenge verschrieben werden, die in Anlage 1 festgelegt ist. Bei Verschreibungen für mehrere Tiere derselben Art findet die Vorschrift des § 9 Abs. 2 Anwendung.
(5) Abteilungen und Stationen in medizinischen Einrichtungen zur stationären Betreuung, in Polikliniken und Ambulatorien sowie in den entsprechenden veterinärmedizinischen Einrichtungen dürfen für den eigenen Bedarf suchtmittelhaltige Arzneimittel bis zu einer solchen Vorratsmenge anfordern, die einem Durchschnittsverbrauch von bzw. einem voraussichtlichen Bedarf für 2 Wochen entspricht.
(6) Anforderungen suchtmittelhaltiger Arzneimittel für den Praxisbedarf der Ärzte, Zahnärzte und Tierärzte in staatlicher oder eigener Praxis und der Tierärzte in betrieblicher Praxis dürfen an einem Tage die Höchstabgabemengen nicht überschreiten, die in Anlage 1 festgelegt sind. Dabei darf auf einem Suchtmittel-Rezeptvordruck jeweils nur ein suchtmittelhaltiges Arzneimittel angefordert werden. Die Vorratsmenge für den Praxisbedarf darf je suchtmittelhaltiges Arzneimittel die zweifache Tageshöchstabgabemenge nicht überschreiten.
(7) Bei Verschreibungen oder Anforderungen gemäß den Absätzen 3, 4 und 6 gelten mehrere suchtmittelhaltige Arzneimittel als ein Arzneimittel, wenn sie verschiedene Arzneiformen desselben suchtmittelhaltigen Arzneimittels sind.
(8) Suchtmittelhaltige Arzneimittel dürfen auf dieselbe Verschreibung oder Anforderung nicht wiederholt abgegeben werden.

Abgabe suchtmittelhaltiger Arzneimittel

§ 13

Suchtmittelhaltige Arzneimittel dürfen nur in Apotheken für Verbraucher vorrätig gehalten und für Verbraucher abgegeben werden. Die Abgabe darf nur nach Vorlage einer ärztlichen, zahnärztlichen oder tierärztlichen Verschreibung oder Anforderung erfolgen, die den Vorschriften der §§ 3 und 4 sowie 9 bis 12 entspricht.

§ 14

(1) Die Abgabe suchtmittelhaltiger Arzneimittel auf Verschreibungen soll nur in Apotheken des Kreises erfolgen, in dem der Kranke oder Tierhalter seinen Wohnsitz hat. Vor Abgabe für Kranke oder Tierhalter, die ihren Wohnsitz in einem anderen Kreis haben, ist bei einer Apotheke dieses Kreises oder beim zuständigen Bezirksapotheker anzufragen, ob eine Eintragung in das Verzeichnis der Suchtkranken vorliegt.
(2) Suchmittelhaltige Arzneimittel dürfen in Apotheken nur an Personen über 18 Jahre gegen Vorlage des gültigen Personaldokumentes abgegeben werden.
(3) Suchtmittel-Verschreibungen haben eine Gültigkeit von 5 Tagen.

§ 15

Anforderungen suchtmittelhaltiger Arzneimittel für den Behandlungsbedarf der Abteilungen und Stationen in medizinischen Einrichtungen zur stationären Betreuung, in Polikliniken und Ambulatorien sowie der entsprechenden veterinärmedizinischen Einrichtungen und der Ärzte, Zahnärzte und Tierärzte in staatlicher oder eigener Praxis und Tierärzte in betrieblicher Praxis dürfen nur von der für sie durch den Rat des Kreises, Abteilung Gesundheits- und Sozialwesen, festgelegten Apotheke beliefert werden.

§ 16

(1) Verschreibungen und Anforderungen suchtmittelhaltiger Arzneimittel, die den Vorschriften über den Verkehr mit Suchtmitteln nicht entsprechen, dürfen nicht beliefert werden. Sie sind von der Apotheke dem ausstellenden Arzt, Zahnarzt oder Tierarzt zurückzugeben. Dabei ist mitzuteilen, aus welchem Grunde die Abgabe nicht erfolgte.
(2) Die Vorschriften des Abs. 1 gelten nicht für Verschreibungen und für Anforderungen gemäß § 3 Abs. 2 Buchst. b, bei denen die Höchstabgabemengen, die in Anlage 1 festgelegt sind, überschritten wurden. Die Apotheke ist in diesen Fällen verpflichtet, die Suchtmittelmenge auf die zulässige Höchstabgabemenge herabzusetzen. Die Mengenverhältnisse der Bestandteile des Arzneimittels dürfen dabei nicht verändert werden.
(3) In den Fällen des Abs. 2 ist die Apotheke verpflichtet, die tatsächlich abgegebene Menge auf der Verschreibung oder Anforderung mit Tinte, Tintenstift oder Kugelschreiber zu vermerken und durch Unterschrift des Abgebenden zu bestätigen. Die Apotheke muß ferner dem Arzt, Zahnarzt oder Tierarzt schriftlich oder fernmündlich von der erfolgten Änderung Kenntnis geben sowie Datum und Art der Benachrichtigung auf der Verschreibung oder Anforderung vermerken.
(4) Wird bei der Verschreibung oder bei der Anforderung gemäß § 3 Abs. 2 Buchst. b einer suchtmittelhaltigen Arzneifertigware die Höchstabgabemenge überschritten, so hat die Apotheke diejenige in Verkehr befindliche Originalverpackung des Arzneimittels abzugeben, deren Suchtmittelgehalt der zulässigen Höchstabgabemenge entspricht oder sie am wenigsten unterschreitet.
(5) Verschreibungen oder Anforderungen gemäß § 3 Abs. 2 Buchst. b, die den Vorschriften des § 9 Abs. 1 Buchstaben a, b, c, e, f oder g oder Abs. 5 Satz 1 nicht entsprechen, dürfen durch die Apotheke in Ausnahmefällen beliefert werden, wenn der Überbringer des Suchtmittel-Rezeptes glaubhaft versichert, daß ein dringender Fall vorliegt, der die unverzügliche Anwendung des suchtmittelhaltigen Arzneimittels erforderlich macht. Im Fall des § 9 Abs. 1 Buchst. e ist eine entsprechende Anleitung zu geben.
(6) In den Fällen des Abs. 5 hat die Apotheke den Arzt, Zahnarzt oder Tierarzt unverzüglich schriftlich oder fernmündlich zu benachrichtigen. Der Arzt, Zahnarzt oder Tierarzt ist verpflichtet, fehlende Angaben bzw. Berichtigungen spätestens innerhalb von 3 Tagen nach Zugang der Nachricht der Apotheke schriftlich nachzureichen. Die Apotheke hat die

Ergänzungen mit der unvollständigen Verschreibung oder Anforderung dauerhaft zu verbinden.
(7) Sind innerhalb der im Abs. 6 genannten Zeit die fehlenden Angaben bzw. Berichtigungen nicht der Apotheke zugegangen, so hat diese dem Rat des Kreises, Abteilung Gesundheits- und Sozialwesen, unverzüglich davon Mitteilung zu machen. Betrifft die Fristversäumnis einen Tierarzt, so hat der Rat des Kreises, Abteilung Gesundheits- und Sozialwesen, dem Kreistierarzt hiervon Kenntnis zu geben. Durch den Kreisarzt bzw. Kreistierarzt sind geeignete Maßnahmen zur Klärung des Sachverhaltes zu verahlassen.

§ 17

(1) Verschreibungen, Notverschreibungen und Anforderungsscheine sind

a) nach der Anfertigung suchtmittelhaltiger Arzneien vom Rezeptar und bei der Abgabe vom Abgebenden,
b) bei der Abgabe suchtmittelhaltiger Arzneifertigwaren vom Abgebenden

mit Tinte, Tintenstift oder Kugelschreiber zu unterschreiben und zu datieren.
(2) Auf Verschreibungen, Notverschreibungen und Anforderungsscheinen sind ferner vom Abgebenden folgende Angaben über den Abholenden einzutragen:

a) bei Bürgern, die im Besitz eines Personalausweises der DDR sind, die Nummer des Personalausweises,
b) bei allen anderen Personen Name, Rufname, Geburtsdatum und -ort, Aufenthaltsanschrift in der DDR sowie Art und Nummer des Personaldokumentes.

(3) Verschreibungen, Notverschreibungen und Anforderungsscheine sind mit Stempel der Apotheke zu versehen, jährlich fortlaufend zu numerieren und entsprechend der Numerierung als Nachweis gemäß § 4 Abs. 2 der Dritten Durchführungsbestimmung in der Apotheke aufzubewahren. Gemäß § 11 Abs. 2 nachgereichte Verschreibungen erhalten dieselbe Nummer wie die Notverschreibung.

Ordnungsstrafbestimmungen

§ 18

(1) Wer

a) vorsätzlich oder fahrlässig ohne die erforderliche Verschreibung oder Anforderung Suchtmittel in den Verkehr bringt, insbesondere sie abgibt, erwirbt, sich verschafft, besitzt oder aufbewahrt, ohne daß die Ordnung und Sicherheit im Verkehr mit Suchtmitteln erheblich beeinträchtigt wird,
b) fahrlässig als Arzt, Zahnarzt oder Tierarzt Suchtmittel ohne medizinische Indikation verordnet oder verabreicht oder Suchtmittel, die nicht verordnet werden dürfen, verabreicht,

c) vorsätzlich oder fahrlässig als mittlere medizinische Fachkraft Suchtmittel, die nicht verordnet sind, verabreicht,

kann mit Verweis oder Ordnungsstrafe von 10 bis 300 M belegt werden.

(2) Ist eine vorsätzliche Handlung nach Abs. 1 wiederholt innerhalb von 2 Jahren begangen und mit Ordnungsstrafe geahndet worden, kann eine Ordnungsstrafe bis zu 1 000 M ausgesprochen werden.

(3) Die Durchführung des Ordnungsstrafverfahrens obliegt dem Kreisarzt, bei Zuwiderhandlungen im Bereich des Veterinärwesens dem Kreistierarzt.

(4) Für die Durchführung des Ordnungsstrafverfahrens und den Ausspruch von Ordnungsstrafmaßnahmen gilt das Gesetz vom 12. Januar 1968 zur Bekämpfung von Ordnungswidrigkeiten — OWG — (GBl. I Nr. 3 S. 101).

Schlußbestimmungen

§ 19

Die Bestimmungen dieser Durchführungsbestimmung finden keine Anwendung auf die klinische Erprobung suchtmittelhaltiger Arzneimittel.

§ 20

Diese Durchführungsbestimmung tritt am 15. Mai 1974 in Kraft.

Anlage 1

zu § 1 vorstehender Zweiter Durchführungsbestimmung

Suchtmittelzubereitung	Tageshöchstabgabemengen (g)					
	Arzt		Zahnarzt		Tierarzt	
	Patient	Praxisbedarf	Patient	Praxisbedarf	Tier	Praxisbedarf
Zubereitung von						
Fentanyl	x	xx	x	xx	x	xx
Kokainhydrochlorid*	x	1,0	x	1,0	x	1,0
Methadonhydrochlorid	0,1	0,1	0,1	xx	0,5	0,5
Methamphetaminhydrochlorid	0,1	0,1	x	xx	x	xx
Morphinhydrochlorid	0,2	0,2	0,2	xx	0,5	0,5
Oxykodonhydrochlorid	0,2	0,2	0,2	xx	0,3	0,3
Pethidinhydrochlorid	1,0	1,0	1,0	xx	2,0	2,0
Piritramid	x	xx	x	xx	x	xx
Opiumpulver	2,0	2,0	x	xx	15,0	15,0
Opiumtinktur	20,0	20,0	x	xx	150,0	150,0

Zubereitung von Äthylmorphinhydrochlorid** Dihydrokodeinbitartrat** Kodeinphosphat**	Für diese Zubereitungen sind keine Höchstabgabemengen festgelegt.

* Kokainhydrochlorid darf nur zur subkonjunktivalen Injektion und als Oberflächenanästhetikum in folgenden Zubereitungen und Konzentrationen verordnet, angefordert und abgegeben werden: Lösung mit einem Höchstgehalt von 10 Masseprozent, Salbe mit einem Höchstgehalt von 25 Masseprozent Kokainhydrochlorid.

** Mit Ausnahme von Zubereitungen dieser Substanzen, die einen oder mehrere andere Bestandteile enthalten und deren Suchtmittelgehalt, als Base berechnet, bei einzeldosierten Zubereitungen nicht mehr als 0,1 g je abgeteilte Form, bei mehrfach dosierten Zubereitungen nicht mehr als 2,5 Masseprozent (Äthylmorphinhydrochlorid 0,12 g bzw. 3,1%; Dihydrokodeinbitartrat 0,15 g bzw. 3,7%; Kodeinphosphat $1^1/_2$ H_2O 0,14 g bzw. 3,5%) beträgt.
Diese Zubereitungen unterliegen nicht den suchtmittelrechtlichen Vorschriften.

Anlage 2

zu § 4 Abs. 2 vorstehender Zweiter Durchführungsbestimmung

Muster eines Ausgabenachweises für Suchtmittel-Rezeptblocks

Name des Arztes, Zahnarztes, Tierarztes	Einrichtung	Suchtmittel-Rezeptblock Serie, Block-Nr.	Ausgabedatum	Empfangsbestätigung des Arztes, Zahnarztes, Tierarztes	Rückgabedatum	Prüfvermerk

[1]) Abgedruckt unter E 01 01.
[2]) Best.-Nr. 9631 VV Freiberg.
[3]) Abgedruckt unter E 03 01.
[4]) Abgedruckt unter C 01 02.
[5]) Best.-Nr. 9608 VV Freiberg.

Anweisung über die Verwendung von Vordrucken im Verkehr mit Suchtmitteln

vom 22. April 1974
(VuM MfGe Nr. 9 S. 61)

Zur Durchführung des Gesetzes vom 19. Dezember 1973 über den Verkehr mit Suchtmitteln — Suchtmittelgesetz — (GBl. I Nr. 58 S. 572)[1]) und seiner Durchführungsbestimmungen[2]) wird folgendes angewiesen:

1. Ab 15. Mai 1974 wird die Verwendung folgender Vordrucke für verbindlich erklärt:

1.1. Nr. 9630 VV Freiberg **„Bestellscheinblock für suchtmittelhaltige Arzneimittel"** — § 15 Abs. 3 der 1. Durchführungsbestimmung (bisher „Bestellbuch für Betäubungsmittel").
Die Apotheken beziehen die benötigten Blocks beim zuständigen Versorgungsdepot für Pharmazie und Medizintechnik, das den Bedarf an diesen Vordrucken jährlich beim Zentralen Suchtmittelbüro[3]) meldet.

1.2. Nr. 9631 VV Freiberg **„Suchtmittelrezeptblock"** — § 4 Abs. 3 der 2. Durchführungsbestimmung (bisher „Betäubungsmittel-Rezeptblock"). Die Räte der Kreise, Abteilung Gesundheits- und Sozialwesen, beziehen die benötigten Blocks beim zuständigen Bezirksapotheker, der den Bedarf an diesen Vordrucken jährlich dem Zentralen Suchtmittelbüro meldet.

1.3. Nr. 9608 VVB Freiberg **„Anforderungsscheinblock für suchtmittelhaltige Arzneimittel"** — § 10 Abs. 1 der 2. Durchführungsbestimmung. Dieser in der Praxis zur Anforderung suchtmittelhaltiger Arzneimittel für den Behandlungsbedarf der medizinischen und veterinärmedizinischen Einrichtungen bereits eingeführte Vordruck ist von den Einrichtungen bei der für die Lieferung des Behandlungsbedarfs zuständigen Apotheke zu beziehen. Die Apotheke meldet den Bedarf an diesen Blocks jährlich dem zuständigen Bezirksapotheker, der den Bedarf des Bezirkes dem Zentralen Suchtmittelbüro mitteilt.

1.4. Nr. 9606 VV Freiberg **„Suchtmittelbuch für Apotheken"** — § 6 Abs. 1 der 3. Durchführungsbestimmung (bisher „Betäubungsmittelbuch").
Die Apotheken beziehen die benötigten Suchtmittelbücher beim zuständigen Bezirksapotheker, der den Bedarf jährlich dem Zentralen Suchtmittelbüro meldet.

1.5. Nr. 9609 VV Freiberg **„Suchtmittelbuch für medizinische und veterinärmedizinischen Einrichtungen"** — § 7 Abs. 1 der Durchführungsbestimmung
Die zur Kontrolle des Verbrauchs der Suchtmittel in den stationären Einrichtungen des Gesundheitswesens bereits eingeführten Nachweisbücher werden auch für alle

ambulanten Einrichtungen des Gesundheitswesens und des Veterinärwesens verbindlich. Das „Suchtmittelbuch für medizinische und veterinärmedizinische Einrichtungen" ist für den Nachweis der Bestände suchtmittelhaltiger Arzneimittel, die für den Behandlungsbedarf bzw. Praxisbedarf vorrätig gehalten werden, zu verwenden. Es ist in Abteilungen und Stationen der medizinischen Einrichtungen zur stationären Betreuung, der Polikliniken und Ambulatorien und der entsprechenden veterinärmedizinischen Einrichtungen sowie in staatlichen, betrieblichen oder eigenen Praxen der Ärzte, Zahnärzte und Tierärzte zu führen.
Die benötigten Suchtmittelbücher sind von den Einrichtungen bei der für die Lieferung des Behandlungsbedarfs bzw. Praxisbedarfs zuständigen Apotheke zu beziehen. Die Apotheke meldet den Bedarf an diesen Büchern jährlich dem zuständigen Bezirksapotheker, der den Bedarf des Bezirkes dem Zentralen Suchtmittelbüro mitteilt.

1.6. Nr. 9605 VV Freiberg **„Suchtmittelmeldung (Jahresbestands- und -verbrauchsnachweis)"** — §§ 12 und 14 der 3. Durchführungsbestimmung (bisher „Betäubungsmittelmeldung").
Dieses Formblatt, das von den Apotheken und Versorgungsdepots für Pharmazie und Medizintechnik für die jährliche Meldung der Bestände an suchtmittelhaltigen Arzneimitteln benötigt wird, beziehen die Apotheken beim zuständigen Bezirksapotheker, der den Bedarf des Bezirkes dem Zentralen Suchtmittelbüro mitteilt. Versorgungsdepots haben für jedes Lager eine gesonderte Meldung abzugeben. Sie erhalten die Formblätter unmittelbar vom Zentralen Suchtmittelbüro.

2. Das Zentrale Suchtmittelbüro bestellt die unter den Ziffern 1.1. bis 1.6. aufgeführten Vordrucke beim VV Freiberg.

3. Bis zur Bereitstellung überarbeiteter Vordrucke können bisher verwandte unter Beachtung der neuen Rechtsvorschriften über den Verkehr mit Suchtmitteln weiterhin bis auf Widerruf benutzt werden. Festlegungen dazu trifft die Hauptabteilung Pharmazie und Medizintechnik.

1) Abgedruckt unter E **01** 01.

2) — 1. DB vom 28. 1. 1974 zum Suchtmittelgesetz — Unterstellte Substanzen, Erlaubnisse, Abgabe- und Bezugsberechtigungen. Ein-, Aus- und Durchfuhr — (GBl. I Nr. 16 S. 140), abgedruckt unter E **01** 02.
— 2. DB vom 28. 1. 1974 zum Suchtmittelgesetz — Verschreibungs- und Abgabeordnung — (GBl. I Nr. 16 S. 157), abgedruckt unter E **02** 01.
— 3. DB vom 28. 1. 1974 zum Suchtmittelgesetz — Aufbewahrung, Nachweisführung, Berichterstattung, Kontrolle — (GBl. I, Nr. 16 S. 161), abgedruckt unter E **03** 01.
— 4. DB vom 28. 1. 1974 zum Suchtmittelgesetz — Betreuung von Suchtkranken — (GBl. I Nr. 16 S. 165), abgedruckt unter E **04** 01.

3) Zentrales Suchtmittelbüro beim Ministerium für Gesundheitswesen, 1058 Berlin, Senefelderstr. 26 (siehe AO vom 28. 1. 1974 über das Zentrale Suchtmittelbüro beim MfGe — GBl. I Nr. 16 S. 149; abgedruckt unter E **05** 01.)

Mitteilung über die Weiterverwendung von Suchtmittel-Vordrucken

vom 23. April 1974
(VuM MfGe Nr. 9 S. 62)

Entsprechend der Anweisung vom 22. April 1974 über die Verwendung von Vordrucken im Verkehr mit Suchtmitteln[1]) können bis zur Bereitstellung überarbeiteter Vordrucke bisher verwandte unter Beachtung der neuen suchtmittelrechtlichen Bestimmungen weiterhin bis auf Widerruf benutzt werden. In diesem Zusammenhang werden für die Weiterverwendung einzelner Vordrucke folgende Festlegungen getroffen:

1. Nr. 9630 **(Bestellbücher für Betäubungsmittel)**

   Für die Suchtmittelbestellungen der Apotheken können weiterhin die „Bestellbücher für Betäubungsmittel" verwandt werden. In diesen Büchern sind jeweils die ersten, dritten, fünften usw. Leerseiten zu entfernen. Die im Buch verbleibenden Leerseiten sind als 4. Durchschrift zu verwenden. Die auf der Grundlage der bisher geltenden Bestimmungen über Betäubungsmittel auf der 2. Umschlagseite gegebenen Hinweise sind gegenstandslos. An ihre Stelle treten folgende:

   „1. Die Bestellscheine dürfen nur von Apotheken zur Bestellung suchtmittelhaltiger Arzneimittel beim zuständigen Versorgungsdepot für Pharmazie und Medizintechnik oder — in Ausnahmefällen — beim Importlager verwandt werden.

   2. Die Bestellscheine sind deutlich und vollständig mit Kugelschreiber im Durchschreibeverfahren (4 Durchschriften) auszufertigen und vom Apothekenleiter — soweit dieser zum Abschluß von Verträgen berechtigt ist, andernfalls von dem Berechtigten — zu unterschreiben. Sie sind von der Apotheke jährlich fortlaufend zu numerieren. Für jedes suchtmittelhaltige Arzneimittel ist eine Zeile zu verwenden, verbleibende Leerzeilen sind zu streichen. Veränderungen sind unzulässig.

   3. Das Original und 3 Durchschriften des Bestellscheines sind dem Versorgungsdepot zu übergeben, die 4. Durchschrift verbleibt im Block.

   4. Nachlieferungen auf nicht voll belieferten Bestellscheinen erfolgen nicht.

   5. Die vom Versorgungsdepot mit der Lieferung zurückgegebene Durchschrift hat die Apotheke als Nachweis 5 Jahre aufzubewahren."

2. Nr. 9631 **(Betäubungsmittel-Rezeptblock)**

   Zur Verschreibung bzw. Anforderung suchtmittelhaltiger Arzneimittel können die Betäubungsmittel-Rezeptblocks" weiterhin verwandt werden. Für die in den Blocks bis Serie 1972 fehlende 2. Durchschrift ist der dort enthaltene Kontrollabschnitt weiterhin entsprechend auszufüllen. Die in den Blocks bis Serie 1973 auf der Grundlage der bisher geltenden Bestimmungen über Betäubungsmittel auf der 2. Umschlagseite gegebenen Hinweise sind gegenstandslos. An ihre Stelle treten folgende:

„1. Auf Suchtmittel-Rezeptvordrucken dürfen nur suchtmittelhaltige Arzneimittel für Kranke bzw. für Tiere verschrieben oder für den Praxisbedarf angefordert werden.
2. Alle handschriftlich geforderten Angaben sind vom Arzt, Zahnarzt bzw. Tierarzt eigenhändig und deutlich im Durchschreibeverfahren mit Kugelschreiber oder Tintenstift zu schreiben.
3. Auf einem Rezept-Vordruck darf nur ein suchtmittelhaltiges Arzneimittel für einen Kranken oder ein bzw. mehrere Tiere derselben Art verschrieben sowie für den Praxisbedarf angefordert werden. Dabei dürfen die festgelegten Tageshöchstabgabemengen nicht überschritten werden.
4. Die Verschreibungen müssen eine Gebrauchsanweisung enthalten, aus der Einzel- und Tagesdosis sowie erforderlichenfalls Art der Anwendung ersichtlich sind.
5. Bei einer erforderlichen Anwendungsdauer von mehr als 6 Wochen ist auf der Verschreibung die abgabeberechtigte Apotheke anzugeben.
6. Verschreibungen und Anforderungen dürfen nicht nachträglich verändert und nicht vor- oder rückdatiert werden.
7. Auf der im Block verbleibenden 2. Durchschrift der Verschreibung ist die unverschlüsselte Diagnose anzugeben.
8. Das Original und die 1. Durchschrift der Verschreibung sind dem Kranken für die Apotheke zu übergeben. Die Abgabe suchtmittelhaltiger Arzneimittel auf Verschreibungen folgt, abgesehen von begründeten Ausnahmefällen, nur in Apotheken des Kreises, in der der Kranke seinen Wohnsitz hat."

2.3. Nr. 9606 **(Betäubungsmittelbuch)**

Für den Nachweis der Zu- und Abgänge sowie der Bestände an suchtmittelhaltigen Arzneimitteln in Apotheken kann das „Betäubungsmittelbuch" weiterhin verwandt werden.

[1]) Veröffentlicht in VuM MfGe Nr. 9 S. 61, abgedruckt unter E 02 10.

Mitteilung Nr. 2 über die Weiterverwendung von Suchtmittel-Vordrucken

vom 28. September 1976
(VuM MfG Nr. 11 S. 71)

Die in Ziffer 2 der Mitteilung (Nr. 1) über die Weiterverwendung des Vordrucks Nr. 9631 **(Betäubungsmittel-Rezeptblock)** getroffenen Festlegungen werden wie folgt geändert:

1. Betäubungsmittel-Rezeptblocks bis einschließlich Serie 1972 sind ab 1. Januar 1977 ungültig. Ärzte, die im Besitz solcher Betäubungsmittel-Rezeptblocks sind, geben diese an den zuständigen Rat des Kreises, Abteilung Gesundheits- und Sozialwesen, zurück. Tierärzte geben die Blocks über den Kreistierarzt zurück.
2. Zur Verschreibung bzw. Anforderung suchtmittelhaltiger Arzneimittel können die Betäubungsmittel-Rezeptblocks ab Serie 1973 weiterhin verwendet werden.
3. Die in Ziffer 2 der Mitteilung (Nr. 1)[1]) unter den Punkten 1 bis 8 gegebenen Hinweise sind weiterhin verbindlich.

[1]) Abgedruckt unter E 02 11.

Dritte Durchführungsbestimmung zum Suchtmittelgesetz — Aufbewahrung, Nachweisführung, Berichterstattung, Kontrolle —

vom 28. Januar 1974
(GBl. I Nr. 16 S. 161)

Auf Grund des § 13 des Suchtmittelgesetzes vom 19. Dezember 1973 (GBl. I Nr. 58 S. 572)[1]) wird im Einvernehmen mit den Leitern der zuständigen zentralen Staatsorgane folgendes bestimmt:

Aufbewahrung

§ 1

Betriebe und Einrichtungen, die am Verkehr mit Suchtmitteln beteiligt sind, haben Suchtmittel gegen mißbräuchliche Verwendung sicher aufzubewahren.

§ 2

(1) Arzneimittelbetriebe, Versorgungsdepots für Pharmazie und Medizintechnik (im folgenden Versorgungsdepots genannt), das Staatliche Versorgungskontor für Pharmazie und Medizintechnik — Importlager Pharmazie — (im folgenden Importlager genannt) und Apotheken müssen über gesonderte Räume oder Schränke zur Aufbewahrung von Suchtmitteln (Suchtmittellager) verfügen. Suchtmittellager müssen verschließbar und gegen unbefugten Zugriff besonders gesichert sein.
(2) In medizinischen und veterinärmedizinischen Einrichtungen sind suchtmittelhaltige Arzneimittel getrennt von anderen Arzneimitteln aufzubewahren. Sie sind unter Verschluß zu halten und gegen unbefugten Zugriff zu sichern. Sie dürfen nur in den Behältnissen aufbewahrt werden, in denen die Apotheke sie abgegeben hat.
(3) In wissenschaftlichen Einrichtungen hat der Leiter die Aufbewahrung der Suchtmittel so zu gewährleisten, daß mißbräuchliche Verwendung der Suchtmittel sowie unbefugter Zugriff ausgeschlossen sind.

§ 3

(1) In Arzneimittelbetrieben, Versorgungsdepots und im Importlager obliegt die Verantwortung für die sichere Aufbewahrung der Bestände an Suchtmitteln dem Suchtmittelbeauftragten (§ 7 Abs. 3 der Ersten Durchführungsbestimmung vom 28. Januar 1974 zum Suchtmittelgesetz — Unterstellte Substanzen, Erlaubnisse, Abgabe- und Bezugsberechtigungen, Ein-, Aus- und Durchfuhr — [GBl. I Nr. 16 S. 149][2]) [im folgenden Erste Durchführungsbestimmung genannt]).

(2) In Apotheken und in den im § 2 Abs. 2 genannten Einrichtungen ist der Apothekenleiter bzw. der jeweils leitende Arzt, Zahnarzt oder Tierarzt oder ein von ihm Beauftragter (Apotheker, Arzt, Zahnarzt, Tierarzt oder mittlere medizinische Fachkraft) für die sichere Aufbewahrung der Bestände an suchtmittelhaltigen Arzneimitteln verantwortlich. Ärzte, Zahnärzte und Tierärzte in staatlicher oder eigener Praxis und Tierärzte in betrieblicher Praxis sind dafür selbst verantwortlich.
(3) Die Verantwortung der Leiter für Sicherheit und Ordnung wird durch die Einsetzung der Beauftragten nicht berührt.

Nachweisführung

§ 4

(1) Betriebe und Einrichtungen sind verpflichtet, Nachweise über Zu- und Abgänge sowie über Bestände an Suchtmitteln zu führen.
(2) Die Nachweise müssen ständig auf dem laufenden sein und sind für die Dauer von 5 Jahren, gerechnet vom Ende des Jahres, in dem der letzte Zu- oder Abgang erfolgt ist, aufzubewahren.

§ 5

(1) In Arzneimittelbetrieben, Versorgungsdepots und im Importlager sind Nachweise über Zu- und Abgänge sowie über Bestände an Suchtmitteln in Buch- oder Karteiform zu führen.
(2) Nachweisbücher müssen Seitenzahlen enthalten, Karteikarten sind fortlaufend zu numerieren. Der Leiter des Arzneimittelbetriebes, des Versorgungsdepots bzw. des Importlagers hat jede angelegte Karteikarte abzuzeichnen bzw. auf dem ersten Blatt des Nachweisbuches die Anzahl der Seiten zu bestätigen.
(3) Bei der Nachweisführung ist für jedes Suchtmittel, jede Zubereitungsform und jede Packungsgröße je eine Seite im Nachweisbuch oder eine Karteikarte zu verwenden mit Angaben über Anfangsbestand, Zu- und Abgänge sowie Endbestand. Der Lieferer oder der Empfänger bzw. der innerbetriebliche Arbeitsvorgang sind jeweils anzugeben.
(4) Die Führung der Nachweise obliegt dem Suchtmittelbeauftragten.

§ 6

(1) Apotheken haben Zu- und Abgänge sowie Bestände an suchtmittelhaltigen Arzneimitteln in einem Suchtmittelbuch[3]) nachzuweisen.
(2) Für die ordnungsgemäße Führung und sichere Aufbewahrung des Suchtmittelbuches ist der Apothekenleiter verantwortlich. Die Nachweise sind monatlich abzuschließen und vom Apothekenleiter nach Prüfung der ordnungsgemäßen Buchung der Zu- und Abgänge anhand der Unterlagen sowie der Übereinstimmung der Bestände mit den geführten Nachweisen gegenzuzeichnen.

§ 7

(1) Abteilungen und Stationen in medizinischen Einrichtungen zur stationären Betreuung, in Polikliniken und Ambulatorien sowie in entsprechenden veterinärmedizinischen Einrichtungen haben in einem Suchtmittelbuch[4]) einen Bestandsnachweis für suchtmittelhaltige Arzneimittel zu führen. Ärzte, Zahnärzte und Tierärzte in staatlicher oder eigener Praxis und Tierärzte in betrieblicher Praxis haben über den bezogenen Praxisbedarf an suchtmittelhaltigen Arzneimitteln den gleichen Nachweis zu führen.
(2) Die Nachweise sind in den Abteilungen und Stationen der medizinischen Einrichtungen zur stationären Betreuung, der Polikliniken und Ambulatorien und der entsprechenden veterinärmedizinischen Einrichtungen vom jeweils verantwortlichen Arzt, Zahnarzt, Tierarzt oder einer von ihm beauftragten mittleren medizinischen Fachkraft zu führen. Ärzte, Zahnärzte und Tierärzte in staatlicher oder eigener Praxis und Tierärzte in betrieblicher Praxis haben die Nachweise selbst zu führen. Die Eintragungen müssen am Tage des Zugangs bzw. Abgangs erfolgen. Eintragungen durch mittlere medizinische Fachkräfte sind täglich vom jeweils verantwortlichen Arzt, Zahnarzt oder Tierarzt durch eigenhändige Unterschrift zu bestätigen.
(3) Der Leiter der jeweiligen Einrichtung oder die von ihm beauftragten leitenden Ärzte, Zahnärzte oder Tierärzte haben

a) in wöchentlichen Abständen die Nachweise zu überprüfen und abzuzeichnen und
b) halbjährlich mindestens einmal die Bestände mit den geführten Nachweisen zu vergleichen.

(4) Der Kreisarzt bzw. der Kreistierarzt oder die von ihm beauftragten Ärzte, Zahnärzte oder Tierärzte haben mindestens einmal im Jahr die in staatlichen, betrieblichen und eigenen Praxen der Ärzte, Zahnärzte oder Tierärzte geführten Nachweise und deren Übereinstimmung mit den vorhandenen Beständen zu kontrollieren und abzuzeichnen.
(5) Bei den Kontrollen gemäß Abs. 3 Buchst. b und Abs. 4 ist auch die ordnungsgemäße Buchung der Zu- und Abgänge durch stichprobenweisen Vergleich mit den entsprechenden Eintragungen in der Behandlungsdokumentation zu überprüfen.

§ 8

(1) Wissenschaftliche Einrichtungen haben den Nachweis über Zu- und Abgänge sowie über Bestände an Suchtmitteln gemäß den jeweiligen Festlegungen des Ministeriums für Gesundheitswesen zu führen.
(2) Der wissenschaftliche Mitarbeiter, unter dessen Leitung mit dem Suchtmittel gearbeitet wird, hat die verbrauchte Suchtmittelmenge protokollarisch zu bestätigen. Nicht verbrauchte Mengen sind dem Zentralen Suchtmittelbüro beim Ministerium für Gesundheitswesen (im folgenden Zentrales Suchtmittelbüro genannt) unverzüglich zu melden und nach dessen Anweisung zu verwenden bzw. zu vernichten. Bei vollständigem Verbrauch sind die protokollarische Bestätigung, bei nur teilweisem Verbrauch die Bestätigung zusammen

mit den Belegen über die vom Zentralen Suchtmittelbüro vorgegebene Verwendung bzw. mit dem Vernichtungsprotokoll, und die Rechnung über die entsprechende Suchtmittellieferung als Nachweis gemäß § 4 Abs. 2 aufzubewahren. Für den Vernichtungsvorgang finden die Vorschriften des § 9 entsprechende Anwendung.
(3) Die Vorschriften der Absätze 1 und 2 finden keine Anwendung auf den Nachweis von Substanzen und Zubereitungen, die Suchtmittel sind oder solche als Bestandteile enthalten und in medizinischen oder veterinärmedizinischen Einrichtungen als Arzneimittel klinisch erprobt werden. Der Nachweis richtet sich in diesen Fällen nach den Bestimmungen des § 7.

§ 9

Staatliche Organe und Einrichtungen, die für die Aufsicht und Kontrolle des Verkehrs mit Suchtmitteln zuständig sind, brauchen keine gesonderten Bestands- und Verbrauchsnachweise über Suchtmittel zu führen. Nicht verbrauchte und für Beweiszwecke nicht mehr benötigte Suchtmittelproben sind in Gegenwart des Leiters oder eines vom Leiter beauftragten leitenden Mitarbeiters in eigener Zuständigkeit zu vernichten. Über die Vernichtung ist ein Protokoll anzufertigen, das von den anwesenden Personen zu unterschreiben und als Nachweis gemäß § 4 Abs. 2 aufzubewahren ist.

Berichterstattung

§ 10

Arzneimittelbetriebe, Versorgungsdepots, das Importlager und Apotheken haben dem Ministerium für Gesundheitswesen bzw. den Räten der Bezirke, Abteilung Gesundheits- und Sozialwesen, über Art und Umfang ihrer Beteiligung am Verkehr mit Suchtmitteln zu berichten.

§ 11

(1) Arzneimittelbetriebe haben dem Zentralen Suchtmittelbüro quartalsweise bis zum 10. des folgenden Monats Berichte über die Bewegung der Suchtmittel in ihrem Bereich zu übermitteln.
(2) Aus dem Bericht muß jede Einzelbewegung (Anfangsbestand, Zu- oder Abgang, Endbestand), unterteilt nach einzelnen Suchtmitteln sowie daraus hergestellten Zubereitungsformen, ersichtlich sein. Der Lieferer oder der Empfänger bzw. der innerbetriebliche Arbeitsvorgang sind jeweils anzugeben.
(3) Aus nicht verkehrsfähigen suchtmittelhaltigen Produkten durch Aufarbeitung zurückgewonnene Suchtmittel sind im Bericht als Zugang auszuweisen.
(4) Importierte Suchtmittel, die den Betrieben unmittelbar zugegangen sind, sind innerhalb von 3 Tagen dem Importlager unter Angabe von Art und Menge zu melden.
(5) Die Gütekontrollen der Betriebe haben Suchtmittelproben, die bei der Kontrolle nicht verbraucht worden sind oder nicht als Rückstellmuster benötigt werden, zurückzugeben.

§ 12

Versorgungsdepots übersenden dem Zentralen Suchtmittelbüro für jedes Kalenderjahr bis zum 10. Januar des folgenden Jahres eine Suchtmittelmeldung (Jahresbestands- und -verbrauchsnachweis.[5])

§ 13

Das Importlager meldet dem Zentralen Suchtmittelbüro jeden Import eines Suchtmittels spätestens 10 Tage nach Eingang unter Angabe von Art und Menge, der Vertragsnummer und der Nummer der Einfuhrgenehmigung. Ferner erstattet das Importlager quartalsweise bis zum 10. des folgenden Monats einen Bericht über die Bewegung der Suchtmittel. Die Vorschriften des § 11 Abs. 2 finden entsprechende Anwendung.

§ 14

Apotheken melden dem Bezirksapotheker für jedes Kalenderjahr bis zum 10. Januar des nachfolgenden Jahres Anfangsbestand, Zu- und Abgang sowie Endbestand an suchtmittelhaltigen Arzneimitteln nach Formblatt[5]).

§ 15

(1) Über den Verlust von Suchtmitteln in Arzneimittelbetrieben, Versorgungsdepots und im Importlager (z. B. durch Bruch, Verwerfen unbrauchbarer Produkte, Verschütten von Substanzen oder Lösungen), mit Ausnahme der im Zuge der Umwandlung von Suchtmitteln bei Verarbeitungsprozessen auftretenden Schwundmeldungen, ist vom Leiter oder dem von ihm beauftragten leitenden Mitarbeiter jeweils ein Protokoll aufzunehmen. Die Protokolle müssen den Grund für den Verlust enthalten und bedürfen der Gegenzeichnung durch den Suchtmittelbeauftragten.
(2) Eine Ausfertigung der Protokolle gemäß Abs. 1 ist dem Zentralen Suchtmittelbüro unverzüglich zuzuleiten. Die Protokolle sind als Nachweis gemäß § 4 Abs. 2 aufzubewahren.
(3) In Apotheken sind Verluste im Sinne des Abs. 1 und Schwundmengen bei der Zubereitung von Arzneien bei der monatlichen Prüfung des Suchtmittelbuches durch den Apothekenleiter zu erfassen, gesondert in das Suchtmittelbuch einzutragen und als verbraucht abzusetzen. Bei Schwundmengen, die monatlich 2% der zur Zubereitung eingesetzten Suchtmittelmenge überschreiten, und bei Verlusten muß ein den Grund für die Fehlmenge ausweisendes Protokoll aufgenommen werden. Das Protokoll ist vom Apothekenleiter und einer anderen in der Apotheke tätigen pharmazeutischen Fachkraft zu unterzeichnen und als Nachweis gemäß § 4 Abs. 2 aufzubewahren. Eine Ausfertigung des Protokolls ist der Meldung gemäß § 14 beizufügen.

§ 16

(1) Nach den Rechtsvorschriften über den Arzneimittelverkehr nicht mehr verkehrsfähige suchtmittelhaltige Arzneimittel sind von Arzneimittelbetrieben, Versorgungsdepots und vom Importlager dem Zentralen Suchtmittelbüro, von den Apotheken dem zuständigen Bezirksapotheker nach Art und Menge zu melden und zu vernichten. Medizinische und veterinärmedizinische Einrichtungen sowie Ärzte, Zahnärzte und Tierärzte in staatlicher oder eigener Praxis und Tierärzte in betrieblicher Praxis haben nicht mehr verkehrsfähige suchtmittelhaltige Arzneimittel an die für die Lieferung des Behandlungsbedarfs an suchtmittelhaltigen Arzneimitteln zuständige Apotheke (§ 15 der Zweiten Durchführungsbestimmung zum Suchtmittelgesetz)[6]) zurückzugeben.
(2) Die Vernichtung suchtmittelhaltiger Arzneimittel muß in Arzneimittelbetrieben, in Versorgungsdepots und im Importlager in Gegenwart des Suchtmittelbeauftragten und des Leiters des Zentralen Suchtmittelbüros bzw. eines von ihm beauftragten Apothekers, in Apotheken in Gegenwart des Apothekenleiters und des Bezirksapothekers bzw. eines von ihm beauftragten Apothekers erfolgen.
(3) Über den Vernichtungsvorgang ist ein Protokoll anzufertigen, das von den gemäß Abs. 2 Beteiligten zu unterzeichnen ist. Eine Ausfertigung des in Betrieben, Versorgungsdepots und im Importlager ausgefertigten Vernichtungsprotokolls erhält das Zentrale Suchtmittelbüro, bei Vernichtung in Apotheken der zuständigen Bezirksapotheker. Die Protokolle sind als Nachweis gemäß § 4 Abs. 2 aufzubewahren.
(4) Werden suchtmittelhaltige Arzneimittel an Apotheken zurückgegeben, so ist hierüber eine Quittung zu erteilen. Eine Zweitschrift der Quittung verbleibt in der Apotheke und ist als Nachweis gemäß § 4 Abs. 2 aufzubewahren. Zurückgegebene suchtmittelhaltige Arzneimittel sind zu vernichten. Für die Vernichtung gelten die Vorschriften der Absätze 2 und 3.

§ 17

(1) Geht die Herstellung von Suchtmitteln von einem Betrieb auf einen anderen über, so sind noch vorhandene Suchtmittelbestände sowie sämtliche Bestands- und Verbrauchsnachweise dem Nachfolgebetrieb zu übergeben. Das gleiche gilt beim Übergang der Versorgung mit suchtmittelhaltigen Arzneimitteln von einem Versorgungsdepot auf ein anderes.
(2) Bei Auflösung eines Betriebes oder Einstellung seiner Suchtmittelproduktion sind die Bestands- und Verbrauchsnachweise sowie eine Meldung über noch vorhandene Bestände an Suchtmitteln dem Zentralen Suchtmittelbüro zu übergeben.
(3) Von den Vorhaben einer Veränderung gemäß den Absätzen 1 oder 2 ist unverzüglich dem Zentralen Suchtmittelbüro Mitteilung zu geben.

Kontrolle des Suchtmittelverkehrs

§ 18

(1) Betriebe und Einrichtungen, die am Verkehr mit Suchtmitteln beteiligt sind, unterliegen hinsichtlich des Verkehrs mit Suchtmitteln der Aufsicht und Kontrolle, die vom Ministerium für Gesundheitswesen geleitet wird. Kontrollorgane sind das Zentrale Suchtmittelbüro sowie für die medizinischen und veterinärmedizinischen Einrichtungen die Räte der Bezirke und Kreise, Abteilung Gesundheits- und Sozialwesen.
(2) Die Kontrollorgane gemäß Abs. 1 sind berechtigt, durch ihre Kontrollbeauftragten Kontrollen durchzuführen, Auskünfte und Einsicht in alle Aufzeichnungen und Unterlagen über den Verkehr mit Suchtmitteln zu verlangen sowie unentgeltlich Proben von Suchtmitteln zu entnehmen. Zur Beseitigung von Mängeln können sie Auflagen und deren Erfüllung innerhalb angemessener Fristen verfügen.
(3) Die Kontrollorgane gemäß Abs. 1 haben festgestellte Verstöße gegen Vorschriften über den Verkehr mit Suchtmitteln dem Zentralen Suchtmittelbüro zu melden. Über Verstöße im Bereich des Veterinärwesens informiert das Ministerium für Gesundheitswesen das Ministerium für Land-, Forst- und Nahrungsgüterwirtschaft. Festgestellte Verstöße, die den Verdacht auf das Vorliegen einer Straftat nahelegen, sind unverzüglich dem zuständigen Staatsanwalt bzw. den zuständigen staatlichen Untersuchungsorganen (§ 88 StPO) mitzuteilen.

§ 19

(1) Unbeschadet der Befugnis der Kontrollorgane gemäß § 18 Abs. 1 sind für die regelmäßige Aufsicht und Kontrolle verantwortlich bei

a) Arzneimittelbetrieben, Versorgungsdepots und dem Importlager — das Zentrale Suchtmittelbüro,
b) Apotheken
— der Bezirksapotheker oder ein von ihm beauftragter Apotheker,
c) Abteilungen und Stationen in medizinischen Einrichtungen zur stationären Betreuung, in Polikliniken und Ambulatorien sowie in entsprechenden veterinärmedizinischen Einrichtungen
— der Leiter der für die Lieferung des Behandlungsbedarfs an suchtmittelhaltigen Arzneimitteln zuständigen Apotheke (§ 15 der Zweiten Durchführungsbestimmung zum Suchtmittelgesetz).[1])

(2) Die Kontrollen gemäß Abs. 1 sind mindestens einmal jährlich durchzuführen. Dabei ist die ordnungsgemäße Buchung der Zu- und Abgänge anhand der Unterlagen sowie die Übereinstimmung der Bestände mit den geführten Nachweisen zu prüfen. In Apotheken sind darüber hinaus die belieferten Suchtmittelverschreibungen auf Häufigkeit ein- und desselben Verbrauchers zu kontrollieren.

§ 20

(1) Die dem Institut für Arzneimittelwesen der Deutschen Demokratischen Republik und dem Staatlichen Veterinärmedizinischen Prüfungsinstitut nach den Rechtsvorschriften über den Arzneimittelverkehr im Rahmen der Gütesicherung übertragenen Aufgaben erstrecken sich auf suchtmittelhaltige Arzneimittel.
(2) Die Rechte der Kontrollbeauftragten der Einrichtungen gemäß Abs. 1 richten sich nach den Festlegungen des § 18 Abs. 2. Notwendige Auflagen sind in Abstimmung mit dem Zentralen Suchtmittelbüro zu erteilen.

§ 21

(1) Für entnommene Suchtmittelproben haben die Kontrollbeauftragten Empfangsbescheinigungen auszustellen. Die Empfangsbescheinigungen sind als Nachweis gemäß Abs. 2 aufzubewahren.
(2) Sind in Apotheken Proben von Rezepturanfertigungen suchtmittelhaltiger Arzneimittel entnommen worden, so sind die Empfangsbescheinigungen dauerhaft mit den entsprechenden Verschreibungen zu verbinden und mit diesen gemeinsam aufzubewahren.
(3) Über durchgeführte Kontrollen sind Protokolle anzufertigen, die von dem Suchtmittelbeauftragten, dem Apothekenleiter oder dem sonst für den Suchtmittelverkehr Verantwortlichen mit zu unterzeichnen sind. Die Protokolle sind für die Dauer von 5 Jahren aufzubewahren.
(4) Werden im Falle des § 19 Abs. 1 Buchst. c Verstöße gegen suchtmittelrechtliche Vorschriften festgestellt, so ist das betreffende Protokoll von dem Kontrollierenden dem zuständigen Rat des Bezirkes, Abteilung Gesundheits- und Sozialwesen, zuzuleiten.

Bestimmungen über Entscheidungen und Beschwerdeverfahren

§ 22

Entscheidungen nach dieser Durchführungsbestimmung sind schriftlich zu erteilen und, soweit Beschwerde gemäß § 23 Abs. 1 eingelegt werden kann, zu begründen. Sie sind den betroffenen Betrieben und Einrichtungen zu übermitteln.

§ 23

(1) Gegen die Auflagen und die zu deren Erfüllung gesetzten Fristen, die von den Kontrollbeauftragten zur Beseitigung von Mängeln im Verkehr mit Suchtmitteln gemäß § 18 Abs. 2 verfügt werden, kann Beschwerde eingelegt werden. Gegen Entscheidungen des Ministeriums für Gesundheitswesen gemäß § 18 Abs. 2 kann Beschwerde nicht eingelegt werden.
(2) Die von einer Entscheidung gemäß Abs. 1 Satz 1 betroffenen Betriebe und Einrichtungen sind darüber zu belehren, daß Beschwerde eingelegt werden kann.

(3) Die Beschwerde ist schriftlich unter Angabe der Gründe innerhalb einer Frist von 2 Wochen nach Zugang der Entscheidung bei dem Kontrollorgan, das bzw. dessen Beauftragter die Entscheidung getroffen hat, einzulegen.
(4) Die Beschwerde hat keine aufschiebende Wirkung. Das entscheidende und das übergeordnete Organ können jedoch die Erfüllung verfügter Auflagen vorläufig aussetzen.
(5) Über die Beschwerde ist innerhalb einer Frist von 2 Wochen nach ihrem Eingang zu entscheiden. Wird der Beschwerde nicht oder nicht in vollem Umfange stattgegeben, so ist sie innerhalb dieser Frist dem übergeordneten Organ zur Entscheidung zuzuleiten. Der Einreicher der Beschwerde ist davon zu informieren. Das übergeordnete Organ hat über die Beschwerde innerhalb weiterer 2 Wochen endgültig zu entscheiden.
(6) Kann in Ausnahmefällen eine Entscheidung innerhalb der Frist nicht getroffen werden, ist rechtzeitig ein Zwischenbescheid unter Angabe der Gründe sowie des voraussichtlichen Abschlußtermins zu geben.
(7) Entscheidungen über Beschwerden haben schriftlich zu ergehen, sind zu begründen und den Einreichern der Beschwerden zuzusenden.

§ 24 Ordnungsstrafbestimmungen

(1) Wer vorzätzlich oder fahrlässig die Vorschriften über die Aufbewahrung, Nachweisführung und Berichterstattung im Verkehr mit Suchtmitteln verletzt, kann mit Verweis oder Ordnungsstrafe von 10 bis 300 M belegt werden.
(2) Ist eine vorsätzliche Handlung nach Abs. 1 wiederholt innerhalb von 2 Jahren begangen und mit Ordnungsstrafe geahndet worden oder ist durch diese Ordnungswidrigkeit ein größerer Schaden verursacht worden oder hätte verursacht werden können, kann eine Ordnungsstrafe bis zu 1 000 M ausgesprochen werden.
(3) Die Durchführung des Ordnungsstrafverfahrens obliegt dem Kreisarzt, bei Zuwiderhandlungen im Bereich des Veterinärwesens dem Kreistierarzt. Sofern die Ordnungswidrigkeit von einem Mitarbeiter eines Arzneimittelbetriebes, Versorgungsdepots oder des Importlagers begangen wurde, obliegt die Durchführung des Ordnungsstrafverfahrens dem Leiter des Zentralen Suchtmittelbüros.
(4) Für die Durchführung des Ordnungsstrafverfahrens und den Ausspruch von Ordnungsstrafmaßnahmen gilt das Gesetz vom 12. Januar 1968 zur Bekämpfung von Ordnungswidrigkeiten — OWG — (GBl. I Nr. 3 S. 101).

Schlußbestimmungen

§ 25

Die Vorschriften der §§ 6, 14, 15 Abs. 3, des § 21 Abs. 1 Satz 2 und Abs. 2 sowie des § 2 Abs. 1 über die Aufbewahrung in Apotheken und § 16 Absätze 1 bis 3 über die Vernichtung in Apotheken gelten nicht für die Suchtmittel, die im Teil II B des Suchmittelverzeichnisses (Anlage 1 zur Ersten Durchführungsbestimmung) genannt sind.

§ 26

Diese Durchführungsbestimmung tritt am 15. Mai 1974 in Kraft.

[1]) Abgedruckt unter E 01 01.
[2]) Abgedruckt unter E 01 02.
[3]) Best.-Nr. 9606 VV Freiberg.
[4]) Best.-Nr. 9609 VV Freiberg.
[5]) Best.-Nr. 9605 VV Freiberg.
[6]) Abgedruckt unter E 02 01.

Vierte Durchführungsbestimmung zum Suchtmittelgesetz — Betreuung von Suchtkranken —

vom 28. Januar 1974
(GBl. I Nr. 16 S. 165)

Auf Grund des § 13 des Suchtmittelgesetzes vom 19. Dezember 1973 (GBl. I Nr. 58 S. 572)[1]) wird im Einvernehmen mit den Leitern der zuständigen zentralen Staatsorgane folgendes bestimmt:

§ 1

(1) Über Beobachtungen und Mitteilungen gemäß § 9 des Suchtmittelgesetzes, die den Verdacht auf einen Mißbrauch von Suchtmitteln nahelegen, ist der Kreisarzt zu informieren, der für den Wohnort des betreffenden Bürgers, auf den sich die Beobachtung bezieht, zuständig ist.
(2) Der Kreisarzt hat zu allen ihm zugegangenen Informationen gemäß Abs. 1 unverzüglich die erforderlichen Nachprüfungen einzuleiten. Dabei soll derjenige, der die Beobachtung mitgeteilt hat, gehört werden.
(3) Ergeben die Nachprüfungen gemäß Abs. 2 Anhaltspunkte für einen Verdacht auf Mißbrauch von Suchtmitteln, so hat der Kreisarzt mit dem Bürger, auf den sich der Verdacht bezieht, eine Aussprache zu führen. Zu der Aussprache soll ein Facharzt für Psychiatrie und Neurologie und, wenn erforderlich, der behandelnde Arzt des betreffenden Bürgers hinzugezogen werden.

§ 2

(1) Ist der Verdacht auf Mißbrauch von Suchtmitteln begründet, so hat der Kreisarzt den betreffenden Bürger schriftlich aufzufordern, sich in einer bestimmten psychiatrischen Einrichtung einer Begutachtung zu unterziehen. Die Aufforderung ist mit einer Fristsetzung zu verbinden. Die festgelegte Einrichtung ist mit der Beobachtung und Begutachtung zu beauftragen.
(2) Bürger, die sich einer psychiatrischen Begutachtung unterziehen und die Anspruch auf Leistung der Sozialversicherung haben, sind für die Zeit der Beobachtung hinsichtlich der Leistungen der Sozialversicherung Kranken gleichgestellt. Beobachtungen und Begutachtungen, die bei nicht sozialversicherten Bürgern vorgenommen werden, gehen zu Lasten des Rates des Kreises, Abteilung Gesundheits- und Sozialwesen.
(3) Ergibt das psychiatrische Gutachten, daß der Verdacht auf Suchtmittelmißbrauch nicht begründet ist, so hat der Begutachtete Anspruch auf Entschädigung durch den Rat

des Kreises, Abteilung Gesundheits- und Sozialwesen, für den ihm während der Zeit der Beobachtung entgangenen Verdienst. Die Mittel hierfür werden im Haushalt des Ministeriums für Gesundheitswesen bereitgestellt.

§ 3

(1) Bürger, bei denen durch psychiatrische Begutachtung festgestellt wird, daß sie suchtkrank sind, und Bürger, die trotz begründeten Verdachts auf Suchtmittelmißbrauch der Aufforderung zur psychiatrischen Begutachtung (§ 2 Abs. 1) nicht Folge leisten, sind vom Rat des Kreises, Abteilung Gesundheits- und Sozialwesen, zu erfassen. Sie werden in ein Verzeichnis der Suchtkranken eingetragen. Der Kreisarzt hat die medizinische Betreuung der Suchtkranken zu veranlassen.
(2) Bürger, die im Verzeichnis der Suchtkranken eingetragen sind, dürfen am Verkehr mit Suchtmitteln nicht teilnehmen. Die Anwendung suchtmittelhaltiger Arzneimittel aus medizinischer Indikation bleibt hiervon unberührt (§ 4).
(3) Im Verzeichnis der Suchtkranken Eingetragene (Suchtkranke) können zu zumutbaren Verhaltensweisen verpflichtet werden, die geeignet sind, angeordnete Verbote und Beschränkungen der Verschreibung, Abgabe oder des Erwerbs von suchtmittelhaltigen Arzneimitteln zu sichern. Ärzte, Zahnärzte, Tierärzte und Apotheken sowie Betriebe und Einrichtungen, die am Verkehr mit Suchtmitteln beteiligt sind, haben vom Kreisarzt mitgeteilten Verpflichtungen, die Suchtkranken auferlegt sind, entsprechend Rechnung zu tragen.
(4) Über die Eintragung in das Verzeichnis der Suchtkranken sowie über Verpflichtungen gemäß Abs. 3 entscheidet der Kreisarzt.
(5) Der Inhalt des Verzeichnisses der Suchtkranken sowie Mitteilungen über Verpflichtungen gemäß Abs. 3 unterliegen den besonderen Vorschriften über berufliche und dienstliche Schweigepflicht.

§ 4

Für Suchtkranke, bei denen eine medizinische Indikation zur Anwendung suchtmittelhaltiger Arzneimittel bestehen, dürfen suchtmittelhaltige Arzneimittel nur an den behandelnden Arzt oder eine von diesem beauftragte medizinische Fachkraft zur unmittelbaren Verabreichung am Kranken gegeben werden. Suchtmittelhaltige Arzneimittel dürfen Suchtkranken nicht zur eigenhändigen Anwendung oder zur Aufbewahrung überlassen werden.

§ 5

(1) Der Rat des Kreises, Abteilung Gesundheits- und Sozialwesen, hat die Eintragung von Suchtkranken nach Muster (Anlage) sowie Veränderungen und Löschungen im Verzeichnis der Suchtkranken allen Apotheken des Kreises zu übersenden.

(2) Der Rat des Kreises, Abteilung Gesundheits- und Sozialwesen, hat darüber hinaus eine Ausfertigung jeder Mitteilung gemäß Abs. 1 dem Zentralen Suchtmittelbüro beim Ministerium für Gesundheitswesen zuzusenden. Dieses übermittelt den Inhalt der ihm zugegangenen Mitteilung an die Räte der Bezirke, Abteilung Gesundheits- und Sozialwesen. Für die Aufbewahrung der Belege ist der Bezirksapotheker verantwortlich.

§ 6

(1) Die Eintragung im Verzeichnis der Suchtkranken ist zu löschen, wenn bei dem Eingetragenen durch psychiatrische Begutachtung nicht festgestellt wird, daß er suchtkrank ist, wenn der Eingetragene von seiner Erkrankung geheilt ist und eine akute Rückfallgefahr nicht mehr besteht oder wenn der Eingetragene verstorben ist. Der Eingetragene oder dessen gesetzlicher Vertreter kann beim Kreisarzt nach Wegfall der Voraussetzungen für die Eintragung Antrag auf Löschung im Verzeichnis der Suchtkranken stellen.
(2) Bei Löschung im Verzeichnis der Suchtkranken sind gleichzeitig nach § 3 Abs. 3 auferlegte Verpflichtungen aufzuheben.
(3) Über die Löschung und die Aufhebung der im Abs. 2 genannten Verpflichtungen entscheidet der Kreisarzt.
(4) Im Verzeichnis der Suchtkranken ungültig gewordene Belege sind beim Zentralen Suchtmittelbüro bis ein Jahr nach dem Tode des Betroffenen gesondert aufzubewahren. Von den Räten der Bezirke und Kreise, Abteilung Gesundheits- und Sozialwesen, und von den Apotheken sind ungültig gewordene Belege zu vernichten.

§ 7

(1) Suchtkranke sind in einer vom Rat des Kreises, Abteilung Gesundheits- und Sozialwesen, als Betreuungsstelle für psychisch Kranke bestimmten Einrichtung medizinisch zu betreuen.
(2) Für jeden Suchtkranken ist bei der gemäß Abs. 1 festgelegten Einrichtung eine Dokumentation über alle Betreuungsmaßnahmen zu führen. Bei Wohnungswechsel des Suchtkranken ist die Dokumentation der für den neuen Wohnort zuständigen Betreuungsstelle für psychisch Kranke zu übermitteln.

§ 8

(1) Ärzten, Zahnärzten oder Tierärzten ist die Befugnis zur Verordnung suchtmittelhaltiger Arzneimittel zu entziehen, wenn sie in das Verzeichnis der Suchtkranken (§ 3 Abs. 1) eingetragen sind.
(2) Ferner ist die Befugnis zu entziehen, wenn vorsätzlich oder wiederholt fahrlässig suchtmittelhaltige Arzneimittel ohne medizinische Indikation verordnet oder verabreicht wurden

oder suchtmittelhaltige Arzneimittel, die nicht verordnet werden dürfen, verabreicht wurden.
(3) Im Falle des begründeten Verdachtes auf Suchtmittelmißbrauch ist die Befugnis zur Verordnung suchtmittelhaltiger Arzneimittel bis zur Entscheidung über die Eintragung in das Verzeichnis der Suchtkranken vorläufig zu entziehen.
(4) Berufsvorschriften für Ärzte, Zahnärzte oder Tierärzte, nach denen die erforderliche Erlaubnis zur Ausübung der Tätigkeit als Arzt, Zahnarzt oder Tierarzt in der Deutschen Demokratischen Republik zurückgenommen oder eingeschränkt werden kann, bleiben hiervon unberührt.

§ 9

(1) Der Entzug der Befugnis zur Verordnung suchtmittelhaltiger Arzneimittel gemäß § 8 Absätze 1 bis 3 erfolgt durch den Kreisarzt, bei Tierärzten nach Anhören des Kreistierarztes.
(2) Verpflichtungen gemäß § 3 Abs. 3 können auch zur Sicherung des Verbotes der Verordnung suchtmittelhaltiger Arzneimittel ausgesprochen werden.
(3) Wird die Eintragung von Ärzten, Zahnärzten oder Tierärzten im Verzeichnis der Suchtkranken wieder gelöscht, so ist ihnen die Befugnis zur Verordnung suchtmittelhaltiger Arzneimittel nicht vor Ablauf von 2 Jahren, spätestens aber nach Ablauf von 3 Jahren, wiederzuerteilen.
(4) Für die Wiederherstellung der Befugnis zur Verordnung suchtmittelhaltiger Arzneimittel findet die Vorschrift des Abs. 1 entsprechende Anwendung.

§ 10

(1) Entscheidungen nach dieser Durchführungsbestimmung sind schriftlich zu erteilen und dem Betroffenen zu übermitteln. Ist der Suchtkranke minderjährig oder ist für ihn ein gesetzlicher Vertreter bestellt, so ist die Entscheidung dem gesetzlichen Vertreter zu übermitteln.
(2) Entscheidungen, gegen die Beschwerde gemäß § 11 Abs. 1 eingelegt werden kann, sind zu begründen. Der von einer Entscheidung gemäß § 11 Abs. 1 Betroffene ist darüber zu belehren, daß er Beschwerde einlegen kann.
(3) Die Entscheidung über die Eintragung in das Verzeichnis der Suchtkranken hat außer den Anforderungen gemäß Abs. 2 den Zeitpunkt der Eintragung sowie die Mitteilung zu enthalten, daß der Suchtkranke einer zuständigen Einrichtung für psychisch Kranke zur medizinischen Betreuung überwiesen wird und den vom behandelnden Arzt dieser Einrichtung ergehenden Anweisungen Folge zu leisten hat.

§ 11

(1) Gegen

a) die Entziehung oder die vorläufige Entziehung der Befugnis zur Verordnung suchtmittelhaltiger Arzneimittel und die Versagung der Wiedererteilung der Befugnis zur

Verordnung suchtmittelhaltiger Arzneimittel gemäß § 8 Absätze 1 bis 3 und § 9 Abs. 3,

b) die Eintragung in das Verzeichnis der Suchtkranken gemäß § 3 Abs. 1, die Verpflichtungen gemäß § 3 Abs. 3 und die Ablehnung des Antrages des Eingetragenen oder dessen gesetzlichen Vertreters auf Löschung im Verzeichnis der Suchtkranken gemäß § 6 Abs. 1

kann Beschwerde eingelegt werden.

(2) Die Beschwerde ist schriftlich unter Angabe der Gründe innerhalb einer Frist von 2 Wochen nach Zugang der Entscheidung beim zuständigen Kreisarzt einzulegen.

(3) Die Beschwerde hat keine aufschiebende Wirkung.

(4) Über die Beschwerde ist innerhalb einer Frist von 2 Wochen nach ihrem Eingang zu entscheiden. Wird der Beschwerde nicht oder nicht in vollem Umfange stattgegeben, so ist sie innerhalb dieser Frist dem zuständigen Bezirksarzt zur Entscheidung zuzuleiten. Der Einreicher der Beschwerde ist davon zu informieren. Der Bezirksarzt hat über die Beschwerde innerhalb weiterer 2 Wochen endgültig zu entscheiden.

(5) Kann in Ausnahmefällen eine Entscheidung innerhalb der Frist nicht getroffen werden, ist rechtzeitig ein Zwischenbescheid unter Angabe der Gründe sowie des voraussichtlichen Abschlußtermins zu geben.

(6) Entscheidungen über Beschwerden haben schriftlich zu ergehen, sind zu begründen und den Einreichern der Beschwerde zuzusenden.

(7) Über eine Beschwerde gegen die vorläufige Entziehung der Befugnis zur Verordnung suchtmittelhaltiger Arzneimittel gemäß § 8 Abs. 3 ist dann nicht zu entscheiden, wenn eine Entscheidung über die Entziehung der Befugnis gemäß § 8 Absätze 1 und 2 getroffen ist.

§ 12

(1) Wer vorsätzlich

a) als Arzt, Zahnarzt, Tierarzt, Apothekenleiter oder Leiter eines Betriebes oder einer Einrichtung, die am Verkehr mit Suchtmitteln beteiligt sind, Verpflichtungen, die Suchtkranken auferlegt sind, nicht entsprechend Rechnung trägt, obwohl er gemäß § 3 Abs. 3 dazu verpflichtet ist,

b) als Arzt, Zahnarzt, Tierarzt, Apotheker, mittlere medizinische Fachkraft oder in einer medizinischen Einrichtung tätiger Psychologe Beobachtungen über einen Mißbrauch von Suchtmitteln nicht mitteilt, obwohl er gemäß § 9 des Suchtmittelgesetzes dazu verpflichtet ist,

kann mit Verweis oder Ordnungsstrafe von 10 bis 300 M belegt werden.

(2) Ist eine Handlung nach Abs. 1 wiederholt innerhalb von 2 Jahren begangen und mit Ordnungsstrafe geahndet worden, kann eine Ordnungsstrafe bis zu 1 000 M ausgesprochen werden.

(3) Die Durchführung des Ordnungsstrafverfahrens obliegt dem Kreisarzt, bei Zuwiderhandlungen im Bereich des Veterinärwesens dem Kreistierarzt.
(4) Für die Durchführung des Ordnungsstrafverfahrens und den Ausspruch von Ordnungsstrafmaßnahmen gilt das Gesetz vom 12. Januar 1968 zur Bekämpfung von Ordnungswidrigkeiten — OWG — (GBl. I Nr. 3 S. 101).

§ 13

Diese Durchführungsbestimmung tritt am 15. Mai 1974 in Kraft.

Anlage

zu § 5 Abs. 1 vorstehender Vierter Durchführungsbestimmung

Mitteilung
über die Eintragung in das Verzeichnis der Suchtkranken

(§ 5 Abs. 1 der Vierten Durchführungsbestimmung zum Suchtmittelgesetz)

Durch Entscheidung vom ______________________ ist in das Verzeichnis der Suchtkranken aufgenommen worden:

1. Name
2. Geburtsname
3. Vorname
4. Geburtstag
5. Geburtsort
6. Familienstand
7. Wohnanschrift
8. Personalausweis-Nr. und, soweit vorhanden, Personenkennzahl
9. erlernter Beruf
10. ausgeübte Tätigkeit
11. Arbeitsstelle
12.[2]) Ursache der Sucht
    a) als Folge einer therapeutischen Anwendung suchtmittelhaltiger Arzneimittel,
    b) aus anderen Gründen (welche),
    c) aus unbekannten Gründen
13.[2]) Welche Suchtmittel wurden angewendet?
14.[2]) Aus welchen Quellen und auf welchem Wege wurden die Suchtmittel beschafft?
15.[2]) Durchgeführte Entziehungskuren
16.[2]) Erfolgte eine psychiatrische Begutachtung?
17.[2]) Ergebnis dieser Begutachtung

18.[2]) Wurde dem Suchtkranken die Approbation als Arzt, Zahnarzt oder Tierarzt entzogen?

19.[2]) Wurde dem Suchtkranken die Befugnis zur Verordnung von Suchtmitteln entzogen?

20.[2]) Weitere veranlaßte Maßnahmen

Für den in der Mitteilung genannten Suchtkranken dürfen suchtmittelhaltige Arzneimittel nur unter Berücksichtigung der Bestimmung des § 4 der Vierten Durchführungsbestimmung zum Suchtmittelgesetz abgegeben werden.
Die medizinische Betreuung des Suchtkranken gemäß § 7 Abs. 1 der Vierten Durchführungsbestimmung zum Suchtmittelgesetz erfolgt durch ______________________

Ort/Datum Kreisarzt

[1]) Abgedruckt unter **E 01 01**.

[2]) Nur in der Ausfertigung für das Zentrale Suchtmittelbüro auszufüllen.

Anordnung über das Zentrale Suchtmittelbüro beim Ministerium für Gesundheitswesen

vom 28. Januar 1974
(GBl. I Nr. 16 S. 149)

Zur Durchführung des Suchtmittelgesetzes vom 19. Dezember 1973 (GBl. I Nr. 58 S. 572)[1]) wird folgendes angeordnet:

§ 1

(1) Das Zentrale Suchtmittelbüro beim Ministerium für Gesundheitswesen[2]) ist das Fachorgan des Ministeriums für Gesundheitswesen für die Aufgaben der Leitung, Sicherung und Überwachung des Suchtmittelverkehrs, insbesondere für die Kontrollaufgaben in anderen Bereichen der Volkswirtschaft. Es tritt an Stelle des bisherigen Zentralen Opiumbüros beim Ministerium für Gesundheitswesen.
(2) Aufgaben, Organisation und Arbeitsweise des Zentralen Suchtmittelbüros beim Ministerium für Gesundheitswesen ergeben sich aus der Arbeitsordnung[3]), die vom Minister für Gesundheitswesen erlassen wird.

§ 2

(1) Diese Anordnung tritt mit Wirkung vom 1. Januar 1974 in Kraft.
(2) Gleichzeitig wird im § 2 Abs. 1 Ziff. 10 der Anlage zur Anordnung vom 15. Mai 1964 über das *Deutsche Institut für Arzneimittelwesen*[5]) (GBl. II Nr. 56 S. 508)[4]) folgendes gestrichen:

„und des Zentralen Opiumbüros".

[1]) Abgedruckt unter E 01 01.
[2]) Zentrales Suchtmittelbüro beim Ministerium für Gesundheitswesen, 1058 Berlin, Senefelderstraße 26.
[3]) Wird in den Verfügungen und Mitteilungen des Ministeriums für Gesundheitswesen veröffentlicht.
[4]) Abgedruckt unter C 06 09 01.
[5]) Jetzt: Institut für Arzneimittelwesen der DDR.

Kapitelinhaltsverzeichnis

Kapitel F

Giftrecht

Mitteilung Nr. 3[1]) über die Einstufung chemischer Stoffe als Gifte

vom 19. April 1980
(VuM MfGe Nr. 4 S. 46)

I. Nachstehende chemische Stoffe wurden gemäß § 5 Abs. 1 des Giftgesetzes vom 7. April 1977 (GBl. I Nr. 10 S. 103) als Gifte **eingestuft**:

1. Gifte der Abteilung 1

A. Wirkstoffe (erscheinen im Verzeichnis der Gifte)

Decamethrin
Isofenphos
Isophorondiisocyanat (IPDI)
Oxanyl
Vanadinpentoxid

B. Präparate (erscheinen nicht im Verzeichnis der Gifte)

Präparat	Wirkstoff(e)
Leuchtstoffe	
N 81 gelborange	Cadmiumverbindungen
N 90 rot	Arsenverbindungen
NM 6184	Arsenverbindungen
NM 90 orange	Arsen-/Cadmiumverbindungen
Pflanzenschutzmittel	
Oftanol 5	Isofenphos
	Thiram
Ultracid 40 EC	Methidathion
Vydate	Oxanyl

2. Gifte der Abteilung 2

A. Wirkstoffe (erscheinen im Verzeichnis der Gifte)

Cyanazin
Cypermethrin
Methaxanine
Pendimethalin
Thiazofluron

Tris-β-chloräthylphosphat (TCA)
Tri-chlorpropyl-phosphat (TCPP)
Tris-dimethylaminomethyl-phenol

B. Präparate (erscheinen nicht im Verzeichnis der Gifte)

Präparat	Wirkstoff(e)
„Nuth-Fleckentferner“	Perchloräthylen Trichloräthylen
„Hexod“-Fleckenwasser	Perchloräthylen
„Elte“-Schnellreinigungspaste	Perchloräthylen
„Wendal“-Schnellreinigungspaste	Perchloräthylen
Katalysatoren	
Vanadinkontaktmassen AC, BB, G, WN, DS	Vanadinpentoxid
Emissionskarbonate	
V 56—01	Barium-/Strontiumverbindungen
U 56—02	Barium-/Strontiumverbindungen
Leuchtstoffe	
U 17/58	Strontiumverbindungen
U 17/63	Strontiumverbindungen
E 28 orange	Fluoride
NM 83 Veralux 65	Cadmium-/Arsen-verbindungen
N 84 weißblau	Strontiumverbindungen
NK 84	Strontiumverbindungen
N 85 orange	Strontiumverbindungen
N 85 UV/2	Strontiumverbindungen
N 85 UV	Strontiumverbindungen
NM 85 Veralux 29	Strontiumverbindungen
NM 85 Veralux 38	Strontiumverbindungen
NM 85 Veralux 43	Strontiumverbindungen
NM 85 Veralux 55	Strontiumverbindungen
NM 85 Veralux 74	Strontiumverbindungen
Plastestabilisatoren	
Phosphit TPP	Triphenylphosphit Phenol

Phosphit DAP 1	Diphenylphosphit Phenol
Pflanzenschutzmittel	
BC 6902	Phosmet
Bladex	Cyanazin
Decis EC 2,5	Decamethrin
Erbotan 80 WP	Thiazofluron
Evisekt	Thiocyclamhydrogenoxalat
FL 398 B	Phenylquecksilberacetat
Praxilone	Methazol
Ripcord	Cypermethrin
SYS 67 Gebifan	Dichlorprop
Sonstige	
Treibtabletten	Natriumnitrit
Neßlers Reagenz	Quecksilber(II)-chlorid

II. Nachstehende chemische Stoffe wurden unter Zugrundelegung der Festlegungen des Giftgesetzes vom 7. April 1977 (GBl. I Nr. 10 S. 103) als Gifte **gestrichen**:

Gifte der Abteilung 2

B. Präparate

Präparat	Wirkstoff(e)
Pflanzenschutzmittel	
Fekama-Tribuphon EC 50	Butonat
Holzschutzmittel	
Hylotox IP	Pentachlorphenol DDT

[1]) Mitteilung Nr. 2 vom 15. Juni 1979 (Verf. u. Mitt. Nr. 6 S. 99), ausgedruckt unter F 02 03.

Anordnung über den Transport gefährlicher Güter

vom 8. Juli 1980
(GBl. I Nr. 22 S. 217)

Im Einvernehmen mit den Leitern der zuständigen zentralen Staatsorgane wird folgendes angeordnet:

§ 1 Geltungsbereich

(1) Diese Anordnung gilt für den Transport gefährlicher Güter

a) im öffentlichen Verkehr mit Eisenbahnfahrzeugen, Binnenschiffen, Seeschiffen und Luftfahrzeugen,
b) mit Straßenfahrzeugen, wenn öffentliche Straßen im Sinne der Straßenverordnung vom 22. August 1974 (GBl. I Nr. 57 S. 515) bzw. im grenzüberschreitenden Verkehr die Transitstraßen benutzt werden. Dazu gehört auch die Mitnahme gefährlicher Güter in Straßenfahrzeugen zur unmittelbaren Ausübung dienstlicher oder beruflicher Aufgaben,
c) mit Eisenbahnfahrzeugen innerhalb von Anschlußbahnen.

(2) Der Transport im Sinne dieser Anordnung umfaßt auch den transportbedingten Umschlag und die transportbedingte vorübergehende Lagerung.
(3) Für den Transport gefährlicher Güter gelten die vom Minister für Verkehrswesen erlassenen besonderen Rechtsvorschriften:

a) Ordnung über den Transport gefährlicher Güter mit Eisenbahnfahrzeugen, Kraftfahrzeugen und Binnenschiffen — Transportordnung für gefährliche Güter (TOG) —[1]),
b) Ordnung über die Behandlung gefährlicher Güter beim Seetransport und Hafenumschlag — Seefrachtordnung (SFO) —[1]),
c) Ordnung über den Lufttransport gefährlicher Güter (OLTG)[1]).

(4) Für den Transport gefährlicher Güter im grenzüberschreitenden Verkehr gelten

a) die in völkerrechtlichen Verträgen vereinbarten Vorschriften für den Transport gefährlicher Güter:
    1. die Besonderen Bedingungen für die Beförderung von gefährlichen Gütern im internationalen Eisenbahnverkehr — Anlage 4 zum Abkommen über den Internationalen Eisenbahn-Güterverkehr (SMGS) —[2]),
    2. die Internationale Ordnung für die Beförderung gefährlicher Güter mit der Eisen-

AAR 8. Lieferung

bahn (RID) — Anlage I zum Internationalen Übereinkommen über den Eisenbahnfrachtverkehr (CIM) —[2]),

3. das Europäische Abkommen über die internationale Beförderung gefährlicher Güter auf der Straße (ADR)[2]);

b) die im Abs. 3 Buchstaben b und c genannten Rechtsvorschriften für den Transport gefährlicher Güter;

c) die Anordnung vom 24. Mai 1979 über den Personen- und Güterverkehr mit Kraftfahrzeugen im grenzüberschreitenden Verkehr (GBl. I Nr. 15 S. 116);

d) die §§ 4, 5, 7 und 9 dieser Anordnung.

Ist im grenzüberschreitenden Verkehr das ADR[2]) auf Grund seines Geltungsbereiches nicht anwendbar, gilt die TOG[1]).

(5) Diese Anordnung gilt nicht für die Mitnahme gefährlicher Güter in individuelle Beförderungsmittel der Bürger.

(6) Die Bekanntmachung der Inkraftsetzung der im Abs. 3 genannten Rechtsvorschriften sowie ihrer Änderungen und Ergänzungen erfolgt im Tarif- und Verkehrs-Anzeiger (TVA), Organ des Ministeriums für Verkehrswesen und des Zentralen Transportausschusses der Deutschen Demokratischen Republik.

(7) Das Ministerium für Verkehrswesen kann erforderlichenfalls Ausnahmen von den Bestimmungen der im Abs. 3 genannten Ordnungen genehmigen, soweit diese Ordnungen dies vorsehen.

§ 2 Besondere Rechtsvorschriften

(1) Für die Mitnahme gefährlicher Güter in öffentliche Beförderungsmittel, deren Beförderung als Reisegepäck oder deren Aufbewahrung sowie für die Beförderung von Postsendungen mit gefährlichen Gütern gelten die speziellen Rechtsvorschriften[3]).

(2) Zusätzlich zu den im Abs. 1 und im § 1 genannten Rechtsvorschriften gelten

a) für giftige Stoffe die Dritte Durchführungsbestimmung vom 31. Mai 1977 zum Giftgesetz — Transport von Giften — (GBl. I Nr. 21 S. 282)[5]),

b) für radioaktive Stoffe die Anordnung vom 12. April 1978 über den Transport radioaktiver Stoffe — ATRS — (Sonderdruck Nr. 953 des Gesetzblattes).

(3) Andere Rechtsvorschriften (z. B. über den Umgang mit Sprengmitteln sowie über den Gesundheits-, Arbeits- und Brandschutz) werden durch diese Anordnung nicht berührt.

§ 3 Begriffsbestimmung

Gefährliche Güter im Sinne dieser Anordnung sind Stoffe oder Gegenstände, die auf Grund ihrer Eigenschaften

a) die Gefahr der Explosion, des Zerknalls, der Vergiftung, der Verätzung, der radioaktiven Verunreinigung (Kontamination), der schädigenden Einwirkung ionisierender Strahlung oder der Übertragung von Krankheiten in sich bergen,

b) durch eine Zündquelle, durch Oxydationsprozesse oder durch Selbstentzündung in Brand gesetzt werden können und auch nach Entfernen der Zündquelle selbständig weiterbrennen oder -glimmen,
oder

c) die Gefahr der Verunreinigung der Luft, der Gewässer oder des Bodens hervorrufen, so daß durch sie eine Gemeingefahr entstehen kann,

und während des Transports den im § 1 Absätze 3 oder 4 Buchst. a genannten Rechtsvorschriften unterliegen.

§ 4 Zurückweisungsrecht

Werden bei der Annahme und während des Transports gefährlicher Güter Verstöße gegen diese Anordnung sowie gegen die im § 1 Abs. 3 und Abs. 4 Buchst. a genannten Rechtsvorschriften festgestellt, können die betreffenden Güter von der Annahme bzw. vom weiteren Transport ausgeschlossen werden. Zur Gewährleistung eines sicheren Transports können die zuständigen Staatsorgane Auflagen erteilen.

§ 5 Melde- und Begleitpflicht

(1) Transporte der in der Anlage zu dieser Anordnung genannten gefährlichen Güter mit Eisenbahn- oder Kraftfahrzeugen sind meldepflichtig oder melde- und begleitpflichtig. Zur Abgabe der Meldung und zur Stellung der Begleitung ist der Absender, bei Importen der Empfänger, des Gutes verpflichtet.

(2) Vor Beginn der Transporte gemäß Abs. 1 sind schriftlich oder fernschriftlich — bei Transporten innerhalb eines Bezirkes mindestens 2 Werktage, bei überbezirklichen Transporten mindestens 3 Werktage — folgende Angaben mitzuteilen:

a) für den Eisenbahntransport an die Versandgüterabfertigung:

1. vorgesehener Transportbeginn,
2. Bezeichnung des Gutes gemäß Anlage zu dieser Anordnung,
3. Masse des Gutes in kg,
4. Bestimmungsbahnhof der Sendung,
5. Anschrift des Absenders,
6. Anschrift des Empfängers,
7. Name des Begleiters;

b) für den Kraftfahrzeugtransport an den für den Ausgangspunkt des Transports zuständigen Rat des Kreises, Fachorgan für Verkehr:

1. vorgesehener Transportbeginn,
2. Art des Fahrzeugs,

3. Bezeichnung des Gutes gemäß Anlage zu dieser Anordnung,
4. Masse des Gutes in kg,
5. vorgesehene Fahrtroute,
6. Anschrift des Absenders,
7. Anschrift des Empfängers,
8. Name des Begleiters, soweit der Transport gemäß Abs. 1 zu begleiten ist.

(3) Die für die Einfuhr in die Deutsche Demokratische Republik bestimmten Transporte gemäß Abs. 1 sind vom Empfänger gemäß den Bestimmungen des Abs. 2 für den Eisenbahntransport der Grenzgüterabfertigung und für den Kraftfahrzeugtransport dem für den betreffenden Grenzübergang zuständigen Rat des Kreises, Fachorgan für Verkehr, zu melden.

(4) Die für die Durchfuhr durch die Deutsche Demokratische Republik bestimmten Transporte gemäß Abs. 1 sind vom Absender des Gutes mindestens 4 Werktage vor der voraussichtlichen Ankunft am Grenzübergang schriftlich oder fernschriftlich mit den Angaben Abs. 2 an den VEB Kombinat DEUTRANS — Stammbetrieb — zu melden. Dieser nimmt im Auftrag des Absenders dessen Aufgaben gemäß Abs. 2 wahr.

(5) Für regelmäßig wiederkehrende Transporte können die Meldungen gemäß Abs. 2 für mehrere Transporte oder für einen bestimmten Zeitraum abgegeben werden.

(6) Werden Transporte gemäß Abs. 1 kombiniert oder gebrochen durchgeführt, ist der Absender, bei Importen der Empfänger, des Gutes verpflichtet, die Meldung gemäß Abs. 2 an die für den Ausgangspunkt der Teiltransporte zuständigen Dienststellen abzugeben.

(7) Die Versandgüterabfertigung der Deutschen Reichsbahn oder das Fachorgan für Verkehr des zuständigen Rates des Kreises haben die für sie zuständigen Dienststellen der Deutschen Volkspolizei von der Meldung des Transports gefährlicher Güter zu informieren und mit diesen erforderliche Maßnahmen zur Gewährleistung eines sicheren Transports abzustimmen. Sie können zur Durchführung der Transporte Auflagen erteilen und bei Nichterfüllung dieser Auflagen die Transportdurchführung untersagen.

(8) Sind Transporte gemäß Abs. 1 zu begleiten, muß der Begleiter befähigt sein, bei Vorkommnissen während des Transports sachkundige Entscheidungen zu treffen. Das Mindestalter der Begleiter muß 18 Jahre betragen. Die Kosten der Begleitung trägt der zur Begleitung Verpflichtete. Für die Begleitung ist ggf. ein zusätzliches Fahrzeug einzusetzen.

(9) Die Kontrolle über die Einhaltung der Bestimmungen über die Melde- und Begleitpflicht im grenzüberschreitenden Verkehr führen für den Kraftfahrzeugtransport an den Grenzübergangsstellen die Dienststellen der Zollverwaltung der Deutschen Demokratischen Republik, für den Eisenbahntransport die Grenzgüterabfertigungen der Deutschen Reichsbahn durch.

§ 6 Belehrung

Die am Transport gefährlicher Güter Mitwirkenden sind halbjährlich über die Besonderheiten dieser Transporte und über den Inhalt der schriftlichen Weisungen für den Störungsfall durch die Verantwortlichen der Betriebe, in denen sie tätig sind, nachweisbar zu belehren. Die im § 1 Abs. 3 genannten Rechtsvorschriften können kürzere Fristen vorsehen.

§ 7 Verhalten bei Störungen während des Transports

Treten während des Transports gefährlicher Güter Störungen auf, die den Einsatz der Deutschen Volkspolizei oder der Feuerwehr erfordern, sind diese unverzüglich zu verständigen. Können die am Transport unmittelbar Mitwirkenden diese Verständigung nicht selbst durchführen, haben sie damit andere Personen zu beauftragen. Diese Personen (Teilnehmer am Straßenverkehr oder andere Personen) sind verpflichtet, diese Meldung unverzüglich an die Deutsche Volkspolizei oder an die Feuerwehr weiterzugeben. Für den grenzüberschreitenden Verkehr gelten bei Störungen während des Transports ferner die in den Rechtsvorschriften gemäß § 1 Abs. 3 Buchstaben b und c sowie Abs. 4 Buchst. a enthaltenen Bestimmungen.

§ 8 Verantwortung

(1) Die Leiter der Kombinate, Betriebe und Einrichtungen sowie die Vorsitzenden der Genossenschaften (nachfolgend Leiter der Betriebe und Einrichtungen genannt) haben zur Verhinderung und Bekämpfung von Havarien, Bränden und Explosionen die notwendigen Sicherheitsmaßnahmen für die Vorbereitung und Durchführung des Transports gefährlicher Güter zu treffen und, soweit erforderlich, zusätzlich zu den Bestimmungen gemäß § 7 Verhaltensregeln festzulegen.

(2) Die Leiter der Betriebe und Einrichtungen haben durch eine straffe Kontrolle die Einhaltung der für den Transport gefährlicher Güter geltenden Rechtsvorschriften und betrieblichen Weisungen zu sichern.

(3) Die Leiter der Betriebe und Einrichtungen haben für ihren Verantwortungsbereich festzulegen, welche Werktätigen für die einzelnen Aufgaben bei der Vorbereitung und Durchführung des Transports gefährlicher Güter verantwortlich sind.

§ 9 Ordnungsstrafbestimmungen

(1) Wer vorsätzlich oder fahrlässig

a) bei melde- und begleitpflichtigen Transporten gefährlicher Güter die Meldung gemäß § 5 Absätze 2, 3, 4 oder 6 nicht abgibt,
b) bei begleitpflichtigen Transporten gefährlicher Güter die Begleitung gemäß § 5 Abs. 1 nicht stellt,
c) die Belehrung der am Transport gefährlicher Güter Mitwirkenden gemäß § 6 unterläßt,
d) die in den Rechtsvorschriften für den Transport gefährlicher Güter gemäß § 1 Abs. 3 enthaltenen Weisungen für das Verhalten während des Transports gefährlicher Güter nicht beachtet,

e) gefährliche Güter, die gemäß den im § 1 Absätze 3 und 4 genannten Rechtsvorschriften nicht zum Transport zugelassen sind, transportiert oder transportieren läßt,
f) gefährliche Güter entgegen den im § 1 Absätze 3 und 4 genannten Rechtsvorschriften in ungeeigneter oder beschädigter Verpackung transportiert oder transportieren läßt,
g) Packungen und Fahrzeuge mit gefährlichen Gütern nicht oder unzureichend gemäß den im § 1 Absätze 3 und 4 genannten Rechtsvorschriften kennzeichnet,
h) bei melde- und begleitpflichtigen Transporten gefährlicher Güter die gemäß § 5 Abs. 7 erteilten Auflagen nicht erfüllt,

kann mit Verweis oder Ordnungsstrafe von 10 M bis 500 M belegt werden.
(2) Ist eine vorsätzliche Ordnungswidrigkeit gemäß Abs. 1 wiederholt innerhalb von 2 Jahren begangen und mit Ordnungsstrafe geahndet worden oder ist ein größerer Schaden verursacht worden oder hätte er verursacht werden können, kann eine Ordnungsstrafe bis zu 1 000 M ausgesprochen werden.
(3) Bei vorsätzlichen oder fahrlässigen Handlungen gemäß Abs. 1 Buchstaben e bis h, die zu einer erheblichen Verunreinigung der Luft, der Gewässer oder des Bodens führen oder führen können, kann eine Ordnungsstrafe bis zu 10 000 M ausgesprochen werden.
(4) Die Durchführung des Ordnungsstrafverfahrens obliegt im Rahmen ihrer Zuständigkeit

a) den Leitern der Organe der Deutschen Reichsbahn,
b) dem Leiter der Hauptverwaltung der Zivilen Luftfahrt,
c) dem Leiter des Seefahrtsamtes der Deutschen Demokratischen Republik,
d) dem Leiter des Wasserstraßenaufsichtsamtes der Deutschen Demokratischen Republik,
e) dem Leiter der zuständigen Staatlichen Gewässeraufsicht,
f) dem Leiter des Fachorgans für Verkehr des für den Verkehrsbetrieb zuständigen Rates des Bezirkes,
g) dem Vorsitzenden des für den Verkehrsbetrieb zuständigen Rates des Kreises, der Stadt oder der Gemeinde,
h) den Leitern der Dienststellen der Deutschen Volkspolizei.

(5) Bei geringfügigen Ordnungswidrigkeiten gemäß Abs. 1 sind die dazu ermächtigten Mitarbeiter befugt, eine Verwarnung mit Ordnungsgeld in Höhe von 1 M bis 20 M auszusprechen.
(6) Für die Durchführung des Ordnungsstrafverfahrens und den Ausspruch der Ordnungsstrafmaßnahme gilt das Gesetz vom 12. Januar 1968 zur Bekämpfung von Ordnungswidrigkeiten — OWG — (GBl. I Nr. 3 S. 101).

§ 10 Kommission für den Transport gefährlicher Güter

(1) Als beratendes Organ des Ministers für Verkehrswesen ist die Kommission für den Transport gefährlicher Güter (nachfolgend Kommission genannt) tätig. Sie hat in Übereinstimmung mit den gesellschaftlichen Erfordernissen die Rechtsvorschriften für den Trans-

port gefährlicher Güter unter Berücksichtigung der neuesten wissenschaftlich-technischen Erkenntnisse und der praktischen Erfahrungen ständig weiterzuentwickeln sowie entsprechende Empfehlungen zur Änderung bzw. Ergänzung dieser Rechtsvorschriften auszuarbeiten und zur Einführung in die Praxis vorzubereiten.

(2) Die Kommission besteht aus Mitarbeitern der zuständigen zentralen Staatsorgane und aus erfahrenen Praktikern ihnen unterstellter Betriebe und Einrichtungen.

(3) Die Mitglieder der Kommission werden vom Minister für Verkehrswesen auf Vorschlag der Leiter der zuständigen zentralen Staatsorgane berufen.

(4) Die Aufgaben, die rechtliche Stellung, die Zusammensetzung und die Arbeitsweise der Kommission sind in ihrem mit den Leitern der zuständigen zentralen Staatsorgane abgestimmten Statut geregelt. Das Statut wird im TVA veröffentlicht.

§ 11 Schlußbestimmungen

(1) Diese Anordnung tritt am 1. Januar 1981 in Kraft.

(2) Gleichzeitig tritt die Anordnung vom 31. Januar 1967 über den Transport gefährlicher Güter (GBl. II Nr. 16 S. 99) außer Kraft.

Berlin, den 8. Juli 1980

Anlage

zu § 5 der Anordnung

Transporte gefährlicher Güter, die der Meldepflicht oder Melde- und Begleitpflicht unterliegen

1. Für Transporte der in den folgenden Tabellen aufgeführten gefährlichen Güter besteht
   a) Meldepflicht (M)
   bei Überschreiten der für das jeweilige Gut in der Tabelle 2 genannten Masse (z. B. M 1000),
   b) Melde- und Begleitpflicht (B).

2. Transport mit Eisenbahnfahrzeugen
   Bei der Eisenbahn unterliegen die Transporte gefährlicher Güter dem innerbetrieblichen Meldesystem. Transporte der in der Tabelle 1 genannten gefährlichen Güter unterliegen der Melde- und Begleitpflicht (B).

3. Transport mit Kraftfahrzeugen

   Erfolgt der Straßentransport der in der Tabelle 2 genannten gefährlichen Güter sowohl auf Kraftfahrzeugen als auch auf Anhängefahrzeugen, sind die Massen der auf den

einzelnen Fahrzeugen verladenen gefährlichen Güter für das Anwenden der Tabelle 2 zu addieren.
Sollten unter Beachtung der Zusammenladeverbote verschiedene gefährliche Güter mit einem Kraftfahrzeug bzw. Anhängefahrzeug transportiert werden, besteht auch dann Meldepflicht, wenn

a) auch nur bei einem der verschiedenen Güter Meldepflicht besteht,
b) die Gesamtmasse der verschiedenen und in der Tabelle 2 genannten gefährlichen Güter die für die Meldepflicht eines dieser Güter maßgebliche Masse überschreitet.

Tabelle 1

Gefährliche Güter, deren Transport mit Eisenbahnfahrzeugen melde- und begleitpflichtig (B) ist:

Bezeichnung des Gutes	Melde- und Begleitpflicht (B)
Blausäure (Cyanwasserstoffsäure) mit ≦ 3% Wasser	B
Chlorkohlenoxid (Phosgen)	B
Ungereinigte, entleerte Behälter, ungereinigte, entleerte Spezialbehälterfahrzeuge und ungereinigte, entleerte Tankcontainer, die Chlorkohlenoxid (Phosgen) enthalten haben	B
Wäßrige Blausäurelösungen mit ≦ 20% reiner Säure (HCN)	B

Tabelle 2

Gefährliche Güter, deren Transport mit Kraftfahrzeugen meldepflichtig (M) oder melde- und begleitpflichtig (B) ist:

Bezeichnung des Gutes	Meldepflicht (M) Melde- und Begleitpflicht (B)	Masse kg
Acetoncyanhydrin	M	2000
Acetonitril (Methylcyanid)	M	1000
Acetylcyclohexansulfonylperoxid mit einem Wassergehalt von ≧ 30%	M	5
Acrolein	M	1000
Acrylnitril	M	1000
Allylalkohol	M	2000
Allylchlorid	M	2000

Tabelle 2 (Fortsetzung)

Bezeichnung des Gutes	Meldepflicht (M) Melde- und Begleitpflicht (B)	Masse kg
Äthan	M	2500
Äthan, tiefgekühlt	M	100
Äthylamin	M	1000
Äthylchlorformiat	M	1000
Äthylchlorid	M	1000
Äthylen	M	2500
Äthylen, tiefgekühlt	M	100
Äthylenchlorhydrin (2-Chloräthanol)	M	2000
Äthylenoxid	M	500
Äthylfluid	M	0
Blausäure (Cyanwasserstoffsäure) mit ≦ 3% Wasser	B	
Bleialkyle, wie Tetraäthylblei	M	0
Brom	M	1000
Bromwasserstoff	M	1000
Butadien-1,3, stabilisiert[4])	M	1000
Butan	M	6000
Buten	M	6000
Chlor	M	0
Chloräthan (Äthylchlorid)	M	1000
2-Chloräthanol (Äthylenchlorhydrin)	M	2000
Chlordifluoräthan	M	1000
Chlorkohlenoxid (Phosgen)	B	
Chlormethan (Methylchlorid)	M	1000
Chlorwasserstoff	M	1000
Cyclopropan	M	6000
1,1-Difluoräthan[4])	M	1000
1,1-Difluoräthylen	M	1000
Diisopropylperoxydicarbonat, technisch rein	M	5
Dimethylamin	M	1000
Dimethyläther	M	1000
Dimethylsulfat	M	1000
Distickstofftetroxid[4])	M	1000
Epichlorhydrin	M	2000
Erdgas[4]), (Naturgas)	M	1000
Fluor	M	0

Tabelle 2 (Fortsetzung)

Bezeichnung des Gutes	Meldepflicht (M) Melde- und Begleitschrift (B)	Masse kg
Fluorwasserstoff	M	1000
Gasgemische A, AO, A1, B, C[4])	M	6000
Gemische von Äthan und Methan (auch mit Gehalten von Butan und Propan), tiefgekühlt	M	100
Gemische von Kohlendioxid mit Äthylenoxid	M	2500
Iso-Butan	M	6000
Iso-Buten	M	6000
Isobutyronitril	M	1000
Isopropylchlorformiat	M	1000
Lösungen anorganischer Cyanide	M	1000
Methan[4])	M	1000
Methan, tiefgekühlt	M	100
Methylchlorformiat	M	1000
Methylchlorid (Chlormethan)	M	1000
Methylcyanid (Acetonitril)	M	1000
Methylmercaptan	M	1000
Mischungen von Bleialkylen mit organischen Verbindungen der Halogene, wie Äthylfluid	M	0
Monomethylamin	M	1000
Naturgas[4]) (Erdgas)	M	1000
Organische stickstoffhaltige Stoffe, mindestens so giftig wie Äthylenimin	M	1000
Perchlorsäure in wäßrigen Lösungen mit $> 50\%$ bis $\leqq 72{,}5\%$ reiner Säure ($HClO_4$)	M	1000
Phosgen (Chlorkohlenoxid)	B	
Propan	M	6000
Propen	M	6000
Schwefelkohlenstoff	M	1000
Schwefelwasserstoff	M	1000
Tertiäres Butylperpivalat, technisch rein	M	100
Trifluorchloräthylen	M	1000
Trimethylamin	M	1000
Ungereinigte, entleerte Behälter, ungereinigte, entleerte Spezialbehälterfahrzeuge und ungereinigte, entleerte Tankcontainer, die Bleialkyle enthalten haben	M	0

Tabelle 2 (Fortsetzung)

Bezeichnung des Gutes	Meldepflicht (M) Melde- und Begleitschrift (B)	Masse kg
Ungereinigte, entleerte Behälter, ungereinigte, entleerte Spezialbehälterfahrzeuge und ungereinigte, entleerte Tankcontainer, die Chlor enthalten haben	M	0
Ungereinigte, entleerte Behälter, ungereinigte, entleerte Spezialbehälterfahrzeuge und ungereinigte, entleerte Tankcontainer, die Chlorkohlenoxid (Phosgen) enthalten haben	B	
Ungereinigte, entleerte Behälter, ungereinigte, entleerte Spezialbehälterfahrzeuge und ungereinigte, entleerte Tankcontainer, die Mischungen von Bleialkylen mit organischen Verbindungen der Halogene enthalten haben	M	0
Vinylbromid	M	1000
Vinylchlorid	M	1000
Vinylfluorid	M	1000
Vinylmethyläther	M	1000
Wasserstoffperoxid, stabilisiert	M	1000
Wäßrige Blausäurelösungen mit $\leqq$ 20% reiner Säure (HCN)	B	
Wäßrige Lösungen von Wasserstoffperoxid mit > 60% Wasserstoffperoxid, stabilisiert	M	1000

[1]) Z. Z. gelten:

a) TOG vom 30. Januar 1979

zu beziehen

bei Bestellungen	Deutsche Reichsbahn Drucksachenverlag Außenstelle Dresden 8027 Dresden Tharandter Str. 105
bei Selbstabholung	Ministerium für Verkehrswesen der Deutschen Demokratischen Republik Tarifamt 1026 Berlin Alexanderplatz 5 (Haus des Reisens)

b) SFO vom 20. Juli 1970
zu beziehen beim — Seefahrtsamt der Deutschen Demokratischen Republik
2500 Rostock
Patriotischer Weg 120

c) OLTG vom 13. Februar 1979
zu beziehen bei der — Interflug
Abt. Vorschriften
1189 Berlin-Schönefeld
Flughafen

[2]) Z. Z. gelten:

a) Anlage 4 zum SMGS vom 1. November 1951, Neuausgabe 1. Juli 1974
Bezugsmöglichkeit: s. Fußnote 1 Buchst. a

b) RID vom 1. Juli 1977
Bezugsmöglichkeit: s. Fußnote 1 Buchst. a

c) ADR vom 30. September 1957
(GBl. II 1974 Nr. 16 S. 285) und Anlagen A und B zum ADR (Sonderdruck Nr. 773/2 des Gesetzblattes)

[3]) Z. Z. gelten:

a) die Anordnung vom 27. Februar 1979 über die Mitnahme gefährlicher Güter in öffentliche Beförderungsmittel (GBl. I Nr. 11 S. 86), abgedruckt unter F **03** 10

b) die Anordnung vom 21. November 1974 über den Postdienst — Postordnung — (GBl. I 1975 Nr. 13 S. 236), auszugsweise abgedruckt unter I **90** 21.

[4]) Der Transport dieser Gase ist nicht meldepflichtig, wenn die Gase in den vorgeschriebenen Stahlflaschen mit einem Fassungsraum von $\leqq$ 150 Litern oder in Behältern mit einem Fassungsraum von $\geqq$ 100 Litern bis $\leqq$ 1000 Litern enthalten sind.

[5]) Abgedruckt unter F **03** 01.

Dritte Durchführungsbestimmung zur Sechsten Durchführungsverordnung zum Landeskulturgesetz — Gutachtertätigkeit zur Nutzbarmachung oder schadlosen Beseitigung von toxischen Abprodukten und anderen Schadstoffen —

vom 16. Juni 1980
(GBl. I Nr. 23 S. 227)

Zur Durchführung der §§ 4 und 11 der Sechsten Durchführungsverordnung vom 11. September 1975 zum Landeskulturgesetz — Nutzbarmachung und schadlose Beseitigung von Abprodukten — (GBl. I Nr. 39 S. 662) wird im Einvernehmen mit den Leitern der zuständigen zentralen Staatsorgane folgendes bestimmt:

§ 1 Aufgaben der Gutachtereinrichtungen

(1) Die in der Anlage aufgeführten Kombinate, Betriebe und Einrichtungen (nachfolgend als Gutachtereinrichtungen bezeichnet) sind verpflichtet, auf Anforderung der Verursacher von toxischen Abprodukten und anderen Schadstoffen im Sinne der dafür geltenden Rechtsvorschriften[1]) Gutachten über Nutzungsmöglichkeiten der in der Anlage aufgeführten toxischen Abprodukte und anderen Schadstoffe oder über Erfordernisse und Bedingungen ihrer schadlosen Beseitigung oder der zeitlich begrenzten Zwischenlagerung anzufertigen.

(2) Mit den Gutachten sind unter Berücksichtigung des internationalen Standes der wissenschaftlich-technischen Entwicklung und den in der Volkswirtschaft vorhandenen Möglichkeiten die effektivsten Verwertungsrichtungen auszuweisen.

(3) Die Gutachten sind auf Anforderung der Verursacher in 2 Monaten zu erarbeiten. Ist aus wissenschaftlich-technischen oder anderen zwingenden Gründen das Gutachten in der vorgegebenen Frist nicht anzufertigen, so ist mit dem Auftraggeber der Termin zu vereinbaren. Die Gutachten sind auf eine Gültigkeitsdauer von maximal 5 Jahren zu begrenzen.

(4) Die Gutachten gelten neben den weiteren Erfordernissen bei der Beantragung der schadlosen Beseitigung gemäß § 4 Abs. 2 der Sechsten Durchführungsverordnung zum Landeskulturgesetz als verbindlicher Nachweis.

(5) Die Gutachtereinrichtungen haben die Verursacher von toxischen Abprodukten und anderen Schadstoffen über alle mit der Erschließung der Verwertungsmöglichkeiten von toxischen Abprodukten und anderen Schadstoffen im Zusammenhang stehenden Fragen zu beraten, einschließlich einer zeitlich begrenzten Zwischenlagerung.

§ 2 Aufgaben der Verursacher von Abprodukten

(1) Die Verursacher von Abprodukten haben in eigener Verantwortung oder nach Aufforderung durch den Rat des Bezirkes, Abteilung Umweltschutz und Wasserwirtschaft, entsprechende Gutachten über Nutzungsmöglichkeiten von toxischen Abprodukten und anderen Schadstoffen oder über Erfordernisse und Bedingungen der schadlosen Beseitigung anfertigen zu lassen. Dem Antrag an den zuständigen Rat des Bezirkes für eine Genehmigung zur schadlosen Beseitigung von toxischen Abprodukten und anderen Schadstoffen ist dieses Gutachten beizulegen.
(2) Die Verursacher von Abprodukten haben den Gutachtereinrichtungen die für die Beurteilung von Möglichkeiten der Nutzbarmachung toxischer Abprodukte und anderer Schadstoffe notwendigen Unterlagen und analytischen Daten, erforderlichenfalls unter Sicherung des Geheimnisschutzes, zur Verfügung zu stellen. Das gilt insbesondere für die Angabe der Struktur und die stoffliche Beschaffenheit der Abprodukte.
(3) Die Verursacher von Abprodukten haben die Finanzierung und Bezahlung der Gutachten und anderer damit im Zusammenhang stehender wissenschaftlich-technischer Leistungen der Gutachter nach den Rechtsvorschriften[2]) vorzunehmen.
(4) Die Verantwortung der Verursacher von Abprodukten für deren Nutzbarmachung als Sekundärrohstoff sowie für die Schaffung des wissenschaftlich-technischen Vorlaufs zur schadlosen Beseitigung nicht nutzbarer Abprodukte auf der Grundlage der Sechsten Durchführungsverordnung zum Landeskulturgesetz wird von der Tätigkeit der Gutachtereinrichtungen nicht berührt.

Schlußbestimmungen

§ 3

Entsprechend den Erfordernissen erweitert der Minister für Materialwirtschaft im Einvernehmen mit den Leitern anderer zuständiger zentraler Staatsorgane die Nomenklatur der zu begutachtenden toxischen Abprodukte und anderen Schadstoffe und beauftragt ggf. Kombinate, Betriebe und Einrichtungen mit der Ausarbeitung von Gutachten gemäß den Festlegungen dieser Durchführungsbestimmung.

§ 4

Diese Durchführungsbestimmung tritt mit ihrer Veröffentlichung in Kraft.[3])

Anlage

zu vorstehender Dritter Durchführungsbestimmung

Bezeichnung des toxischen Abproduktes bzw. Schadstoffes	Zuständige Gutachtereinrichtung
1. Gebrauchte Härtesalze	VEB Härtolwerke Magdeburg
2. Metallhaltige Schlämme und Rückstände	Forschungsinstitut für NE-Metalle Freiberg
3. Quecksilberhaltige Abfälle	VEB Chemische Werke Buna
4. Überlagerte PUR-Komponenten	VEB Synthesewerk Schwarzheide
5. Mineralölhaltige Rückstände	VEB Hydrierwerk Zeitz
6. Tierische und pflanzliche Abfallfette und -öle	VEB Waschmittelwerk Genthin
7. Teerrückstände	VEB „Otto Grotewohl" Böhlen BT Teerverarbeitungswerk Rositz
8. Altchemikalien (im Sinne von Laborchemikalienmengen)	VEB Laborchemie Apolda
9. Bestände aus der Arzneimittelproduktion	VEB Pharmazeutisches Kombinat GERMED, Stammbetrieb Dresden
10. Arsenhaltige Abfälle	VEB Bergbau- und Hüttenkombinat „Albert Funk" Freiberg
11. Methylenchloridrückstände	VEB Chemiekombinat Bitterfeld
12. Toxische Farb- und Lösungsmittelrückstände	VEB Druckfarben- und Lederfarbenfabrik Halle
13. Verunreinigtes Tri- und Perchloräthylen	VEB Chemische Werke Buna

[1]) Z. Z. gelten:
Sechste Durchführungsverordnung vom 11. September 1975 zum Landeskulturgesetz — Nutzbarmachung und schadlose Beseitigung von Abprodukten — (GBl. I Nr. 39 S. 662).
Zweite Durchführungsbestimmung vom 21. April 1977 zur Sechsten Durchführungsverordnung zum Landeskulturgesetz — Schadlose Beseitigung toxischer Abprodukte und anderer Schadstoffe — (GBl. I Nr. 15 S. 161), abgedruckt unter F 04 01.

[2]) Z. Z. gilt die Anordnung vom 18. Dezember 1972 über die Finanzierung und Stimulierung wissenschaftlich-technischer Leistungen in der DDR (GBl. II Nr. 73 S. 839).

[3]) Veröffentlicht am 8. 8. 1980.

Ergänzungssachregister für die 8. Lieferung

Kolibri 360 GmbH
Ferdinand-Jühlke-Straße 7
99095 Erfurt, Deutschland
produktsicherheit@kolibri360.de